C(

(Kung-Fu-Tsé o Kung-Tse)

LOS CUATRO LIBROS

DOCTRINA DE CONFUCIO
FILOSOFIA, MORAL Y POLITICA DE LA CHINA

TA–HIO
El Gran Estudio o El Gran Saber o
De La Filosófia Práctica

TCHUNG–YUNG
La Invariabilidad en el Medio o
La Doctrina de la Medianía

LUN–YU
Las Conversaciones Filosóficas o
Analectas o
Comentarios Filosóficos

MENG–TSEU
Mengzi o
El Libro de Mencio

Traducción, Prólogo y Notas
de
JUAN BAUTISTA BERGUA

Colección La Crítica Literaria
www.LaCriticaLiteraria.com

LACRITICALITERARIA.COM

"Colección La Crítica Literaria"
www.LaCriticaLiteraria.com
ISBN: 978-84-7083-136-2

Ediciones Ibéricas - LaCriticaLiteraria.com
Calle Ferraz, 26
28008 Madrid
www.EdicionesIbericas.es
www.LaCriticaLiteraria.com

Impreso por LSI

CONTENIDOS

EL CRITICO - Juan Bautista Bergua 5

PROLOGO 7

EL PAIS DE LOS «HIJOS DEL CIELO» 7

LAS PRIMERAS MISIONES EN CHINA 8

LA GRAN SORPRESA 9

LAS RELIGIONES DE CHINA 10

LA VIDA 13

EL HOMBRE 16

LA OBRA 20

CONFUCIO, FILOSOFO 23

LOS CUATRO LIBROS 27

TA-HIO: El Gran Estudio o El Gran Saber 29

TCHUNG-YUNG: La Invariabilidad en el Medio 39

LUN-YU: Las Conversaciones Filosóficas o Analectas 59

Chang-Lun – Primer Libro 59

Hia-Lun – Segundo Libro 88

MENG-TSEU: El Libro de Mencio 123

Libro Primero 123

Libro Segundo 177

NOTAS 251

LA CRITICA LITERARIA 281

EL CRITICO - JUAN BAUTISTA BERGUA

Juan Bautista Bergua nació en España en 1892. Ya desde joven sobresalió por su capacidad para el estudio y su determinación para el trabajo. A los 16 años empezó la universidad y obtuvo el título de abogado en tan sólo dos años. Fascinado por los idiomas, en especial los clásicos, latín y griego, llegó a convertirse en un célebre crítico literario, traductor de una gran colección de obras de la literatura clásica y en un especialista en filosofía y religiones del mundo. A lo largo de su extraordinaria vida tradujo por primera vez al español las más importantes obras de la antigüedad, además de ser autor de numerosos títulos propios.

SU LIBRERÍA, LA EDITORIAL Y LA "GENERACIÓN DEL 27"

Juan B. Bergua fundó la Librería-Editorial Bergua en 1927, luego Ediciones Ibéricas y Clásicos Bergua. Quiso que la lectura de España dejara de ser una afición elitista. Publicó títulos importantes a precios asequibles a todos, entre otros, los diálogos de Platón, las obras de Darwin, Sócrates, Pitágoras, Séneca, Descartes, Voltaire, Erasmo de Rotterdam, Nietzsche, Kant y las poemas épicos de La Ilíada, La Odisea y La Eneida. Se atrevió con colecciones de las grandes obras eróticas, filosóficas, políticas, y la literatura y poesía castellana. Su librería fue un epicentro cultural para los aficionados a literatura, y sus compañeros fueron conocidos autores y poetas como Valle-Inclán, Machado y los de la Generación del 27.

EL PARTIDO COMUNISTA LIBRE ESPAÑOL Y LAS AMENAZAS DE LA IZQUIERDA

Poco antes de la Guerra Civil Española, en los años 30, Juan B. Bergua publicó varios títulos sobre el comunismo. El éxito, mucho mayor de lo esperado, le llevó a fundar el Partido Comunista Libre Español que llegaría a tener mas de 12.000 afiliados, superando en número al Partido Comunista prosoviético oficial existente. Su carrera política no duró mucho después que estos últimos le amenazaran de muerte viéndose obligado a esconderse en Getafe.

LA CENSURA, QUEMA DE LIBROS Y SENTENCIA DE MUERTE DE LA DERECHA

Juan B. Bergua ofreció a la sociedad española la oportunidad de conocer otras culturas, la literatura universal y las religiones del mundo, algo peligrosamente progresivo durante la dictadura de Franco, época reacia a cualquier ideología en desacuerdo con la iglesia católica.

En el 1936 el ejército nacionalista de General Franco llegó hasta Getafe, donde Bergua tenía los almacenes de la editorial. Fue capturado, encarcelado y sentenciado a muerte por los Falangistas, la extrema derecha.

Mientras estuvo en la cárcel temiendo su fusilamiento, los falangistas quemaron miles de libros de sus almacenes por encontrarlos contradictorios a la Censura, todas las existencias de las colecciones de la Historia de Las Religiones y la Mitología Universal, los libros sagrados de los muertos de los Egipcios y Tibetanos, las traducciones de El Corán, El Avesta de Zoroastrismo, Los Vedas (hinduismo), las enseñanzas de Confucio y El Mito de Jesús de Georg Brandes, entre otros.

Aparte de los libros religiosos y políticos, los falangistas quemaron otras colecciones como Los Grandes Hitos Del Pensamiento. Ardieron 40.000 ejemplares de La Crítica de la Razón Pura de Kant, y miles de libros más de la filosofía y la literatura clásica universal. La pérdida de su negocio fue un golpe tremendo, el fin de tantos esfuerzos y el sustento para él y su familia…fue una gran pérdida también para el pueblo español.

PROTEGIDO POR GENERAL MOLA Y EXILIADO A FRANCIA

Cuando General Emilio Mola, jefe del Ejército del Norte nacionalista y amigo de Bergua, recibe el telegrama de su detención en Getafe intercede inmediatamente para evitar su fusilamiento. Le fue alternando en cárceles según el peligro en cada momento porque los falangistas iban a buscar a los "rojos peligrosos" y los llevaban en camiones a las afueras de las ciudades para fusilarlos.

¿El General y "El Rojo"? Su amistad venia de cuando Mola había sido Director General de Seguridad antes de la guerra civil. En 1931, tras la proclamación de la Segunda República, Mola se refugió durante casi tres meses en casa de Bergua y para solventar sus dificultades económicas Bergua publicó sus memorias. Mola fue encarcelado, pero en 1934 regresó al ejército nacionalista y en 1936 encabezó el golpe de estado contra la República que dio origen a la Guerra Civil Española. Mola fue nombrado jefe del Ejército del Norte de España, mientras Franco controlaba el Sur.

Tras la muerte de Mola en 1937, su coronel ayudante dio a Bergua un salvoconducto con el que pudo escapar a Francia. Allí siguió traduciendo y escribiendo sus libros y comentarios. En 1959, después de 22 años de exilio, el escritor regresó a España y a sus 65 años comenzó a publicar de nuevo hasta su fallecimiento en 1991. Juan Bautista Bergua llegó a su fin casi centenario.

Escritor, traductor y maestro de la literatura clásica, todas sus traducciones están acompañadas de extensas y exhaustivas anotaciones referentes a la obra original. Gracias a su dedicado esfuerzo y su cuidado en los detalles, nos sumerge con su prosa clara y su perspicaz sentido del humor en las grandes obras de la literatura universal con prólogos y notas fundamentales para su entendimiento y disfrute.

Cultura unde abiit, libertas nunquam redit.
Donde no hay cultura, la libertad no existe.

El Editor

PROLOGO

EL PAIS DE LOS «HIJOS DEL CIELO»

No se sabe nada sobre los orígenes de la China. La cronología no ofrece seguridad alguna sino a partir del siglo VIII antes de nuestra era. Los chinos, divididos en pequeños principados feudales, ocupaban entonces la cuenca media del río Amarillo, rodeados por todas partes de bárbaros. Los señores reconocían la autoridad de los «Hijos del cielo», reyes de la dinastía Tcheu, que habían sucedido, según parece, a las dinastías Hia y Yin. Del siglo VIII a. de C. al VI a. de C., varios Estados feudales trataron de obtener la supremacía. Del siglo V a. de C. al siglo II a. de C., la lucha se circunscribió entre dos de ellos: Ts-in y Tch-u. En el siglo III a. de C., Ts-in realizó la unidad de China, creó el Imperio y empezó la lucha contra los Hiong-nu. A partir de este momento se sucedieron diversas dinastías imperiales. Los Han (siglo II a. de C., II d.C.) acabaron la unificación del Imperio y colonizaron toda la cuenca del río Azul; tras destruir el poder de los Hiong-nu, se pusieron en contacto con los tibetanos y establecieron relaciones con diferentes pueblos de Asia Central. En esta época fue cuando el budismo se introdujo en China.

Los Tang (siglos VII al IX), tras rehacer la unidad del Imperio, que había vuelto a dividirse en numerosos principados, lucharon contra los turcos y conquistaron la mayor parte de Asia, hasta la Dzungaria; pero luego fueron vencidos por una coalición de árabes y tibetanos. Por entonces, el comercio chino penetró profundamente en Europa por el camino de la seda y por las vías marítimas. Tras un período aún de feudalismo disgregante, los Sing (960–1280) gobernaron en toda la China; pero, vencidos por los tártaros, tuvieron que refugiarse en la China del Sur; los tártaros fueron vencidos, a su vez, por la invasión mongola. Con la dinastía de los Yuan, efímera dinastía mongola, coincidió una larga expansión política y comercial, y fue entonces, cuando la China se abrió a los extranjeros y a la propaganda cristiana. Una reacción nacional trajo al poder a la dinastía de los Ming, que fueron reemplazados por otra dinastía extranjera: la de los Tsing (1644–1912).

Los primeros emperadores de esta dinastía volvieron a emprender la conquista del Asia Central; pero sus sucesores fueron molestados por los progresos rusos en Siberia y la llegada y establecimiento al sur, con pretextos culturales y de protección (comerciales y coloniales en realidad), de diferentes Estados europeos. Vencidos por Inglaterra, Francia y el Japón, que resucitaba rápidamente, tuvieron que ceder la soberanía de Anam, Corea y Formosa y abrir a los extranjeros las puertas del resto del Imperio (1839–1895), y con todo ello encender el avispero.

Un movimiento nacionalista (el asunto llamado de los «Boxers», 1898–1900) contra los intrusos extranjeros que se habían hecho conceder por la fuerza diversos territorios chinos en una especie de arriendo, originó la intervención de ocho naciones, entre ellas el

Japón, para quien aquel vecino enorme, blando y sin organización ni fuerza, era bocado fácil y apetitoso; terreno ideal para su expansión (1).

La guerra ruso-japonesa, que tuvo lugar, por cierto, en territorio chino, dio ocasión al establecimiento de los japoneses en Manchuria y Corea. Tanta humillación y desastre hizo impopular a la dinastía reinante, ocasionando la revolución al sur, en Cantón, dirigida por Sun Yat-sen, médico chino, educado en Europa, protestante y socialista, y la proclamación de la República. El norte, tras el suicidio de Yuan Che-kai, que de virrey se había erigido en emperador, comenzó un período de dictaduras militares y de anarquía, que no acabó sino cuando Tchang Kai-chek, sucesor de Sun Yat-sen, muerto en 1925, entró en Pekín (1928) y se hizo proclamar presidente de la República.

Luego fue la ocupación de Manchuria por los japoneses en 1931, la de la provincia de Jehol en 1932 y la formación del Estado independiente del Manchukuo, al frente del cual los invasores pusieron a un rey fantasma: a Pu-Yi, heredero destronado de la caída dinastía Mandchu. Resultado de todo ello: la guerra chino-japonesa, en la que este país no pudo obtener un triunfo definitivo a causa de la ayuda eficaz y descarada prestada a los chinos por Inglaterra, los Estados Unidos y la U.R.S.S.

En 1941, China declaró la guerra al Eje (Alemania, Italia, Japón) y luchó junto a los aliados en Birmania. La derrota de los japoneses devolvió a los chinos cuantos territorios les habían arrebatado aquéllos; pero al mismo tiempo estalló la rivalidad entre el partido comunista (que había aprovechado las luchas y desórdenes anteriores de su país para organizarse poderosamente, apoyado por la Rusia soviética) y el nacionalista de Tchang Kai-chek. Dueños los comunistas de la China del Norte desde 1947, continuaron progresando, y en 1949, tras apoderarse de Shanghai y amenazar Nankín, obligaron a Tchang Kai-chek a refugiarse en Formosa.

Al punto se inició la supremacía de Mao.

LAS PRIMERAS MISIONES EN CHINA

Como dicho queda, fue la dinastía mongola la que abrió el misterioso país de Oriente a los extranjeros, y con ello, a la propaganda cristiana. Recuérdese que Marco Polo (1254–1323) llegó a China, luego de haber atravesado Badakhchan y el desierto de Gobi, siendo recibido favorablemente por el Gran Khan (Kublai-khan), de cuya personalidad, corte, grandeza y dominios hizo tan brillante y fabulosa relación en su libro. Pero esta primera propaganda cristiana, empezada con los mongoles por misiones tanto católicas como protestantes, se vio pronto interrumpida, no volviendo a iniciarse seriamente sino a principios del siglo XVII, desde cuya época ha continuado de una manera regular, bien que con suerte varia, hasta el advenimiento de la República china, en que pudo intensificarse gracias a la proclamación por el nuevo Estado de la libertad de cultos. Actualmente, con el comunismo, parece haber entrado en una fase menos favorable. Pero dejemos esto, mal conocido aún, para ocuparnos de algo de mucho interés; es decir, del estado social y religioso del enorme Imperio de los «Hijos del Cielo» cuando los misioneros jesuitas, a principios del siglo XVII, volvieron a pisar el suelo del Celeste Imperio.

LA GRAN SORPRESA

China fue siempre un pueblo, o reunión de pueblos, misterioso para los europeos. Si hoy mismo no se sabe gran cosa de la evolución que en él se está realizando, antes de su «comunización» no estábamos tampoco mucho mejor informados. Durante siglos, el Lejano Oriente estuvo totalmente aislado de los focos de civilización occidental. Ni la guerra y el comercio, medios de comunicación por excelencia entre los pueblos, a los que, como a los hombres, nada les mueve tanto como el interés, pudieron quebrantar su aislamiento. Grecia y Roma no parece que tuvieron, o apenas, contacto con el remoto Imperio de los «Hijos del Cielo». Alejandro detuvo sus conquistas muy lejos de sus fronteras de entonces. Fue preciso llegar al siglo XIII, en época de la primera dinastía mongola, para que el remoto y misterioso país empezase al fin a hacerse permeable a la curiosidad europea. Entonces, algunas informaciones inciertas de comerciantes audaces y, sobre todo, los interesantísimos y seguramente exagerados relatos de Marco Polo, empezaron a descorrer un poco el velo que durante tantos siglos había envuelto a quellos nebulosos países lejanos. En fin, en el siglo XVII y siguientes, la audacia, valor y tesón de las misiones, la incontenible expansión comercial, el avance ruso en Siberia, la rapacidad del Japón naciente y las codicias e insolencias europeas en busca de mercados, permitieron descorrer con alguna amplitud el velo que envolvía a la misteriosa esfinge. Velo que ha vuelto a caer no menos espeso desde que el comunismo ha clavado su garra en aquel país.

Pero aquellos ardientes misioneros jesuitas del siglo XVII, ¿qué encontraron, cómo vieron al pueblo chino, en el que tan audaz y valerosamente pusieron sus plantas al comenzar el mencionado siglo? Si juzgamos por ayer mismo (y puede hacerse sin temor a errores graves, dado el mortecino evolucionar hasta hace poco de este pueblo), verían y encontrarían, como fácil es imaginar, un extraño hormiguero humano, víctima físicamente del hambre, de la desigualdad social y de la miseria; espiritualmente, un rebaño oscuro, sumido en cultos extraños, mágicos y supersticiosos, al que unos cuantos mandarines, déspotas e insolentes, imponían su férula arbitraria. Verdadera manada de esclavos, regidos caprichosamente por gobernadores dependientes de un soberano tan misterioso como ridículo e inaccesible. Un pueblo inmenso, cuya religión o religiones eran una mezcla absurda y disparatada de ceremonias extrañas, sacrificios torpes, cultos brujos y pagodas llenas de bonzos pedigüeños e ignorantes y de ídolos grotescos. Un país ideal, en fin, para ser instruido, redimido y liberado.

Y luego, poco a poco, a medida que los portadores de la nueva fe fueron aprendiendo el idioma y conociendo verdaderamente almas y país, sus costumbres y, sobre todo, su pasado, ¡la gran sorpresa!

Es decir, la serie de sorpresas sucesivas que les fueron enseñando: primero, que aquel pueblo, tan necesitado de ayuda, aquel pueblo hambriento y atrasado, había sido la cuna de la civilización humana; segundo, que sus religiones habían tenido como base otras de una sabiduría y de una moral asombrosamente perfectas. En fin, que jamás una doctrina religiosa conserva mucho tiempo su pureza original, sino que pronto, al contrario, se desfigura y torna imposible de reconocer a causa de su mezcla con los restos de los elementos atávicos de las religiones precedentes; de tal modo, que en el transcurso de los tiempos sus adeptos acaban por poner «religiosamente» en práctica, o sea con todo celo y buena fe, preceptos diametralmente opuestos y hasta contrarios a los de su fundador.

Por muy dichosos, en efecto, se debieron de dar aquellos buenos misioneros, de que la casualidad hubiese hecho nacer en China sabios de una inteligencia tan clara y de un espíritu tan noble y tolerante cual los fundadores de los sistemas religiosos y morales seguidos por los hombres que pretendían evangelizar, pues de otro modo diversa hubiese sido su suerte y muy distinta la afable acogida que obtuvieron.

¿Quiere esto decir que las ideas admirables de aquellos sabios ilustres siguiesen enteramente en vigor? Evidentemente, no, puesto que, siendo los ideales de los pueblos lo que más contribuye a su grandeza, y dominando siempre a las otras naciones aquellas que poseen los ideales más elevados, no hubiese podido el pueblo chino llegar al estado de decadencia y abatimiento espiritual y material en que le encontraban, de haberse conservado intacta la grandeza del tesoro moral de aquellos antiguos filósofos.

Pero veamos un poco estos sistemas religiosos a que hago referencia, cuya tolerante moral permitió a los misioneros jesuitas empezar a batir en brecha, sin grave perjuicio personal para ellos, lo que los hombres suelen defender de ordinario con más fanático tesón: sus creencias religiosas.

LAS RELIGIONES DE CHINA

Cuando las doctrinas de los Evangelios empezaron a intentar abrirse paso en el Imperio chino, había en este vasto país tres religiones oficiales o, si se quiere, tres manifestaciones diferentes, puesto que las tres se completaban, de la religión admitida, a saber: el confucismo, el taoísmo y el budismo. Las dos primeras, originarias del país; la última, importada, bien que ya perfectamente aclimatada y admitida desde el siglo I de nuestra era.

Digo que se completaban porque cada una de ellas por sí sola no era capaz de satisfacer esa inquietud espiritual, mezcla de temor, duda, interés y esperanza que hace a las criaturas religiosas. Temor y duda de que la muerte no acabe con las sensaciones; interés y esperanza de obtener algo bueno en el más allá; y, por ello, el tratar de atraerse, mediante preces y ofrendas, el favor de los seres a los que temen y de los que esperan.

El confucismo, filosofía más que religión propiamente dicha, sólo hubiese bastado para aquellos que, seguros de la fuerza de sus creencias, cruzaban la vida protegidos por una serena calma estoica. Los perseguidos, en cambio, por dudas ultraterrenas hallaban un bálsamo consolador en las doctrinas metafísicas del budismo. Los aún más perseguidos por los temores de lo desconocido, por las tinieblas del más allá y por la duda de lo que pudiera existir tras la muerte, éstos encontraban en los dogmas taoístas con qué dar paz a su espíritu atormentado.

¿Cómo y en qué proporción estaban (y están aún) repartidas las tres creencias?

Preciso es reconocer, ante todo, que siempre, en el transcurso de los siglos, el confucismo fue la doctrina predominante en la corte y entre los hombres letrados. Como es preciso declarar que si budismo y taoísmo fueron constantemente tolerantes con su rival, éste no se mostró asimismo tan transigente, bien que sus persecuciones no adquiriesen jamás el grado de fanatismo y de crueldad de las persecuciones religiosas en Occidente. Y ello, sin duda, porque, siendo el confucismo, como dicho queda, más bien filosofía que religión, jamás una filosofía empuja a sus adeptos a persecuciones implacables. Además, si en Occidente las guerras políticas fueron siempre sostenidas por violentos celos religiosos, en China, por el contrario, se ha sabido dar carácter religioso, para justificarlas, a la mayor parte de las luchas políticas (2).

Todo ello daba como resultado que si los letrados confucistas despreciaban el budismo, el taoísmo y a su clero, muy inferior a ellos en cultura, el pueblo, sin hacer una distinción especial entre las tres creencias, usaba las tres religiones, aplicando los preceptos de cada una como mejor convenía a cada circunstancia y a cada momento. Así, el dicho chino «las tres religiones no hacen sino una» era la regla general, regla que permitía a cada uno ir al templo que más le placía (3).

Por supuesto, ni Confucio ni Laotsé, padre del taoísmo, fueron verdaderos fundadores de religiones. Cuanto hicieron, como Sakiamuni, fue modificar y adaptar a nuevas condiciones de vida y a otras necesidades espirituales sistemas religiosos ya anticuados. Las religiones, como todo lo humano, son hijas del tiempo y del espacio: en éste nacen y en aquél mueren. Confucio, al infundir nueva vida a la envejecida sabiduría antigua del pueblo chino, tomó la vía político-religiosa; Laotsé, la ascético-mística (4). Pero si el confucismo había degenerado en el transcurso de los siglos, en el taoísmo no prendió menos pronto el antiguo animismo espiritualista y mágico que en China, como en todos los pueblos, fue la primera religión organizada (5).

De donde resulta que la religión que encontraron aquellos animosos misioneros del siglo XVII al llegar a China, la religión dominante en el país entonces, como ahora (6), fue una mezcla de las tres grandes doctrinas implantadas sobre la primitiva magia religiosa, de cuyas supersticiones tan sólo los letrados confucistas superiores han estado siempre alejados.

Ahora bien, las tres religiones implantadas sobre la primitiva magia ¿eran las de aquellos tres hombres eminentes?

En modo alguno. Lo que hallaron fue una torpe amalgama del antiguo animismo espiritualista y mágico con las doctrinas ya muy degeneradas y modificadas de los tres fundadores. Amalgama en la que predominaban las prácticas mágicas, que no eran, en realidad, ni confucistas ni taoístas, sino que constituían una mezcla de ambos cultos a lo que se añadían prácticas budistas. Tal era la religión del pueblo y del letrado medio confucista, lleno también de supersticiones, a las que los taoístas se entregaban asimismo.

Es decir, que el confucismo aquel, lejos de ser el culto moral de otros tiempos, se entregaba a un animismo que permitía la adoración de dioses y demonios. Entre aquéllos estaba el Cielo, divinidad suprema y que no era en modo alguno el lugar reservado a los justos tras la muerte, sino que se tomaba esta palabra en un sentido más lato al que daban los misioneros católicos a la palabra Providencia; pero sin unir a ella ninguna idea personal.

Por supuesto, la religión de Confucio siempre tuvo sus raíces en el animismo. En aquel animismo primitivo, que fue la primera religión propiamente dicha de China; animismo que inculcaba el culto de las fuerzas de la Naturaleza y el de los espíritus que mandaban en los fenómenos naturales (7); espíritus, claro está, que dependían, a su vez, de un Soberano Supremo personal, que gobernaba la creación entera. Más tarde, la idolatría búdica y el culto taoísta a los héroes movieron a canonizar a los guerreros y a los hombres de Estado (8), lo que, unido al culto en honor de los muertos y a los sacrificios, daban aquel caos religioso, tan distinto de las primitivas doctrinas de Laotsé y de Confucio.

En resumen, el confucismo comprendía entonces, cuando los misioneros del siglo XVII, cual comprende aún hoy, además de la forma muy degenerada del primitivo culto aconsejado y seguido por Confucio mismo, el culto a él mismo y a algunos de sus discípulos (9). El taoísmo veneraba a sus divinidades y observaba las prácticas de su escuela, muy degeneradas a su vez, pues tras haber abandonado la búsqueda de lo absoluto y de la inmortalidad, se daba, y sigue dándose, a la brujería, a la taumaturgia y a la práctica y culto de la magia anterior a Laotsé y a Confucio. Añádase a esto las prácticas budistas, muy particularmente sus oficios por los muertos, y las seguidas por una decena de millones de musulmanes, y tendremos completo el cuadro religioso que hallaron al llegar a China aquellos misioneros jesuitas. Que, por cierto, una vez versados en la lengua y ya conocedores de la obra y méritos de los dos grandes sabios, muy particularmente de Confucio; admirados de su sorprendente y profunda sabiduría, de sus enseñanzas tan morales y perfectas y al darse cuenta de que, gracias a él, que había recogido en sus libros los documentos más antiguos de la historia del Mundo, la civilización china podía considerarse como la primera no solamente en origen, sino en perfección; en fin, ante la alta razón y sentido eminentemente moral que presidía la obra del gran Maestro, propusieron al Papa de Roma que le incluyese entre los Santos de la Iglesia.

No fueron escuchados, claro; pero el gesto fue generoso y noble. Ir a enseñar y encontrarse que tenían que aprender; a llevar cultura y enfrentarse con otra que moralmente no podían sobrepujar; portadores de civilización y tener que detenerse ante otra más avanzada, y reconocer todo esto e inclinarse ante ello, fue justo y fue hermoso. Porque, en efecto, ¿dónde encontrar, fuera del «Chu-King», ideas más puras sobre la divinidad y su acción continua y benéfica sobre el Mundo? ¿Dónde una más elevada filosofía? ¿Dónde que la razón humana haya estado jamás mejor representada? ¿En qué libro sagrado de cualquier tiempo, máximas más hermosas? ¿E ideas más nobles y elevadas que en el «Lun-Yu», ni una filosofía como la de las «Conversaciones», que, lejos de perderse en especulaciones vanas, alcanza con sus preceptos a todas las ocasiones de la vida y a todas las relaciones sociales, y cuya base primordial es la constante mejora de sí mismo y de los demás?

He aquí por qué Confucio, tras él, Mencio (10), y más tarde Tchu-hi (11) deben ocupar puestos preeminentes entre los genios que an iluminado con su brillo el camino de la humanidad, guiándola por la senda de la civilización y del verdadero progreso.

Mientras que otras naciones de la tierra levantaban por todas partes templos a dioses imaginarios (a animales muchas veces) o a divinidades imposibles, brutales, crueles y sanguinarias, es decir, a su imagen, los chinos los erigían en honor del apóstol de la sabiduría y de la tolerancia, del gran maestro de la moral y de la virtud: Confucio.

Veamos quién era y cómo era este gran hombre, a quien la admiración de sus compatriotas llevó a los altares.

LA VIDA

Kung-Fu-Tsé (12) vio la luz, según se dice, el décimo mes del año 552 a. de C. (13). Su padre, Schu-Liang-Ho, antiguo guerrero, viejo ya y temiendo morir sin sucesor varón que continuase celebrando el culto a los antepasados, pues de su mujer legítima no tenía sino nueve hijas (14), repudió a ésta y solicitó en matrimonio a una de las tres herederas de otra familia honorable: de cierto caballero de la casa de Yen. Este reunió a sus hijas y las hizo saber el propósito y cualidades del setentón, y ante el silencio elocuente de sus hermanas, la más pequeña aceptó la carga. Meses después nacía el futuro maestro, que fue denominado primeramente Kin (15).

A propósito de su infancia se dice que gustaba entretenerse imitando las ceremonias rituales y limpiando y ordenando cuidadosamente las vasijas destinadas a los sacrificios (16). Fuera de este detalle, todo lo relativo a sus primeros años ha pasado sumido en un razonable silencio (17).

A los diecinueve años contrajo matrimonio y, como era pobre, tuvo que aceptar para poder vivir varias colocaciones subalternas, en las que pronto se hizo notar a causa de su escrupuloso celo en el cumplimiento de sus obligaciones (18). Este celo, unido a la inteligencia y buen juicio que demostró en la administración de sus cargos, debieron atraer ya sobre él la atención pública. Las diferencias y querellas entre los proveedores de granos y los pastores, con los cuales tuvo que tratar, debieron darle ocasión más de una vez para que demostrase, interviniendo, cualidades de sensatez, prudencia, buen juicio y rectitud, que empezaron a labrar en torno suyo la aureola de sabio, que ya no hizo sino crecer de día en día. Por su parte, pronto debió comprender claramente cuán necesario era en una época tan revuelta y turbada cual en la que vivía, simplificar el enmarañadísimo tinglado de la moral y enseñanzas tradicionales, y sintiéndose con ánimos para llevar a cabo tan ardua labor, se aplicó al estudio, con la esperanza de hacer llegar al pueblo la esencia y virtud de aquella ciencia antigua que tal cual estaba no comprendían. Y fue por entonces, en plena juventud y en pleno ardor, cuando tuvo el atisbo genial de enunciar su «regía de oro», la sublime máxima sobre la que tantas veces se ha vuelto después: «No hagáis a otros lo que no quisierais que os hiciesen a vosotros mismos» (19).

De su vida privada se sabe muy poco. De su mujer, nada o casi nada. Tuvo con ella un hijo y dos hijas. El hijo murió el año 482, año particularmente funesto para Confucio, puesto que la muerte le arrebató también a Yan-Hui, su discípulo predilecto, el que mejor le comprendía (20). En cambio, el hijo de Confucio no tenía la grandeza de su padre; parece ser que era tranquilo y poco sobresaliente. Murió a los cincuenta años, tras haber vivido inadvertido. Dejó un hijo de treinta, llamado Tsi Si, que llegó a ser, tras la muerte de su abuelo, un jefe de escuela estimable.

El matrimonio de Confucio no duró sino cuatro años. La ruptura debió de tener lugar de un modo efectivo, y por causa, la larga ausencia de Kungtsé con motivo de la muerte de su madre.

En efecto, Confucio, siguiendo la costumbre de su época, que obligaba a los hijos a un prolongado retiro cuando morían sus padres, permaneció recogido durante veintisiete meses, y seguramente entregado a la meditación de sus planes futuros, al morir su madre, a la que, por lo visto (debía de ser una mujer delicada e inteligente), le unía un afecto singular. La enterró junto a su padre, en Fang. Por el «Libro de los Ritos» y por uno de los libros de las «Conversaciones» se tienen noticias bastantes precisas de todos estos sucesos (21).

Acabado el duelo empezó su verdadera vida de maestro. Con su mujer no volvió a tener relación alguna; con otra mujer cualquiera, tampoco. Toda su vida no fue ya sino ejemplo y enseñanza. Y peregrinación de un Estado a otro, ofreciendo sus servicios, sus consejos y su ejemplo.

En realidad, poco después de su matrimonio había empezado ya a enseñar y a tener discípulos, pese a su temprana edad (veintidós o veintitrés años), porque su sabiduría, según se cuenta, era muy grande. Pero, tras el retiro, su existencia entera no fue ya otra cosa. Tanto más cuanto que entonces pudo hacer beneficiar a los que le seguían, cuyo número aumentaba incesantemente (se cuenta que llegó a tener 3.000 discípulos), del fruto de sus meditaciones junto a la tumba de sus padres.

Las enseñanzas de Confucio, sin contar las ocasiones que su vida errante le ofrecía de decir y aconsejar, comprendían conocimientos fijos a propósito de historia, literatura, moral y, sobre todo, música y política. Hasta él podían llegar y ser sus discípulos no solamente los hijos de las familias ricas, sino los pobres. Amor hacia la virtud y espíritu de trabajo era cuanto exigía para ser seguido. El secreto de su éxito estaba, por lo demás, tanto en su palabra como en su ejemplo (22). Como Sócrates, Confucio debía de ser uno de esos hombres de tan certero juicio y perfecta honradez cívica, de tan austera moral y tal pureza de vida, de costumbres tan equilibradas y sanas, que se buscaba con avidez su compañía y su consejo. Por otra parte, su talento natural y su innato conocimiento de los hombres le habían dado sin duda desde muy pronto, esa experiencia de la vida que de ordinario tan sólo se consigue a fuerza de tiempo, de dolores y de desengaños. Todo ello, unido a su certero instinto pedagógico, hacía de él un maestro perfecto. Además, un fondo de segura razón y un perfecto equilibrio espiritual que le hacían huir siempre tanto de lo sobrenatural como de lo revolucionario y violento, su delicadeza de sentimientos y su profunda humanidad, hacían de él un refugio tan placentero como razonable y seguro (23).

Por entonces, tendría Confucio treinta años, puede situarse su gran viaje a Lo, capital del antiguo reino Tschu (24), viaje que le permitió, entre otras grandes emociones, conocer a Laotsé o Lao Tan, que era a la sazón bibliotecario de la corte y que gozaba de grandísimo prestigio (25).

Laotsé, que no creía en los dioses ni en los seres sobrenaturales, dio sabios consejos a su visitante (26). Tras esta entrevista viene un período de cerca de veinte años, durante los cuales el maestro viaja, enseña y se pone en contacto con diferentes príncipes, en cuyas rivalidades y querellas interviene, solicitado por ellos. Cierto que, en general, de modo no muy fructuoso, pues nada más arisco a los ambiciosos y violentos que los consejos prudentes. Y doblaba ya los cincuenta cuando el príncipe de Lu le hizo, primero, ministro de Trabajos Públicos (27), y un año más tarde, ministro de Justicia (28). En este cargo sus ideas se revelaron no menos prácticas que en el anterior, y sus procedimientos de administración de justicia dieron resultado excelente (29).

No obstante, Confucio no ejerció el cargo sino cuatro años. Cuando en el vecino Estado de Tsi supieron que había sido elevado a tan importante puesto, temiendo que, gracias a sus consejos, el país que los recibía se engrandeciese demasiado, llenos de recelo y de temor, pues nada más peligroso para el débil que la proximidad del fuerte, decidieron anularle. Es decir, contrarrestar su obra de rectitud y depuración de costumbres. Y escogiendo para ello una compañía de ochenta danzarinas diestras no solamente en tocar toda clase de instrumentos sino en las artes de seducción, se las enviaron al duque de Lu, sabiendo muy bien cuál era el flaco de este príncipe. Y, en efecto, no tardó el libertino en abandonar con alegría la severa vida a que Confucio le había constreñido con sus consejos y ejemplos, para entregarse de nuevo a los placeres carnales y a toda suerte de desarreglos y extravíos. Entonces, Confucio, al ver, tras varios días en que inútilmente trató de obtener audiencia de su soberano, que cuanto había hecho durante muchos meses se había venido al suelo, abandonó su cargo y hasta el país, y se marchó desilusionado y decidido a no ofrecer sus servicios sino a un hombre íntegro, si le encontraba. Luego, tras trece años de buscar en vano, volvió a Lu. Pero, en vez de entrar otra vez al servicio del duque, dedicó el tiempo que le quedó de vida, de sesenta y ocho a setenta y dos años, a continuar su magna labor de extractar los textos clásicos. Al comenzar el verano del año 479 se extinguió la vida terrenal del maestro. Parece ser que ciertos ensueños que tuvo le anunciaron su próximo fin y le prepararon a él. Según se afirma, se vio en ellos sentado en el templo entre pilastras rojas. También se dice que una mañana se levantó al alba y paseó por el patio, cantando, dificultosamente: «El taischan se derrumba, la viga se rompe, el sabio termina su vida.» Luego volvió a su habitación y guardó silencio. Tsi Kung le preguntó qué significaba su canción. Entonces Confucio, tras referirle su sueño, añadió: «No veo ningún rey sabio. ¿Quién podría escucharme? ¡Tengo que morir!» Luego se acostó en su lecho y tras lenta agonía, que duró siete días, acabó (30).

EL HOMBRE

Cuando hoy, al cabo de veinticinco siglos, pensamos en Confucio y en su obra, lo primero que nos viene a la imaginación es el viejo dicho: «Nadie es profeta en su patria.» Inmediatamente, que así como la vida aparece fatalmente allí donde las condiciones de existencia son favorables o desaparece si las circunstancias y el medio le son adversos, del mismo modo los grandes hombres, los conductores de la humanidad, surgen como algo imprescindible y necesario en medio de las grandes crisis sociales. Es decir, cuando las condiciones de la vida social son tan críticas, que la aparición de un cerebro salvador se hace absolutamente necesaria. Diríase que una ley fatal y superior, una ley de necesidad inevitable, les obliga a nacer, como a la vida misma.

Confucio surgió en medio de uno de los períodos más turbulentos de la historia de su patria (31). El país, en pleno feudalismo, era una serie de ducados o principados, cuyos señores, más fuertes que el soberano nominal, vivían en plena disputa, tratando de medrar a costa de los vecinos inmediatos. Ministros, aún más ambiciosos y venales que ellos mismos, les empujaban a una existencia de engaño, de lucha y de rapiña. En tales condiciones de mando, el pueblo no era sino un rebaño de esclavos, destinado a agotarse bajo el látigo de los recaudadores de impuestos, cuando no eran arrancados de los campos y obligados a combatir, sin provecho alguno para ellos, en pro de verdaderos tiranos (32).

Ante tal estado social, ¿qué se propuso Confucio con sus enseñanzas y qué resultado obtuvo? No es difícil responder a ambas cuestiones. El fin que se proponía Confucio era, ante todo, la renovación del Estado. Fin doble, en realidad: político y moral. Políticamente, volver a la antigua edad de oro, al antiguo esplendor y autoridad de las pasadas dinastías. Moralmente, empujar a los hombres que dirigían, a aquella serie de tiranos sin fe ni ley, a las antiguas virtudes de otros tiempos. Y a los que obedecían, a las víctimas, pues la renovación social para ser completa había de ser total, a una mayor perfección asimismo, y con ello, a una vida mejor.

¿Cuál fue el resultado de sus esfuerzos? Nulo. Al menos por el momento. Como el de todos los reformadores pacíficos. Que es norma universal del hombre vulgar, no entender, no plegarse, no querer incluso sino una sola ley: la fuerza. Por ello, Confucio, si cierto es que siempre estuvo rodeado de un nutridísimo grupo de discípulos que le admiraban y le seguían, no es menos cierto que ni los altos ni los bajos le comprendieron. Los príncipes, porque si su talento y experiencia les fue útil en algunas ocasiones, como maestro y como filósofo seguramente no pasó para ellos de ser un visionario pedante, imbuido de ideas arcaicas imposibles de aplicar. En cuanto al pueblo, el pueblo impulsivo e irrazonable, como los niños, no sonríe sino al que le da, ni cede sino ante el que le castiga. Y Confucio era un ejemplo, un libro; no un látigo.

Como hombre, además, un ser que hoy no podemos, menos de encontrar algo extraño.

En efecto, leyendo el capítulo décimo de las «Analectas», donde están expuestas sus costumbres, nos le imaginamos como un personaje aferrado a un formalismo que forzosamente tiene que parecernos exagerado. Autómata de las viejas costumbres de su país, ni en público ni en privado se permitía contravenir a aquella especie de cortesía ritual, que era para él como el atrio de su moral y la antesala de su filosofía. Meticuloso en grado sumo ante los demás, no lo era menos consigo mismo hasta en los actos más corrientes de la vida. Por ejemplo, respecto al modo de tenderse en el lecho para descansar. En el libro X, capítulo 9, de las «Analectas» leemos: «No se sentaba sobre estera de no estar colocada convenientemente.» Este rigorismo formulista le empujó, pese a ser amable y bueno, a envolverse siempre en una reservada dignidad que le alejaba de toda familiaridad incluso con las personas de su familia (33). Tal manera de ser y de proceder induce a pensar que tal vez no es exagerado afirmar que su familia descendía de la antigua casa real de Yin, monarcas que reinaron en el Estado de Sung; pues sólo a causa de una larga tradición de orgullosa y raras veces justificada superioridad, se pueden alcanzar gustos tan exageradamente remilgados. Cierto que una necia emulación en los tontos de capirote produce con frecuencia los mismos efectos. Pero éste no era el caso de Confucio.

Ni que decir tiene que si era formalista en su manera de obrar era porque tal modo de ser correspondía en él a sus concepciones de la dignidad personal y a sus ideas morales y mentales. La palabra «formalismo» concreta, pues, no tan sólo su modo de obrar sino su carácter.

En efecto, dueño enteramente de sí mismo, esclavo de sus deberes a la práctica de los cuales, práctica rigurosísima, escrupulosísima, unía una urbanidad y una cortesía que hacía profunda impresión no solamente en sus discípulos, sino en quienes ocupaban una posición más elevada que la suya, fue siempre lo que en otra época hubiera podido calificarse de caballero perfecto. Tanto más cuanto que una depuradísima idea del honor y de la dignidad propia, le impidió siempre, que ni esta cortesía ni el respeto que debía a sus superiores sociales, degenerase en servilismo. Precisamente tal vez uno de sus mayores méritos fue éste: conservar una vida pura, limpia y elegante en medio de una generación, muy especialmente en las clases elevadas que frecuentaba, tan profundamente corrompida (34).

De ésta su manera de ser puede deducirse el carácter de sus enseñanzas. Así, su moral es, como tenía que ocurrir, excelente y práctica; pero también seca, rígida, sin contacto alguno con lo imaginativo y sentimental (35). Ello no le impidió ser el verdadero apóstol de la ética de su país, y por ello, de la nueva religión (36). Sus cinco virtudes cardinales eran la bondad, la equidad, el decoro (decencia), la prudencia (sabiduría) y la sinceridad. El príncipe debía de ser el modelo de estas virtudes. La moralidad y las ceremonias religiosas, las grandes panaceas contra las enfermedades sociales. Los deberes respecto a los padres, sagrados. El respeto hacia los mayores, conveniente y necesario. El adulterio, el más grave de los pecados. La lealtad con el príncipe y con los amigos, una obligación inexcusable. La rectitud, el dominio de sí mismo, la cortesía y la moderación, cualidades esenciales. Ni la riqueza ni los honores, comparables al carácter moral. Todas las ventajas materiales, nada al lado de una sólida instrucción y una perfecta moralidad. Lo que daba valor al hombre, no la riqueza, sino la virtud. Los prejuicios, preciso siempre desembarazarse de ellos y juzgar con imparcialidad. Fiarse, tan sólo de los hombres virtuosos. Los habladores, poco seguros. En una palabra, el «summun bonum» de Confucio no era el placer, los honores y las riquezas, sino la virtud, la cual sólo se adquiría a fuerza de energía y de voluntad (37).

Sí, no hay más remedio que reconocer que Confucio fue un admirable moralista. También y por ello mismo que su verdadero papel fue el de maestro. Pero no maestro teórico, sino vulgarizador. Profesor más que teólogo.

Confucio fue, ante todo, un vulgarizador. Un hombre de acción dentro de los límites sanos de la virtud y de la sabiduría. Como Sócrates, que tanto se le parece. Todos los jefes religiosos, por supuesto, lo han sido. Pero si juzgamos por el número de los que han sufrido la influencia de las máximas vulgarizadoras de un maestro, ninguno ha ejercido tanta influencia como él ni ha sido tan escuchado como él.

Por su parte, de cuantos motivos constituían sus enseñanzas, la política era, como ya he indicado, a lo que daba preferencia. La religión no la consideraba sino como un medio, mientras que el arte de gobernar era para Confucio el soberano y verdadero fin. En lo que afectaba a la religión, limitábase, como dicho queda también, a no oponerse ni hacer objeciones a lo acostumbrado en este dominio, bien que se negase obstinadamente a toda discusión sobre lo desconocido; todo exactamente como Sócrates. En cambio, el estudio de los medios para conseguir un buen gobierno fue la preocupación dominante de su vida. Tanto, que si alguno de sus discípulos se distinguía por sus cualidades administrativas o su talento oratorio, le estimaba muy particularmente. Y en esto precisamente se diferenciaba del otro gran reformador de su tiempo: Laotsé. Confucio jamás hubiese dicho, como él, que «retirarse en la oscuridad es la vía del cielo» («Tao-Te-King», IX, 2), pues, para Kungtsé, la verdadera vía era y fue, buscar un buen método de gobierno. Un gobierno práctico y capaz de restablecer el orden y acabar con la anarquía que imperaba en el país. Laotsé, por su parte, deploraba también la dislocación de la sociedad, la ambición, el bandidaje de los grandes y el bandolerismo reinante, así como las miserias que abrumaban al pueblo; pero nada hubiese hecho por evitarlo. Mientras que Confucio no solamente predicaba con este objeto, sino que su deseo más ardiente fue poder aplicar sus teorías desde un puesto elevado. Claro que como no era un ávido de honores ni un ambicioso de gloria o de riquezas, sino un verdadero maestro y un apóstol de lo bueno, de la verdad y de la justicia; un hombre puro con alma de redentor, que si deseaba mandar no era por vanagloria ni por deseo de beneficio propio, sino, al contrario, con amor de padre, deseando procurar al pueblo una vida mejor mediante una honesta gestión de los negocios públicos; a causa de todo ello, ni se humilló jamás por obtener un cargo, ni cuando al fin le fue ofrecido dudó en abandonarlo al no verse comprendido y seguido por su soberano.

Nadie, por otra parte, ha contribuido tanto como Confucio a la instrucción personal del hombre, y la difusión de la instrucción en China puede decirse que obra suya es. A este efecto, sus libros (que, por lo menos, hasta el advenimiento de la República, en que empezaron a ser severamente criticados, eran los textos clásicos de enseñanza) jugaron un papel importantísimo, siquiera no fuese sino por el hecho de haber puesto al alcance de todos la ciencia antigua, hasta él tan difícil de comprender a causa de su cuantía y abstracción.

En efecto, la importancia que Confucio atribuía a la instrucción era tal, que afirmaba que el primer deber de un buen Gobierno era preocuparse de ella. Pues decía estar seguro de que la fuerza de un Estado depende de la instrucción de sus ciudadanos.

Como medios de alcanzar este fin no recomendaba la religión, sino la poesía, la música, las ceremonias y el tiro con el arco.

La poesía, porque, a su juicio, ésta despertaba en el individuo aspiraciones que sin ella no hubiese conseguido nunca.

La música, porque la consideraba como el mejor estímulo para el trabajo. El mismo solía tocar el laúd antes de ponerse a escribir o a instruir a sus discípulos (38).

El observar debidamente las ceremonias era para Confucio también cosa imprescindible. Era como el complemento y perfume de la educación. Sin ello, el hombre más sabio no hubiese sido perfecto. «Un ser hermosísimo, lleno de perfecciones y excelencias, pero cojo.» Ya he indicado que era un hombre esencialmente formalista.

En cuanto al ejercicio de tirar al arco como complemento educativo lo explicaba, no porque desarrollase la fuerza precisamente, pues para él, como para todos los hombres superiores no ha habido jamás otra fuerza verdaderamente digna de tal nombre que la espiritual, sino porque desarrollaba la habilidad y la previsión. En las «Conversaciones» (III, 16) se lee: «Cuando se tira al arco el mérito consiste no en pasar el blanco, sino en dar en su centro, pues los arqueros no tienen todos la misma fuerza.»

Tal era el hombre: prudente, sabio, amanerado, conservador y formalista en grado superlativo. Hombre que hoy encontraríamos un poco extraño y de aspecto temeroso a fuerza de reservado. Pese a lo cual su seducción era tal, que ninguno de sus discípulos, y fueron numerosísimos, pudo separarse de él mientras vivió (39), y que aún al cabo de los siglos parece ser la personificación del espíritu de sus compatriotas (40).

LA OBRA

Hay nueve libros clásicos chinos a los cuales el nombre de Confucio va estrechamente unido. Cinco de ellos son los llamados King; los otros, See-chu o Los Cuatro Libros. Los cinco King son calificados de «clásicos»; los otros son llamados simplemente Los Libros. Los cinco King son:

El Chu-King, libro sagrado por excelencia o libro canónico de la historia.

El Chi-King o libro canónico de los versos.

El Yi-King o libro canónico de las mutaciones (cambios).

El Li-Ki-King o libro canónico de los ritos; y

El Tch-uent s-ieu-King o Libro canónico de la Primavera y del Otoño.

A estos cinco libros se suele añadir a veces el Hio-Ling o libro canónico de la piedad filial.

Los See-chu son las conversaciones de Confucio con sus discípulos u otros personajes contemporáneos y sus máximas y opiniones sobre cuestiones morales y políticas, de las cuales el Chu-King viene a ser como la fuente. Estos cuatro libros son:

El Ta-hio o Gran Estudio, discurso sobre la virtud.

El Tchung-yung o La Invariabilidad en el Medio (El Invariable Medio), que recomienda la calma y la moderación.

El Lun-yu o Conversaciones Filosóficas, reunión de máximas de Confucio. Libro el más apreciado, sobre todo por los extranjeros; y

El Mentgsé (Mencio), que es la obra en que el más célebre de los comentadores del maestro, Mencio, expuso y desarrolló las doctrinas de aquél.

El Gran Estudio se compone de un texto muy corto de Confucio y de los comentarios de uno de sus discípulos. La Doctrina del Medio es la exposición del sabio sobre el hombre superior, recogida por otro de sus discípulos. Las Analectas o Conversaciones Filosóficas son, como su nombre indica, las conversaciones de Confucio con sus discípulos, recogidas por éstos o por los discípulos de éstos (41).

De todos ellos, en conjunto, el más notable es el Chu-King.

En efecto, el Chu-King o «Libro por excelencia» es aquel en el cual Kung-Fu-Tsé reunió, hacia mediados del siglo VI a. de C. los documentos más antiguos de la historia del Mundo. Es decir, documentos que datan nada menos que de dos mil seiscientos años antes de nuestra era (42).

El primero, pues, de los méritos de este libro es ser la expresión de la más antigua de las civilizaciones, pudiendo, a causa de ello, ser considerado como la primera reunión de documentos sobre la historia del Mundo.

Aunque Kungtsé lo redactó, como dicho queda, en la segunda mitad del siglo VI, su redacción no alteró de los textos primitivos sino lo necesario para poner al alcance de todos y dar carácter de enseñanza a los antiguos libros, que eran muy difíciles de comprender a causa no solamente de su estilo, sino de su sentido, muchas veces esotérico. Pero hizo su ímproba labor con tal honradez, que todos los sinólogos están conformes en reconocer la notable antigüedad de estilo de los escritos confucianos, tan diferente del estilo chino moderno, como pueden serlo, por ejemplo, los Evangelios de un código actual.

Otra de las cosas que sorprende inmediatamente en el Chu-King es el sentido eminentemente moral que le inspira y la elevada razón que en él domina. Ello hace considerar el grado admirable de cultura ética a que habían llegado los hombres que escribieron los textos que Confucio reunió y extractó muchos siglos antes no ya de que Grecia y Roma, sino India, Egipto, Caldea, Persia y Babilonia pensaran llegar al grado de civilización que alcanzaron.

Ahora bien, aunque el Chu-King es un libro eminentemente moral, eminentemente práctico, un libro de ejemplos, de normas a seguir para poder ser virtuoso y por ello feliz (como decía asimismo Sócrates), una elevada idea de la divinidad preside toda la obra, y esta felicísima unión entre lo metafísico y lo práctico impregna sus diversos tratados de sana y acertada filosofía.

La idea o ideas que dominan esta filosofía y esta moral son, en síntesis, las siguientes: los príncipes (de origen divino) tienen como misión especial hacer felices a sus súbditos. El ejercicio, pues, de la soberanía no es ni debe ser sino el cumplimiento perfecto de un mandato celestial, que prescribe al príncipe sacrificarse en provecho de su pueblo. El príncipe lo será mientras sea el más digno; si deja de serlo, su alta misión le será retirada. Es decir, una acertada idea, como se ve, de gobierno aristocrático-democrático es preconizada en el «libro por excelencia», y esta idea, perfecta en sí, está sostenida y apoyada en él por una filosofía y una moral de todo punto eminentes (43).

Tales doctrinas y otras no menos honradas, sanas y admirables, son las expuestas en el Chu-King y en los otros cuatro libros clásicos de Kungtsé y sus discípulos, libros que durante generaciones han formado no tan sólo la base del derecho público chino, sino de la instrucción de los letrados de aquel país. Libros explicados y comentados, sin interrupción por filósofos y moralistas, y considerados como lo que son: como verdaderos tesoros de esas verdades eternas, palancas las mejores de la felicidad de los pueblos y bases de toda civilización que merezca verdaderamente el nombre de tal.

De todo ello puede deducirse una primera afirmación, sentada ya unas líneas más arriba: que mucho antes que India, Egipto, Asiria, Caldea, Persia y Babilonia, y cuando aún Atenas y Roma no pensaban en existir, había ya en aquel lejano país de Oriente una civilización que, desde el punto de vista moral, puede considerarse perfecta. Es decir, que cuando tan sólo pueblos cazadores o pastores ocupaban regiones que siglos después serían focos de brillante civilización, ya China poseía una cultura filosófico-moral, que aun hoy podría ser tenida como modelo. Segundo, que si se puede juzgar el valor de un hombre por la importancia de su obra, y de ésta por la influencia que ha ejercido sobre los demás, se comprenderá que no exageran los compatriotas de Confucio asegurando que su gran moralista es «el maestro más grande del género humano que los siglos han producido».

En cuanto a Confucio, si en los cinco libros clásicos, muy particularmente el Chu-King, encierra las doctrinas tradicionales de los sabios antiguos, que él transmitió a la posteridad, en los últimos, donde sus discípulos recogieron sus palabras y sentencias, sobre todo en el Lun Yu o Conversaciones filosóficas, es donde hay que encontrarle. Donde mejor se puede comprender la hermosura de su alma leyendo las nobilísimas ideas en ellas sentadas, su virtud serena, su inteligencia profunda y moderada, el grado, en fin, de civilización que llegar a tales alturas filosóficas y morales representa (44).

Dos palabras aún sobre la suerte de Confucio y de su obra.

El año 212 a. de C., Ts-in Che-huang-ti (el Napoleón de China), enemigo de la filosofía confuciana, hizo buscar y destruir todos los libros, no solamente de Confucio, sino inspirados en sus doctrinas. En 195, Kao-ti derribó la efímera dinastía anterior y, cual suele ocurrir siempre en las rivalidades políticas, hizo desaparecer hasta los vestigios de cuanto se relacionaba y había sido hecho por los vencidos. Kao-ti no solamente se declaró partidario de Confucio, tan torpemente perseguido por Ts-in, sino que para demostrarlo fue en peregrinación hasta la tumba del maestro y sacrificó un buey en su honor.

En el año I d. de C., el Sabio fue canonizado con los títulos de «Duque de Ni, completo e ilustre». Cincuenta y seis años más tarde, el emperador reinante dio orden de asociar a Confucio, que ya escalaba los altares, al culto que se ofrecía al gran duque de Ven, príncipe ideal de los Tcheu. En el año 492, Confucio fue aún agraciado con el título de «Venerable Ni, Sabio total». En 609, la plancha conmemorativa de Confucio fue sacada del templo del duque de Ven y transportada a otro especial construido para él, y templetes semejantes fueron erigidos en todas las escuelas del Imperio. En 657 fue nombrado «Kung, antiguo Maestro, Sabio perfecto». Luego, durante siglos, los sacrificios ofrendados a Confucio fueron del orden de los reservados a los sabios de segundo grado (es decir, divinidades casi totales). Hasta que en el año 1907, centenario de la fundación de las misiones protestantes en China, la emperatriz viuda elevó a Confucio al primer rango celestial, igualándole con ello a «Chang-Ti», divinidad suprema. Claro que esto no fue sino la réplica a la deificación occidental de Jesús.

Durante estos últimos años, el sabio ha sido criticado más libre y severamente que lo había sido jamás en su largo viaje glorioso a través de los siglos hasta escalar el Cielo. El

Gobierno republicano, opuesto a muchas ideas políticas del maestro, prohibió que sus libros fuesen enseñados en las escuelas, como lo habían sido siempre.

De lo que piensen acerca de él los dirigentes de la China comunista actual nada se sabe. Pero no es difícil presumirlo. Lo mismo que Laotsé y el Buda, habrá dejado de ser considerado como dios, o se habrá ordenado al menos que tal se haga (lo que no deja de ser lógico si se tiene en cuenta no tan sólo que los tres personajes no pasaron de ser hombres eminentes, sino que prácticamente los tres eran ateos). Y tanto ellos como sus doctrinas y enseñanzas habrán quedado relegadas a la categoría de antiguallas, dignas, cuando más, de figurar como curiosidades en los manuales de historia, de moral y de filosofía. No obstante, Confucio, como todos los grandes hombres que se han desbordado en amor y caridad hacia sus semejantes, tenía mucho de comunista; claro que a su manera. En la Gran comunidad (Li-Ki, capítulo Li Yun) dice: «Cuando venza la gran verdad, entonces la tierra será propiedad de todos. Se escogerá a los más sabios y a los más competentes para que mantengan la paz y la concordia. Entonces los hombres no amarán sólo a los suyos, no procurarán sólo por sus propios hijos, sino que todos los ancianos tendrán sus últimos días tranquilos, todos los fuertes tendrán su trabajo útil, todos los niños serán estimulados en su crecimiento; los viudos y las viudas, los huérfanos y los solitarios, los débiles y los enfermos encontrarán amparo; los hombres tendrán su empleo, y las mujeres, su hogar. No se querrá que las mercancías se echen a perder; pero tampoco querrá nadie almacenarlas para sí mismo particularmente. No se querrá tampoco que el trabajo quede por hacer, como asimismo nadie querrá realizarlo en ganancia propia. Por eso no harán falta cerraduras, porque no habrá bandidos ni ladrones. Se dejarán abiertas las puertas exteriores. A esto se llama la gran comunidad.» (45).

CONFUCIO, FILOSOFO

Lo primero que sorprende a medida que avanzamos en el conocimiento de la obra de Confucio, es que el confucismo haya sido considerado siempre y siga siendo, considerado como una religión, cuando, en realidad, no pasa de ser un sistema moral. Y no pasa de ser un sistema moral porque, como ya he dicho, el gran maestro chino no fue un fundador de religión (ni se lo propuso, por supuesto), sino solamente, bien que esto en altísimo grado, un moralista y un filósofo.

Ahora bien, si el moralista aparece en cuanto se abre uno de sus libros, ¿en qué sentido podemos afirmar asimismo que Confucio era filósofo?

Si se define al «filósofo» como aquel que estudia, profesa y sabe filosofía, y a ésta como la ciencia que trata de la esencia, propiedades, causas y efectos de las cosas naturales, Confucio no lo era en realidad. Es decir, no era filósofo en el sentido corriente, moderno, europeo, de considerar como tal al que se aplica al estudio de los principios generales, de las causas generales y de su conexión con sus efectos. O sea, del espíritu teórico que se esfuerza por explicar y encadenar los hechos que otros hombres estudiosos (los sabios) observan y describen. Pero si entendemos la palabra «filósofo» en sentido práctico y creador: práctico, en cuanto a regular sus acciones de acuerdo con la razón en vez de con las pasiones, así como en tener suficiente sabiduría y resignación como para colocarse siempre sobre las vicisitudes de la vida y de los hombres vulgares; y creador, por el hecho de aplicarse a todo lo moral y al estudio del hombre, para ver de mejorarle, y con ello a la sociedad, en este sentido Confucio fue el filósofo perfecto, como lo fue Sócrates. Y su filosofía, como la de éste, la mejor y más práctica y útil puesto que no tuvo la ambición de ser una ciencia general de los seres, de los principios y de las causas, sino simplemente del hombre. Y aun de éste, en lo que se refiere solamente a los medios de mejorarle, y con ello, a la sociedad humana, con objeto de que ésta ocupase el lugar debido en el Universo. Y es por esto por lo que Confucio fue triple, como el otro gran pensador griego: fue filósofo, fue moralista y fue maestro. Ahora bien, diferenciándose de Sócrates en que mientras él, mirando hacia atrás, fue un reformador «retrospectivo», que trató de hacer retroceder a la sociedad de su tiempo hasta los ideales transmitidos por la antigüedad, Sócrates, aconsejando no aceptar nada de lo transmitido, ni tradiciones, ni costumbres, ni ideas, ni conocimientos, sino luego de juzgarlos buenos y útiles tras maduro examen, es decir, rompiendo con todo lo adquirido y mirando siempre hacia adelante, fue un reformador «revolucionario».

Y es que cada uno era hijo de un medio diferente. Los grandes principios morales, corolarios de lo que hay de más excelente en la naturaleza humana, se han ofrecido siempre a los grandes espíritus como axiomas, que era preciso propalar e incluso, defender con la vida de ser preciso. Pero ellos mismos, estos hombres eminentes, no pueden sustraerse, pese a toda su grandeza, al desarrollo histórico de su tiempo. He aquí porque, Confucio, hombre oriental, sentía el desarrollo de la cultura de un modo paulatino, sucesivo, positivo, «evolutivo», y para perfeccionarla volvía la vista hacia el pasado, que juzgaba mejor. Mientras que Sócrates, hombre de Occidente, la veía mirando hacia adelante. Retroceder, se retrocede bien lentamente, paso a paso; avanzar sólo se avanza bien a saltos.

En todo caso, gracias al procedimiento de Confucio, es decir, su gusto en volver los ojos hacia el pasado, han podido los hombres que le siguieron llegar con él hasta los albores de la civilización china. Gracias a Confucio podemos llevar la mirada hasta los tiempos prehistóricos de China, y ver en estos tiempos desarrollarse paulatinamente, hasta llegar a la época propiamente histórica, a los primeros grupos de hombres en lucha, durante cientos de siglos, con el medio que les rodeaba; y el nacimiento de la antropología y de la sociología a través del primitivo matriarcado de los pueblos cazadores y pescadores; luego, el patriarcado, con los pueblos pastores y agricultores; finalmente, las primitivas formas de «autoridad» y de «gobierno», al ir adquiriendo consistencia social la «familia», las «fratrias» y las «tribus», y, por último, con las luchas de éstas, aparecer un día, al fin, el primer «jefe» en la persona del vencedor.

Por supuesto, Confucio ve todo esto como una evolución simple y natural, no debida a crisis sociales, sino a grandes leyes cósmicas. Para él no es la lucha por la vida y la ley de adaptación al medio lo que rige esta evolución, sino una voluntad superior, que él localiza en el mundo invisible del espíritu, en el «Cielo». Cielo en el que están, como en un gran almacén (cual más tarde pretenderá Platón con su famosa teoría de las «Ideas»), los modelos de cuanto el hombre irá poco a poco descubriendo para formar con ello los primeros escalones del progreso y de la civilización. Y es a este almacén adonde Confucio vuelve los ojos cuando se fija en los remotos creadores de la cultura de su país: Yao, Schun y Yu, en primer lugar; los tres grandes soberanos; las tres constelaciones luminosas del saber chino.

Y vayan ahora algunas máximas de Confucio, que convencerán al lector, si aún no lo está, de que el gran sabio merecía en verdad, y sigue mereciéndolo, no sólo el nombre de maestro supremo, sino de eminente moralista y buen filósofo:

«De nada sirve hablar de las cosas ya acaecidas, hacer amonestaciones graves sobre las ya en curso avanzado ni censurar lo ya pasado.»

«¿Cómo podría juzgarse la conducta de un hombre que ejerce la autoridad con corazón estrecho, que sale del paso de una ceremonia sin respeto, o que a la muerte de su padre o de su madre no siente dolor?»

«Faltar a la práctica de la virtud, no estudiar concienzudamente, no cumplir mis deberes y no poder corregir mis defectos: he aquí lo que temo.»

«Tras haber oído muchas cosas, examino y aprovecho aquello de bueno que se me ha enseñado; tras haber visto mucho, grabo en mi memoria lo que me ha parecido digno de ser recordado: así me acerco a la sabiduría.»

«Si un Estado se halla gobernado por los principios de la razón, la pobreza y la miseria son casos de vergüenza; si un Estado no se halla gobernado por los principios de la razón, los casos de vergüenza son entonces la riqueza y los honores.»

«Si no desempeñáis funciones en un gobierno, no deis vuestra opinión sobre su administración.»

«El sabio lo espera todo de sí mismo; el hombre vulgar espera todo de los demás.»

«Los hermosos discursos hacen que se tome el vicio por virtud; una ligera impaciencia mina un gran proyecto.»

«Cuando el odio o el favor de la multitud cae sobre un hombre examinemos su conducta.»

«No corregirse tras una falta involuntaria es cometer una falta verdadera.»

«El sabio admite en su escuela a todos los hombres sin distinción.»

«El lenguaje debe expresar claramente el pensamiento.»

«El sabio tiene en cuenta muy especialmente nueve cosas: Se aplica en ver bien, a bien oir, a tener un aire amable, a mostrarse exteriormente irreprochable, a ser sincero en sus palabras, a ser diligente en sus acciones, a interrogar si duda, a pensar en las funestas consecuencias de la cólera si esta descontento; frente a un bien a obtener, a considerar si es justo.»

«¿Cuáles son los deberes del hombre? Que el padre sea suave, y el hijo, respetuoso; que el hermano mayor sea amable, y el menor, dócil; el esposo, justo, y la esposa, obediente; la vejez, bondadosa, y la juventud, conciliadora; el soberano, cariñoso, y el servidor, concienzudo. Estas diez cosas son los deberes de los hombres. Reñir, robar, matar: he aquí los males de los hombres. Y para que el elegido ordene los siete sentimientos de los hombres (la alegría, la cólera, el pesar, el miedo, el amor, el odio y los apetitos), desarrollándolos en los diez deberes, extendiendo la confianza y preparando la paz, estimulando la amabilidaa y la tolerancia, eliminando la lucha y el despojo, ¿qué mejor medio que la moralidad?»

«No te inquietes por no ocupar empleos públicos; pero inquiétate por adquirir los talentos necesarios para ocupar estos empleos. No te aflijas por no ser conocido; pero busca llegar a ser digno de serlo.»

«Un dolor silencioso es preferible a una pompa vana y estéril» (en las ceremonias fúnebres).

Definición del filósofo según Kungtsé. Es filósofo, según el maestro chino, el hombre superior que cuando se sienta a la mesa, no busca saciar su apetito; cuando está en su casa, no busca los goces de la ociosidad y de la molicie; que está atento siempre a sus deberes y vigilante de sus palabras, y, en fin, que le gusta frecuentar a los que tienen principios rectos a fin de regular a ellos su conducta.

Definición de la ciencia: «Saber que se sabe lo que se sabe y que no se sabe lo que no se sabe.»

JUAN B. BERGUA

Los Cuatro Libros

Doctrina de Confucio
Filosofia, Moral y Politica de la China

TA–HIO
El Gran Estudio o El Gran Saber o
De La Filosófia Práctica

TCHUNG–YUNG
La Invariabilidad en el Medio o
La Doctrina de la Medianía

LUN–YU
Las Conversaciones Filosóficas o
Analectas o
Comentarios Filosóficos

MENG–TSEU
Mengzi o
El Libro de Mencio

EL TA-HIO

o

EL GRAN ESTUDIO

Obra de Kung-Fu-Tsé (CONFUCIO)
y de su discípulo Tseng-Tsé

PRIMER LIBRO CLASICO

1. La ley del Gran Estudio, o de la Filosofía práctica, consiste en desenvolver y dar a luz el principio luminoso de la razón que hemos recibido del Cielo, en renovar a los hombres, en situar su destino definitivo en la perfección o soberano bien.

2. Es preciso, ante todo, conocer el objeto al que se debe tender, o su destino definitivo, y adoptar en seguida una determinación; adoptada la determinación, se puede, al punto, tener el espíritu tranquilo y sosegado; con el espíritu tranquilo y sosegado, se puede prontamente gozar de ese reposo inalterable que nada puede turbar; habiendo llegado a gozar de ese reposo inalterable que nada puede turbar, se puede al punto meditar y formarse un juicio sobre la esencia de las cosas; habiendo meditado y formádose un juicio sobre la esencia de las cosas, se puede en seguida alcanzar el estado de perfección deseada.

3. Los seres de la Naturaleza tienen una causa y unos efectos: las acciones humanas tienen un principio y unas consecuencias: conocer las causas y los efectos, los principios y las consecuencias es aproximarse lo más cerca posible al método racional, con el cual se llega a la perfección.

4. Los antiguos príncipes que deseaban desarrollar y esclarecer en sus estados, el principio luminoso de la razón que recibimos del Cielo, se entregaban antes a gobernar bien sus reinos; los que deseaban gobernar bien sus reinos se dedicaban antes a establecer el buen orden en sus familias; los que deseaban establecer el buen orden en sus familias se dedicaban antes a corregirse ellos mismos; los que deseaban corregirse ellos mismos se dedicaban antes a conseguir la rectitud de su alma; los que deseaban conseguir la rectitud de su alma se dedicaban antes a hacer sus intenciones puras y sinceras; los que deseaban hacer sus intenciones puras y sinceras se dedicaban antes a perfeccionar lo más posible sus conocimientos morales: perfeccionar lo más posible sus conocimientos morales consiste en penetrar y profundizar los principios de las acciones.

5. Los principios de las acciones penetrados y profundizados, los conocimientos morales adquieren en seguida su mayor grado de perfección, las intenciones se tornan al punto puras y sinceras; con las intenciones puras y sinceras el alma se penetra en seguida de probidad y pureza; penetrada el alma de probidad y pureza, la persona es al punto corregida y mejorada; corregida y mejorada la persona, la familia es prontamente bien dirigida; estando la familia bien dirigida, el reino es al punto bien gobernado; estando bien gobernado el reino, el Mundo goza en seguida de paz y de buena armonía.

6. Desde el hombre más elevado en dignidad, hasta el más humilde y más oscuro, deber igual para todos es: corregir y mejorar su persona: el perfeccionamiento de sí mismo es la base fundamental de todo progreso y de todo desenvolvimiento moral.

7. No está en la naturaleza de las cosas que aquel que tiene su base fundamental en el desorden y en la confusión pueda tener lo que se derive de ello necesariamente, en un estado conveniente.

Tratar con ligereza lo que es principal, o lo más importante, y gravemente lo que no es sino secundario, es un método de obrar que jamás debe seguirse (46).

EL TA-HIO

Explicación de Tseng-Tsé

Capítulo I

Sobre El Deber De Desarrollar Y Volver A Su Claridad Primitiva El Principio Luminoso De Nuestra Razón

1. El Khang-kao dice: «El rey Ven llegó a desarrollar y hacer brillar en todo su esplendor el principio luminoso de la razón que recibimos del Cielo.»
2. El Taï-kia dice: «El rey Tching-thang tenía sin cesar la mirada fija en el don brillante de inteligencia que recibimos del Cielo.»
3. El Ti-tien dice: «Yao pudo desenvolver y hacer brillar en todo su esplendor el principio sublime de la inteligencia que recibimos del Cielo.»
4. Todos estos ejemplos indican que debemos cultivar nuestra naturaleza racional y moral.

Capítulo II

Sobre El Deber De Renovar Y De Iluminar A Los Pueblos

1. Varios caracteres grabados en el baño del rey Tching-tang decían: «Renuévate completamente cada día; hazlo de nuevo, aun de nuevo y siempre de nuevo.»
2. El Kang-kao dice: «Haz que el pueblo se renueve.»
3. El Libro de los versos dice:

«Aunque la familia de los Tcheu poseyó desde luengos tiempos el poder real.

»Obtuvo del Cielo (en la persona de Ven-vang) una investidura nueva.»

4. Esto prueba que no hay nada que el sabio no lleve hasta el último grado de perfección.

Capítulo III

Sobre El Deber De Colocar Su Destino Definitivo En La Perfección O El Soberano Bien

1. El Libro de los versos dice:

«Es en un radio de mil li (cien leguas) de la residencia real.

»Donde el pueblo gusta fijar su residencia.»

2. El Libro de los versos dice:

«El pájaro amarillo de canto plañidero, mien man, fija su morada en la oquedad frondosa de las montañas.»

El filósofo Kungtsé ha dicho:

«Fijando allí su morada, demuestra que conoce el lugar de su destino; y el hombre (la más inteligente de las criaturas), ¿no podría saber tanto como el pájaro?»

3. El Libro de los versos dice:

«¡Cuán vasta y profunda era la virtud de Ven-vang!

»¡Cómo supo unir el esplendor a la solicitud más grande para la realización de sus diferentes destinos!»

Como príncipe, situaba su destino en la práctica, o de la humanidad, o de la benevolencia universal para los hombres; como súbdito, situaba su destino en las consideraciones debidas al soberano; como hijo, situaba su destino en la práctica de la piedad filial; como padre, colocaba su destino en la ternura paternal; manteniendo relaciones o contrayendo compromisos con los hombres, colocaba su destino en la práctica de la sinceridad y de la fidelidad.»

4. El Libro de los versos dice: «Mira allá en las orillas del Ki.

»¡Oh! ¡Qué hermosos y abundantes los verdes bambúes!

»Tenemos un príncipe adornado de ciencia y de discreción (Tcheu-Kung, que vivía en 1150 a. d. J.).

»Se parece al artista que corta y trabaja el marfil.

»A1 que pule y talla las piedras preciosas.

»¡Oh! ¡Qué grave y silencioso parece!

»¡Cuán digna y austera es su conducta!

»¡Tenemos un príncipe adornado de ciencia y de discreción!

»¡No podremos jamás olvidarle!»

5. Se parece al artista que corta y trabaja el marfil, indica el estudio o la aplicación de la inteligencia a la investigación de los principios de nuestras acciones. Se parece al que pule y talla las piedras preciosas, indica el perfeccionamiento de sí mismo. La expresión: ¡Oh! ¡Qué grave y silencioso parece!, indica el temor, la solicitud que experimenta por alcanzar la perfección. ¡Cuán digna y austera es su conducta!, expresa el gran cuidado que ponía en hacer su conducta digna de ser imitada. ¡Tenemos un príncipe adornado de ciencia y de discreción, no podremos jamás olvidarle!, indica esta discreción acabada, esta perfección moral que el pueblo no puede olvidar.

6. El Libro de los versos dice:

«¡Cómo ha permanecido la memoria de los antiguos reyes (Ven y Vu) en la memoria de los hombres!»

Los sabios y los príncipes que los sucedieron imitaron su discreción y solicitud para el bienestar de su posteridad. Las poblaciones, como consecuencia, gozaron en paz de lo que habían hecho para su felicidad, y se aprovecharon de lo que hicieron de bueno y de útil mediante una división y una distribución equitativa de las tierras. Por esa razón no se les olvidará en los siglos venideros.

Capítulo IV

Sobre El Deber De Conocer Y De Distinguir Las Causas Y Los Efectos

1. El Filósofo ha dicho: «Puedo escuchar a los abogados y juzgar los pleitos como los demás hombres, pero, ¿no sería más necesario obrar de suerte a impedir los pleitos? ¿No valdría más, para los que son trapaceros y malvados, no permitirles llevar adelante sus acusaciones y seguir sus culpables designios? Se llegaría con ello a someter enteramente las malvadas intenciones de los hombres. Esto es lo que se llama conocer la raíz o la causa.»

Capítulo V

Sobre El Deber De Perfeccionar Sus Conocimientos Morales Penetrando Los Principios De Las Acciones

1. Esto se llama conocer la raíz o la causa.
2. Esto se llama la perfección del conocimiento (47).

Capítulo VI

Del Deber De Hacer Las Intenciones Puras Y Sinceras

1. Las expresiones hacer sus intenciones puras y sinceras significan: No desnaturalizar las inclinaciones rectas, como las de huir de un olor desagradable, y amar un objeto agradable y seductor. Esto es lo que se llama la satisfacción de sí mismo. Por eso el discreto vela atentamente sobre sus intenciones y sus pensamientos secretos.

2. Los hombres vulgares que viven apartados y sin testigos cometen acciones viciosas; no hay nada malo que no practiquen. Si ven a un hombre discreto que vela sobre sí mismo, fingen parecérsele, ocultando su conducta viciosa y haciendo ostentación de una virtud simulada. El hombre que les ve es como si penetrase en su hígado y en sus riñones; entonces, ¿de qué les ha servido disimular? Esto es lo que se entiende por el proverbio: la verdad, en el interior; la forma, en el exterior. Por eso el discreto debe velar atentamente sobre sus intenciones y sus pensamientos secretos.

3. Tsen-tsé ha dicho: «De lo que diez ojos miran, de lo que diez manos señalan, ¡cuánto no hay que temer y que vigilar estrechamente!»

4. Las riquezas, adornan y embellecen una casa; la virtud, adorna y embellece la persona; en este estado de felicidad pura, el alma se engrandece y la sustancia material, que la está sometida, se aprovecha igualmente. Por eso el discreto debe hacer sus intenciones puras y sinceras.

Capítulo VII

Sobre El Deber De Perfeccionarse A Sí Mismo, Empapando Su Alma De Probidad Y De Rectitud

1. Estas palabras, corregirse a sí mismo de toda pasión viciosa, consiste en imprimir rectitud a su alma; quieren decir: Si el alma está conturbada por la pasión de la

cólera, entonces no puede alcanzar esta rectitud; si el alma se entrega al temor, entonces no puede obtener esta rectitud; si el alma se halla agitada por la pasión de la alegría o del placer, entonces no puede obtener esta rectitud; si el alma se halla turbada por el dolor, entonces no puede alcanzar esta rectitud.

2. No siendo el alma dueña de sí misma, se mira y no se ve; se escucha y no se oye; se come y no se saca el sabor de los alimentos. Esto explica por qué la acción de corregirse a sí mismo de toda pasión viciosa consiste en la obligación de imprimir la rectitud a su alma.

Capítulo VIII

Sobre El Deber De Poner Buen Orden En Su Familia Corrigiéndose A Sí Mismo

1. He aquí lo que significan estas palabras: poner buen orden en su familia, consiste en corregirse antes a sí mismo de toda pasión viciosa. Los hombres son parciales con sus parientes y con los que aman; también son parciales e injustos con los que odian o desprecian; con los que respetan y reverencian son igualmente parciales o serviles; son parciales, o demasiado misericordiosos con los que inspiran compasión o piedad; también son parciales o altivos con los que tratan con superioridad. Esto es porque amar y reconocer los defectos de los que se ama, odiar y reconocer las buenas cualidades de los que se odia, es una cosa muy rara bajo la capa celeste.

2. De ahí proviene el proverbio que dice: «Los padres no quieren reconocer los defectos de sus hijos, y los labradores, la verdadera fertilidad de sus tierras».

3. Esto prueba que un hombre que no se corrige a sí mismo de sus inclinaciones injustas, es incapaz de poner buen orden en su familia.

Capítulo IX

Sobre El Deber De Gobernar Bien Un Estado, Poniendo Primero Buen Orden En Su Familia

1. Las expresiones del texto, «para gobernar bien un reino es necesario interesarse antes en poner buen orden en su familia», pueden explicarse así: Es imposible que un hombre que no puede instruir a su propia familia, pueda instruir a los demás. Por eso, el hijo del príncipe, sin salir de su familia, se perfecciona en el arte de instruir y de gobernar un reino. La piedad filial es el principio que le dirige en sus relaciones con el soberano: la deferencia es el principio que le dirige en sus relaciones con los que son de más edad que él; la más tierna benevolencia es el principio que le dirige en sus relaciones con la multitud.

2. El Khang-kao dice: «Es como una madre que abraza tiernamente a su recién nacido. Se esfuerza con toda su alma en prevenir sus deseos nacientes; si no los adivina del todo, no se equivoca mucho sobre el objeto de sus anhelos. No es cosa natural que una madre aprenda a alimentar a su hijo para casarse luego.»

3. Una sola familia (la real), teniendo humanidad y claridad, bastará para hacer nacer en la nación estas mismas virtudes de caridad y de humanidad; una sola familia,

poseyendo urbanidad y condescendencia, bastará para hacer una nación condescendiente y urbana; un solo hombre, el príncipe, siendo avaro y codicioso, bastará para causar el desorden en una nación. Tal es el principio y el móvil de estas virtudes y de estos vicios. Es lo que dice el proverbio: «Una palabra pierde el negocio; un hombre determina la suerte de un Imperio.»

4. Yao y Chung gobernaron el Imperio con humanidad, y el pueblo les imitó. Kie y Tcheu gobernaron el Imperio con crueldad, y el pueblo les imitó. Lo que estos últimos ordenaban era contrario a lo que amaban, y el pueblo no se sometió a ello. Por esta razón, el príncipe debe, él mismo, practicar todas las virtudes y en seguida invitar a los demás hombres a practicarlas. Si no las posee y no las practica por sí mismo, no las debe exigir a los demás hombres. Que no teniendo nada de bueno, nada de virtuoso en el corazón, se pueda ser capaz de mandar a los hombres que son buenos y virtuosos, esto es imposible y contrario a la naturaleza de las cosas.

5. Por eso, el buen gobierno de un reino se basa en la obligación previa de introducir el buen orden en las familias.

6. El Libro de los versos dice:

«¡Qué hermoso y encantador es el melocotonero!

»¡Qué abundante y florido su follaje!

»¡Cual una joven desposada dirigiéndose a la morada de su esposo!

»Y conduciéndose convenientemente con las personas de su familia!»

Conducíos convenientemente con las personas de vuestra familia, y al punto podréis instruir y dirigir una nación de hombres.

7. El Libro de los versos dice:

«Haced lo que es conveniente entre hermanos y hermanas de diferentes edades.»

Si hacéis lo que es conveniente entre hermanos de diferentes edades, entonces podréis instruir en sus deberes mutuos a los hermanos mayores y a los hermanos menores de un reino.

8. El Libro de los versos dice:

«El príncipe cuya conducta está siempre llena de equidad y de discreción;

»Verá a los hombres de las cuatro partes del Mundo imitar su rectitud.»

Cumple sus deberes de padre, de hijo, de hermano mayor y de hermano menor, y al punto el pueblo le imita.

9. Es lo que se dice en el texto: «El arte de bien gobernar una nación consiste en poner antes el buen orden en su familia.»

Capítulo X

Sobre El Deber De Conservar La Paz Y La Buena Armonía En El Mundo, Gobernando Bien Los Reinos

1. Las expresiones del texto, «hacer gozar el Mundo de la paz y de la armonía consiste en bien gobernar su reino», deben ser explicadas así: Que el que está en una posición superior, o el príncipe, trate a sus padre con respeto, y el pueblo tendrá piedad filial; que el príncipe honre la superioridad de edad entre los hermanos, y el pueblo tendrá

deferencia fraternal; que el príncipe tenga conmiseración para los huérfanos, y el pueblo no obrará de una manera contraria. Por eso, el príncipe tiene en él la regla y la medida de todas las acciones.

2. Lo que reprobéis en los que estén por encima de vosotros, no lo practiquéis con los que están debajo; lo que reprobéis en vuestros inferiores, no lo practiquéis con vuestros superiores; lo que reprobéis en los que os preceden, no lo hagáis con los que os siguen; lo que reprobéis en los que os siguen, no lo hagáis con los que os preceden; lo que reprobéis en los que están a vuestra derecha, no lo hagáis con los que están a vuestra izquierda; lo que reprobéis en los que están a vuestra izquierda, no lo hagáis con los que están a vuestra derecha; he aquí lo que se llama la razón y la regla de todas las acciones.

3. El Libro de los versos dice:

«El único príncipe que inspira gozo
»Es aquel que es el padre y la madre del pueblo.»

Lo que el pueblo ama, amarlo; lo que el pueblo odia, odiarlo; he aquí lo que se llama ser el padre y la madre del pueblo.

4. El Libro de los versos dice:

«Ved a lo lejos esta gran montaña del Mediodía,
»Con sus rocas escarpadas y amenazadoras.
»Así tú, ministro Yn, brillabas por tu fiereza
»Y el pueblo te contemplaba con terror.»

El que posee un Imperio, no debe descuidar el velar atentamente sobre sí mismo, para practicar el bien y evitar el mal; si no tiene en cuenta estos principios, entonces la ruina del Imperio será la consecuencia.

5. El Libro de los versos dice:

«Antes que los príncipes de la dinastía de los Yn (o Chang) hubieran perdido el afecto del pueblo,
»Podían compararse al Muy-Alto,
»Podemos considerar en ellos,
»Que el mandato del Cielo no es fácil de conservar.»

Lo que quiere decir:

«Obtén el afecto del pueblo y obtendrás el Imperio.
»Pierde el afecto del pueblo y perderás el Imperio» (48).

6. Por eso, un príncipe debe, ante todo, velar atentamente por su principio racional y moral. Si posee las virtudes que son su consecuencia, poseerá el corazón de los hombres; si posee el corazón de los hombres, poseerá también el territorio; si posee el territorio, poseerá sus rentas; si tiene sus rentas, podrá hacer uso de ellas para la administración del Estado. El principio racional y moral es la base fundamental; las riquezas no son sino lo accesorio.

7. Tratar ligeramente la base fundamental o el principio racional y moral, y hacer demasiado caso de lo accesorio o de las riquezas, es pervertir los sentimientos del pueblo y excitarle mediante el ejemplo al robo y a las rapiñas.

8. Por esta razón, si un príncipe no piensa más que en amontonar riquezas, entonces, el pueblo, por imitarle, se abandona a todas sus malas pasiones; si, por el contrario, dispone convenientemente de las rentas públicas, entonces el pueblo se mantiene en el orden y la sumisión.

9. Es también por esto por lo que si un soberano o algunos magistrados publican decretos y ordenanzas contrarias a la justicia, experimentarán una resistencia pertinaz a su ejecución, y también por medios contrarios a la justicia; si adquieren riquezas por medios vio lentos y contrarios a la justicia, también las perderán por los mismos medios.

10. El Khang-kao dice: «El mandato del Cielo, que da a un hombre la soberanía, no se la confiere para siempre.» Lo que significa que practicando el bien o la justicia, se obtiene, y que practicando el mal o la injusticia, se pierde.

11. Las Crónicas de Thsu dicen:

«La nación de Thsu no considera los adornos de oro y de pedrerías como preciosos; para ella, los hombres virtuosos, los buenos y discretos ministros son las solas cosas que estima ser preciosas.»

12. Kieu-fan ha dicho.

«En los viajes que he hecho por el exterior, no he encontrado ningún objeto precioso; la humanidad y la amistad hacia los padres son lo que he encontrado solamente de precioso.»

13. El Thsin-tchi dice:

«¡Si tengo un ministro de perfecta rectitud, aun cuando no posea otra habilidad que un corazón sencillo y sin pasiones, será como si tuviera los mayores talentos! Pues al ver hombres de verdadera capacidad los haría conocer sin estar por ello más celoso que si poseyese él mismo sus talentos. Si llegase a distinguir un hombre de una virtud y de una inteligencia vastas, no se limitaría a hacer su elogio a flor de labios; le buscaría con sinceridad y le emplearía en los negocios. Podría descansar en tal ministro del cuidado de proteger a mis hijos, los suyos y al pueblo. ¡Cuántas ventajas obtendría con ello mi reino!

»Pero si un ministro es celoso de los hombres de talento y, por envidia, aleja o separa a los que poseen una virtud y una habilidad eminentes, no empleándoles en los cargos importantes, y suscitándoles arteramente toda suerte de obstáculos, tal ministro, aunque posea talento incapaz es de proteger a mis hijos, a los suyos y al pueblo. ¿No podría, entonces, decirse que ello sería un peligro inminente, propio para causar la ruina del Imperio?»

14. Sólo el hombre virtuoso y lleno de humanidad puede alejar de sí tales hombres y relegarlos entre los bárbaros de los cuatro extremos del Imperio, no permitiéndoles habitar en el interior del reino.

Quiere decir esto que únicamente el hombre justo y de humanidad es capaz de amar y de odiar convenientemente a los hombres.

15. Ver a un hombre de bien y de talento y no elevarle; elevarle y no tratarle con toda la preferencia que merece es hacerle una injuria. Ver a un hombre perverso y no rechazarle; rechazarle y no alejarle a una gran distancia es cosa condenable para un principe.

16. Un príncipe que ama a los que son objeto del odio general, y que odia a los que son amados de todos, hace lo que se llama un ultraje a la naturaleza humana. Terribles calamidades alcanzarán, ciertamente, a tal príncipe.

17. En esto tienen los soberanos una gran regla de conducta a la que se deben ceñir; adquieren esta regla por la sinceridad y la fidelidad, y la pierden por el orgullo y la violencia.

18. Hay un gran principio para acrecentar los ingresos (del Estado o de la familia). Que los que producen estos ingresos sean numerosos y los que los disipen en menor número; que los que los hacen crecer mediante su trabajo sean cuidadosos, y los que los consumen lo hagan con moderación; entonces, de este modo, los ingresos serán siempre suficientes.

19. El hombre humano y caritativo obtiene la consideración a su persona usando generosamente de sus riquezas; el hombre sin humanidad y sin caridad, aumenta sus riquezas a expensas de su consideración

20. Cuando el príncipe ama la humanidad y practica la virtud, es imposible que el pueblo no ame la justicia; y cuando el pueblo ama la justicia, es imposible que los asuntos del príncipe no tengan un fin feliz; es igualmente imposible que los impuestos exigidos debidamente no sean pagados exactamente.

21. Meng-hien-tsé ha dicho: «Los que mantienen caballos y poseen carros de a cuatro de ellos, no crían pollos y cerdos, que son la ganancia de los pobres. Una familia que derrocha el lujo en las ceremonias de sus antepasados, no mantiene bueyes ni carneros. Una familia de cien carros, o un príncipe, no conservan ministros, que sólo buscan aumentar los impuestos para acumular riquezas. De haber ministros que no buscasen sino aumentar los impuestos para amontonar riquezas, valdría más que hubiera ministros que no pensasen sino en dilapidar el tesoro del soberano. Lo que quiere decir que los que gobiernan un reino no deben obtener su riqueza privada de los ingresos públicos, sino que deben hacer de la justicia y de la equidad su sola riqueza.»

22. Si los que gobiernan los Estados no piensan sino en acumular riquezas para su uso personal, atraerán, indudablemente, a su lado hombres depravados; estos hombres les harán creer que son ministros virtuosos, y estos hombres depravados gobernarán el reino. Pero la administración de estos ministros acarreará al gobierno los castigos divinos y las venganzas del pueblo. Cuando los negocios públicos lleguen a este punto, ¿qué ministros, aunque sean los más justos y los más virtuosos, evitarán tales desgracias? Lo que quiere decir que los que gobiernan un reino no deben formar su riqueza privada con los ingresos públicos, sino que deben hacer de la justicia y la equidad su sola riqueza.

TCHUNG-YUNG
o
LA INVARIABILIDAD EN EL MEDIO

Recopilado por Tsseu - Sse, nieto y discípulo de Kungtsé

SEGUNDO LIBRO CLASICO

Capítulo I

1. El mandato del cielo (o principio de las operaciones vitales y de las acciones inteligentes conferidas por el Cielo a los seres vivientes) se llama naturaleza racional; el principio que nos dirige en la conformidad de nuestras acciones con la naturaleza racional, se llama regla de conducta moral o vía recta; el sistema coordinado de la regla de conducta moral o vía recta se llama doctrina de los deberes o instituciones.

2. La regla de conducta moral, que debe dirigir las acciones, es de tal modo obligatoria, que no podemos separarnos de ella un solo instante. De poder separarnos de ella no sería una regla de conducta inmutable. Es por lo que el hombre superior o el que se identifica con la recta vía, vela de corazón sobre los principios que no son discernidos por todos los hombres, y medita con precaución sobre lo que no está aún reconocido y proclamado como doctrina.

3. Nada es más evidente para el sabio que las cosas ocultas en el secreto de la conciencia; nada es para él más manifiesto que las causas más sutiles de las acciones. He aquí por qué el hombre superior vela atentamente sobre las inspiraciones secretas de su conciencia.

4. Antes que el gozo, la satisfacción, la cólera, o la tristeza, se produzcan en el alma (con exceso), el estado en que se encuentra de llama medio. Una vez que se producen en el alma y aún no han alcanzado cierto límite, el estado en que se encuentra se llama armónico. Este medio es la gran base fundamental del Mundo; la armonía es su ley universal y permanente.

5. Cuando el medio y la armonía se llevan a punto de perfección, el Cielo y la Tierra se hallan en un estado de tranquilidad perfecta y todos los seres reciben su completo desenvolvimiento.

Capítulo II

1. El filósofo Tchun-ni (Kungtsé) dice:

«El hombre de una virtud superior persevera invariablemente en el medio; el hombre vulgar o sin principios está constantemente en oposición con este medio invariable.

2. »El hombre de una virtud superior persevera, sin duda, invariablemente, en el medio; por lo mismo que es de una virtud superior se conforma con las circunstancias

para poseer el medio. El hombre vulgar y sin principos, también posee alguna vez el medio; pero a causa de ser un hombre sin principios, no teme seguir le temerariamente en todo y por todo (sin conformarse a las circunstancias).»

Capítulo III

1. El Filósofo (Kungtsé) decía:

«¡Oh! ¡Qué admirable es el límite de la perseverancia en el medio! ¡Hay bien pocos hombres que sepan atenerse a ello mucho tiempo!».

Capítulo IV

1. El Filósofo decía: «La vía recta no es seguida; conozco la causa de ello. Los hombres instruídos la sobrepujan, los inorantes no la alcanzan. La vía recta no es evidente para todo el mundo; lo sé; los hombres de virtud fuerte van más allá; los de una virtud débil no llegan a ella.

2. »De todos los hombres, no hay uno que no beba y no coma; pero ¡qué pocos de entre ellos son capaces de discernir los sabores!»

Capítulo V

1. El Filósofo decía: «¡Qué de deplorar es que no se siga la vía recta!»

Capítulo VI

1. El Filósofo decía: «¡Qué grandes eran la sabiduría y la penetración de Chun! Le placía interrogar a los hombres y examinar atentamente por sí mismo las respuestas de los que se le acercaban; suprimía las malas cosas y divulgaba las buenas. Tomando los dos extremos de estas últimas, no se servía más que de su medio con el pueblo. ¡Obrando así es como llegó a ser el gran Chun!»

Capítulo VII

1. El Filósofo decía: «Todo hombre que dice: Sé distinguir los móviles de las acciones humanas, presume demasiado de su ciencia; arrastrado por su orgullo, cae pronto en mil lazos, en mil redes, que no sabe evitar. Todo hombre que dice: Sé distinguir los móviles de las acciones humanas, elige el estado de perseverancia en la vía recta, igualmente alejada de los extremos; pero no puede conservarlo tan siquiera durante una luna.»

Capítulo VIII

1. El Filósofo decía: «Huí ¡era verdaderamente un hombre! Eligió el estado de perseverancia en la vía recta, igualmente alejada de los extremos. Una vez que había adquirido una virtud, se entregaba fuertemente a ella, la cultivada en su interior y no la perdía jamás.»

Capítulo IX

1. El Filósofo decía: «Los Estados pueden ser gobernados con justicia; las dignidades y los emolumentos pueden rehusarse; los instrumentos de ganancias y de provecho pueden ser pisoteados: la perseverancia en la vía recta, igualmente alejada de los extremos, ésta ¡no puede guardarse!»

Capítulo X

1. Tseu-lu (discípulo de Kungtsé) interrogó a su maestro sobre la fuerza del hombre.

2. El Filósofo respondió: «¿Es sobre la fuerza viril de las comarcas meridionales, o sobre la fuerza viril de las comarcas septentrionales? ¿Hablas de tu propia fuerza?

3. »Tener maneras benévolas y dulces para instruir a los hombres; tener compasión para los insensatos que se revuelven contra la razón: he aquí la fuerza viril propia de las comarcas meridionales; a ella es a la que se vincula el sabio.

4. »Hacer su lecho de láminas de hierro y de corazas de pieles de bestias salvajes; contemplar sin temblar la proximidad de la muerte: he aquí la fuerza viril propia de las comarcas septentrionales; a ésta es a la que se vinculan los bravos.

5. »Sin embargo, ¡qué fuerza de alma la del hombre superior que vive siempre en paz con sus semejantes y no se deja corromper por las pasiones! ¡Este es mucho más fuerte y mucho más grande! Qué fuerza de alma la del que se conduce sin separarse de la vía recta, igualmente alejada de los extremos! ¡Este es mucho más fuerte y mucho más grande! ¡Qué fuerza de alma la del que cuando su país goza de una buena administración, que es obra suya, no se deja corromper o cegar por su orgullo! ¡Este es mucho más fuerte y mucho más grande! Qué fuerza de alma la del que cuando su país, sin leyes, carece de una buena administración, permanece inmutable en la virtud hasta la muerte! ¡Este es mucho más fuerte y mucho más grande!»

Capítulo XI

1. El Filósofo decía: «Investigar los principios de las cosas que están ocultos a la inteligencia humana; realizar acciones extraordinarias que parezcan extrañas a la naturaleza del hombre; en una palabra, obrar prodigios para procurarse admiradores y sectarios en los siglos futuros: he ahí lo que no quisiera hacer.

2. »El hombre de virtud superior se aplica a seguir y recorrer enteramente la vía recta. Hacer la mitad del camino y deshacerlo en seguida, es una acción que no quisiera imitar.

3. »El hombre de virtud superior persevera, naturalmente, en la práctica del medio igualmente alejado de los extremos. Huir del Mundo, no ser ni visto ni conocido de los hombres y, sin embargo, no experimentar por ello pena alguna: todo esto no es posible, sino para un santo.»

Capítulo XII

1. «La vía recta (o regla de la conducta moral del sabio, igualmente alejada de los extremos) es de uso tan amplio, que se puede aplicar a todas las acciones de los hombres; pero es de una naturaleza tan sutil, que no es distinguida por todos.

2. »Las personas más ignorantes y más groseras de la multitud, hombres y mujeres, pueden alcanzar esta ciencia sencilla, que consiste en conducirse bien; pero no es posible a nadie, ni aun a los que han llegado al más alto grado de santidad, alcanzar la perfección de esta ciencia moral: siempre queda alguna cosa desconocida que sobrepuja a las más nobles inteligencias de la Tierra. Las personas más ignorantes y más groseras de la multitud, hombres y mujeres, pueden practicar esta regla de conducta moral en lo que tiene de más general y de más común; pero no es posible a nadie, ni aun a los que han llegado al más alto grado de santidad, alcanzar la perfección de esta regla de conducta moral: siempre queda alguna cosa que no se puede practicar. El Cielo y la Tierra, sin duda, son grandes; sin embargo, el hombre encuentra en ellos algunas imperfecciones. Por eso, el sabio, hablando de lo que la regla de conducta moral del hombre tiene de más grande, dice que el Mundo no puede contenerla; y hablando de lo que tiene de más pequeño, dice que el Mundo no puede dividirla.»

3. El Libro de los versos dice:

«El pájaro youan vuela hasta los cielos, el pez se sumerge hasta los abismos.»

Lo que quiere decir que la regla de conducta moral del hombre es la ley de todas las inteligencias, que ilumina el Universo, así en lo más alto de los cielos como en lo más profundo de los abismos.

4. La regla de conducta moral del sabio tiene su principio en el corazón de todos los hombres, desde donde se eleva a su más alta manifestación para esclarecer el Cielo y la Tierra con sus rayos resplandecientes.

Capítulo XIII

1. El Filósofo ha dicho: «La vía recta o la regla de conducta que debe seguirse no está alejada de los hombres. Si los hombres se hacen una regla de conducta alejada de ellos, es decir, que no sea conforme a su propia naturaleza, ésta no debe ser considerada como una regla de conducta.»

2. El Libro de los versos dice:

«El artesano que talla un mango de hacha igual a otro mango,
»No tiene su modelo lejos de él.»

Tomando el mango modelado para tallar el otro mango, mira de un lado y de otro y, después de haber confeccionado el nuevo mango, examina muy bien ambos para ver si se diferencian aún el uno del otro. De la misma manera, el sabio se sirve del hombre o de la Humanidad para gobernar y dirigir a los hombres; una vez que los ha conducido al bien, se detiene allí.

3. Aquel cuyo corazón es recto y que tiene hacia los demás los mismos sentimientos que para sí mismo, no se separa de la ley moral del deber prescrita a los hombres por su naturaleza racional; no hace a los demás lo que no desea que se haga con él mismo.

4. La regla de conducta moral del sabio le impone cuatro grandes obligaciones: yo no puedo siquiera cumplir una por completo. Lo que se exige de un hijo, que sea sumiso a su padre, no puedo siquiera observarlo aún; lo que se exige de un súbdito, que sea sumiso a su príncipe, no puedo siquiera observarlo aún; lo que se exige de un hermano menor, que sea sumiso a su hermano mayor, no puedo siquiera observalo aún; lo que se exige de los amigos, que en todo den la preferencia a sus amigos, no lo puedo siquiera observar aún. El ejercicio de estas virtudes constantes, eternas; la circunspección en las palabras de todos los días; no olvidar hacer todos sus esfuerzos por llegar al entero cumplimiento de sus deberes; no dejarse llevar de un desbordamiento de palabras superfluas; hacer de modo que las palabras respondan a las obras y las obras a las palabras; obrando de este modo, ¿cómo no podría el sabio ser sincero y veraz?

Capítulo XIV

1. El hombre sabio que está identificado con la ley moral, siguiendo constantemente la línea media, igualmente alejada de los extremos, obra según los deberes de su estado, sin desear nada que le sea extraño.

2. El rico, colmado de honores, obra como debe obrar un hombre rico y colmado de honores. El pobre, despreciado, obra como debe obrar un hombre pobre y despreciado. El extranjero, de una civilización diferente, debe obrar como un hombre extranjero y de una civilización diferente. El desgraciado, abrumado por el infortunio, debe obrar como un desgraciado abrumado por el infortunio. El sabio que está identificado con la ley moral, conserva siempre bastante imperio sobre sí mismo para cumplir los deberes de su estado en cualquier condición que se halle.

3. Si está en un rango superior, no atormenta a sus inferiores; si está en un rango inferior, no asedia con solicitaciones bajas y codiciosas a los que ocupan un rango superior. Se mantiene siempre en la rectitud, y no pide nada a los hombres; con ello la paz y la serenidad de su alma no son jamás turbadas. No murmura contra el Cielo y no acusa a los hombres de sus infortunios.

4. Es por lo que el sabio conserva un alma siempre igual, esperando el cumplimiento del destino celeste. El hombre que se halla fuera de la vía del deber, se arroja a mil empresas temerarias para buscar lo que no debe obtener.

5. El Filósofo ha dicho: «El arquero puede ser, bajo cierto punto, comparado al sabio: si se aleja del blanco al que apunta, reflexiona consigo mismo para buscar la causa.»

Capítulo XV

1. La vía moral del sabio puede ser comparada a la ruta del viajero, que debe comenzar donde se halla para alejarse en seguida; también puede ser comparada al camino del que escala un sitio elevado partiendo del lugar bajo en que se encuentra.

2. El Libro de los versos dice:

«Una mujer y unos hijos que aman la unión y la armonía
»Son como los acordes producidos por el Khin y el Khe.

»Cuando los hermanos viven en la unión y la armonía, la alegría y la felicidad reina entre ellos. Si el buen orden reina en vuestra familia, vuestra mujer y vuestros hijos serán dichosos y estarán satisfechos.»

3. El Filósofo ha dicho: «¡Qué contento y qué alegría deben de experimentar una madre y un padre al frente de tal familia!»

Capítulo XVI

1. El Filósofo ha dicho: «¡Qué vastas y profundas son las facultades de las potencias sutiles de la Naturaleza!

2. »Se trata de percibirlas, y no se las ve; se quiere oírlas, y no se las oye; identificadas a la sustancia de las cosas, no pueden ser separadas de ellas.

3. »Hacen que en todo el Universo los hombres purifiquen y santifiquen su corazón, se revistan de sus trajes de gala para ofrecer sacrificios y oblaciones a sus antepasados. ¡Es un océano de inteligencias sutiles! Están por doquier sobre noosotros, a nuestra derecha, a nuestra izquierda; nos rodean por todas partes.»

4. El Libro de los versos dice: «La llegada de los espíritus sutiles

»No puede determinarse,

»Mucho menos si se les descuida.»

5. Sin embargo, estos espíritus, por muy imperceptibles y sutiles que sean, se manifiestan en las formas corporales de los seres; siendo su esencia una esencia real, verdadera, no puede manifestarse bajo una forma cualquiera.

Capítulo XVII

1. El Filósofo ha dicho: «¡Qué grande era la piedad filial de Chun! Fue un santo por su virtud; su dignidad fue la dignidad imperial; sus posesiones se extendían por los cuatro mares (49); ofreció los sacrificios imperiales a sus antepasados en el templo que les estaba consagrado; sus hijos y sus nietos conservaron sus honores durante una serie de siglos.

2. »De este modo, su gran virtud fue, sin duda alguna, el principio que le hizo obtener su dignidad imperial, sus rentas públicas, su renombre y la larga duración de su vida.

3. »He aquí cómo el Cielo, en la producción continua de los seres, les da, sin duda alguna, lo que necesitan, según su propia naturaleza o sus tendencias naturales: al árbol en pie le hace crecer, le desarrolla; al árbol caído, muerto, le seca, le reduce a polvo.»

4. El Libro de los versos dice:

«¡Que el príncipe que gobierna con sabiduría sea alabado!

»Su brillante virtud resplandece en todas partes;

»Trata como se merecen a los magistrados y al pueblo.

»Tiene sus bienes y su poder del Cielo;

»Mantiene la paz, y la tranquilidad y la abundancia, distribuyendo (las riquezas que ha recibido);

»Y el Cielo se las devuelve de nuevo.»

Es evidente por esto que la gran virtud de los sabios les hace obtener el mandato del Cielo para gobernar a los hombres.

Capítulo XVIII

1. El Filósofo ha dicho: «El único de los hombres que no experimentó las penas del alma fue, ciertamente, Ven-vang. Tuvo por padre a Vang-ki, y Vu-vang fue su hijo. Todo el bien que el padre había emprendido fue terminado por su hijo.

2. »Vu-vang continuó las buenas obras de Taï-vang, de Vang-ki y de Ven-vang. No se revistió más que una vez de sus trajes de guerra, y todo el Imperio fue suyo, Jamás perdió su persona su alto renombre en todo el Imperio; su dignidad fue la de hijo del Cielo (es decir, de Emperador); sus posesiones se extendieron hasta los cuatro mares. Ofreció los sacrificios imperiales a sus antepasados en el templo que los había consagrado; sus hijos y sus nietos conservaron sus honores y su poder durante una serie de siglos.

3. »Vu-vang era ya de muy avanzada edad cuando aceptó el mandato del Cielo que le confería el Imperio. Tcheu-kung realizó las intenciones virtuosas de Ven-vang y de Vu-vang. Remontándose a sus antepasados, elevó a Taï-vang y a Vang-ki al rango de rey, que no habían poseído, y los ofreció sacrificios, según el rito imperial. Estos ritos se extendieron a los príncipes tributarios, a los grandes del Imperio revestidos de dignidades, hasta a los letrados y a los hombres del pueblo sin títulos ni dignidades. Si el padre había sido un grande del Imperio, y el hijo era letrado, éste hacía funerales a su padre, según el uso de los grandes del Imperio, y le sacrificaba, según el uso de los letrados; si su padre había sido un letrado y el hijo era un grande del Imperio, éste hacía los funerales a su padre, según el uso de los letrados, y le sacrificaba según el uso de los grandes del Imperio. El luto de un año se extendía hasta los grandes; el luto de tres años se extendían hasta el Emperador. El luto del padre y de la madre se llevaba tres años, sin distinción de rango; era lo mismo para todos.»

Capítulo XIX

1. El Filósofo ha dicho: «¡Oh! ¡Qué lejos se extendía la piedad filial de Vu-vang y de Tcheu-Kung!

2. »Esta misma piedad filial supo seguir, por fortuna, las intenciones de los antiguos sabios que les habían precedido y transmitir a la posteridad el relato de sus grandes empresas.

3. »En otoño y en primavera, estos dos príncipes decoraban con cuidado el templo de sus antepasados, disponían cuidadosamente los vasos y utensilios antiguos, los más preciosos (en el número de los cuales estaban el gran sable de vaina de púrpura y la esfera celeste de Chun); exponían al público las ropas y las diferentes vestiduras de los antepasados y les ofrecían los frutos de la estación.

4. »Estos ritos eran los de la sala de los antepasados; por esta razón, los que asistían eran colocados cuidadosamente a derecha e izquierda, según lo exigía su dignidad o su

rango; las dignidades y los rangos eran observados; por esta razón los altos dignatarios eran distinguidos del común de los asitentes; las funciones ceremoniales eran atribuídas a los que merecían llenarlas; por eso se sabía distinguir a los sabios de los demás hombres; retirada la multitud de la ceremonia, la familia se reunía para el festín acostumbrado, sirviendo los jóvenes a los de más edad; por eso la solemnidad alcanzaba a las personas menos elevadas en dignidad. Durante los festines se observaba el color de los cabellos, y por esta razón los asistentes estaban colocados según su edad.

5. »Estos príncipes Vu-vang y Tcheu-Kung sucedían a la dignidad de sus antepasados; practicaban sus ritos; ejecutaban su música; honraban a los que ellos habían respetado; querían lo que ellos habían amado; los servían muertos como los hubieren servido vivos; los servían en la tumba como si aún estuvi ran cerca de ellos; ¿no es esto el colmo de la piedad filial?

6. »Los ritos del sacrificio al Cielo y del sacrificio a la Tierra eran los que empleaban para rendir sus homenajes al Supremo Señor; los ritos del templo de los antepasados eran los que empleaban para ofrecer sacrificios a sus predecesores. El que esté perfectamente instruído de los ritos del sacrificio al Cielo y del sacrificio a la Tierra, y comprenda a la perfección el sentido del gran sacrificio quinquenal llamado Ti, y del gran sacrificio otoñal llamado Chang, gobernará el reino sin más dificultad que miraría la palma de su mano.»

Capítulo XX

1. Ngai-kung interrogó a Kungtsé sobre los principios constitutivos de un buen gobierno.

2. El Filósofo dijo: «Las leyes gubernamentales de los reyes Ven y Vu están consignadas todas enteras en las tablillas de bambú. Si sus ministros existieran aún, entonces sus leyes administrativas estarían en vigor; sus ministros han cesado de ser, y sus principios para bien gobernar no se han seguido.

3. »Son las virtudes, las cualidades reunidas por los ministros de un príncipe, las que hacen la buena administración de un Estado, como la virtud fértil de la Tierra, reuniendo lo blando y lo duro, hace crecer las plantas que cubren su superficie. Esta buena administración de que me hablas se parece a las cañas que bordean los ríos: se producen naturalmente sobre un suelo conveniente.

4. »Así, la buena administración de un Estado depende de los ministros que le son nombrados. Un príncipe que quiera imitar la buena administración de los antiguos reyes, debe elegir sus ministros según sus propios sentimientos, siempre inspirados en el bien público; porque teniendo sus sentimientos siempre por móvil el bien público, se debe conformar con la gran ley del deber; y esta gran ley del debe debe buscarse en la humanidad, virtud hermosa del corazón, principio del amor hacia todos los hombres.

5. »Esta humanidad es el hombre mismo; la amistad hacia los padres es su primer deber. La justicia es la equidad; es dar a cada uno lo que le conviene; honrar a los hombres sabios es el primer deber. El arte de saber distinguir lo que se debe a los

parientes de diferentes grados, el de saber cómo honrar a los sabios según sus méritos, no se aprende sino por los ritos o principios de conducta inspirados por el Cielo.

6. »Por eso el príncipe no puede dispensarse de corregir y perfeccionar su persona; en el propósito de corregir y perfeccionar su persona, no puede dispensarse de ofrecer a sus padres lo que es debido, y no se puede dispensar de conocer a los hombres sabios para honrarlos y para que ellos le puedan instruir de sus deberes. En el propósito de conocer a los hombres sabios, no puede dispensarse de conocer el Cielo o la ley que dirige en la práctica de los deberes prescritos.

7. »Los deberes más universales para el género humano son en número de cinco; el hombre posee tres facultades naturales para practicarlos. Los cinco deberes son: las relaciones que deben existir entre el príncipe y sus ministros, el padre y sus hijos, el marido y la mujer, los hermanos mayores y los hermanos menores, y la unión de los amigos entre ellos, cuyas cinco relaciones constituyen la ley natural del deber, la más universal para los hombres. La conciencia, que es la luz de la inteligencia para distinguir el bien y el mal; la humanidad, que es la equidad del corazón; el valor moral, que es la fuerza del alma, son las tres grandes y universales facultades morales del hombre; pero aquello de lo que debe servirse para practicar los cinco grandes deberes se reduce a una sola y única condición.

8. »Sea que baste nacer para conocer estos deberes universales; sea que el estudio haya sido necesario para conocerlos; sea que su conocimiento haya exigido grandes trabajos, cuando se haya llegado a este conocimiento, el resultado es el mismo; sea que se practiquen, naturalmente y sin esfuerzos, estos deberes universales; sea que se los practique con el objeto de sacar de ellos provechos o ventajas personales; sea que se los practique difícilmente y con esfuerzos, cuando se ha llegado a la realización de obras meritorias, el resultado es el mismo.»

9. El Filósofo ha dicho: «El que ama el estudio o la aplicación de su inteligencia a la investigación de la ley del deber, está muy cerca de la ciencia moral; el que realiza todos sus esfuerzos para practicar sus deberes, está muy cerca de esta abnegación por la felicidad de los hombres que se llama humanidad; el que sabe avergonzarse de su debilidad en la práctica de sus deberes, está muy cerca de la fuerza de alma necesaria para su cumplimiento.

10. »El que sabe estas tres cosas, conoce entonces los medios que es preciso emplear para regular bien su persona o perfeccionarse a sí mismo; conociendo los medios que es preciso emplear para regular su persona, conoce entonces los medios que es preciso emplear para hacer practicar la virtud a los demás hombres; conociendo los medios que es preciso emplear para hacer practicar la virtud a los demás hombres, conoce los medios que es preciso emplear para gobernar los imperios y reinos.

11. »Todos los que gobiernan los imperios y los reinos tienen nueve reglas invariables que seguir, a saber: regularse o perfeccionarse a sí mismo, reverenciar a los sabios, amar a sus parientes, honrar a los primeros funcionarios del Imperio o ministros, estar en perfecta armonía con los demás funcionarios y magistrados, tratar y querer al pueblo como a un hijo, atraer cerca de sí a todos los sabios y artistas, acoger

agradablemente a los hombres que vengan de lejos, a los extranjeros, y tratar con amistad a todos los grandes vasallos.

12. »En el momento que el príncipe tenga bien regulada y mejorada su persona, al punto los deberes universales serán cumplidos respecto a él mismo; en el momento que haya reverenciado a los sabios, al punto no tendrá duda sobre los principios de lo verdadero y de lo falso, del bien y del mal; en el instante que sus parientes sean objeto de los afectos que les son debidos, pronto no tendrá disensiones entre sus tíos, sus hermanos mayores y sus hermanos menores; desde el momento en que honre convenientemente a los funcionarios superiores o ministros, al punto verá los negocios del Estado en buen orden; desde el momento en que trate como conviene a los funcionarios y magistrados secundarios, al punto los doctores, los letrados, desempeñarán con celo sus deberes en las ceremonias; desde el instante en que ame y trate a su pueblo como a un hijo, al punto el mismo pueblo será impelido a imitar a sus superiores; desde el momento en que se haya atraído a sí a todos los sabios y artistas, al punto sus riquezas serán usadas con suficiencia; desde el momento en que acoja con agrado a los hombres que vengan de lejos, en seguida los hombres de los cuatro extremos del Imperio acudirán en tropel a sus Estados para gozar de sus beneficios; desde el momento en que trate con amistad a sus grandes vasallos, al punto será respetado en todo el Imperio.

13. »Purificarse de toda mancha, tener siempre un exterior limpio y decente y vestidos distinguidos, no permitirse ningún movimiento, ninguna acción contraria a los ritos prescritos: he ahí los medios que es preciso emplear para regular bien su persona; rechazar de sí a los aduladores, huir de las seducciones de la belleza, despreciar las riquezas, estimar en alto precio la virtud y a los hombres que la practican: he ahí los medios que es preciso emplear para dar emulación a los sabios; honrar la dignidad de sus parientes, aumentar sus rentas, amar y evitar lo que ellos amen y eviten: he ahí los medios que es preciso emplear para hacer nacer la amistad entre los parientes; crear bastantes funcionarios inferiores para ejecutar las órdenes de los superiores: he ahí el medio que es preciso emplear para excitar el celo y la emulación de los ministros; aumentar los salarios de los hombres llenos de fidelidad y de probidad: he ahí el medio de excitar el celo y la emulación de los demás funcionarios públicos; no exigir servicios del pueblo sino en los tiempos convenientes; disminuir los impuestos: he ahí los medios de excitar el celo y la emulación de las familias; examinar cada día si la conducta de los hombres que se emplea es regular, y ver todos los meses si sus trabajos responden a sus salarios: he ahí los medios de excitar el celo y la emulación de los artistas y de los artesanos; acompañar a los extranjeros cuando se vayan; ir al encuentro de los que llegan para recibirlos bien; hacer el elogio de los que tienen bellas cualidades y hermosos talentos; tener compasión de los que carecen de ellos: he ahí los medios de recibir bien a los extranjeros; prolongar la prosperidad de los grandes feudatarios sin hijos, reintegrarlos en su estados perdidos por las sediciones, socorrerlos en sus peligros, hacer venir a su corte a los grandes vasallos y ordenarlos hacer traer por los gobernadores de provincia los presentes usuales en las épocas fijas, tratar con grandeza a los que se van y generosamente a los que llegan, no

exigiéndoles sino ligeros tributos: he ahí los medios de hacerse amar de los grandes vasallos.

14. »Todos los que gobiernan los imperios tienen las nueve reglas invariables a seguir: los medios que han de emplear para practicarlas se reducen a una sola.

15. »Todas las acciones virtuosas, todos los deberes que han sido resueltos de antemano son cumplidos con ello mismo; si no son resueltos de antemano, están por ello mismo en estado de infracción. Si se ha determinado de antemano las palabras que han de pronunciarse, no se experimenta entonces ninguna vacilación. Si se han determinado de antemano sus asuntos, sus ocupaciones en el Mundo, por lo mismo se realizan fácilmente. Si se ha determisado de antemano su conducta moral en la vida, no se experimentarán penas del alma. Si se ha determinado de antemano la ley del deber, no fallará jamás.

16. »Si el que está en un rango inferior no obtiene la confianza del superior, el pueblo no puede estar bien administrado; hay un principio cierto en la determinación de esta relación: El que no es sincero y fiel con sus amigos no obtendrá la confianza de sus superiores. Hay un principio cierto para determinar las relaciones de fidelidad y de sinceridad con los amigos: El que no es sumiso con sus parientes, no es sincero y fiel con sus amigos. Hay un principio cierto para determinar las relaciones de obediencia con sus parientes: Si volviéndose hacia sí mismo no se encuentra enteramente despojado de toda mentira, de todo lo que no es la verdad; si, en fin, no se encuentra perfecto, no se llenan cumplidamente sus deberes de obediencia con sus parientes. Hay un principio cierto para reconocer el estado de perfección: El que no sabe distinguir el bien del mal, lo verdadero de lo falso; que no sabe reconocer en el hombre el mandato del Cielo, no ha llegado todavía a la perfección.

17. »Lo perfecto, lo verdadero, desligado de toda mezcla, es la ley del Cielo; la perfección, o el perfeccionamiento, que consiste en emplear todos sus esfuerzos para descubrir la ley celeste, el verdadero principio del mandato del Cielo es la ley del hombre. El hombre perfecto (ching-tche) alcanza esta ley sin socorro extraño; no tiene necesidad de meditar, de reflexionar largo tiempo para obtenerla; llega a ella con calma y tranquilidad; allí está el santo hombre (ching-jin). El que tiende constantemente a este perfeccionamiento es el sabio, que sabe distinguir el bien del mal, elige el bien y se afianza fuertemente a él para no perderle jamás.

18. »Debe estudiar mucho para aprender todo lo que es el bien; debe interrogar con discernimiento para investigar y esclarecer todo lo que es el bien; debe velar cuidadosamente sobre todo lo que es el bien, con el temor de perderle, y meditarlo en su alma; debe esforzarse siempre por conocer todo lo que es el bien, y tener gran cuidado de distinguirle de todo lo que es el mal; debe en seguida practicar este bien con firmeza y constancia.

19. »Si hay personas que no estudian, o que si estudian no lo aprovechan, que no se desanimen ni se detengan; si hay personas que no interrogan para aclarar las cosas dudosas o que ignoran, a los hombres instruidos, o si, interrogándoles, no pueden llegar a ser más instruídos, que no se desanimen; si hay personas que no meditan o, si meditan,

no llegan a adquirir un conocimiento claro del principio del bien, que no se desanimen; si hay personas que no distinguen el bien del mal o que, si lo distinguen, no tienen, sin embargo, una percepción clara y sencilla, que no se desanimen; si hay personas que no practican el bien o que, si lo practican, no pueden emplear en él todas sus fuerzas, que no se desanimen: lo que otros hacen en una vez, ellos lo harán en diez; lo que otros hacen en ciento, ellos lo harán en mil.

20. »El que siga verdaderamente esta regla de perseverancia, por ignorante que sea, llegará a estar necesariamente iluminado; por débil que sea, llegará a ser necesariamente fuerte.»

Capítulo XXI

1. La alta luz y la inteligencia. que nace de la perfección moral o de la verdad sin mezcla, se llama virtud natural o santidad primitiva. La perfección moral, que nace de la alta luz de la inteligencia, se llama instrucción o santidad adquirida. La perfección moral supone la alta luz de la inteligencia; la alta luz de la inteligencia supone la perfección moral.

Capítulo XXII

1. No hay en el Mundo más que los hombres soberanamente perfectos que puedan conocer a fondo su propia naturaleza, la ley de su ser y los deberes que de ella se derivan; pudiendo conocer a fondo su propia naturaleza y los deberes que de ella se derivan, pueden, por esto mismo, conocer a fondo la naturaleza de los demás hombres, la ley de su ser y enseñarles todos los deberes que tiene que observar para cumplir el mandato del Cielo, pueden por eso mismo conocer a fondo la naturaleza de los demás seres vivientes y vegetantes y hacerles cumplir su ley de vitalidad, según su propia naturaleza, y pueden por eso mismo, por medio de sus facultades inteligentes superiores, ayudar al Cielo y a la Tierra en las transformaciones y mantenimiento de los seres, para que alcancen su completo desenvolvimiento; pudiendo ayudar al Cielo y a la Tierra en las transformaciones y mantenimiento de los seres, pueden por eso mismo constituir un tercer poder con el Cielo y la Tierra.

Capítulo XXIII

1. Los que vienen inmediatamente después de esos hombres soberanamente perfectos por su propia naturaleza, son los que realizan todos sus esfuerzos para rectificar sus inclinaciones apartadas del bien; una vez estas inclinaciones apartadas, pueden llegar al estado de perfección; habiendo llegado al estado de perfección, entonces producen efectos exteriormente visibles; habiéndose producido estos efectos exteriormente visibles, se manifiestan; habiéndose manifestado, entonces arrojarán una gran luz; habiendo arrojado una gran luz, entonces conmoverán los corazones; habiendo conmovido los corazones, obrarán numerosas conversiones; habiendo obrado numerosas conversiones, entonces borrarán hasta los últimos trazos del vicio: no hay en el Mundo sino los hombres soberanamente perfectos que puedan ser capaces de borrar así los últimos trazos del vicio en el corazón de los hombres.

Capítulo XXIV

1. Las facultades del hombre soberanamente perfecto son tan poderosas que puede, por medio de ellas, prever las cosas futuras. La elevación de las familias reales se anuncia también, seguramente, por felices presagios; la caída de las dinastías también se anuncian, seguramente, por funestos presagios; estos presagios, felices o funestos, se manifiestan en la gran hierba llamada chi, en el dorso de la tortuga, y excitan en ella tales movimientos, que hacen temblar sus cuatro miembros. Cuando los acontecimientos felices o desgraciados están próximos, el hombre soberanamente perfecto prevé con certeza si serán felices; igualmente prevé si serán desgraciados, porque el hombre soberanamente perfecto se asemeja a las inteligencias sobrenaturales.

Capítulo XXV

1. El perfecto es por sí mismo perfecto, absoluto; la ley del deber es por sí misma la ley del deber.
2. El perfecto es el principio y el fin de todos los seres; sin el perfecto o la perfección, los seres no existirían. Por eso el sabio estima esta perfección por encima de todo.
3. El hombre perfecto no se limita a perfeccionarse a sí mismo y detenerse en seguida; por esa razón se dedica a perfeccionar también a los demás seres. Perfeccionarse a sí mismo es, sin duda, una virtud; perfeccionar a los demás seres es una ciencia elevada; estos dos perfeccionamiento son virtudes de la Naturaleza o de la facultad racional pura. Reunir el perfeccionamiento exterior y el perfeccionamiento interior, constituye la regla del deber. Así es como se obra convenientemente, según las circunstancias.

Capítulo XXVI

1. Por eso el hombre soberanamente perfecto no cesa jamás de practicar el bien o de trabajar en el perfeccionamiento de los demás hombres.
2. No cesando jamás de trabajar en el perfeccionamiento de los demás hombres, persevera siempre en sus buenas acciones; perseverando siempre en sus buenas acciones, entonces todos los seres tratan de imitarle.
3. Tratando todos los seres de imitarle, entonces la influencia de la virtud se agranda y se extiende lejos; agrandada y extendida lejos, entonces es vasta y profunda; siendo vasta y profunda, entonces es alta y resplandeciente.
4. La virtud del hombre soberanamente perfecto es vasta y profunda; por eso tiene la facultad de contribuir al sostenimiento y al desenvolvimiento de los seres; es alta y resplandeciente: por eso tiene en sí la facultad de iluminarlos con su luz; es grande y perseverante: por eso tiene en sí la facultad de contribuir a su perfeccionamiento e identificarse por sus obras con el Cielo y la Tierra.
5. Los hombres soberanamente perfectos, por la grandeza y la profundidad de su virtud, se asimilan con la Tierra; por su altura y su brillo, se asimilan con el Cielo; por su extensión y su duración, se asimilan con el espacio y el tiempo sin límite.

El que se halla en esta elevada condición de santidad perfecta no se muestra, y, sin embargo, como la Tierra, se revela por sus beneficios; no se mueve, y, sin embargo, como el Cielo, obra numerosas transformaciones; no obra, y, sin embargo, como el espacio y el tiempo, llega al perfeccionamiento de sus obras.

6. La potencia, o la ley productora del Cielo y de la Tierra, puede expresarse mediante una sola palabra; su acción en el uno y en la otra no es doble; es la perfección; pero entonces su producción de los seres es incomprensible.

7. La razón de ser, o la ley del Cielo y de la Tierra, es, en efecto, vasta; ¡es profunda!, ¡es sublime!, ¡es brillante!, ¡es inmensa!, ¡es eterna!

8. Si dirigimos un instante nuestras miradas al Cielo, no percibimos al principio más que un reducido espacio centelleante de luz; pero si nos pudiéramos elevar hasta ese espacio luminoso, encontraríamos que es de una inmensidad sin límites; el Sol, la Luna, las estrellas, los planetas, están suspendidos en él como de un hilo; todos los seres del Universo están en él cubiertos como por un dosel. Pero si dirigimos una mirada hacia la Tierra, creeríamos al principio que podríamos abarcarla con la mano; mas si la recorremos, la encontraremos extensa, profunda; sosteniendo la alta montaña enflorecida (50), sin doblarse bajo su peso; envolviendo los ríos y los mares en su seno, sin inundarse y conteniendo a todos los seres. Esta montaña no nos parece más que un pequeño framento de roca; pero si exploramos su extensión, la encontraremos vasta y elevada, las plantas y los árboles creciendo en su superficie, los pájaros y los cuadrúpedos haciendo en ella su morada y encerrando ella misma en su seno tesoros inexplorados. Y este agua que percibimos de lejos nos parece poder apenas llenar una copa pequeña; pero si llegamos a su superficie, no podemos sondar su profundidad; tortugas enormes, cocodrilos, hidras, dragones, peces de toda especie viviente en su seno; riquezas preciosas tienen en él su nacimiento.

10. El Libro de los versos dice:

«No hay más que el mandato del cielo
»Cuya acción alejada no cesa jamás.»

Queriendo decir con ello que es esta acción interesante la que integra el mandato del Cielo.

«¡Oh! ¡Cómo no hubiera sido brillante
»La pureza y la virtud de Vu-Vang!»

Queriendo también decir con ello que fue a causa de esta misma pureza de virtud por lo que Vu-Vang no se eclipsará jamás.

Capítulo XXVII

1. ¡Oh! ¡Qué grande es la ley del deber del hombre santo!

2. Es un océano sin orillas; produce y entretiene a todos los seres; toca al Cielo con su altura.

3. ¡Oh! ¡Qué abundante y vasta es!; abraza trescientos ritos del primer orden y tres mil del segundo.

4. Es preciso esperar al hombre capaz de seguir tal ley, para que sea al punto practicada.

5. Por eso se ha dicho: «Si no se posee la suprema virtud de los santos hombres, la suprema ley del deber no se practicará completamente.»

6. También es por eso por lo que el sabio, identificado con la ley del deber, cultiva con respeto su naturaleza virtuosa, esta razón recta que ha recibido del Cielo, y por lo que se afana en estudiar atentamente lo que ella le prescribe. Con este objeto penetra hasta los postreros límites de su profundidad y de su extensión, para apropiarse de sus más sutiles preceptos, inaccesibles a las inteligencias vulgares. Desenvuelve hasta el más alto grado las elevadas y puras facultades de su inteligencia, y es para él una ley el seguir siempre los principios de la recta razón. Se conforma a las leyes ya reconocidas y practicadas antiguamente de la naturaleza virtuosa del hombre; busca conocer nuevas aún no determinadas; se adhiere con vigor a todo lo que es honrado y justo, a fin de reunir en él la práctica de los ritos, que son la expresión de la ley celeste.

7. Por esto es por lo que de estar revestido de la dignidad soberana, no está henchido de vano orgullo; si se encuentra en una de las condiciones inferiores, no por ello se rebela. Que la administración del reino sea equitativa, su palabra bastará para elevarle a la dignidad que merece; que, por el contrario, el reino esté mal gobernado, que en él se registren revueltas y sediciones, su silencio bastará para salvar su persona.

El Libro de los versos dice:

«Porque fue inteligente y prudente observador de los acontecimientos,

«Es por lo que conservó su persona.»

Esto concuerda con lo que se ha dicho precedente.

Capítulo XXVIII

1. El Filósofo ha dicho: «El hombre ignorante y sin virtud, que ama no servirse sino de su propio juicio; el hombre sin funciones públicas que ama arrogarse un poder que no le pertenece; el hombre nacido en el siglo, que torna a la práctica de las leyes antiguas, caídas en desuso o abolidas, y todos los que obran de una manera análoga, deben atenerse a experimentar grandes males.

2. »Exceptuando el hijo del Cielo, o el que ha recibido originariamente un mandato para ser el jefe del Imperio, nadie tiene el derecho de establecer nuevas ceremonias; nadie tiene el derecho de fijar nuevas leyes santuarias; nadie tiene el derecho de cambiar o de corregir la forma de los caracteres de escritura en vigor.

3. »Los carros del Imperio actual siguen las mismas rutas que las de los tiempos pasados; los libros están escritos con los mismos caracteres, y las costumbres son las mismas de otros tiempos.

4. »Aun cuando se poseyera la dignidad imperial de los antiguos soberanos, si no se tienen sus virtudes, nadie debe osar establecer nuevas ceremonias y una música nueva. Aun cuando se poseyeran sus virtudes, si no se está revestido de su dignidad imperial, nadie debe igualmente osar establecer nuevas ceremonias y una música nueva.»

5. El Filósofo ha dicho: «Me gusta referirme a los usos y costumbres de la dinastía de los Hia; pero el pequeño Estado de Khi, donde se ha extinguido esta dinastía, no los ha conservado suficientemente. He estudiado los usos y costumbres de la dinastía de Yin (o Chang); aún están en vigor en el Estado de Sung. He estudiado los usos y costumbres de la dinastía de los Tcheu, y como son los que hoy están en vigor, debo también seguirlos.»

Capítulo XXIX

1. Hay tres asuntos que se deben considerar como de la más elevada importancia en el gobierno de un Imperio: El establecimiento de los ritos o ceremonias, la fijación de las leyes suntuarias y la alteración en la forma de la escritura, y los que se conformen con ellas cometerán pocas faltas.

2. Las leyes, las reglas de administración de los antiguos tiempos, aunque excelentes, no tienen autoridad suficiente, porque lo lejano de los tiempos no permite establecer convenientemente su autenticidad; careciendo de autenticidad, no pueden obtener la confianza del pueblo; no pudiendo conceder el pueblo una confianza suficiente a los hombres que las han escrito, no las observan. Las que son propuestas por sabios no revestidos de la dignidad imperial, aunque excelentes, no obtienen el respeto necesario; no obteniendo el respecto necesario a su sanción, no obtienen igualmente la confianza del pueblo; no obteniendo la confianza del pueblo, el pueblo no las observa.

3. Por eso, la ley del deber de un príncipe sabio en el establecimiento de las leyes más importantes tiene su base fundamental en sí mismo; la autoridad de su virtud y de su elevada dignidad se impone a todo el pueblo; conforma su administración a la de los fundadores de las tres primeras dinastías, y no se engaña; establece sus leyes según las del Cielo y de la Tierra y no experimentan ninguna oposición; busca la prueba de la verdad en los espíritus y las inteligencias superiores, y está exento de nuestras dudas; como cien generaciones han pasado hasta él, hombre santo, no está sujeto a nuestros errores.

4. Busca la prueba de la verdad en los espíritus y las inteligencias superiores y, por consiguiente, conoce profundamente la ley del mandato celeste; cien generaciones han pasado hasta él, hombre santo, y no está sujeto a nuestros errores; por consiguiente, conoce profundamente los principios de la naturaleza humana.

5. Por eso, el príncipe sabio no tiene más que obrar y, durante siglos, sus acciones son la ley del Imperio. Los pueblos lejanos tienen entonces esperanza en él; los que se le avecinan, jamás se fatigarán de él.

6. El Libro de los versos dice:

«En aquéllos no hay odio
»En éstos no hay saciedad.
»¡Oh! ¡Sí!, mañana y tarde
»¡Siempre será objeto de eternas alabanzas!»

Jamás ha habido príncipes sabios que no hayan sido tales después de haber alcanzado un renombre parecido en el Mundo.

Capítulo XXX

1. El filósofo Kungtsé recordaba con veneración los tiempos de los antiguos emperadores Yao y Chun; pero él se regía principalmente por la conducta de los soberanos más recientes Ven y Vu. Tomando como ejemplo de sus acciones las leyes naturales e inmutables que rigen los cuerpos celestes, sobre nuestras cabezas, imitaba la sucesión regular de las estaciones que se opera en el Cielo; a nuestros pies, se conformaba a las leyes de la Tierra o del agua, fijas o movibles.

2. Se le puede comparar al Cielo y a la Tierra, que contienen y alimentan todo, que cubren y envuelven todo; se le puede comparar a las cuatro estaciones que se suceden continuamente sin interrupción; se le puede comparar al Sol y a la Luna que alumbran alternativamente el Mundo.

3. Todos los seres de la Naturaleza viven juntamente la vida universal y no se mortifican unos a otros; todas las leyes que rigen las estaciones y los cuerpos celestes se cumplen al mismo tiempo sin contrariarse entre ellas. Una de las facultades parciales de la Naturaleza es la de hacer correr un arroyo; pero sus grandes energías, sus grandes y soberanas facultades producen y transforman todos los seres. ¡He aquí, en efecto, lo que hace grandes al Cielo y a la Tierra!

Capítulo XXXI

1. No hay en el Universo sino el hombre soberanamente santo que, por la facultad de conocer a fondo y de comprender perfectamente las leyes primitivas de los seres vivos, sea digno de poseer la autoridad soberana y de mandar a los hombres; que por su facultad de tener un alma grande y magnánima, afable y dulce, sea capaz de poseer el poder y de esparcir beneficios con profusión; que por su facultad de no atesorar un alma elevada, firme, imperturbable y constante, sea capaz de hacer reinar la justicia y la equidad; que por su facultad de ser siempre honrado, sencillo, grave, recto y justo, sea capaz de atraerse el respeto y la veneración; que por su facultad de estar revestido de los ornamentos del espíritu y de los talentos que procura un estudio asiduo y de esas luces que da una exacta investigación de las cosas más ocultas, de los más sutiles principios, sea capaz de discernir con exactitud lo verdadero de lo falso, el bien del mal.

2. Sus facultades son tan amplias, tan vastas, tan profundas, que es como un manantial inmenso del que todo sale a su tiempo.

3. Son tan vastas y extendidas como el cielo; el manantial oculto de donde proceden es profundo como el abismo. Que este hombre soberanamente santo aparezca con sus virtudes, sus facultades poderosas, y los pueblos no dejarán de testimoniarle su veneración; que hable, y los pueblos no dejarán de tener fe en sus palabras; que obre, y los pueblos no dejarán de estar alegres.

4. Por todo ello, el renombre de sus virtudes es un océano que inunda el Imperio por todas partes; se extiende hasta los bárbaros de las regiones meridionales y septentrionales; por doquier donde los barcos y los carros pueden abordar, donde las fuerzas de la industria humana pueden penetrar, en todos los lugares que el cielo cubre con su inmenso dosel y la Luna alumbra con sus rayos que fertilizan los rocíos y las nubes

de la mañana, todos los seres humanos que viven y que respiran, no pueden dejar de amarle y reverenciarle. Por eso se dice: «Que sus facultades, sus poderosas virtudes le igualan al Cielo.»

Capítulo XXXII

1. No hay en el Universo más que un hombre soberanamente perfecto, por la pureza de su alma, que sea capaz de distinguir y de fijar los deberes de las cinco grandes relaciones que existen en el Imperio, entre los hombres; de establecer sobre principios fijos y conformes a la naturaleza de los seres, la gran base fundamental de las acciones y de las operaciones que se ejecutan en el Mundo; de conocer perfectamente las creaciones y los aniquilamientos del Cielo y de la Tierra. Tal hombre soberanamente perfecto tiene en sí mismo el principio de sus acciones.

2. Su venevolencia hacia todos los hombres es extremadamente vasta; sus facultades íntimas son extremadamente profundas; sus conocimientos de las cosas celestes se hallan extremadamente extendidos.

3. Pero, a menos de ser verdaderamente muy esclarecido, profundamente inteligente, santo por sus virtudes, instruído en las leyes divinas y penetrado de las cuatro virtudes celestiales: humanidad, justicia, decoro y ciencia de los deberes, ¿cómo se podrían conocer sus méritos?

Capítulo XXXIII

1. El Libro de los versos dice:

«Ella cubría su traje bordado de oro con un manto grosero.»

Ella odiaba el fasto y la pompa de sus adornos. Así es como las acciones virtuosas del sabio se ocultan a las miradas y, sin embargo, se revelan cada vez más todos los días, mientras que las acciones virtuosas del hombre inferior se producen con ostentación y se desvanecen cada día. La conducta del sabio carece de sabor, como el agua; sin embargo, no es fastidiosa; está retirada, pero, no obstante, es hermosa y grave; parece confusa y desordenada, pero, sin embargo, es regular. El sabio conoce las cosas lejanas, es decir, el Mundo, los Imperios y los hombres, por las cosas que le incumben, por su propia persona; conoce las pasiones de los demás por las suyas propias, por los movimientos de su corazón; conoce los más secretos movimientos de su corazón por los que se revelan en los demás. Así podrá entrar en el camino de la virtud.

2. El Libro de los versos dice:

«Aunque el pez al sumergirse se oculta en el agua,

»Sin embargo, la trasparencia de la onda le traiciona, y se le puede ver todo entero.»

Así es como el sabio, examinándose interiormente, no encuentra nada en su corazón de que tenga que reprocharse o avergonzarse. Lo que el sabio no puede hallar en él, ¿no es lo que los demás hombres no perciben en ellos?

3. El Libro de los versos dice:

«Sé atento contigo mismo hasta en tu casa;

«Cuídate bien de no hacer nada, ni aun en el lugar más secreto, de que te puedas avergonzar.»

Así es como el sabio se atrae siempre el respeto, aunque no se halle presente; es invariablemente veraz y sincero, aunque guarde silencio.

4. El Libro de los versos dice:

«Se dirige con recogimiento y en silencio al templo de sus antepasados,

»Y durante el tiempo del sacrificio, no suscita ninguna discusión sobre la precedencia de los rangos y de los deberes.»

Así es como el sabio, sin hacer liberalidades, conduce a los hombres a practicar la virtud; no se entrega a movimientos de cólera, y es temido del pueblo, lo mismo que las hachas y los machetes.

5. El Libro de los versos dice:

«¡Su virtud reconcentrada no se mostraba! ¡Así era de profunda!

»Sin embargo, sus vasallos le imitaron.»

Por eso un hombre lleno de virtudes se dedica con ahinco a practicar todo lo que atrae el respeto y, por eso mismo, hace que todos los Estados gocen entre ellos de una buena armonía.

6. El Libro de los versos pone en boca del soberano supremo estas palabras:

«Amo y quiero esta virtud brillante, que es el cumplimiento de la ley natural del hombre,

»Y que no se revela por su mucha pompa y ruido.»

El Filósofo decía a este respecto: «La pompa exterior y el ruido apenas sirven para la conversión de los pueblos.»

El Libro de los versos dice:

«La virtud es ligera como el plumón más fino.»

El plumón ligero es tamfién objeto de una comparación:

«Las acciones, las operaciones secretas del Cielo supremo

»No tienen ni sonido ni olor.»

Es el último grado de la inmaterialidad.

LUN-YU

O

LAS CONVERSACIONES FILOSOFICAS

Tercer Libro Clasico

CHANG-LUN – PRIMER LIBRO

Capítulo I

1. El filósofo Kungtsé ha dicho: El que se entregue al estudio de lo verdadero y del bien; el que se aplique a él con perseverancia y sin descanso, ¿no experimenta con ello una gran satisfacción?

¿No es, también, una gran satisfacción ver llegar a sí, de alejadas comarcas, hombres atraídos por una comunidad de ideas y de sentimientos?

Ser ignorado o desconocido de los hombres y no indignarse por ello, ¿no es propio del hombre eminentemente virtuoso?

2. Yeu-tsé (discípulo de Kungtsé) dijo: Es raro que el que practica los deberes de la piedad filial y de la deferencia fraternal guste rebelarse contra sus superiores; pero jamás ocurre que al que no le gusta revolverse contra sus superiores le guste suscitar revueltas en el Imperio.

El hombre superior o el sabio aplica todas las fuerzas de su inteligencia al estudio de los principios fundamentales; estando los principios fundamentales bien establecidos, las reglas de conducta, los deberes morales, se deducen de ellos naturalmente.

La piedad filial, la deferencia fraternal de que hemos hablado, ¿no son el principio fundamental de la humanidad o de la benevolencia universal hacia los hombres?

3. Kungtsé dijo: Unas expresiones adornadas y floridas, un exterior rebuscado y lleno de afectación, raramente se alían con una virtud sincera.

4. Thseng-tsé dijo: Cada día me examino sobre tres puntos principales. ¿No habré gestionado los negocios de otro con el mismo celo y la misma integridad que los míos propios? ¿No habré sido sincero en mis relaciones con mis amigos y mis condiscípulos? ¿No habré conservado cuidadosamente y practicado la doctrina que me ha sido transmitida por mis instructores?

5. Kungtsé dijo: El que gobierna un reino de mil carros (51) debe obtener la confianza del pueblo, aportando toda su solicitud a los negocios del Estado; debe tomar con ahínco todos los intereses del pueblo, moderando sus gastos, y no exigir cargas a las poblaciones sino en tiempo conveniente.

6. Kungtsé dijo: Es preciso que los hijos tengan piedad filial en la casa paterna y deferencia fraternal fuera de ella. Es preciso que sean corteses en sus acciones, sinceros y veraces en sus palabras con todos los hombres, a los que deben amar con toda la intensidad de su afecto, interesándose particularmente hacia las personas virtuosas.

Y si después de estar bien satisfechos de sus deberes tienen aún fuerzas para más, deben aplicarse a adornar su espíritu mediante el estudio y a adquirir conocimientos y virtudes.

7. Tsé-hia (discípulo de Kungtsé) dijo: Ser apasionado de las virtudes de los sabios, hasta el punto de cambiar por ellas todos los placeres mundanos; servir a su padre y a su madre tanto como esté en su poder hacerlo; sacrificar su persona al servicio de su príncipe, y en las relaciones que se sostengan con sus amigos, tener siempre una sinceridad y una fidelidad a toda prueba; aunque el que obre de ese modo pueda ser considerado como desprovisto de instrucción, yo le llamaría ciertamente un hombre instruído.

8. Kungtsé dijo: «Si el hombre superior no tiene gravedad en su conducta, no inspirará respeto; y si ha estudiado, sus conocimientos no serán sólidos.

»Observad constantemente la sinceridad y la fidelidad o la buena fe; no contraed relaciones de amistad con personas inferiores moralmente a vosotros mismos por sus conocimientos; si cometéis algunas faltas, no temáis corregiros.»

9. Theseng-tsé dijo: «Es preciso estar atento a cumplir en todas sus partes los ritos fúnebres con sus parientes fallecidos, ofrecerles los sacrificios prescritos; entonces, el pueblo que se halla en una condición inferior, admirado de este ejemplo volverá a la práctica de esta virtud saludable.»

10. Tsé-kin interrogó a Tseu-kung diciéndole: «Cuando el filósofo, tu maestro, ha venido a este reino obligado a estudiar su gobierno, ¿ha pedido por sí mismo informaciones, o ha venido, por el contrario, a darlas? Tseu-kung respondió: «Nuestro maestro es benévolo, recto, respetuoso, modesto y condescendiente; estas cualidades le han bastado para obtener todas las informaciones que ha podido desear. La manera de adquirir informaciones, de nuestro maestro, ¿no difiere de la de todos los demás hombres?»

11. Kungtsé dijo: «Durante la vida de vuestro padre, observad con cuidado su voluntad; después de su muerte, tened siempre los ojos fijos en sus acciones: durante los tres años que sigan a la muerte de su padre, el hijo que, en sus acciones, no se aparte de su conducta, puede llamarse dotado de piedad filial.»

12. Yeu-tsé dijo: «En la práctica usual de la cortesía (o de esa educación distinguida que es la ley del cielo), la diferencia o la condescendencia con los demás debe colocarse en primera fila. Era la regla de conducta de los antiguos reyes, a causa de la cual brillaron tanto; todo cuanto hicieron, así las cosas grandes como las pequeñas, se derivan de ella. Pero es, sin embargo. una condescendencia que no se debe tener cuando se sabe que no es sino condescendencia; no siendo la esencia misma de la verdadera cortesanía, no se debe practicar.»

13. Yeu-tsé dijo: «El que no promete más que lo que es conforme a la justicia, puede cumplir su palabra; aquel cuyo temor y respeto son conformes con las leyes de la cortesía, aleja lejos de sí la vergüenza y el deshonor. Por la misma razón, si no se pierde al mismo tiempo a las personas con las que se está unido por estrechos lazos de parentesco, se puede llegar a ser un jefe de familia.»

14. Kungtsé dijo: «El hombre superior, cuando se sienta a la mesa, no busca saciar su apetito; cuando está en su casa, no busca los goces de la ociosidad y de la molicie; está atento a sus deberes y vigilante de sus palabras; le gusta frecuentar a los que tienen principiosrectos, a fin de regular a ellos su conducta. Un hombre tal puede ser llamado filósofo, o que se deleita con el estudio de la sabiduría.»

15. Tsé-kung dijo: «¿Cómo encuentras al hombre pobre que no se envilece con una adulación servil; al hombre rico que no se enorgullece con su riqueza?»

Kungtsé dijo: «Un hombre puede ser aún estimado sin parecérseles; pero este último jamás será comparable al hombre que se muestra contento con su pobreza, o que, siendo rico, se complace, no obstante, con la práctica de las virtudes sociales.» Tu-kung dijo: Se lee en el Libro de los versos: «Como el artista que corta y trabaja el marfil, »Como el que talla y pule las piedras preciosas.» ¿No hace alusión este pasaje a los que acabamos de ocuparnos?

Kungtsé respondió: «Sse (sobrenombre de Tseu-Kung) comienza a poder citar en la conversación pasajes del Libro de los versos; interroga a los acontecimientos pasados para conocer el porvenir.»

16. Kungtsé dijo: «No es preciso afligirse de que los hombres no nos conozcan, sino, por el contrario, de no conocerlos a ellos nosotros mismos.»

Capítulo II

1. El Filósofo (52) dijo: «Gobernar su país con la virtud y la capacidad necesarias es parecerse a la estrella polar, que permanece inmóvil en su sitio, mientras que las demás estrellas circulan en torno suyo, y la toman por guía.»

2. El Filósofo dijo: «El sentido de las trescientas odas del Libro de los versos está contenido en una sola de estas expresiones: «Que vuestros pensamientos no sean perversos.»

3. El Filósofo dijo: «Si se gobierna al pueblo según las leyes de una buena administración y se le mantiene en orden por el temor a los suplicios, será circunspecto en su conducta, sin avergonzarse de sus malas acciones. Pero si se le gobierna según los principios de la virtud y se le mantiene en orden por las solas leyes de la cortesía social (que no es sino la ley del Cielo), experimentará la vergüenza de una acción culpable, y avanzará en el camino de la virtud.»

4. El Filósofo dijo: «A la edad de quince años mi espíritu estaba continuamente ocupado en el estudio; a los treinta, me había detenido ya en principios sólidos y fijos; a los cuarenta, no experimentaba dudas ni titubeos; a los cincuenta, conocía la ley del Cielo, es decir, la ley constitutiva que el Cielo ha conferido a cada ser de la Naturaleza para realizar regularmente su destino; a los sesenta, comprendía fácilmente las causas de los acontecimientos; a los setenta satisfacía los deseos de mi corazón, sin sobrepujar, no obstante, su medida.»

5. Meng-i-tsé (grande del pequeño reino de Lu) preguntó lo que era obediencia filial.

El Filósofo dijo que consistía en no oponerse a los principios de la razón.

Fan-tchi (uno de los discípulos de Kungtsé), conduciendo el carro de su maestro, fué interpelado por él de esta manera: Meng-sun me preguntaba un día por la piedad filial; yo le respondí que consistía en no oponerse a los principios de la razón.

Fan-tchi dijo: «¿Qué entiendes por esto?» El Filósofo respondió: «Durante la vida de su padre y de su madre, es preciso rendirlos los deberes que le son merecidos, según los principios de la razón natural que nos es inspirada por el Cielo (li); cuando mueren, es preciso amortajarlos según las ceremonias prescritas por los ritos (que no son sino la expresión social de la razón celeste), y en seguida ofrecerlos los sacrificios igualmente conformes con los ritos.»

6. Meng-wu-pe preguntó lo que era la piedad filial. El Filósofo dijo: «Tan sólo los padres y las madres se afligen verdaderamente a causa de las enfermedades de sus hijos.»

7. Tsé-yeu preguntó lo que era la piedad filial.

El Filósofo dijo: «Ahora, los que son considerados como teniendo piedad filial son los que alimentan a su padre y a su madre; pero este cuidado se extiende igualmente a los perros y a los caballos, pues se les procura igualmente su alimento. Si no se tiene veneración y respeto para sus padres, ¿qué diferencia habría en nuestra manera de obrar?»

8. Tsé-hia preguntó qué era la piedad filial. El Filósofo dijo: «Es en la manera de obrar y de comportarse donde reside toda la dificultad. Si los padres y las madres tiene que realizar trabajos y los hijos los eximen de ellos; si estos últimos tienen que comer y beber en abundancia, y les ceden una parte, ¿es esto ejercer la piedad filial?»

9. El Filósofo dijo: «Conversé con Yan-Hui (discípulo predilecto del Filósofo) durante toda la jornada, y no encontró nada que objetarme; parecía un hombre sin capacidad. Se retiró y le observé cuando se quedó solo; disponíase a desarrollar todo lo escuchado. Yan-Hui no es un hombre sin capacidad.»

10. El Filósofo dijo: «Observad atentamente las acciones de un hombre; mirad cuáles son sus inclinaciones; examinad cuáles son sus causas de alegría. ¡Cómo podría escapar a vuestras investigaciones! ¡Cómo podría en adelante causaros temor!»

11. El Filósofo dijo: «Hazte completamente dueño de lo que acabas de aprender y aprende siempre; de este modo podrás llegar a ser maestro de los hombres.»

12. El Filósofo dijo: «El hombre superior no es un vano utensilio empleado en usos vulgares.»

13. Tsé-kong preguntó qué era un hombre superior. El Filósofo dijo: «Es el que, desde luego, pone sus palabras en práctica, y en seguida habla conforme a sus acciones.»

14. El Filósofo dijo: «El hombre superior es el que tiene una benevolencia igual para todos y que es sin egoísmo y sin parcialidad. El hombre vulgar es el que no tiene sino sentimientos de egoísmo, sin disposición benévola para todos los hombres en general.»

15. El Filósofo dijo: «Si estudiáis sin que sea aplicado vuestro pensamiento, perdéis el fruto de vuestro estudio; si, por el contrario, os abandonáis a vuestro pensamiento sin dirigirse hacia el estudio, os exponéis a graves inconvenientes.»

16. El Filósofo dijo: «Oponeos a los principios diferentes a los verdaderos; son peligrosos y conducen a la perversidad.»

17. El Filósofo dijo: «Yeu, ¿sabes lo que es la ciencia? Saber que se sabe lo que se sabe, y saber que no se sabe lo que no se sabe: he aquí la verdadera ciencia.»

18. Tsé-chang estudió con el objeto de obtener las funciones de gobernador. El Filósofo le dijo: «Escucha mucho, a fin de disminuir tus dudas; estate atento a lo que dices, a fin de no decir nada superfluo; entonces, cometerás raramente faltas. Vigila mucho con objeto de disminuir los peligros en que podrías incurrir no estando informado de lo que pasa. Vela atentamente tus acciones y raramente tendrás que arrepentirte. Si en tus palabras te acontece raramente cometer faltas, y si en tus acciones encuentras raramente motivo para arrepentirte, poseerás ya el cargo a que aspiras.»

19. Ngaï-kung (príncipe de Lu) hizo la pregunta siguiente: «¿Cómo haría para asegurar la sumisión del pueblo?» Kungtsé le respondió: «Eleva, honra a los hombres rectos e íntegros, rebaja, destituye a los hombres corrompidos y perversos; entonces el pueblo te obedecerá. Eleva, honra a los hombres corrompidos y perversos, rebaja, destituye a los hombres rectos e íntegros y el pueblo te desobedecerá.»

20. Ki-kang (grande del reino de Lu) preguntó cómo podría hacer para volver al pueblo respetuoso y fiel, y para excitarle a la práctica de la virtud. El Filósofo dijo: «Vela por él con dignidad y firmeza, y entonces será respetuoso; tenle piedad filial y conmiseración, y entonces será fiel; eleva a los cargos públicos y a los honores a los hombres virtuosos, y da instrucción a los que no se la pueden procurar por sí mismos; con ello se inclinarán hacia la virtud.»

21. Alguien habló así a Kungtsé: Filósofo, ¿por qué no ejerces una función en la administración pública? El Filósofo dijo: «Se lee en el Chu-king: «Si se trata de la piedad filial, ¿tan sólo la piedad filial y la concordia entre hermanos de edad diferente deben ser cultivadas con todo interés por los que ocupan funciones públicas? Los que practican estas virtudes realizan con ello funciones públicas de orden y de administración. ¿Por qué considerar solamente a los que ocupan empleos pûblicos como realizando funciones públicas?»

22. El Filósofo dijo: «Un hombre desprovisto de sinceridad y de fidelidad es un ser incomprensible a mis ojos. Es un gran carro sin lanza, un carro pequeño sin timón; ¿cómo se puede conducir por el camino de la vida?»

23. Tsé-chang preguntó si los acontecimientos de diez generaciones podían ser conocidos de antemano.

El Filósofo dijo: «Lo que la dinastía de los Yn (o de los Tchang) tomó prestado de la de los Hia respecto a ritos y ceremonias puede ser conocido; lo que la dinastía de los Theu (bajo la que vivía el Filósofo) tomó prestado de la de los In respecto a ritos y ceremonias puede ser conocido. Y si otra dinastía sucediese a la de los Tcheu, entonces también los mismos acontecimientos durante cien generaciones podrán ser predichos.»

24. El Filósofo dijo: «Si no es al genio al que se debe sacrificar al que se sacrifica, la acción que se realiza no es sino una tentativa de seducción con mal deseo; si se ve una cosa justa y no se la practica, se comete una cobardía.»

Capítulo III

1. Kungtsé dijo que Ki-chi (grande del reino de Lu) empleaba ocho compañías de músicos en sus fiestas de familia. Si se permite obrar así, ¿qué no será capaz de hacer? (53).

2. Las tres familias (de los grandes del reino de Lu) se servían de la música Yung-tchi. El Filósofo dijo:

«Tan sólo los príncipes asisten a la ceremonia.

»El hijo del Cielo (emperador) conserva un aire profundamente recogido y reservado.» (Pasaje del Libro de los versos.)

¿Cómo podrían aplicarse estas palabras a la fiesta de las tres familias?

3. El Filósofo dijo: «Ser hombre y no practicar las virtudes a que obliga la humanidad, ¿sería esto conformarse con los ritos? Y de ser hombre y no poseer las virtudes a que obliga la humanidad, ¿se podría juzgar dignamente la música?»

4. Ling-fang (habitante del reino de Lu) preguntó qué era el principio fundamental de los ritos (o de la razón celeste, formulado en diversas ceremonias sociales).

El Filósofo respondió: «¡Gran pregunta, en verdad! En materia de ritos, una estricta economía es preferible a las extravagancias; en lo que afecta a las ceremonias fúnebres, un dolor silencioso es preferible a una pompa vana y estéril.»

5. El Filósofo dijo: «Los bárbaros del Norte y del Occidente (los I y los Jung) tienen príncipes que los gobiernan; no se parecen a nosotros, hombres de Hia (del Imperio de los Hia), que no los tenemos.»

6. Ki-chi fue a sacrificar al monte Tai-chan (en el reino de Lu). El Filósofo interpeló a Yen-Yeu, diciéndole: «¿No puedes impedirlo?» Este último le respondió respetuosamente:

«No, no puedo.» El Filósofo exclamó: «¡Ay! ¡Ay! Lo que has dicho a propósito del monte Tai-chan me hace ver que eres inferior a Lin-fang (en lo que afectaba al conocimiento de los deberes del ceremonial)» (54).

7. El Filósofo dijo: «El hombre superior no tiene querellas ni disputas con nadie. Si le ocurre el tener las, es cuando es preciso decir las cosas como son. Cede la plaza a su antagonista vencido, sube a otra estancia, y en seguida desciende para tomar una taza con él (en señal de paz). He ahí las solas impugnaciones del hombre superior.»

8. Tsé-hia dirigió una pregunta en estos términos: «¡Qué sonrisa tan agradable tiene su boca fina y delicada!

»¡Qué dulce y arrebatadora es su mirada! ¡Es preciso que el fondo del cuadro esté preparado para pintar!» (Palabras del Libro de los versos.) ¿Cuál es el sentido de estas palabras?

El Filósofo dijo: «Prepara al punto el fondo del cuadro para aplicar en seguida los colores.» Tseu-hia dijo: «Las leyes del ritual ¿son acaso secundarias?» El Filósofo dijo: «Has comprendido mi pensamiento, ¡oh, Chang! Ahora empiezas a comprender mis pláticas sobre la poesía.»

9. El Filósofo dijo: «Puedo hablar de los ritos y de las ceremonias de la dinastía Hia; pero Ki es incapaz de comprender su sentido oculto. Puedo hablar de los ritos y de

las ceremonias de la dinastía Yn; pero Sung es incapaz de desentrañar su más oculto sentido: el socorro de las leyes y la opinión de los sabios no bastan para conocer sus causas. Si bastasen, entonces podríamos comprender el sentido más oculto.»

10. El Filósofo dijo: «En el gran sacrificio real, llamado Ti, después que se ha hecho la libación para pedir el descenso de los espíritus, no deseo permanecer espectador de la ceremonia.»

11. Habiendo preguntado alguien cuál era el sentido del gran sacrificio real, el Filósofo dijo: «No lo conozco. El que conociera ese sentido, todo cuanto está bajo el cielo le sería claro y manifiesto; no tendría más dificultades en conocer todo, que en poner el dedo en la palma de su mano.

12. »Es preciso sacrificar a los antepasados como si estuvieran presentes; es preciso adorar a los espíritus y a los genios como si estuvieran presentes.» El Filósofo dijo: «No hago las ceremonias del sacrificio como si no se tratase de un sacrificio.»

13. Vang-sun-kia preguntó qué se entendía diciendo que valía más dirigir sus homenajes al genio de los granos que al genio del hogar. El Filósofo dijo: «No es así; pues en este caso, el que ha cometido una falta con el cielo, no sabría a quién dirigir su plegaria.»

14. El Filósofo dijo: «Los fundadores de la dinastía de los Tcheu examinaron las leyes de la civilización de las dos dinastías que les habían precedido, y ¡qué progresos no hicieron hacer a estas civilizaciones! Estoy de acuerdo con los Tcheu.»

15. Cuando el Filósofo entró en el gran templo, se informó minuciosamente de cada cosa; alguien exclamó: ¿Quién dirá ahora que el hijo del hombre de Tséu (el padre de Confucio) conocía los ritos y las ceremonias? ¡Cuando ha entrado en el templo se ha informado minuciosamente de cada cosa! Habiendo oído el Filósofo estas palabras, dijo: «También esto es conforme con los ritos.»

16. El Filósofo dijo: «Tirando al arco no se trata de pasar el blanco, sino de alcanzarle; todas las fuerzas no son iguales; esa era la regla de los antiguos.»

17. Tsé-kung deseó abolir el sacrificio del carnero, que se ofrecía el primer día de la duodécima Luna. El Filósofo dijo: «Sse, a ti no te preocupa sino el sacrificio del carnero; a mí la ceremonia.»

18. El Filósofo dijo: «Si alguno sirve (ahora) al príncipe como debe servirle, cumplimentando los ritos, los hombres le consideran como un cortesano y como un adulador.»

19. Ting (príncipe de Lu) preguntó cómo un príncipe debe emplear a sus ministros y los ministros servir al príncipe. Kungtsé respondió con deferencia: «Un príncipe debe emplear a sus ministros según lo que está prescrito en los ritos; los ministros deben servir al príncipe con fidelidad.»

20. El Filósofo dijo: «Las alegres modulaciones de la oda Kuantsé no excitan deseos licenciosos; las modulaciones tristes no hieren los sentimientos.»

21. Ngaï-kung (príncipe de Lu) preguntó a Tsaï-ngo, discípulo de Kungtsé, a propósito de los altares o montículos de tierras erigidos en honor de los genios. Tsaï-ngo contestó con deferencia: «Las familias principescas de la dinastía Hia erigieron estos

altares en torno del árbol pino; los hombres de la dinastía Yn, en torno del ciprés; los de la dinastía Tcheu, en torno del castaño, porque se dice que el castaño tiene la facultad de hacer al pueblo temeroso.» (55)

El Filósofo, habiendo oído estas palabras, dijo: «No es preciso hablar de cosas realizadas ni emitir opiniones concernientes a las que no se pueden hacer convenientemente; lo que ha pasado, debe estar exento de censura.»

22. El Filósofo dijo: «Kuang-tchung (grande, o ta-fu del Estado de Thsi) es un vaso de bien poca capacidad.» Alguien dijo: «¿Es, pues, Kuan-tchung avaro y parsimonioso?» (El Filósofo) replicó: «Kuan-chi (el mismo) tiene tres cuerpos de edificio, llamados Kuei, y en el servicio de sus palacios no emplea más de un hombre para un oficio; ¿es esto avaricia y parsimonia?»

Entonces, de ser esto así, ¿conoce Kuan-tchung los ritos?

(El Filósofo) respondió: «Los príncipes de un pequeño Estado tienen sus puertas protegidas por empalizadas; Kuan-chi tiene también sus puertas protegidas por empalizadas.

»Cuando dos príncipes de un pequeño Estado se encuentran, para festejar su bienvenida, después de haber bebido juntos, vierten sus copas; Kuang-chi también ha vertido su copa. Si Kuan-chi conoce los ritos o usos prescritos, ¿por qué querer que no los conozca?»

23. El Filósofo, conversando un día sobre la música con el Tai-sse, o intendente de la música del reino de Lu, dijo: «En punto a música, debes estar perfectamente instruído; cuando se compone un aire, ¿no deben todas las partes concurrir a la obertura? Al avanzar, ¿no se debe buscar producir armonía, claridad y reguaridad, con objeto de completar el canto?»

24. El residente de Y solicitó con súplica ser introducido junto (del Filósofo), diciendo: «Cuando los hombres superiores han llegado a estos lugares, jamás he sido impedido de verlos.» Los que seguían al Filósofo le introdujeron, y cuando el residente salió, les dijo: «Discípulos del Filósofo, seáis cuantos seáis, ¿por qué gemís porque vuestro maestro ha perdido su cargo en el gobierno? El Imperio está sin leyes (56), sin dirección, hace largo tiempo; el Cielo va a tomar a este gran hombre para hacer de él un heraldo (57), reuniendo a las poblaciones a su paso y para obrar una gran reforma.»

25. El Filósofo juzgaba el canto de música llamado Tchao (compuesto por Chun), perfectamente bello y hasta perfectamente propio para inspirar la virtud. Juzgaba el canto de música llamado Vu, guerrero, perfectamente bello, pero de ningún modo propio para inspirar la virtud.

26. El Filósofo dijo: «Ocupar el rango supremo y no beneficiar a aquellos a los que se gobierna; practicar los ritos y usos prescritos sin ningún respeto, y las ceremonias fúnebres sin verdadero dolor: he ahí lo que no puedo resignarme a ver.»

Capítulo IV

1. El Filósofo dijo: «La humanidad o los sentimeintos de benevolencia hacia los demás, son practicados admirablemente en los campos; el que, eligiendo su residencia, no

quiere habitar entre los que poseen también humanidad o sentimientos de benevolencia hacia los demás, ¿puede ser considerado como dotado de inteligencia?»

2. El Filósofo dijo: «Los que están desprovistos de humanidad (58) no pueden mantenerse mucho tiempo virtuosos en la pobreza; tampoco pueden mantenerse mucho tiempo virtuosos en la abundancia y en los placeres. Los que están llenos de humanidad aman hallar el reposo en las virtudes de la humanidad; y los que poseen la ciencia, hallan su provecho en la humanidad.»

3. El Filósofo dijo: «Tan sólo el hombre lleno de humanidad puede amar verdaderamente a los hombres y puede odiarlos de manera conveniente.»

4. El Filósofo dijo: «Si el pensamiento es dirigido sinceramente hacia las virtudes de la humanidad, no se cometerán acciones viciosas.»

5. El Filósofo dijo: «Las riquezas y los honores son el objetivo del deseo de los hombres; si no se los puede obtener por las vías honestas y rectas, es preciso renunciar a ellos. La pobreza y una posición humilde o vil son objeto del odio y del desprecio de los hombres; si no se puede salir de ellas por las vías honestas y rectas, es preciso permanecer así. Si el hombre superior abandona las virtudes de humanidad, ¿cómo podría alcanzar una reputación de sabiduría perfecta? El hombre superior no debe obrar un solo instante contrariamente a las virtudes de humanidad. En los momentos más apurados, como en los más confusos, debe conformarse con ellas.»

6. El Filósofo dijo: «Aún no he visto a un hombre que amase convenientemente a los hombres llenos de humanidad, que tuviese un odio conveniente hacia los hombres viciosos y perversos. El que ama a los hombres llenos de humanidad, no pone a nadie por sobre ellos; el que odia a los hombres sin humanidad practica ésta; no permite que los hombres sin humanidad se acerquen a él.

»¿Hay personas que puedan hacer un solo día uso de todas sus fuerzas para poner en práctica las virtudes de humanidad? (De haber ocurrido) jamás he visto que sus fuerzas no hayan sido suficientes (para cumplir su deseo), y, si existen, no las he visto aún.»

7. El Filósofo dijo: «Las faltas de los hombres son relativas al estado de cada uno. Examinando atentamente estas faltas, se llegará a conocer si su humanidad era una humanidad verdadera.»

8. El Filósofo dijo: «Si por la mañana has oído la voz de la razón celeste (Tao) puedes morir por la tarde.»

9. El Filósofo dijo: «El hombre de estudio cuyo pensamiento se dirige hacia la práctica de la razón, pero que se avergüenza de llevar malos vestidos y de alimentarse con malos alimentos, no está aún apto para oír la santa palabra de la justicia.»

10. El Filósofo dijo: «El hombre superior, en todas las circunstancias de la vida, se halla exento de prejuicios y de obstinación; no se rige sino de acuerdo con la justicia.»

11. El Filósofo dijo: «El hombre superior fija sus pensamientos en la virtud; el hombre vulgar, los dirige hacia la tierra. El hombre superior no se preocupa más que de la observación de las leyes; el hombre vulgar no piensa más que en los provechos.»

12. El Filósofo dijo: «Aplícate únicamente a las ganancias y a los provechos, y tus acciones te harán recoger muchos resentimientos.»

13. El Filósofo dijo: «Se puede regir un reino por una real y sincera observación de los ritos, y esto no es difícil de conseguir. Si no se pudiera por una real y sincera observación de los ritos regir un reino, ¿de qué serviría conformarse a los ritos?»

14. El Filósofo dijo: «No te inquietes por no ocupar empleos públicos, pero inquiétate de adquirir los talentos necesarios para ocupar estos empleos. No te aflijas por no ser aún conocido, pero busca llegar a ser digno de serlo.»

15. El Filósofo dijo: «San (nombre de Thseng-tsé), mi doctrina es sencilla y fácil de penetrar.» Hhseng-tsé respondió: «Eso es cierto.»

Habiendo salido el Filósofo, sus discípulos preguntaron lo que su maestro había querido decir. Theseng-respondió: «La doctrina de nuestro maestro consiste únicamente en poseer rectitud de corazón y amar al prójimo como a sí mismo».

16. El Filósofo dijo: «El hombre superior es influenciado por la justicia; el hombre vulgar es influenciado por el amor a la ganancia.»

17. El Filósofo dijo: «Cuando veas a un sabio, reflexiona contigo mismo si tienes las mismas virtudes que él. Cuando veas un perverso, concéntrate en tí mismo y examina atentamente tu conducta.»

18. El Filósofo dijo: «Cumpliendo tus deberes respecto a tu padre y a tu madre, no hagas sino una ligera observación si ves que ellos no están dispuestos a seguir tus advertencias; ten hacia ellos los mismos respetos y no te opongas a su voluntad; si experimentas por parte de ellos malos tratos, no murmures.»

19. El Filósofo dijo: «En tanto que tu padre y tu madre subsistan, no te alejes mucho de ellos; si te alejas de ellos, debes darlos a conocer la comarca donde vas a marcharte.»

20. El Filósofo dijo: «Durante tres años (después de su muerte) no te apartes del camino que ha seguido tu padre; entonces podrá tu conducta llamarse piedad filial.»

21. El Filósofo dijo: «La edad de tu padre y de tu madre no debe ser ignorada por ti; debe hacer nacer en ti tanto la alegría como el temor.»

22. El Filósofo dijo: «Los antiguos no dejaban escapar palabras vanas; temían que sus acciones respondieran a ellas.»

23. El Filósofo dijo: «¡Son tan raros los que se pierden estando siempre prevenidos!»

24. El Filósofo dijo: «El hombre superior ama ser lento en sus palabras, pero rápido en sus acciones.»

25. El Filósofo dijo: «La virtud no está nunca como una huérfana abandonada; debe necesariamente tener vecinos.»

26. Tsé-yeu dijo: «Si en el servicio de un príncipe ocurre censurarle a menudo, pronto se cae en desgracia. Si, en las relaciones de amistad, se censura a menudo a un amigo, pronto se experimentará su indiferencia.»

Capítulo V

1. El Filósofo dijo: «Que Kong-tchi-tchang (uno de sus discípulos) podía casarse, aunque estuviese en prisiones, porque no era criminal; y se casó con la hija del Filósofo.»

El Filósofo dijo a Nan-yung (uno de sus discípulos) que si el reino era gobernado según los principios de la recta razón, no sería rechazado de los empleos públicos; que si, por el contrario, no era gobernado por los principios de la recta razón, no sufriría ningún castigo; y le casó con la hija de su hermano mayor.

2. El Filósojo dijo que Tsé-tsien (uno de sus discípulos) era un hombre de una virtud superior. Si el reino de Lu no poseyera ningún hombre superior, ¿dónde hubiera éste adquirido su virtud eminente?

3. Tsé-kung hizo una pregunta en estos términos:

«¿Qué piensas de mí?» El Filósofo respondió: «Eres un vaso». —¿Y qué vaso?, repuso el discípulo. —«Un vaso cargado de adornos (59), dijo el Filósofo.»

4. Alguien dijo que Yung (uno de los discípulos de Kungtsé) estaba lleno de humanidad, pero que estaba desnudo de los talentos de la palabra. El Filósofo dijo: «¿Para qué es bueno hacer uso de la facultad de hablar con destreza? Las discusiones de palabra que se tienen con los hombres nos acarrean su odio. Si no sé tiene las virtudes de humanidad; ¿para qué me informaría sobre si sabe hablar con destreza?»

5. El Filósofo pensaba en hacer dar a Tsi-tiao-kai (uno de sus discículos) un empleo en el gobierno. Este último dijo respetuosamente a su maestro: «Aún soy completamente incapaz de comprender perfectamente las doctrinas que me enseñas». El Filósofo se entusiasmó con estas palabras.

6. El Filósofo dijo: «La vía recta (su doctrina), no es frecuentada. Si me dispongo a preparar un barco para ir por mar, el que me seguirá, ¿no será Yeu» (sobrenombre de Tsé-lu)» Tsé-lu, oyendo estas palabras, se llenó de alegría. El Filósofo dijo: «Yeu; tú me sobrepujas en fuerza y en audacia, pero no en lo que con siste en apoderarse de la razón de las acciones humanas.»

7. Meng-vu-pe (primer ministro del reino de Lu) preguntó si Tsé-lu era humano. El Filósofo dijo: «Lo ignoro.» Habiendo repetido su pregunta, el Filósofo respondió: «Si se tratase de mandar las fuerzas militares de un reino de mil carros, Tsé-lu sería capaz de ello; pero no sé cuál es su humanidad.»

—Y Kieu, ¿qué hay que pensar de él? El Filósofo dijo: «Si se tratara de una ciudad de mil casas, o de una familia de cien carros, podría ser gobernador de ellos; yo no sé cuál es su humanidad.»

—Y Tchi (uno de los discípulos de Kungtsé), ¿qué hay que pensar de él? El Filósofo dijo: «Tchi, ciñendo una banda oficial v ocupando un puesto en la corte, sería capaz, por su elocución florida, de introduir y de conducir a los huéspedes; no sé cuál es su humanidad.»

8. El Filósofo interpeló a Tsé-kung diciendo: «¿Cuál de vosotros, tú o Hui, sobrepuja al otro en cualidades?» Tsé-kung respondió con respeto: «Yo, Sse, ¿cómo osaría igualarme a Hui? Hui no necesita oír más que una parte de una cosa para comprender en seguida las diez partes; yo, Sse, de haber oído esta parte no puedo comprender más que dos.»

El Filósofo dijo: «No te le pareces; te concedo que no te le pareces.»

9. Tsaï-yu reposaba ordinariamente sobre su lecho durante el día. El Filósofo le dijo: «La madera podrida no puede ser esculpida; un muro de barro no puede ser blanqueado; ¿de qué serviría reprender a Yu?»

El Filósofo dijo: «En el comienzo de mis relaciones con los hombres, escuchaba sus palabras y creía que éstas se conformaban con sus acciones. Ahora, en mis relaciones con los hombres, escucho sus palabras, pero examino sus acciones.

»Tsaï-yu ha obrado en mí este cambio.»

10. El Filósofo dijo: «No he visto aún un hombre que fuese inflexible en sus principios.» Alguien le respondió con respeto: ¿Y Chin-tang? El Filósojo dijo: «Chang es amante del placer, ¿cómo ha de ser inflexible en sus principios?»

11. Tsé-kung dijo: «Lo que yo no deseo que los hombres me hagan, deseo igualmente no hacérselo a los demás hombres.» El Filósofo dijo: «Sse, aún no has alcanzado ese punto de perfección.»

12. Tsé-kung dijo: «Se puede con frecuencia oír hablar a nuestro maestro sobre las cualidades o talentos necesarios para hacer a un hombre perfectamente distinguido; pero es muy raro oírle discurrir sobre la naturaleza del hombre y sobre la razón celeste.»

13. Tsé-lu había oído (en las enseñanzas de su maestro) alguna máxima moral, que no había practicado aún, y temía oir aún otras parecidas.

14. Tsé-kung hizo una pregunta en estos términos: «¿Por qué Khunk-ven-tsé era llamado letrado o de una educación distinguida (ven)?» El Filósofo dijo: «Es inteligente, ama el estudio, no se avergüenza de interrogar a sus inferiores (para recibir de ellos informaciones útiles), y por eso es llamado letrado o de una educación distinguida.»

15. El Filósofo dijo que Tsé-tchan (grande del Estado de Tching) poseía cualidades de un hombre superior en número de cuatro; sus acciones se rodeaban de gravedad y dignidad; sirviendo a sus superiores, era respetuoso; en los cuidados que tomaba para la subsistencia del pueblo, estaba lleno de benevolencia y de solicitud; en la distribución de los empleos públicos era justo y equitativo.

16. El Filósofo dijo: «Ngan-ping-tchung (grande del Estado de Thsi) sabía conducirse perfectamente en sus relaciones con los hombres; después de un largo comercio con él, los hombres continuaban respetándole.»

17. El Filósofo dijo: «Tchang-wen-tchung (grande del reino de Lu) alojó una gran tortuga en una morada especial, cuyas partes elevadas representaban montañas, y las vigas, hierbas marinas. ¿Qué se debe pensar de su inteligencia?»

18. Tsé-tchang hizo una pregunta en estos términos: «El mandarín Tseu-ven fue promovido tres veces a las funciones de primer ministro (ling-yin) sin manifestar alegría, y perdió tres veces este cargo sin mostrar ningún pesar. Como antiguo primer ministro, se hizo un deber el instruir en sus funciones al nuevo primer ministro. ¿Qué se debe pensar de esta conducta?» El Filósofo dijo que fue recta y perfectamente honorable. (El discípulo) añadió: «¿Era eso humanidad?» (El Filósofo) respondió: «No lo sé aún; ¿por qué (en su conducta del todo natural) querer encontrar la gran virtud que es la humanidad?»

Tsui-tseu (grande del reino de Thsi), habiendo asesinado al príncipe de Thsi, Tchin-ven-tsé (igualmente gran dignatario ta-fu del Estado de Thsi), que poseía diez cuadrigas (o cuarenta caballos de guerra), se deshizo de ellos y se retiró a otro reino. Cuando llegó allí dijo: Aquí también hay grandes como nuestro Tsui-tsé. Se alejó de allí, y se marchó a otro reino. Cuando llegó a él, dijo aún: Aquí también hay grandes como nuestro Tsui-tsé. Y se alejó de nuevo. ¿Qué se debe pensar de esta conducta? El Filósofo dijo: «Era puro.» — ¿Era eso humanidad? (El Filósofo) dijo: «No sé aún; ¿por qué (en su conducta del todo natural) querer encontrar la gran virtud que es la humanidad?»

19. Ki-ven-tsé (grande del reino de Lu) reflexionaba tres veces antes de obrar. El Filósofo habiendo oído estas palabras, dijo: «Dos veces pueden bastar.»

20. El Filósofo dijo: «Ning-vu-tsé (grande del Estado de Veï), en tanto que el reino fue gobernado según los principios de la recta razón, afectó mostrar su ciencia; pero cuando el reino no fue dirigido por los principios de la recta razón, entonces afectó una gran ignorancia. Su ciencia puede ser igualada; su (fingida) ignorancia no puede serlo.»

21. El Filósofo, hallándose en el Estado de Tchin, exclamó: «¡Quiero volver allá! ¡Quiero volver allá! Los discípulos que tengo en mi país poseen ardor, habilidad, saber, maneras perfectas; pero no saben de qué manera deben mantenerse en la vía recta.»

22. El Filósojo dijo: «Pe-i y Chu-tsi (dos hijos del príncipe (Ku-tchu) no piensan en las faltas que se han podido cometer en otro tiempo (si se ha cambiado de conducta); por ello es raro que el pueblo experimente resentimientos contra ellos.»

23. El Filósofo dijo: «¿Quién puede decir que Vei-sang-kao era un hombre recto? Habiéndole alguien pedido vinagre, fue a buscarlo a casa de su vecino para dárselo.»

24. El Filósofo dijo: «De las palabras floridas, de las maneras afectadas y de un respeto exagerado; he ahí de lo que Tso-kieu-ming se avergüenza. Yo, Khieu (diminutivo del Filósofo) me avergüenzo igualmente de ello. Ocultar en su seno el odio y los resentimientos, haciendo demostraciones de amistad a alguien; he ahí de lo que Tso-kieu-ming se avergüenza. Yo, Khieu, me avergüenzo de ello igualmente.»

25. Yen-yuan y Ki-lu estaban a su lado, y el Filósofo les dijo: «¿Por qué uno y otro no me expresáis vuestro pensamiento?» Tseu-lu le dijo: «Yo deseo carros, caballos y abrigos finos y ligeros, para compartirlos con mis amigos. Aunque ellos me los quitasen, no experimentaría ningún resentimiento.»

Yen-yuan dijo: «Yo deseo no enorgullecerme de mi virtud y de mis talentos, y no esparcir el ruido de mis buenas acciones.»

Tseu-lu dijo: «Desearía oir expresar el pensamiento de nuestro maestro.» El Filósofo dijo: «Quisiera procurar a los viejos un dulce reposo; a los amigos y a aquellos con los cuales tengo relaciones, conservar su fidelidad constante; a los niños y a los débiles, darles todos los cuidados maternales.»

26. El Filósofo dijo: «¡Ay! Aún no he visto un hombre que haya sabido conocer sus defectos y que se haya censurado en su interior.»

27. El Filósofo dijo: «En un pueblecito de diez casas debe de haber hombres tan rectos, tan sinceros como Khieu (él mismo), pero no hay quien ame el estudio como él.»

Capítulo VI

1. El Filósofo dijo: «Young puede cumplir las funciones de aquel que se coloca en su asiento, con la faz vuelta hacia el Sur (es decir, gobernar un Estado).»

Tchung-kung (Yung) preguntó si Tsang-pe-tsé (podía cumplir las mismas funciones). El Filósofo dijo: «Puede; tiene juicio libre y penetrante.»

Tchung-kung dijo: «Mantenerse siempre en un situación digna de respeto y obrar de una manera grande y liberal en la alta dirección de los pueblos que nos son confiados; ¿no es esto también lo que vuelve capaces de gobernar? Pero si no se tiene más que liberalidad, y todas las acciones responden a esta disposición de carácter, ¿no es carecer de las condiciones necesarias y no poseer sino una excesiva liberalidad?»

El Filósofo dijo: «Las palabras de Yung son conformes a la razón.»

2. Ngai-kong preguntó cuál de todos los discípulos del Filósofo era el que tenía más amor al estudio.

Kungtsé respondió con deferencia: «Había uno, Yan-hui, que amaba con pasión el estudio; no podía alejar de él el deseo ardiente de saber; no cometía dos veces la misma falta. Desgraciadamente, su destino era breve, y ha muerto joven (murió a los treinta y dos años). ¡Ya no existe! No he sabido que otro tuviese tan gran amor al estudio.»

3. Habiendo sido enviado Tsé-hoa (por el Filósofo) al reino de Tchi, Yan-tsé pidió arroz para la madre de Tsé-hoa, que estaba momentáneamente privada del so corro de su hijo. El Filósofo dijo: «Darle una medida.» El discípulo pidió más. Darle una medida y media, re plicó. Yan-tsé le dió cinco ping de arroz (ocho medidas).

El Filósofo dijo: «Tchi (Tsé-hoa), dirigiéndose al Estado de Thsi, montaba caballos fogosos, llevaba pellizas finas y ligeras; siempre he oído decir que el hombre superior socorría a los necesitados y no aumentaba las riquezas del rico.»

Yuang-sse (uno de los discípulos del Filósofo), habiendo sido hecho gobernador de una ciudad, le dieron novecientas medidas de arroz como sueldo. Las rechazo.

El Filósofo dijo: «No las rechaces; dáselas a los habitantes de los pueblecillos vecinos de tu morada.»

4. El Filósofo, interpelando a Tchung-kung, dijo: «El pequeño de una vaca de color mezclado, que tuviera el pelo amarillo y cuernos en la cabeza, aunque se pudiera desear no emplearle en ningún uso (los genios) de las montañas y de las riberas, ¿le rechazarían?»

5. El Filósofo dijo: «En cuanto a Hui, su corazón, durante tres meses, no se apartó de la gran virtud de humanidad. Los demás hombres obran así durante un mes o un día, ¡y es todo!»

6. Ki-tang-tsé preguntó si Tchung-yeu podría ocupar un empleo superior en la administración pública. El Filósofo dijo: «Yeu es ciertamente apto para ocupar un empleo en la administración pública; ¿por qué no había de serlo?» En seguida preguntó: Y Sse, ¿es apto para ocupar un empleo superior en la administración pública? —«Sse tiene un espíritu penetrante, muy apto para ocupar un empleo en la administración pública; ¿por qué no?» Aún preguntó: Kieu ¿es apto para ocupar un empleo superior en la administración pública? —«Kieu, con sus talentos, numerosos y distinguidos, es muy apto para ocupar un empleo superior en la administración pública; ¿por qué no?»

7. Ki-chi envió un mensajero a Min-tsé-kien (discípulo de Kungtsé) para preguntarle si quería ser gobernador de Pi. Min-tsé-kien respondió: «Da las gracias por mí a tu amo, y si me envía de nuevo un mensajero, me encontrará ciertamente establecido a las orillas del río Van (fuera de sus Estados).»

8. Pe-nieu (discípulo de Kungtsé), estando enfermo, el Filósofo solicitó verle. Le tomó la mano, a través de la ventana, y dijo: «¡Le pierdo! Era el destino de este joven que tuviera esta enfermedad! ¡Era el destino de este joven que tuviera esta enfermedad!»

9. El Filósofo dijo: «¡Oh! ¡Qué sabio era Hui! Tenía un vaso de bambú para tomar su alimento, una copa para beber, y moraba en el humilde local de una calle estrecha y abandonada: otro hombre que él no hubiera podido soportar sus privaciones y sus sufrimientos. Esto, sin embargo, no cambiaba la serenidad de Hui. ¡Oh! ¡Qué sabio era Hui!»

10. Yan-kieu dijo: «No es que no me complazca en el estudio de tu doctrina, maestro; pero mis fuerzas son insuficientes.» El Filósofo dijo: «Aquellos cuyas fuerzas son insuficientes, hacen la mitad del camino y se detienen; pero tú, tú, careces de buena voluntad.»

11. El Filósofo, interpelando a Tsé-hia, le dijo: «Que tu saber sea el saber de un hombre superior y no el de un hombre vulgar.»

12. Cuando Tsé-yeu era gobernador de la ciudad de Vu, el Filósofo le dijo: «¿Tienes hombres de mérito?» Respondió: Tengo a Tan-tai, de sobrenombre Mie-ming, el cual, viajando, no toma camino de atajo, y que, excepto cuando se trata de negocios públicos, jamás ha puesto los pies en la morada de Yen (Tseu-yeu).

13. El Filósofo dijo: «Meng-tchi-fan (grande del Estado de Lu) no se envanecía de sus hermosas acciones. Cuando el ejército se batía en retirada, él estaba en la retaguardia; pero cuando se estaba próximo a entrar en la ciudad, picaba su caballo y decía: «No es que haya tenido más valor que los demás para quedarme atrás, sino que mi caballo no quería avanzar.»

14. El Filósofo dijo: «Si no se tiene la destreza insinuante de To, intendente del templo de los antepasados, y la hermosura de Sung-tchao, es muy difícil, ¡ay!, avanzar en el siglo en que estamos.»

15. El Filósofo dijo: «¿Cómo salir de una casa sin pasar por la puerta? ¿Por qué, pues, los hombres no siguen la vía recta?»

16. El Filósofo dijo: «Si las inclinaciones naturales del hombre dominan a su educación, entonces éste no es más que un zafio grosero; si, por el contrario, la educación domina las inclinaciones naturales del hombre (en las que están comprendidas la rectitud, la bondad de corazón, etc., etc.), entonces éste no es más que un escritor hábil. Pero cuando la educación y las inclinaciones naturales están en iguales proporciones, forman un hombre superior.»

17. El Filósofo dijo: «La naturaleza del hombre es recta; si esta rectitud del natural se llega a perder durante la vida, se ha rechazado de sí toda felicidad.»

18. El Filósofo dijo: «El que conoce los principios de la recta razón, no iguala al que los ama; el que los ama, no iguala al que hace de ellos sus delicias y los practica.»

19. El Filósofo dijo: «Los hombres de inteligencia más que mediana pueden ser instruídos en los más altos conocimientos del saber humano; los hombres por debajo de una inteligencia mediana no pueden ser instruidos en los elevados conocimientos del saber humano.»

20. Fan-tchi preguntó qué era el saber. El Filósofo dijo: «Emplear todas sus fuerzas para hacer lo que es justo y conveniente a los hombres; honrar a los espíritus y a los genios; estar de ellos siempre a la distancia debida; he ahí lo que se puede llamar saber.» Preguntó lo que era humanidad. «¿Humanidad?, dijo (el Filósofo, es lo que es al principio difícil de practicar, y que, sin embargo, se puede adquirir con muchos esfuerzos; he ahí lo que puede ser llamado humanidad.»

21. El Filósofo dijo: «El hombre instruído es (como) un agua límpida que regocija; el hombre humano es (como) una montaña que regocija. El hombre instruído tiene en él un principio de movimiento; el hombre humano, un principio de reposo. El hombre instruído tiene en él motivos instantáneos de gozo; el hombre humano tiene para él la eternidad.»

22. El Filósofo dijo: «El Estado de Thsi llegará, por un cambio o una revolución, al poderío del Estado de Lu; el Estado de Lu, por una revolución, llegará al gobierno de la recta razón.»

23. El Filósofo dijo: «Cuando una copa de asas ha perdido sus asas, ¿es aún una copa de asas? ¿es aún una copa de asas?»

24. Tsaï-ngo hizo una pregunta en estos términos: Si un hombre lleno de la virtud de humanidad se viera interpelado con estas palabras: «Un hombre ha caído en un pozo», ¿practicaría la virtud de humanidad si se lanzase tras él? El Filósofo dijo: «¿Por qué había de obrar así? El hombre superior debe alejarse, no debe precipitarse por sí mismo en el pozo; no debe abusar de la extensión del deber, que no obliga a perder la vida (obrando contrariamente a los principios de la razón).»

25. El Filósofo dijo: «El hombre superior debe aplicar todo su estudio a formar su educación, a adquirir conocimientos; debe atribuir una gran importancia a los ritos o usos prescritos. Obrando así, podrá no apartarse de la recta razón.»

26. Habiendo hecho el Filósofo una visita a Nantsé (mujer de Ling-kunk, príncipe del Estado de Vei), Tsé-lu no quedó satisfecho. Kungtsé se inclinó en señal de resignación, y dijo: «Si he obrado mal, que el Cielo me rechaze, que el Cielo me rechace.»

27. El Filósofo dijo: «La invariabilidad en el medio es lo que constituye la virtud; ¿no es esto lo supremo en todo? Los hombres raramente perseveran en ello.»

28. Tsé-kung dijo: «Si hubiera un hombre que manifestase una extrema benevolencia hacia el pueblo, y no se ocupase más que de la felicidad de la multitud, ¿qué habría que pensar de él? ¿Se le podía llamar hombre dotado de la virtud de humanidad?»

El Filósofo dijo: «¿Por qué servirse (para calificarle) de la palabra humanidad? ¿No sería más bien un santo? Yao y Chun estarían por debajo de él.

»El hombre que tiene la virtud de humanidad desea establecerse por sí mismo, y en seguida establecer a los demás hombres; desea conocer los principios de las cosas, y en seguida hacérselos conocer a los demás hombres.

»Tener bastante imperio sobre sí mismo para juzgar a los demás por comparación con nosotros, y obrar hacia ellos como quisieran que se obrase con nosotros mismos, eso es lo que puede llamarse doctrina de humanidad; no hay nada más allá.»

Capítulo VII

1. El Filósofo dijo: «Comento, aclaro (las antiguas obras), pero no las compongo de nuevo. Tengo fe en las antiguas y las quiero; tengo la más alta estima por nuestro Lao-pang (sabio de la dinastía Chang).»

2. El Filósofo dijo: «Meditar en silencio y traer a la memoria los objetos de sus meditaciones; entregarse al estudio y no desanimarse; instruir a los hombres y no dejarse abatir. ¿Cómo llegaría a poseer estas virtudes?»

3. El Filósofo dijo: «La virtud no es cultivada; el estudio no se busca con cuidado; si se oye profesar principios de justicia y de equidad, no se quiere seguirlos; los malvados y los perversos no quieren corregirse; ¡he ahí lo que constituye mi dolor!»

4. Cuando el Filósofo se hallaba en su casa, sin preocupación de asuntos, ¡qué dulces y persuasivas eran sus maneras!, ¡qué afable y cariñoso era su aspecto!

5. El Filósofo dijo: «¡Oh! ¡Cuán decaído estoy de mí mismo! ¡Desde hace mucho tiempo no he visto en sueños a Tcheu-kung!»

6. El Filósofo dijo: «Que el pensamiento esté constantemente fijo en la vía recta;

»Que se tienda sin cesar a la virtud de humanidad; »Que los momentos de descanso se apliquen al cultivo de las artes (los ritos, la música, el tiro con arco, la equitación, la escritura y la aritmética).»

7. El Filósofo dijo: «En el momento que una persona ha venido a verme, y me ha ofrecido los presentes usuales (60), jamás he dejado de instruirla.»

8. El Filósofo dijo: «Si un hombre no hace ningún esfuerzo para desenvolver su espíritu, no se lo desenvolvería yo mismo. Si un hombre no quiere hacer ningún uso de su facultad de hablar, no penetraré el sentido de sus expresiones; si, después de haber dado a conocer el ángulo de un cuadrado, no se sabe las dimensiones de los otros tres, entonces no renuevo la demostración.»

9. Cuando el Filósofo se sentaba a la mesa con una persona que sufría por la pérdida de alguien, no podía comer para satisfacer su apetito. El Filósofo, en ese día (de luto), se entregaba él mismo al dolor, y no podía cantar.

10. El Filósofo, interpelando a Yen-yuan, le dijo: «Si se nos emplea en las funciones públicas, cumpliremos nuestro deber; si se nos despide, entonces descansa remos en la vida privada. No hay más que tú y yo que obraremos así.»

Tsé-lu dijo: «Si condujeras tres cuerpos de ejército, o Kiun, de doce mil quinientos hombres cada uno, ¿a cuál de nosotros nos tomarías por teniente?»

El Filósofo dijo: «El que nos lanzara a combatir con un tigre, no teniendo otras armas que las manos; el que, sin motivos, quisiera pasar a nado un río; quien prodigara su vida sin razón y sin remordimientos, no querría tomarle por teniente. Me haría falta un hombre que llevase una vigilancia sostenida en la dirección de los asuntos; que amase formar planes y ponerlos en ejecución.»

11. El Filósofo dijo: «Si para adquirir riquezas por medios honestos me fuera preciso desempeñar un oficio vil, lo haría; pero si los medios no eran honestos, desearía mejor aplicarme a lo que amo.»

12. El Filósofo prestaba la mayor atención al orden, la guerra y la enfermedad.

13. Estando el Filósofo en el reino de Thsi, oyó la música llamada Tchao (de Chung). Experimentó tanta emoción, que durante tres lunas perdió el gusto de los alimentos. Dijo: «No creo que una vez compuesta música como ésta se haya llegado luego a este punto de perfección.»

14. Yen-yeu dijo: «¿Ayudará nuestro maestro al príncipe de Veï?» Tseu-kung dijo: «Para saberlo, yo se lo preguntaré».

Entró (en la habitación de su maestro), y dijo: ¿Qué piensas de Pe-i y de Chut-si? El Filósofo dijo: «Esos hombres eran verdaderos sabios de la antigüedad.» Y añadió: «¿No experimentaron ningún pesar? —Buscaron adquirir la virtud de humanidad, y obtuvieron esta virtud. ¿Por qué hubieran experimentado pesares?» Saliendo (Tsé-kung), dijo: «Nuestro maestro no asistirá (al príncipe de Veï).»

15. El Filósofo dijo: «Alimentarse de un poco de arroz, beber agua, no tener otro apoyo que el brazo doblado para apoyar la cabeza, es un estado, no obstante, que tiene su satisfacción. Ser rico y honrado por medios inicuos, es para mí como la nube flotante que pasa.»

16. El Filósofo dijo: «Si me fuera concedido agregar a mi edad numerosos años, pediría cincuenta para estudiar el Yi-king, a fin de que pudiera hallarme exento de faltas graves.»

17. Los asuntos de que el Filósofo hablaba habitualmente eran el Libro de los versos, el Libro de los anales y el Libro de los ritos. Eran los temas constantes de sus conversaciones.

18. Ye-kong interrogó a Tsé-lu sobre Kungtsé. Tsé lu no le contestó.

El Filósofo dijo: «¿Por qué no le has respondido? Es un hombre que a causa de los esfuerzos que hace para adquirir la ciencia, olvida tomar alimento; que por la alegría que experimenta por haberla adquirido olvida los trabajos que le ha causado, y que no se inquieta por la proximidad de la vejez. Sábelo muy bien.»

19. El Filósofo dijo: «No nací dotado de ciencia. Soy un hombre que ha amado a los antiguos y que hace cuanto puede por adquirir sus conocimientos.»

20. El Filósofo no hablaba en sus conversaciones ni de cosas extraordinarias, ni de bravura, ni de revueltas civiles, ni de los espíritus.

21. El Filósofo dijo: «Si somos tres que viajamos juntos, encontraré necesariamente dos maestros (en mis compañeros de viaje); elegiría el hombre de bien para imitarle, y al hombre perverso para corregirme.»

22. El Filósofo dijo: «El Cielo ha hecho nacer la virtud en mí, ¿qué puede, pues, hacerme Hoan-tui?»

23. «Vosotros, mis discípulos, todos cuantos sois, ¿creeis que tenga para vosotros doctrinas ocultas? No tengo doctrinas ocultas para vosotros. No he hecho nada que no

os haya comunicado, ¡oh discípulos míos! Esta es la manera de obrar de Khieu (de él mismo).»

24. El Filósofo empleaba cuatro clases de enseñanzas: la literatura, la práctica de las acciones virtuosas, la rectitud o la sinceridad y la fidelidad.

25. El Filósofo dijo: «No puedo llegar a ver un hombre santo; todo lo que puedo ver es un sabio.»

El Filósofo dijo: «No puedo llegar a ver un hombre virtuoso; todo lo que puedo es ver un hombre constante y firme en sus ideas.

»Carecer de todo y obrar como si se lo poseyese en abundancia; estar vacío y mostrarse lleno; ser pequeño y mostrarse grande, es un papel difícil de sostener constantemente.»

26. El Filósofo pescaba algunas veces con anzuelo, pero no con redes; cazaba los pájaros con flecha, pero no con cepos.

27. El Filósofo dijo: «¿Cómo pueden encontrarse hombres que obren sin saber lo que hacen? Yo no querría comportarme de ese modo. Es preciso escuchar las opiniones de muchas personas, elegir lo que ellas tienen de bueno y seguirlas; ver mucho y reflexionar maduramente sobre lo que se ha visto; éste es el segundo paso del conocimiento.»

28. Los Heu-yang (habitantes de un país así llamado) eran difíciles de instruir. Habiendo venido uno de sus jóvenes a visitar a los discípulos del Filósofo, deliberaron si le recibirían entre ellos.

El Filósofo dijo: «Le he admitido a entrar (en el número de mis discípulos), no le he admitido a marcharse. ¿De dónde viene esta oposición de vuestra parte? Este hombre se ha purificado, se ha renovado él mismo, a fin de entrar en mi escuela; alabarle de estar así purificado; yo no respondo de sus acciones pasadas o futuras.»

29. El Filósofo dijo: «¡La humanidad está tan lejos de nosotros! Deseo poseer humanidad y la humanidad viene a mí.»

30. El juez del reino de Tchin preguntó si Tchao-kong conocía los ritos. Kungtsé dijo: «Conoce los ritos.» Habiéndose alejado Kungtsé (el juez) saludó a U-ma-ki, y, haciéndole entrar, le dijo: «He oído decir que el hombre superior no daba su asentimiento a las faltas de los demás; sin embargo, un hombre superior, le ha dado su asentimiento. El príncipe se ha casado con una mujer de la familia U, del mismo nombre que el suyo, y la ha llamado U-meng-tsé. Un príncipe debe conocer los ritos y costumbres; ¿por qué no los conoce?»

U-ma-ki advirtió al Filósofo, que exclamó: «¡Qué feliz es Khieu! Si comete una falta, los hombres están seguros de conocerla.»

31. Cuando el Filósofo se encontraba con alguno que sabía cantar bien, le persuadía para que cantara la misma pieza por segunda vez, y le acompañaba haciéndolo él.

32. El Filósofo dijo: «En literatura, no estoy a la altura de los demás hombres. Si quiero que mis acciones sean las de un hombre superior, entonces no puedo jamás alcanzar la perfección.»

33. El Filósofo dijo: «Si yo pienso en un hombre que reuniera la santidad a la virtud de humanidad, ¡cómo osaría compararme a él! Todo lo que sé es que me esfuerzo en practicar estas virtudes sin desanimarme, y en enseñarlas a los demás sin descorazonarme y dejarme abatir. Esto es todo lo que yo os puedo decir de mí.» Kong-si-hoa dijo: «Es justo añadir que nosotros, tus discípulos, no podemos siquiera aprender esas cosas.»

34. El Filósofo estaba muy enfermo. Tsé-lu le suplicó que permitiera a sus discípulos elevar para él sus plegarias a los espíritus y a los genios. El Filósofo dijo: «¿Conviene eso?» Tsé-lu respondió con respeto: «Eso conviene. Se ha dicho en el libro titulado Lui: «Dirigir vuestras plegarias a los espíritus y a los genios de arriba y de abajo (del Cielo y de la Tierra).» El Filósofo dijo: «La plegaria de Khieu (la suya) era permanente.»

35. El Filósofo dijo: «Si se es pródigo y dado al lujo, entonces no se es sumiso. Si se es demasiado parsimonioso, entonces se es vil y abyecto. La bajeza es, sin embargo, preferible aun a la desobediencia.»

36. El Filósofo dijo: «El hombre superior tiene igualdad y tranquilidad de alma. El hombre vulgar experimenta sin cesar turbación e inquietud.»

37. El Filósofo era, ante todo, amable y obsequioso; su gravedad sin rigidez y la dignidad de su continente, inspiraban respeto sin violencia.

Capítulo VIII

1. El Filósofo dijo: «¡Es Taï-pe quien podía ser llamado soberanamente virtuoso! No se encontraba nada que añadir a su virtud. Tres veces rehusó el Imperio, y el pueblo no veía nada loable en su acción desinteresada.»

2. El Filósofo dijo: «Si la deferencia y el respeto hacia los demás no están regidos por los ritos o la educación, entonces no son sino una cosa fastidiosa; si la vigilancia y la solicitud no están reguladas por la educación, entonces no son sino timidez exagerada; si el valor viril no está regulado por la educación, entonces no es sino insubordinación; si la rectitud no está regulada por la educación, entonces arrastra a una gran confusión.

»Si los que están en una condición superior tratan a sus parientes como debe ser, entonces el pueblo se alzará hasta la virtud de humanidad. Por la misma razón, si no olvidan y abandonan a sus antiguos amigos, entonces el pueblo no obrará de manera contraria.»

3. Estando Thseng-tsé gravemente enfermo, hizo ve nir cerca de él a sus discípulos, y los dijo: «Descubrid me los pies, descubridme las manos.» El Libro de los versos dice:

«Tened el mismo temor y la misma circunspección que si contemplaseis bajo vuestros ojos un abismo profundo.

»Como si marchaseis sobre un hielo frágil.» Ahora o más tarde, sé que os debo dejar, mis queridos discípulos.

4. Estando enfermo Thseng-tsé, Meng-kig-tsé (gran de del reino de Lu) pidió noticias de su salud. Thseng-tsé pronunció estas palabras: «Cuando el pájaro está

próximo a morir, su canto se hace triste; pero cuando el hombre está próximo a morir, sus palabras llevan la marca de la virtud.»

Las cosas que el hombre superior pone por cima de todo en la práctica de la recta razón, son en número de tres: en su continente y en su actitud tiene cuidado de todo lo que pudiera delatar la brutalidad y la rudeza; hace de modo que la verdadera expresión de su cara represente en lo posible la realidad y la sinceridad de sus sentimientos; que las palabras que escapen de su boca y la entonación de su voz alejen todo lo que pudiera ser bajo o vulgar y contrario a la razón. En cuanto a lo que concierne a los vasos de bambú (cosas menos importantes), es preciso que alguien se ocupe de su conservación.

5. Thseng-tsé dijo: «Poseer capacidad y talento, y pedir consejo a los que están desprovistos de ellos; tener mucho y tomar el consejo de los que no tienen nada; ser rico y comportarse como siendo nobre; estar lleno y parecer vacío y desnudo de todo; dejarse ofender sin demostrar resentimiento; en otro tiempo tenía un amigo que se conducía así en la vida.»

6. Thseng-tsé dijo: «El hombre al que se le puede confiar un joven huérfano de seis palmos (tchi) de alto (61), a quien se le puede entregar la administración y el mando de un reino de cien li de extensión, y que cuando surge un quebranto político no se deja arrancar de su deber, ¿no es un hombre superior? Sí; es seguramente un hombre superior.»

7. Thseng-tsé dijo: «Los letrados no deben no tener el alma firme y elevada, porque su fardo es pesado, y su ruta, larga.

»La humanidad es el fardo que tienen que llevar (o el deber que tienen que cumplir); ¿no es, en efecto, muy pesado y muy importante? Es con la muerte tan solo cuando se cesa de llevarle; el camino ¿no es, en efecto, muy largo?»

8. El Filósofo dijo: «Elevemos nuestro espíritu me diante la lectura del Libro de los versos; establezca mos nuestros principios de conducta de acuerdo con el Libro de los ritos; perfeccionémonos gracias a la Música.»

9. El Filósofo dijo: «Se puede forzar al pueblo a se guir los principio de la justicia y de la razón; no se le puede forzar a comprenderlos.»

10. El hombre que gusta de las acciones valerosas y viriles, si experimenta las privaciones y sufrimientos de la miseria, causará el disturbio y el desorden; pero el hombre que está desprovisto de las virtudes de humanidad, aunque le falten los sufrimientos y las privaciones, causará muchos más disturbios y desórdenes.

11. El Filósofo dijo: «Suponiendo que un hombre esté dotado de la hermosura y de los talentos de Thcheu-kung, pero que al propio tiempo sea altivo y de una avaricia sórdica, lo que pueda quedarle de esas cualidades no vale la pena de que se le preste atención.»

12. El Filósofo dijo: «No es fácil encontrar una persona que durante tres años se entregue constantemente al estudio sin tener a la vista los emolumentos que puede sacar de él.»

13. El Filósofo dijo «El que tiene una fe inquebrantable en la verdad, y ama el estudio con pasión, conserva hasta la muerte los principios de la virtud, que son su consecuencia.

»Si un Estado se halla en peligro de revolución (por consecuencia de un mal gobierno), no ir a visitarle; en un país que está entregado al desorden no se puede permanecer. Si un Imperio se halla gobernado por los principios de la rectitud y la razón, ir a visitarle; si no se halla gobernado por los principios de la razón, permaneced ignorados en el retiro y en la soledad.

»Si un Estado se halla gobernado por los principios de la razón, la pobreza y la miseria, son casos de vergüenza; si un Estado no se halla gobernado por los principios de la razón, los casos de vergüenza son entonces la riqueza y los honores.»

14. El Filósofo dijo: «Si no desempeñáis funciones en un gobierno, no déis vuestra opinión sobre su administración.»

15. El Filósofo dijo: «¡Como sabía encantar el oído por la gracia y la melodía el jefe de música llamado Tchi, con su canto que empieza por estas palabras: Kuan-tsiu-tchi-luan! (¿Por que estoy lejos de ti?).»

16. El Filósofo dijo: «Ser valeroso y atrevido sin rectitud, alelado sin deferencia, inepto sin sinceridad: no conozco tales caracteres.»

17. El Filósofo dijo: «Estudiar siempre como si no pudierais nunca alcanzar (la cima de la ciencia), como si temierais perder el fruto de vuestros estudios.»

18. El Filósofo dijo: «¡Oh! ¡Qué elevación, qué sublimidad en los gobiernos de Chun y de Yu! Y, sin embargo, todo era aún poco según ellos.»

19. El Filósofo dijo: «¡Oh! Qué grande era la conducta de Yao en la administración del Imperio! ¡Qué elevada y sublime! Tan sólo el Cielo podía igualarla en grandeza. ¡Unicamente Yao podía imitar así al Cielo! ¡Sus virtudes eran tan vastas, tan profundas, que el pueblo no encontraba nombres qué darlas!

»¡Oh! ¡Qué grandeza! ¡Qué sublimidad en sus acciones y en sus méritos! ¡Y qué admirables los monumentos que han dejado de su sabiduría!»

20. Chun tenía cinco ministros, y el Imperio estaba bien gobernado.

Vu-vang decía: «Tengo por ministros diez hombres de Estado hábiles en el arte de gobernar.»

Kungtsé dijo: «Los hombres de talento son raros y difíciles de encontrar; ¿no es esto verdad? A partir de la época de Chang (Yao) y de Yu (Chun), hasta estos ministros (de Vu-Vang), llenos de méritos, tan sólo ha habido una mujer, así como nueve hombres de mérito, y he ahí todo.»

De tres partes que constituían el Imperio Vu-vang, hubo dos de ellas en las que continuó sirviendo la dinastía de Yn. La virtud del fundador de la dinastía de los Tcheu puede ser llamada una virtud sublime.

21. El Filósofo dijo: «¡No veo ningún defecto en Yu! Era sobrio en el beber y en el comer, y soberanamente piadoso con los espíritus y con los genios. Sus vestiduras ordinarias eran malas y groseras, pero ¡cuán bellas y adornadas eran estas ropas y sus otros trajes de ceremonia! Habitaba una humilde morada; pero empleó todos sus

esfuerzos en hacer elevar diques y horadar canales para la circulación de aguas. No veo ningún defecto en Yu.»

Capítulo IX

1. El Filósofo hablaba raramente del provecho, del destino (o mandato del Cielo, ming) y de humanidad (la más grande de las virtudes).

2. Un hombre del pueblecillo de Ta-hiang, dijo: «¡Qué grande es Kungtsé! Sin embargo, no es su vasto saber lo que le ha dado su renombre.»

Habiendo oído el Filósofo estas palabras, interpeló a sus discípulos, diciéndoles: «¿Qué debo tratar de hacer? ¿Emprenderé el oficio de cochero o aprenderé el de arquero? Seré cochero.»

3. El Filósofo dijo: «En otros tiempos se llevaba un gorro de tela de lino para conformarse a los ritos; ahora se llevan gorros de seda, como más económico; quiero seguir a la multitud. En otro tiempo se incli naban respetuosamente al pie de las gradas de la sala de recepción para saludar a su príncipe, conformán dose a los ritos; ahora se saluda desde lo alto de las gradas. Esto es orgullo. Aunque en esto me aleje de la multitud, seguiré la moda antigua.»

4. El Filósofo estaba completamente exento de cuatro cosas: no tenía amor propio, no tenía prejuicios, no tenía obstinación, no tenía egoísmo.

5. El Filósofo, experimentó inquietudes y temores en Kuang. Y dijo: «Vu-vang no existe. ¿No depende ahora de mí el sacar a la luz la doctrina pura?

»Si el Cielo hubiera resuelto dejar perecer esta doctrina, los que han sucedido a Vu-vang, que no existe, no hubieran tenido la facultad de hacerle revivir y de devolverle su antiguo brillo. El Cielo no quiere, pues, que esa doctrina perezca. ¿Qué me quieren, pues, los hombres de Kuang?»

6. Un Tai-tsai, o gran funcionario público, interro gó un día a Tseu-kung en estos términos: Tu maestro ¿es un santo? ¿No tiene un gran número de talentos?

Tseu-kung dijo: «Ciertamente, el Cielo le ha deparado casi todo lo que constituye la santidad y, además, un gran número de talentos.»

Habiéndoles oído hablar el Filósofo de este modo, dijo: «¿Me conoce ese gran funcionario? Cuando yo era pequeño me he encontrado en circunstancias penosas y difíciles; por eso he adquirido gran número de talentos para la práctica de los negocios vulgares. El hombre superior, ¿posee un gran número de estos talentos? No, no posee un gran número.»

Lao (uno de los discípulos de Kungtsé) dijo: «El Filósofo repetía a menudo: «No fui empleado joven en los cargos públicos; por eso me apliqué al estudio de las artes".»

7. El Filósofo dijo: «¿Estoy verdaderamente en posesión de la ciencia? No lo sé. Pero si se encuentra un ignorante que me haga preguntas, por vanas que sean, le responderé con mucho gusto, apurando el tema en todas sus fases.»

8. El Filósofo dijo: «El pájaro llamado Fung o Fung-ling no viene; el río no hace salir de su seno el cuadro (sobre el cual está figurado el dragón). Estoy perdido.»

9. Cuando el Filósofo veía a alguien en traje de luto, o llevando el bonete y el hábito de magistrado, o ciego, aunque fuese más joven que él, se levantaba a su llegada (si se halla sentado). Si pasaba ante él sentado, aceleraba el paso.

10. Yen-yuan exclamó suspirando: «Si considero la doctrina de mi maestro, no veo nada más elevado; si busco penetrarla, no encuentro nada más impenetrable; si la considero como delante de mis ojos y precediéndome, en seguida se me escapa y huye de mi. Mi maestro, sin embargo, me ha conducido paso a paso; ha desenvuelto gradualmente mi espíritu, porque sabía cautivar a los hombres con sus palabras; ha extendido mucho mis conocimientos en las ciencias que constituyen la educación y, sobre todo, me ha hecho estudiar el Libro de los ritos.

»Si quería detenerme, no podía. Cuando había agotado todas mis fuerzas (esta doctrina), siempre estaba allí, como fija ante mí, a cierta distancia. Aunque he deseado ardientemente alcanzarla, no he podido conseguirlo.»

11. Estando el Filósofo muy enfermo, Tseu-lu le en vió un discípulo para que le sirviera de ministro.

En un intervalo (del sufrimiento) que le permitió la enfermedad, el Filósofo dijo: «¿No hace ya mucho tiempo que Yeu (Tseu-lu) se conduce de una manera poco conforme a la razón? No tengo ministros y, sin embargo, tengo alguien que desempeña sus funciones, ¿a quién engaño, a mí o al Cielo?

»Antes de morir en manos de un ministro, ¿no hubiera valido más para mí morir en manos de mis discípulos? Aunque en este último caso, no hubiera tenido grandes funerales; ¡hubiera muerto en la vía recta!»

12. Tseu-kung dijo: «Si yo tuviera una hermosa joya, en las circunstancias actuales, ¿debería encerrarla y ocultarla en una caja, o buscar venderla a un buen precio?» El Filósofo dijo: «¡Venderla! ¡Venderla! Pero aguardaría a alguien que pudiera estimar su valor.»

13. El Filósofo manifestó su deseo de ir a habitar entre los Kien-i o nueve tribus bárbaras de las regiones orientales. Alguien dijo: «Esto sería una cosa vil y abyecta; ¿por qué tener semejante deseo?» El Filósofo dijo: «Donde habita el hombre superior, el sabio, ¿cómo puede haber bajeza y abyección?»

14. El Filósofo dijo: «Cuando volví del reino de Veï al de Lu, corregí y rectifiqué la música. Los cantos comprendidos bajo los nombres de Ya y de Kung (dos divisiones del Libro de los versos), cada uno fue devuelto al sitio que debía ocupar.»

15. El Filósofo dijo: «Cuando estéis fuera de vuestra casa, cumplid vuestros deberes respecto a vuestros magistrados superiores. Cuando estéis en vuestra casa, cumplir vuestro deber respecto a vuestro padre, vuestra madre y vuestros hermanos. En las ceremonias fúnebres, no os permitáis ninguna negligencia. No os entreguéis a ningún exceso en el uso del vino. ¿Cómo podría yo tolerar una conducta contraria?»

16. Estando el Filósofo a la orilla de un río, dijo: «¡Con qué majestad corre! ¡No se detiene ni de día ni de noche!»

17. El Filósofo dijo: «No he visto aún a nadie que amase tanto la virtud como se ama la belleza del cuerpo.»

18. El Filósofo dijo: «Pongo una comparación: Quiero formar un montículo de tierra; antes de haber llenado un canasto puedo detenerme; me detengo. Pongo otra comparación: Quiero nivelar un terreno; aunque ya haya transportado un canasto de tierra, tengo siempre la libertad de continuar o de detenerme; puedo obrar de una manera o de otra.»

19. El Filósofo dijo: «En el curso de nuestros coloquios, aquel cuyo espíritu no se cansaba, no se entorpecía. ¡Este era Hui!»

20. El Filósofo, hablando de Yen-Yuan (Hui), decía: «¡Ay! Le veo siempre avanzar y jamás detenerse.»

21. El Filósofo dijo: «La hierba crece, pero no da flores; si da flores, no produce granos maduros. ¡Qué va a ser del pobre sabio!»

22. El Filósofo dijo: «Desde el instante en que un niño nace, es preciso respetar sus facultades; la ciencia que recibirá en lo sucesivo no se parece en nada a su estado presente. Si llega a la edad de cuarenta o de cincuenta años sin haber aprendido nada, no es digno de ningún respeto.»

23. El Filósofo dijo: «Un lenguaje sincero y conforme a la recta razón, ¿no obtendrá el asentimiento universal? Es un cambio de conducta, una conversión a la virtud lo que es honroso y bueno ante todo. Un lenguaje insinuante y adulador, ¿no causará satisfacción al que lo oye? Pero es la investigación de la verdad, lo que es honroso y bueno ante todo. Experimentar satisfacción oyendo un lenguaje adulador y no buscar lo verdadero; dar su asentimiento a un lenguaje sincero y conforme a la recta razón, y no convertirse a la virtud; esto es lo que no he aprobado jamás ni practicado yo mismo.»

24. El Filósofo dijo: «Colocad siempre en primera fila la rectitud de corazón y la fidelidad; no contraed amistad con los que no se os parezcan; si cometeis una falta, no temais jamás cambiar de conducta.»

25. El Filósofo dijo: «A un ejército de tres divisiones (un cuerpo de 37.000 hombres), se le puede arrebatar su general (y derrotarle); al hombre más abyecto, o al más vulgar, no se le puede arrebatar su pensamiento.»

26. El Filósofo dijo: «Si hay alguien que, vestido con las ropas más humildes, más groseras, pueda sentarse sin avergonzarse al lado de los que llevan los trajes más preciosos y las más valiosas pieles, ¡ese es Yeu!

»Sin propósito de dañar y sin deseos ambiciones, »¿A qué acción sencilla y virtuosa no está siempre propicio?» (Palabras del Libro de los versos.)

Tseu-lu (Yeu) tenía en la boca, sin cesar, la máxima precedente. El Filósofo dijo: «Es al estudio y a la práctica de la recta razón a lo que, sobre todo, es preciso aplicarse; ¿cómo bastaría hacer el bien?»

27. El Filósofo dijo: «Cuando llega la estación de invierno, entonces es cuando se reconoce el pino y el ciprés (cuyas hojas no caen), mientras que las demás hojas caen.

28. »El que está instruido y esclarecido por la razón, no duda; el que posee la virtud de humanidad, no experimenta pena; el que es fuerte y valeroso, no tiene temor.»

29. El Filósofo dijo: «Podemos aplicarnos con todas nuestras fuerzas al estudio, sin poder encontrar los verdaderos principios de la razón, la verdadera doctrina; se pueden

encontrar los verdaderos principios de la razón sin poder establecerlos de una manera fija; se los puede establecer de una manera cierta, en relación a los tiempos y a las circunstancias.»

30. «Las flores del ciruelo se agitan de un lado y de otro.

»Y pienso en colocarlas un sostén »Como no pensaría en ti. »¡Oh mi morada, de la que estoy tan alejado!» El Filósofo dijo: «No se debe pensar en la distancia cualquiera que sea, que nos separa (de la virtud).»

Capítulo X

1. Kungtsé, cuando aún residía en su aldea, era ex tremadamente sincero y recto; pero tenía tanta modes tia, que parecía desprovisto de la facultad de hablar.

Cuando se encontró en el templo de los antepasados y en la corte de su soberano, habló clara y distintamente; y todo lo que dijo llevaba el sello de la reflexión y de la madurez.

2. En la corte, habló a los oficiales inferiores con firmeza y rectitud; a los oficiales superiores, con una franqueza cortés.

Cuando estaba presente el príncipe, conservaba una actitud respetuosa y digna.

3. Cuando el príncipe le hacía venir a su corte y le encargaba de recibir a sus huéspedes (62), su actitud cambiaba de repente. Su continente era grave y mesu rado, como si hubiera tenido trabas en los pies.

Si venía a saludar a las personas que se encontraban cerca de él, sea a la derecha, ya a la izquierda, su toga, por delante y por detrás, caía siempre recta y bien dispuesta.

Su paso era acelerado, introduciendo a los huéspedes, y tenía los brazos extendidos, como las alas de un pájaro.

Cuando el huésped había partido, él creía su deber ir a dar cuenta (al príncipe) de su misión, diciéndole: «El huésped no está ya en tu presencia.»

4. Cuando penetraba bajo la puerta del palacio, inclinaba el cuerpo, como si la puerta no hubiera sido bastante amplia para dejarle pasar.

No se detenía al pasar bajo la puerta y, en su marcha, apenas tocaba el umbral con sus pies.

Pasando ante el trono, su continente cambiaba de repente; su paso era grave y mesurado, como si hubiera tenido trabas en los pies. Sus palabras, también parecían tan trabadas como sus pies.

Tomando su toga con las dos manos, subía así a la sala del palacio, con el cuerpo inclinado y reteniendo su aliento, como si no hubiera osado respirar.

Al salir, después de haber dado un paso, se despojaba poco a poco de su continente grave y respetuoso, y adoptaba un aire riente, y cuando ganaba la parte baja de la escalinata, dejando caer de nuevo su toga, otra vez extendía los brazos como las alas de un pájaro, y, al pasar ante el trono de nuevo, cambiaba su aspecto, y su continente tornábase grave y mesurado, como si hubiera tenido trabados sus pies.

5. Al recibir la marca distintiva de su dignidad (co mo enviado de su príncipe), inclinó profundamente el cuerpo, como si no hubiera podido soportarla. En se guida la levantó en alto con las dos manos, como si hubiera querido presentarla a alguien, y la bajó

hasta el suelo, como para entregarla a otro; mostrando en su continente y en su actitud la apariencia del temor y haciendo su marcha, ya lenta, ya rápida, de acuerdo con los diferentes movimientos de su alma.

Ofreciendo los presentes reales como era costumbre, tomaba un continente grave y afable; ofreciendo los demás presentes, su aspecto tenía algo de más afable y más obsequioso.

6. El Filósofo no llevaba vestidos con adornos de púrpura o azul fuerte.

No se hacía sus trajes ordinarios de tela roja o violeta.

En la estación cálida, llevaba una ropa de tela de cáñamo fina o áspera, bajo la cual se ponía siempre otra para hacer resaltar la primera.

Su vestido negro (de invierno) estaba forrado de pieles de carnero; sus vestidos blancos, de pieles de gamo; sus vestidos amarillos, de piel de zorro.

De la ropa que usaba en su casa, tuvo durante large tiempo la manga derecha más corta que la otra.

Sus vestidos de noche o de reposo eran siempre vez y media tan largos como su cuerpo.

En su casa usaba vestidos gruesos, hechos de pelos de zorros.

Excepto en época de luto, ningún motivo le impedía llevar, unido a su ropa, todo lo que era de uso.

Si no llevaba el traje propio para los sacrificios y las ceremonias, llamado vu-chang, su ropa era siempre algo abierta por un lado.

No iba a hacer visitas de pésame con una ropa guarnecida de pieles de carnero y un bonete negro.

El primer día de cada luna se ponía sus ropas de corte y se dirigía al palacio (para presentar sus respetos al príncipe).

7. En los días de abstinencia, se cubría constante mente con un traje blanco de lino.

En estos mismos días de abstinencia, era para él un deber cambiar su manera de vivir y el lugar donde tenía la costumbre de reposar.

8. En cuanto al alimento, no rechazaba el arroz cocido en agua ni las carnes de vaca o pescado cortado en pequeños trozos.

Jamás comía platos corrompidos por el calor, ni pescados lo mismo, ni carnes ya entradas en putrefacción. Si su color estaba alterado, no lo comía; si olían mal, tampoco, o si había perdido el sabor; si no eran productos de la estación, tampoco los comía.

No comía la carne que no estuviera cortada en líneas rectas. Si un plato no tenía la salsa que le convenía; no le comía.

Por mucha carne que hubiese en su comida, hacía de modo a no tomar jamás una cantidad que excediera a la que tenía de pan y de arroz. Su bebida no estaba reglamentada, pero no tomaba jamás una cantidad que pudiera turbar su espíritu.

Si el vino se había comprado en el mercado público, no lo bebía; si se le presentaba carne seca comprada en los mercados, no la comía.

No se abstenía de jengibre en sus alimentos.

No comía mucho jamás.

Cuando ofrecía los sacrificios y las oblaciones en los palacios del príncipe, no retenía para él, ni siquiera una noche, la carne que había recibido. Cuando ofrecía él mismo las oblaciones de carne a sus antepasados, no pasaba tres días sin consumirla; si los tres días habían pasado, no la comía ya.

Comiendo, no discutía; dedicándose al reposo en su lecho, no hablaba.

Aun cuando no hubiera tomado sino muy pocos alimentos, y de los más comunes, ya vegetales, o caldo, ofrecía siempre una pequeña cantidad de ellos como oblación o libación, y practicaba esta ceremonia con el respeto y la gravedad convenientes.

9. Si la estera en la cual debía sentarse no estaba extendida regularmente, no se sentaba encima.

10. Cuando los habitantes de su pueblecillo le invitaban a un festín, no se levantaba de la mesa sino cuando los viejos que llevaban bastones se habían levantado.

Cuando los habitantes de su pueblecillo hacían la ceremonia llamada no, para ahuyentar los espíritus malignos, se revestía de su ropa de corte e iba a sentarse entre los asistentes al lado oriental de la sala.

11. Cuando enviaba a alguien a adquirir noticias de los demás Estados, le hacía dos veces la reverencia y le acompañaba hasta cierta distancia.

Habiéndole enviado Kang-tsé cierto medicamento, lo recibió dando muestras de reconocimiento, pero dijo: «Khiu no conoce bastante este medicamento y no se atreve a probarlo.»

12. Habiéndose incendiado su cuadra, el Filósofo, de vuelta de la corte, dijo: «¿Ha alcanzado el fuego a alguna persona? Los caballos no me preocupan.»

13. Cuando le enviaban al príncipe un presente de alimentos (63), creía al punto un deber colocarlos regularmente en la mesa y probarlos. Cuando el príncipe le enviaba un presente de carne cruda, la mandaba siempre cocer, y en seguida la ofrecía (a los manes de sus antepasados). Si el príncipe le enviaba como regalo un animal vivo, se creía obligado a alimentarle y conservarle con cuidado. Si era invitado por el príncipe a comer con él, cuando éste se disponía a hacer una oblación el Filósofo la probaba el primero.

Si estaba enfermo y el príncipe iba a verle, se hacía colocar la cabeza al oriente, se revestía de sus trajes de corte y se ceñía su más hermoso cinturón.

Cuando el príncipe le llamaba junto a él, sin esperar a su carruaje, que le seguía, iba a pie.

14. Cuando entraba en el gran templo de sus antepasados, se informaba minuciosamente de cada cosa.

15. Si alguno de sus amigos acababa de morir, y no tenía a nadie que le rindiera las honras fúnebres, decía:

«El cuidado de sus funerales me pertenece a mí.»

Si recibía presentes de sus amigos, aunque éstos fueran carros y caballos, de no tener carne que poder ofrecer como oblación a sus antepasados, no les daba las gracias como obligaba la cortesía.

16. Cuando se entregaba al sueño, no adoptaba la postura de un hombre muerto; y cuando estaba en su casa, se despojaba de su gravedad habitual.

Si alguien le hacía una visita vistiendo traje de luto, aun cuando fuese una persona de su conocimiento particular, jamás dejaba de cambiar de continente y de adoptar un gesto conveniente; si encontraba a alguien con gorro de ceremonia o que estuviese ciego, aunque él mismo no llevara sino sus vestiduras ordinarias, jamás dejaba de testimoniarle deferencia y respeto.

Cuando se encontraba a una persona que llevaba vestiduras de luto, la saludaba, descendiendo de su carruaje; de la misma manera obraba cuando encontraba personas que llevaban tablillas en las que estaban inscritos los nombres de los ciudadanos.

Si se había preparado para recibirle un festín espléndido, jamás dejaba de cambiar de actitud al levantarse de la mesa para irse de allí.

Cuando de repente se dejaba oir el trueno o se levantaban vientos huracanados, no dejaba jamás de cambiar de actitud (de adoptar un aire de temor respetuoso hacia el cielo).

17. Cuando montaba en su carro, se mantenía en pie con las riendas en la mano.

Cuando se hallaba en plena marcha, no miraba atrás, ni hablaba sin motivo grave, ni señalaba a nada con el dedo.

18. Decía: «Cuando el pájaro advierte el rostro del cazador, se oculta a sus miradas y va a posarse a un, sitio seguro.»

Decía aún: «¡Qué bien sabe el faisán que habita en la cima de la colina elegir el momento (para tomar su alimento)! Tseu-lu, habiendo visto al faisán, quiso cogerle, pero éste lanzó tres chillidos y echó a volar.»

HIA-LUN – SEGUNDO LIBRO
Capítulo XI

1. El Filósofo dijo: «Los primeros que hicieron progresos en el conocimiento de los ritos y en el arte de la música, son considerados (hoy) como hombres groseros. Los que después de ellos y en nuestro tiempo han hecho nuevos progresos en los ritos y en la música, son considerados como hombres superiores.

»Para mi uso propio, sigo a los antiguos.»

2. El Filósofo dijo: «De cuanto me siguieron a los Estados de Tchin y de Tsaï, ninguno se acerca ahora a mi puerta (para escuchar mis lecciones).

»Los que brillaban por la palabra y en las discusiones Yan-yuan, Min-tseu-kian, Jan-pe-nieu y Tchung-kung.

»Los que brillaban por la palabra y en las discusiones eran Tsaï-ngo y Tseu-kung; los que tenían más talentos para la administración de los asuntos eran Jan-yeu y Ki-lu; los que sobresalían en los estudios filosóficos eran Tseo-yeu y Tseu-hia.»

3. El Filósofo dijo: «Hui no me ayudaba (en mis discusiones); en todo cuanto yo decía no encontraba nada de lo que no estuviese satisfecho.»

4. El Filósofo dijo: «¡Oh! ¡Qué piedad filial tenía Min-tsé-kian! Nunca difería en nada con el testimonio de su padre, de su madre y de sus hermanos.»

5. Nan-yung repetía tres veces al día la oda Pekueï, del Libro de los versos. Kungtsé le dio la hija de su hermano en matrimonio.

6. Ki-kang-tsé preguntó cuál de los discípulos del Filósofo tenía más aplicación y amor al estudio. Kungtsé respondió con deferencia: «Yan-Hui era el que más amaba el estudio; pero, desgraciadamente, se ha cortado su destino; ha muerto antes de tiempo. Ahora, ya es un hecho: ¡no existe!»

7. Habiendo muerto Yan-yuan, Yan-lu (padre de Yan-yuan) rogó al Filósofo que le diera su carro para venderle, a fin de mandar construir una tumba para su hijo, con el precio que sacara de él.

El Filósofo dijo: «Que tenga talento o que no le tenga, cada pobre reconoce siempre a su hijo como su hijo. Li (o Po-Yu, hijo de Kungtsé), cuando murió no tuvo más que un ataúd interior y no una tumba. Yo no puedo ir a pie por hacer construir una tumba (a Yan-yuan), puesto que voy con los grandes dignatarios, no debo ir a pie.»

8. Habiendo muerto Yan-Hi, el Filósofo dijo: «¡Ay! ¡El Cielo me agobia a fuerza de dolores! ¡Ay! ¡El cielo me agobia a fuerza de dolores!»

9. Habiendo muerto Yan-Hui, el Filósofo le lloró con exceso, los discípulos que le seguían dijeron: «Nuestro maestro se ha entregado demasiado a su dolor.»

El Filósofo dijo: «¿No he experimentado una pérdida extremada?

»Si no lamento extremadamente a tal hombre, ¿por quién experimentaré un dolor parecido?»

10. Habiendo muerto Yan-Hui, sus condiscípulos desearon hacerle grandes funerales. El Filósofo dijo: «No es preciso.»

Sus condiscípulos le hicieron funerales suntuosos.

El Filósofo dijo: «Hui me consideraba como su padre; yo no le puedo considerar como mi hijo; la causa no consiste en mí, sino en mis discípulos.»

11. Ki-lu preguntó cómo era preciso servir a los espíritus y a los genios. El Filósofo dijo: «Cuando no se está en estado de servir a los hombres, ¿cómo se podría servir a los genios?»

«Permíteme, añadió, que ose preguntarte ¿qué es la muerte?»

El Filósofo dijo: «Cuando no se sabe aún lo que es la vida, ¿cómo se podría conocer la muerte?»

12. Min-tsé estaba al lado del Filósofo con aspecto tranquilo y sereno; Tseu-lu, con gesto austero y atrevi do; Jan-yeu y Tseu-kung, con aspecto grave y digno. El Filósofo estaba satisfecho de ellos.

En lo que concierne a Yeu (o Tseu-lu), dijo: «No le ocurrirá morir de muerte natural.»

13. Los habitantes del reino de Lu querían construir un granero público.

Min-tsé-kian dijo: «¿Por qué no serviría aún el antiguo y por qué obrar cual pretendéis? ¿Qué necesidad hay de cambiar y de construir otro (que costará muchos sudores al pueblo?)»

El Filósofo dijo: «Este hombre no es un hombre de palabras vanas; si habla, es siempre a propósito y con un objeto útil.»

14. El Filósofo dijo: «¿Cómo los sonidos de la guitarra (64) de Yeu (Tseu-lu) pueden llegar hasta la puerta de Khieu?» (A causa de ello) los discípulos del Filósofo cada vez sentían menos respeto hacia Tseu-lu. El Filósofo dijo: «Yeu ya ha subido a la gran sala, aunque no haya entrado en la morada interior.»

15. Tsé-kung preguntó cuál, entre Sse y Chang, era el más sabio. El Filósofo dijo: «Sse va más allá del blanco; Chang no le alcanza.»

Y añadió: «Siendo así, ¿Sse es superior a Chang?» El Filósofo dijo: «Pasarse es como no alcanzar.»

16. Ki-chi era más rico que Tcheo-kung y, sin embargo, Kieu imponía en su favor tributos más conside rables, que aumentaba sin cesar.

El Filósofo dijo: «No es de los que frecuentan mis lecciones. Los niños deben publicar sus crímenes a son de tambor, y les está permitido perseguirle con sus burlas.»

17. Tchai es sin inteligencia.

San tiene el espíritu pesado y poco penetrante.

Sse es ligero e inconstante.

Yeu tiene maneras poco corteses.

18. El Filósofo dijo: «Hui se acercaba mucho a la vía recta; estuvo a menudo reducido a la más extrema da indigencia.

»Sse no quería admitir el mandato del Cielo y no buscaba sino acumular riquezas. Como intentaba muchas empresas, con frecuencia conseguía sus propósitos.»

19. Tsé-chang preguntó qué era la vía, o la regla de conducta del hombre virtuoso por su naturaleza.

El Filósofo dijo: «Consiste en marchar recto, sin seguir las huellas de los antiguos, y con ello no penetrar en la morada más secreta (de los santos hombres).»

20. El Filósofo dijo: «Si alguno discurre sólida y vivamente, ¿le tomaríais por un hombre superior o por un retórico que impone a causa de ello?»

21. Tsé-lu preguntó si tan pronto como había oído algo (una máxima o un precepto de virtud enseñado por el Filósofo) debía ponerlo inmediatamente en práctica. El Filósofo dijo: «Tienes un padre y un hermano mayor que existen aún (y que son tus preceptores naturales); ¿por qué, pues, tan pronto como hayas oído una cosa la pondrías inmediatamente en práctica?» Yen-yeu preguntó igualmente si en seguida que hubiera oído algo debía ponerlo inmediatamente en práctica. El Filósofo dijo: «Tan pronto como la hayas oído, ponla en práctica.» Konk-si-hoa dijo: «Yeu (Tseu-lu) ha preguntado si tan pronto como hubiera oído algo debería inmediatamente ponerlo en práctica. El maestro ha respondido: «Tienes un padre y un hermano mayor que existen aún. Kien (Yan-yeu) ha preguntado si tan pronto como hubiera oído algo debía inmediatamente ponerlo en práctica. El maestro ha respondido: «Tan pronto como la hayas oído ponla en práctica.» Yo, tchi (Kong-si-hoa), dudo (sobre el sentido de estas dos respuestas), pero no oso hacer una nueva pregunta.» El Filósofo dijo: «En cuanto a Kieu, siempre está dispuesto a retroceder; por eso le aguijoneo para que avance. Yeu gusta de sobrepujar a los demás hombres; por eso le retengo.»

22. El Filósofo experimentó un día alarma en Kuan. Yan-yuan se había quedado atrás. Cuando se le reunió, el Filósofo le dijo: «¡Te creía muerto!» El discípulo dijo: «Estando vivo el maestro, ¿cómo Hui (Yan-yuan) osaría morir?»

23. Ki-tsé-jan preguntó si Tchuang-yeu y Yan-khjeu podían ser llamados grandes ministros.

El Filósofo respondió: «Creía que iba a ser a propósito de cosas importantes y extraordinarias sobre lo que me interrogarías, ¡y vienes a hablarme de Yeu y de Khieu!

»Los que son llamados grandes ministros sirven a su príncipe según los principios de la recta razón (y no según los deseos del príncipe); si no pueden, entonces se retiran.

»En cuanto Yeu y Khieu pueden ser considerados como habiendo aumentado el número de los ministros.

»Y añadió: Por consiguiente, no harán sino seguir la voluntad de su amo.»

El Filósofo dijo: «Hacer perecer a su padre o a su príncipe no sería siquiera seguir su voluntad.»

24. Tsé-lu hizo nombrar a Tsé-kao gobernador de Pi. El Filósofo dijo: «Has hecho un perjuicio a ese joven».

Tsé-lu dijo: «Tendrá poblaciones que gobernar; tendrá que ocuparse con todo cuidado de los espíritus de la tierra y de los granos; ¿qué necesidad tiene de leer libros? (practicando los negocios, como va a hacerlo) llegará a ser más tarde bastante instruído.»

El Filósofo dijo: «Ese es precisamente el por qué odio a los doctores de esta clase.»

25. Tsé-lu, Thseng-sie, Yan-yeu y Kong-si-hoa estaban sentados al lado del Filósofo.

El Filósofo dijo: «Aunque os fuese superior en edad siquiera de un día, no lo tengáis en cuenta en nuestras pláticas (no tengáis ninguna reserva a causa de mi edad).

»Porque vivís apartados y en el aislamiento decís: No somos conocidos. Si alguno os conociera, ¿qué haríais entonces?»

Tsé-lu respondió en tono ligero, pero respetuoso: «Su pongamos un reino de diez mil carros de guerra, acosado entre otros grandes reinos; supongamos incluso que por ejércitos numerosos, y que por ello sufre penuria y hambre; que Yeu (Tsé-lu) sea propuesto para su administración; en menos de tres años, yo podría hacer de suerte que el pueblo de ese reino recobra su valor viril y que conociese lo que podía.» El Filósofo sonrió oyendo estas palabras.

«Y tú, Khieu, ¿qué piensas?»

El discípulo respondió respetuosamente: «Supongamos una provincia de sesenta o de setenta li de extensión, o siquiera de cincuenta o de sesenta li, y que Khieu fuera propuesto para su administración; en menos de tres meses podría hacer de suerte que el pueblo tuviera lo suficiente. En cuanto a los ritos y a la música, yo confiarí su enseñanza a un hombre superior.»

«Y tú, Chi, ¿qué piensas?»

El discípulo respondió respetuosamente: «Yo no diría que pudiese hacer esas cosas; yo deseo estudiar. Cuando se hacen ceremonias en el templo de los antepasados y tienen lugar las grandes asambleas públicas, revestido de mi ropa azul y de otras vestiduras propias para tal lugar y para tales ceremonias, yo quisiera tomar parte en ellas en calidad de humilde funcionario.»

«Y tú, Tian, ¿qué piensas?»

El discípulo no hizo sino sacar algunos sonidos raros de su guitarra, y como estos sonidos se prolongaran, la dejó, y levantándose, respondió respetuosamente: «Mi opinión difiere completamente de la de mis tres condiscípulos.»

El Filósofo dijo: «¿Qué te impide expresarla? Cada uno puede decir aquí su pensamiento.» El discípulo dijo: «No siendo primavera, dejo a un lado mi ropa de esa estación; pero tocado con mi gorro de virilidad (65), acompañado de cinco o seis hombres y de seis o siete jóvenes, me gustaría irme a bañar en las aguas del Y (66) e ir a tomar el fresco a esos lugares frondosos, donde se ofrecen los sacrificios al Cielo, para pedir la lluvia, modular algunos aires y volverme al punto a mi morada.»

El Filósofo, aplaudiendo estas palabras mediante un suspiro de satisfacción, dijo: «Soy de la opinión de Tian.»

Partieron los tres discípulos, y Thseng-sie se quedó aún algún tiempo. Thseng-sie dijo: «¿Qué se debe pensar de las palabras de estos tres discípulos?» El Filósofo dijo: «Cada uno ha expresado su opinión, y he ahí todo.» El añadió: «Maestro, ¿por qué has sonreído a las palabras de Yeu?»

El Filósofo dijo: «Se debe administrar un reino según las leyes y costumbres establecidas; sus palabras no eran modestas; por eso me he sonreído.

»Pero Khieu, ¿no expresaba también el deseo de administrar un Estado? ¿Cómo ver esto en una provincia de sesenta a setenta li, y hasta de cincuenta a sesenta li de extensión? Eso no es un reino.

»Y Tchi, ¿no era de cosas de un reino de lo que oía hablar? Las ceremonias del templo de los antepasados, las asambleas públicas, ¿no son el privilegio de los grandes de todos los órdenes? Y ¿cómo Tchi podía tomar parte en ellas en calidad de humilde funcionario? ¿Quién podría, pues, desempeñar las grandes funciones?»

Capítulo XII

1. Yan-Hui preguntó qué era la virtud de humanidad.

El Filósofo dijo: «Tener un imperio absoluto sobre sí mismo, volver a los ritos o a las leyes primitivas de la razón celeste, manifestadas en las sabias costumbres, es practicar la virtud de humanidad. Que un solo día un hombre domine sus inclinaciones y sus deseos desarreglados, y que retorne a la práctica de las leyes primitivas, todo el Imperio coincidirá en decir que tiene la virtud de humanidad. Pero la virtud de humanidad, ¿depende de sí mismo o bien depende de los demás hombre?» Yan-Hui dijo: «Permíteme preguntar cuáles son las diversas ramificaciones de esta virtud.» El Filósofo dijo: «No mires nada contrariamente a los ritos; no oigas nada contrariamente a los ritos; no digas nada contrariamente a los ritos.» Yan-Hui dijo: «Aunque Hui no haya dado prueba hasta aquí de penetración, solicita poner estos preceptos en práctica.»

2. Tchung-kung preguntó qué era la virtud de humanidad. El Filósofo dijo: «Cuando hayas salido de tu casa, compórtate como si debieras ver a un huésped de gran distinción; dirigiendo al pueblo, compórtate con el mismo respeto que si ofrecieras el gran sacrificio. Lo que no desees que te hagan a ti mismo, no lo hagas a los demás hombres. (Y comportándote así) en el reino, nadie tendrá contra ti resentimientos; en tu familia, na die tendrá contra ti resentimientos.»

Tchung-kung dijo: «Aunque Yung (Tchung-kung) no ha dado hasta aquí pruebas de penetración, solicita poner estos preceptos en práctica.»

3. Sse-ma-nieu preguntó lo que era la virtud de humanidad.

El Filósofo dijo: «El que está dotado de la virtud de humanidad es sobrio en palabras.» Y añadió: «El que es sobrio en palabras, es aquel al que se llama dotado de la virtud de humanidad.» El Filósofo dijo: «Practicar la humanidad es difícil; para hablar de ella, ¿no es preciso ser sobrio en palabras?»

4. Sse-ma-nieu preguntó qué era un hombre superior. El Filósofo dijo: «El hombre superior no experimenta ni penas ni temor.» Sse-ma-nieu añadió: «El que no experimenta ni penas ni temor, ¿no es ese al que se llama un hombre superior?» El Filósofo dijo: «El que habiéndose examinado interiormente no encuentre en él ningún motivo de pena, ¿qué tendría éste que lamentar? ¿qué tendría que temer?»

5. Sse-ma-nieu, lleno de tristeza, dijo: «Todos los hombres tienen hermanos; ¡yo soy el único que no los tiene!»

Tsé-hia dijo: «Chang (él mismo) ha oído decir:

»Que la vida y la muerte estaban sometidas a una ley inmutable, fijada desde el origen, y que las riquezas y los honores dependían del Cielo;

»Que el hombre superior vela con seria atención sobre sí mismo, y no cesa de obrar así; que usa en el comercio de los hombres una deferencia siempre digna, y maneras distinguidas y corteses, mirando a todos los hombres que habitan en el interior de los cuatro mares (todo el Universo) como sus propios hermanos. Obrando así, ¿por qué el hombre superior se afligiría, pues, de no tener hermanos?»

6. Tsé-tcheng preguntó lo que era la penetración. El Filósofo dijo: «No escuchar calumnias que se insinúan en secreto, como el agua que corre tranquilamente, y

acusaciones cuyos autores estarían prontos a dejarse cortar un trozo de carne para afirmarlas: esto puede ser llamado penetración. No tener en cuenta las calumnias que se insinúan en secreto como un agua que corre tranquilamente, y acusaciones cuyos autores están siempre dispuestos a dejarse cortar un trozo de carne por afirmarlas; esto también puede ser llamado penetración extremada.»

7. Tsé-kung preguntó qué era la administración de los negocios públicos. El Filósofo dijo: «Proveer suficientemente las necesidad de las poblaciones, tener las tropas necesarias y que el pueblo te sea fiel.»

Tsé-kung dijo: «De encontrarse en la imposibilidad de tener las tres condiciones, y si fuese preciso privarse de una de ellas ¿cuál habría que apartar de preferencia?» El Filósofo dijo: «Las provisiones. Desde la más remota antiguedad, todos los hombres están sujetos a la muerte; pero un pueblo que no tuviera confianza y fidelidad en los que le gobiernan, no podría subsistir.»

8. Ko-tsé-tching (grande del Estado de Veï), dijo: «El hombre superior es natural, sincero, y ello basta. ¿De qué sirve darle los adornos de la educación?»

Tsé-kung dijo: «¡Qué hermoso discurso el tuyo, jefe, sobre el hombre superior! Cuatro caballos enganchados no podrían traer otro semejante a tu boca. Los adornos de la educación son como el natural; el natural, como los adornos de la educación. Las pieles de tigre o de leopardo, cuando están curtidas, son como las pieles de perro o de carnero curtidas.»

9. Ngaï-kung preguntó a Yeu-jo en estos términos: «El año es estéril, y las rentas del reino no bastan. ¿Qué hacer en estas circunstancias?»

Yeu-jo respondió con deferencia: ¿Por qué no exiges el diezmo?» El príncipe dijo: «Si las dos décimas no me bastan ¿qué haría con una décima sola?»

Yeu-jo respondió de nuevo, con deferencia: «Si las cien familias (todo el pueblo chino) tienen lo suficiente, ¿cómo no lo tendría el príncipe? Si las cien familias no tienen lo suficiente, ¿por qué lo exigiría el príncipe?»

10. Tsé-tchang hizo una pregunta concerniente a la manera cómo se podrían simular virtudes y disipar los errores del espíritu. El Filósofo dijo: «Poner en primera fila la rectitud y la fidelidad a su palabra, entregarse a todo lo que es justo (tratando de perfeccionarse cada día), es acumular virtudes. Amando a alguien, desear que viva; detestándole, desear que muera, es, por con siguiente, desear su vida, y, además, desear su muerte; he aquí la turbación, el error del espíritu.

»El hombre perfecto no busca las riquezas; siente incluso respeto hacia los fenómenos extraordinarios.»

11. King-hong, príncipe de Thesi, preguntó a Kungtsé sobre el gobierno.

Kungtsé le contestó con deferencia: «Que el príncipe, sea príncipe; el ministro, ministro; el padre, padre; el hijo, hijo.» El príncipe añadió: «¡Muy bien! ¡Es la verdad! Si el príncipe no es príncipe, si el ministro no es ministro, si el padre no es padre, si el hijo no es hijo, aunque los ingresos territoriales sean abundantes, ¿cómo llegarían a gozar de ellos y a consumirlos?»

12. El Filósofo dijo: «El que con la mitad de una palabra puede terminar los altercados, ¿no es Yeu (Tsé-lu)?

»Tsé-lu no deja pasar el intervalo de una noche en la ejecución de sus resoluciones.»

13. El Filósofo dijo: «Puedo escuchar a los abogados y juzgar los pleitos como los demás hombres, pero ¿no sería mejor hacerlo necesario para impedir los pleitos?»

14. Tsé-tchang hizo una pregunta sobre el gobierno. El Filósofo dijo: «Reflexiona maduramente, no dejes jamás de hacer el bien y de tratar las cosas con rectitud.»

15. El Filósofo dijo: «El que tiene estudios muy extensos de literatura, es para él un deber el conformarse a los ritos; puede incluso prevenir las sediciones.»

16. El Filósofo dijo: «El hombre superior perfecciona o desarrolla las buenas cualidades de los demás hombres, no perfecciona o no desenvuelve sus malas inclinaciones; el hombre vulgar es lo opuesto.»

17. Ki-kang-tsé preguntó a Kungtsé sobre el gobierno. Kungtsé respondió con deferencia: «El gobierno es lo que es justo y recto. Si gobiernas con justicia y rectitud, ¿quién osaría no ser justo y recto?»

18. Teniendo Ki-kang-tsé un gran miedo a los ladrones, preguntó a Kungtsé sobre este respecto. Kungtsé le respondió con deferencia: «Si no deseas los bienes de los demás, aun cuando los recompensaras, tus súbditos no robarían.»

19. Ki-tkan-tsé preguntó de nuevo a Kungtsé sobre la manera de gobernar, diciendo: «Si yo condeno a muerte a los que no respetan ninguna ley para favorecer a los que observar las leyes, ¿qué ocurrirá con esto?» Kungtsé respondió con deferencia: «Tú que gobiernas los asuntos públicos, ¿qué necesidad tienes de emplear suplicios? Ama la virtud, y el pueblo será virtuoso. Las virtudes de un hombre superior son como el viento; las virtudes de un hombre vulgar son como la hierba; la hierba, cuando el viento pasa por encima, se inclina.»

20. Tsé-tchang preguntó cómo debía ser un jefe para ser llamado ilustre (o de una virtud reconocida por todos los hombres).

El Filósofo respondió: «¿A qué llamas tú ilustración?»

Tsé-tchang respondió con respeto: «Si se reside en las provincias, oir hablar bien de sí; si se reside en su familia, oir hablar bien de sí.»

El Filósofo dijo: «Eso es sencillamente un buen renombre y no ilustración. La ilustración de que se trata consiste en poseer lo natural, la rectitud, y amar la justicia; en examinar atentamente las palabras de los hombres, en considerar su contenido, en someter su voluntad a la de los demás hombres. De esta manera, si se reside en las provincias se es ciertamente ilustre; si se reside en la familia, se es ciertamente ilustre.

»Este renombre, de que se trata, consiste alguna vez en no adquirir sino la apariencia de la virtud de humanidad y de alejarse de ella en sus acciones. Perseverando en este camino no se experimenta ninguna duda; si se reside en las provincias, se oirá hablar bien de sí; si se reside en la familia, se oirá hablar bien de sí.»

21. Fan-tchi, habiendo seguido al filósofo a la parte inferior del lugar sagrado donde se hacían los sacrificios del Cielo para impetrar la lluvia (Vu-yu), dijo: «Permíteme que ose preguntarte qué es preciso hacer para acumular virtudes, corregirse de los defectos y discernir los errores del espíritu.» El Filósofo dijo: «¡Oh! ¡Esta es una hermosa y gran pregunta!

»Es preciso colocar, ante todo, el deber de hacer lo que debe hacerse para (adquirir la virtud), y no colocar sino en segunda fila el fruto que de ello se debe obtener; ¿no es esto acumular virtudes?; combatir sus defectos o sus malas inclinaciones, no combatir los defectos o las malas inclinaciones de los demás; ¿no es esto corregirse de sus defectos? Por un resentimiento o una cólera de una sola mañana perder su cuerpo, para que la desgracia alcance a sus parientes, ¿no es esto una perturbación del Espíritu?»

22. Fan-tchi preguntó qué era la virtud de humanidad. El Filósofo respondió: «Amar a los hombres.» Preguntó qué era la ciencia. El Filósofo dijo: «Conocer a los hombres.» Fan-tchi no penetró el sentido de estas respuestas.

El Filósofo dijo: «Elevar a los honores a los hombres justos y rectos, y rechazar a todos los perversos. Obrando así, se puede hacer a los perversos justos y rectos.»

Fan-tchi, de vuelta, encontró a Tsé-hia y le dijo: «Vengo de hacer una visita a nuestro maestro, y le he preguntado sobre la ciencia. El maestro me ha dicho: Elevar a los honores a los hombres justos y rectos y rechazar a todos los perversos. Obrando así, se puede hacer a los perversos justos y rectos. ¿Qué ha querido decir?»

Tsé-hia dijo: «¡Oh! ¡Qué fértiles en aplicación son estas palabras!»

Habiendo Chun obtenido el Imperio, eligió entre la multitud, y elevó a los más altos honores a Kao-yao; a los que eran viciosos y perversos, los tuvo alejados. Habiendo obtenido Chang el Imperio, eligió entre la multitud, y elevó a los más altos honores a Y-yn. A los que eran viciosos y perversos, los tuvo alejados.

23. Tsó-kung preguntó cómo era preciso comportarse en sus relaciones con sus amigos. El Filósofo dijo: «Corrige con rectitud de corazón y conduce a tu amigo por el camino de la virtud. Si no puedes obrar así, abstente. No te deshonres a ti mismo.»

24. Thseng-tsé dijo: «El hombre superior emplea su educación (o sus talentos adquiridos por el estudio) en reunir amigos, y sus amigos a ayudarle en la práctica de la humanidad.»

Capítulo XIII

1. Tsé-lu hizo una pregunta sobre la manera de bien gobernar. El Filósofo dijo: «Dar lo primero al pueblo, y con tu propia persona, ejemplo de virtud. Dar lo primero al pueblo, con tu propia persona, ejemplo de trabajo.»

—«Te ruego añadas algo a estas instrucciones»—«Que no te fatigues jamás de obrar así.»

2. Tchung-khong, ejerciendo las funciones de ministro de Ki-chi, hizo una pregunta sobre la manera de bien gobernar. El Filósofo dijo: «Comienza por tener buenos funcionarios bajo tus órdenes para dirigir con inteligencia y probidad las diversas ramas de tu administración; perdona las faltas ligeras; eleva a los hombres de virtud y talentos a las dignidades públicas.» Tchung-khong) añadió: «¿Cómo conocer a los hombres de virtudes y de talentos, a fin de elevarlos a las dignidades?» El Filósofo dijo: «Eleva a las dignidades a los que conozcas como tales; a los que no conozcas, ¿crees que los demás hombres les olvidarán?»

3. Tsé-lu dijo: «Supongamos, maestro, que el príncipe del Estado de Meï te desea para dirigir los asuntos públicos. ¿A qué darías, desde luego, la preferencia?»

El Filósofo dijo: «¿No sería a hacer correctas las denominaciones de las personas y de las cosas?»

Tsé-lu dijo: «De veras? Maestro, te separas de la pregunta. ¿A qué está rectificación?»

El Filósofo dijo: «¡Eres muy simple, Yeu! El hombre superior, en lo que no conoce bien, experimenta una suerte de duda o de apuro.

»Si las denominaciones no son exactas, correctas, entonces las instrucciones que las conciernen no responden a ellas como conveniente; si las instrucciones no responden a las denominaciones de las personas y de las cosas, entonces los negocios no pueden ser tratados como conviene.

»No siendo tratados los negocios como conviene, entonces no se hace honor a los ritos y a la música; si no se hace honor a los ritos y la música, entonces las penas y los suplicios no alcanzan su fin de equidad y de justicia; si las penas y los suplios no alcanzan su fin de equidad y de justicia, entonces el pueblo no sabe donde poner seguramente los pies y tender sus manos.

»Por eso, el hombre superior, en los nombres que da, debe hacer siempre de suerte que sus instrucciones respondan a ello exactamente; siendo estas tales, deberán ser fácilmente ejecutadas. El hombre superior, en sus instrucciones, no es jamás inconsiderado o fútil.»

4. Fan-tchi rogó a su maestro que le instruyese en agricultura. El Filósofo dijo: «Yo no tengo el conocimiento de un viejo agricultor.» Le rogó que le enseñara el cultivo de los jardines. Respondió: «Yo no tengo los conocimientos de un viejo jardinero.»

Habiendo salido Fan-tchi, dijo el Filósofo: «¡Qué hombre tan vulgar es este Fan-tchi!

»Si los que ocupan los rangos superiores en la sociedad aman observar los ritos, entonces el pueblo no osará no respetarlos; si los superiores se complacen en la práctica de la justicia, entonces el pueblo no osará no practicar estas virtudes. Si las cosas pasan así, entonces los pueblos de las cuatro regiones, llevando sobre sus espaldas a sus hijos, envueltos en mantillas, acudirán a ampararse bajo las leyes. (Cuando pueden hacerse a tales cosas), ¿a qué ocuparse de la agricultura?»

5. El Filósofo dijo: «Que un hombre haya aprendido a recitar las trescientas odas del Libro de los versos, si recibe un tratamiento para ejercer funciones en la administración pública, que no sabe desempeñar, o si es enviado como embajador a las cuatro regiones del Mundo, sin poder por sí mismo desempeñar su misión, aunque hubiera leído más, ¿de qué le serviría?»

6. El Filósofo dijo: «Si la persona del que manda a los demás, o que los gobierna, es dirigida según la rectitud y la equidad, no tiene necesidad de ordenar el bien para que se le practique; si la persona no es dirigida por la rectitud y la equidad, aun cuando ordenara el bien no sería obedecida.»

7. El Filósofo dijo: «Los gobernantes de los Estados de Lu y de Veï son hermanos.»

8. El Filósofo decía de Kong-tsé-king, grande del Estado de Veï, que se había comportado perfectamente con su familia. Cuando empezó a poseer alguna cosa, decía: «Tendré un día más»; cuando tuvo un poco más decía: «Está bien»; cuando tuvo grandes riquezas, decía: «Está perfecto.»

9. Habiendo querido el Filósofo trasladarse al Estado de Veï, Yan-yeu conducía su carro.

El Filósofo dijo: «¡Qué multitud! (¡Qué gran población!)»

Yan-yeu dijo: «Una gran multitud, en efecto. ¿Qué se podría hacer por ella?» El Filósofo dijo: «Hacerla rica y feliz.» El discípulo añadió: «Cuando sea rica y feliz, ¿qué sería preciso hacer aún?» El Filósofo dijo: «Instruirla.»

10. El Filósofo dijo: «Si (un gobierno) quisiera emplearme en los negocios públicos, en el curso de una docena de lunas podría ya reformar algunos abusos; en tres años, la reforma sería completa.»

11. El Filósofo dijo: «Si unos hombres sabios y virtuosos gobernaran un Estado durante siete años, podría domar a los hombres crueles (convertirlos al bien) y suprimir los suplicios.» ¡Qué perfectas son estas palabras! (de los antiguos sabios).

12. El Filósofo dijo: «Si yo poseyera el mandato de la dignidad real, no me sería precisa más de una generación para hacer reinar por doquier la virtud de humanidad.»

13. El Filósofo dijo: «Si alguien regula su persona según los principios de equidad y de rectitud, ¿qué dificultad experimentará en la administración del gobierno?; si no regula su persona según los principios de equidad y rectitud, ¿cómo podrá rectificar la conducta de los demás hombres?»

14. Habiendo vuelto Yan-yeu de la corte, el Filósofo le preguntó: «¿Por qué tan tarde?» El discípulo le respondió respetuosamente: «Hemos tenido que tratar de negocios concernientes a la administración.» El Filósofo dijo: «Eran negocios del príncipe, sin duda, porque si hubiera tratado de negocios de la administración pública, aunque yo no estoy en funciones, aún soy llamado a tomar conocimiento de ellos.»

15. Ting-kong (príncipe de Lu) preguntó si había una palabra que tuviera poder para hacer prosperar un Estado. Kungtsé respondió con deferencia: «Una sola palabra no puede tener ese poder; se puede, sin embargo, aproximarse a esta concisión deseada.

»Hay un proverbio entre los hombres que dice: «Cumplir su deber como príncipe es difícil; cumplirlo come ministro no es fácil.»

»Si sabes que cumplir tu deber como príncipe es una cosa difícil, ¿no es casi una sola palabra encontrar el medio de hacer prosperar un Estado?»

El mismo príncipe añadió: «¿Hay una palabra que tenga el poder de perder un Estado?» Kungtsé respondió con deferencia: «Una sola palabra no puede tener ese poder; se puede, sin embargo, aproximarse a esa concisión deseada. Hay un proverbio entre los hombres que dice: «No veo que un príncipe halle placer en cumplir sus deberes, a menos que sus palabras no encuentren contradictores.» Que haga el bien y que no se oponga a él, está muy bien; que haya el mal y que no se le opongan, ¿no es esto, en pocas palabras, encontrar la causa de la ruina de un Estado?»

16. Ye-kung preguntó qué era el buen gobierno.

El Filósofo dijo: «Deja satisfechos y contentos a los que están cerca de ti, y los que están lejos acudirán por sí mismos.»

17. Tsé-hia, siendo gobernador de Kiu-fu (ciudad del Estado de Lu), preguntó qué era el buen gobierno. El Filósofo dijo: «No desees ir demasiado de prisa en la resolución

de los asuntos, y no camines en ellos con vista a pequeñas ventajas personales. Si deseas resol ver prontamente los asuntos, entonces no los compren des bien: si los resuelves en vista de pequeñas ventajas personales, entonces los grandes asuntos no se terminarán convenientemente.»

18. Ye-kong, conversando con Kungtsé, dijo: «En mi aldea hay un hombre de una rectitud y de una sinceridad perfectas; habiendo robado su padre un carnero, el hijo presentó testimonio contra él.»

Kungtsé dijo: «Los hombres sinceros y rectos de mi lugar natal difieren mucho de ese; el padre oculta las faltas de su hijo; el hijo oculta las faltas de su padre. La rectitud y la sinceridad existen en esta conducta.»

19. Fan-tchi preguntó qué era la virtud de humanidad. El Filósofo respondió: «En la vida privada ten siempre un comportamiento grave y digno; en el manejo de los asuntos, está siempre atento y vigilante; en las relaciones que sostengas con los demás hombres, se recto y fiel a tus promesas. Aun cuando estuvieras entre los bárbaros de las dos extremidades del Imperio, no debes olvidar estos principios.»

20. Tsé-kung hizo una pregunta en estos términos: «¿En qué condiciones un hombre puede ser llamado letrado de primer orden (Sse) u hombre de Estado?» El Filósofo dijo: «El que, en sus acciones y en su persona, tiene siempre el sentimiento de la vergüenza del mal; que, enviado como embajador a las cuatro regiones, no deshonre el mandato de su príncipe: he ahí el que puede ser llamado letrado de prímer orden u hombre de Estado.»

(Tsé-kung) añadió: «Permítame preguntar cuál es el que viene inmediatamente.» El Filósofo dijo: «Aquel de quien parientes y allegados alaban la piedad filial, y cuyos compañeros de juventud celebran su comportamiento fraternal.»

Y añadió aún: «Permíteme preguntarte quién es el que viene en seguida.» El Filósofo dijo: «El que es siempre sincero en sus palabras, firme y perseverante en sus empresas, aun cuando tuviera la dureza de la piedra y fuese un hombre vulgar, puede, sin embargo, ser considerado como el que le sigue inmediatamente.» Y dijo aún: «Los que están en nuestros días a la cabeza de la administración pública, ¿qué tales hombres son?»

El Filósofo dijo: «¡Ay! Son hombres de la misma capacidad que la medida llamada ten, y que la medida llamada chao. ¿Cómo serían dignos de ser contados?»

21. El Filósofo dijo: «No puedo encontrar hombres que marchen por la vía recta, para comunicarlos la doctrina; ¿me sería preciso recurrir a hombres que tengan proyectos elevados y atrevidos, pero que carezcan de resolución para ejecutarlos, o que, a falta de ciencia, estén dotados de un carácter perseverante y firme? Los hombres de proyectos elevados y atrevidos, pero que carezcan de resoluciones para ejecutarlos, avanzando por la vía recta, toman, como ejemplo a seguir, las acciones extraordinarias de los grandes hombres; los hombres que no tienen sino un carácter perseverante y firme, se abstienen, por lo menos, de practicar lo que sobrepuja su razón.»

22. El Filósofo dijo: «Los hombres de las provincias meridionales tienen un proverbio que dice: «Un hombre que no tiene perseverancia, no es capaz de ejercer ni el arte de la adivinación, ni el de la medicina»; este proverbio es perfectamente justo.»

«El que no persevera en la virtud, experimentará alguna vergüenza.» (Y-king).

El Filósofo dijo: «El que no penetre el sentido de estas palabras, no es bueno para nada.»

23. «El hombre superior vive en paz con todos los hombres, sin obrar siempre igual. El hombre vulgar obra siempre igual sin estar, no obstante, acorde con ellos.»

24. Tsé-kung hizo una pregunta en estos términos: «Si todos los hombres de una aldea mimasen a alguno ¿que sería preciso pensar?» El Filósofo dijo: «Eso no basta para formar de él un juicio equitativo.» —«Si todos los hombres de una aldea odiasen a alguno, ¿qué sería preciso pensar de él?»— El Filósofo dijo: «Eso no basta para formar de él un juicio equitativo. Sería muy diferente si los hombres virtuosos de entre los habitantes de esa aldea le quisieran, y si los hombres viciosos de la misma aldea le odiaran.»

25. El Filósofo dijo: «El hombre superior es fácilmente servido, pero difícilmente satisfecho. Si se trata de agradarle, por medios contrarios a la razón, tampoco está satisfecho. En el empleo que hace de los hombres, mide su capacidad (los emplea según su capacidad). El hombre vulgar es difícilmente servido y fácilmente satisfecho. Si se trata de complacerle, aunque sea por los medios contrarios a la razón, está siempre satisfecho. En el empleo que hace de los hombres, no busca sino su ventaja personal.»

26. El Filósofo dijo: «El hombre superior, si no se encuentra en posición elevada, no muestra fausto y orgullo; el hombre vulgar, muestra fausto y orgullo sin estar en posición elevada.»

27. El Filósofo dijo: «El hombre que es firme, paciente, sencillo y natural, sobrio en palabras, se acerca mucho a la virtud de humanidad.»

28. Tsé-lu hizo una pregunta en estos términos: «¿En qué condiciones puede un hombre ser llamado letrado de primer orden u hombre de Estado?» El Filósofo dijo: «Investigar lo verdadero con sinceridad, exponer el resultado de sus investigaciones o de sus informaciones con la misma sinceridad; tener siempre un aspecto afable y cortés; he ahí lo que se puede llamar condiciones de un letrado de primer orden. Los amigos y los conocimientos deben ser tratados con sinceridad y franqueza; los hermanos, con afabilidad y cortesía.»

29. El Filósofo dijo: «Si un hombre virtuoso instruyera al pueblo durante siete años, podría hacerle hábil en el arte militar.»

30. El Filósofo dijo: «Emplear en el ejército a poblaciones no instruídas en el arte militar, es entregarlas a su propia pérdida.»

Capítulo XIV

1. Hien (nombre abreviado de Yuan-ne) preguntó lo que era la vergüenza. El Filósofo dijo: «Cuando el Estado se gobierna por los principios de la recta razón, recibir un salario (por funciones que no se desempeñan); cuando el Estado no se gobierna por los principios de la recta razón, recibir igualmente un salario; esa es la vergüenza.»

2. «Gustar de dominar su deseo de combatir, y no satisfacer sus resentimientos ni sus inclinaciones ávidas; ¿no puede esto ser considerado como la virtud de humanidad?»

El Filósofo dijo: «Lo que yo no sé es, si esto puede considerarse difícil, como la virtud de humanidad.»

3. El Filósofo dijo: «Si un letrado ama demasiado la ociosidad y la tranquilidad de su casa, no es digno de ser considerado como letrado.»

4. El Filósofo dijo: «Si el Estado está gobernado por los principios de la recta razón, hablad alta y dignamente, obrad alta y dignamente. Si el Estado no está gobernado por los principios de la recta razón, obrad siempre alta y dignamente, pero hablad con mesura y precaución.»

5. El Filósofo dijo: «El que tiene virtudes, debe tener la facultad de expresarse fácilmente; el que tiene la facultad de expresarse fácilmente, no debe necesariamente poseer virtudes. El que está dotado de la virtud de humanidad, debe poseer valor viril; el que está dotado de valor viril, no posee necesariamente la virtud de humanidad.»

6. Nan-kung-kuo preguntó a Kungtsé en estos términos: «Y sabía perfectamente tirar el arco; Ngao sabía perfectamente conducir un navío. Uno y otro, ¿no han llegado a la muerte? Yu y Tsie labraban la tierra ellos mismos en persona y, sin embargo, han obtenido el Imperio.» El maestro no respondió. Nan-kung-kuo salió. El Filósofo dijo: «¡Es un hombre superior! ¡Qué hombre éste! ¡Cómo sabe realzar admirablemente la virtud!»

7. El Filósofo dijo: «Ha habido hombres superiores que no han estado dotados de virtud de humanidad; pero no ha habido aún un hombre sin mérito que esté dotado de la virtud de humanidad.»

8. El Filósofo dijo: «Si se ama bien, ¿no se puede bien castigar? Si se tiene rectitud y fidelidad, ¿no se pueden hacer amonestaciones?»

9. El Filósofo dijo: «Si era preciso redactar los documentos de una misión oficial, Pi-chin trazaba el plan y hacía el borrador; Chi-chu los examinaba atentamente y colocaba en ellos los dichos de los antiguos; el embajador encargado de realizar la misión, Tsé-yu, corregía el todo; Tsé-tchan, de Thung-li, agregaba en él los diversos adornos de estilo.»

10. Alguien preguntó quién era Tsé-tchan. El Filósofo dijo: «Era un hombre benévolo.»

Se preguntó también quién era Tsé-si. (El Filósofo) dijo: «¿Ese? ¿Ese? (Esta pregunta está fuera de lugar.)»

Se preguntó quién era Kuan-tchung. Y dijo: «Es un hombre que había arrebatado a Pe-chi (personaje del Estado de Thsi), un feudo de trescientas familias. (Sin embargo, este último), alimentándose de manjares groseros, no dejó escapar hasta el fin de sus días ninguna palabra de resentimiento o de indignación.»

11. El Filósofo dijo: «Es difícil ser pobre y no experimentar ningún resentimiento; es fácil, en comparación, ser rico y no enorgullecerse de ello.»

12. El Filósofo dijo: «Meng-kong-tcho (gran funcionario del reino de Lu) es muy apto para ser el primer intendente de las familias Tchao y Veï (familias nobles del Estado de Ting); pero no es capaz de ser gran funcionario de los pequeños Estados de Ting y de Sie.»

13. Tsé-lu preguntó en qué consistía el hombre cabal. El Filósofo respondió: «Si reúne la ciencia de Vutchung (gran funcionario de Lu), la moderación de Kong-teho (gran funcionario de Lu), la fuerza viril de Tshuang-tsé, de Pian (gran funcionario de la ciudad de Pian), la habilidad en las artes de Jen-khieu; si, además de esto es versado en el conocimiento de los ritos y de la música, puede ser considerado como un hombre cabal y añadió: ¿Qué necesidad hay de que el hombre cabal de nuestros días sea tal como acaba de ser descrito? Si, viendo un provecho a obtener, piensa en la justicia; si, viendo un peligro, sacrifica su vida; si, cuando se trata de antiguas promesas, no olvida las palabras de sus días de otro tiempo, podrá también ser considerado como un hombre cabal.»

14. El Filósofo preguntó a Kong-ming, apellidado Kia (del Estado de Veï) sobre Kong-ven-tsé, gran dignatario del Estado de Veï, en estos términos: «¿Es preciso creerlo? Se dice que tu maestro no habla, no ríe y no acepta nada de nadie.»

Kong-min-kia respondió con respeto: «Los que han referido eso van demasiado lejos; mi maestro habla en tiempo oportuno; no fatiga a los demás con sus discursos. Cuando hace falta estar alegre, ríe pero no fatiga a los demás con sus risas. Cuando ello es justo, recibe lo que se le ofrece; pero no fatiga con su avidez por recibir.» El Filósofo dijo: «¿Se comporta así?, ¡cómo puede comportarse así!»

15. El Filósofo dijo: «Tsang-ven-tchung buscaba obtener del príncipe de Lu que su posteridad tuviese siempre la tierra de Fang en su posesión. Aunque hubiese dicho que no quería exigirlo de su príncipe, yo no añado fe a sus palabras.»

16. El Filósofo dijo: «Ven-hong, príncipe de Tcin, era un trapacero sin rectitud; Hoan-kong, príncipe de Thsi, era un hombre recto sin trapacería.»

17. Tsé-lu dijo: «Hoang-kong mató a Kong-tsé-kieu Tchao-hoë murió con él; Kuan-tchung no murió; ¿no se debe decir que careció de la virtud de humanidad?»

El Filósofo dijo: «Hoang-kong reunió y pacificó todos los grandes Estados, sin recurrir a la fuerza de las armas; este resultado fue debido a la habilidad de Kuan-tchung. ¡Quién es aquel cuya humanidad puede igualar a la suya!»

18. Tsé-kung dijo: «Kuan-tchung, ¿no estaba desnudo de la virtud de humanidad? Cuando Hoan-kong mató a Kong-tseu-kieu (Kuan-tchung su ministro), no supo morir; pero ayudó al homicida en sus empresas.»

El Filósofo dijo: «Kuan-tchung ayudó a Hoan-kong a someter a los grandes de todos los órdenes, a crear la unidad y poner en orden todo el Imperio. El pueblo, hasta nuestros días, ha conservado los beneficios de su administración. Sin Kuan-tchung yo tendría rapados los cabellos, y mis ropas colgadas con nudos a mi lado izquierdo (según la costumbre de los bárbaros).

»¿Por qué (Kuan-tchung), como un hombre o una mujer vulgar, hubiera cumplido el deber de una mediocre fidelidad, ahorcándose o arrojándose a un foso lleno de agua, sin dejar un recuerdo en la memoria de los hombres?»

19. El intendente de Kong-tcho-ven-tsé, habiendo llegado a ministro por elección, y con el apoyo de este gran dignatario, fue con él a la corte del príncipe.

El Filósofo, habiendo sabido este hecho, dijo: «Era digno por sus virtudes y sus conocimientos de ser considerado como adornado de las galas de la educación (Ven).»

20. El Filósofo, habiendo dicho que Ling-kong, príncipe de Veï, carecía de principios, Khang-tsé observó: «Si era así, ¿por qué no se le había privado de su dignidad?»

Kungtsé dijo: «Tchung-cho-yu preside la recepción de huéspedes y extranjeros; Chu-to preside las ceremonias del templo de los antepasados. Van-sun-kia preside los asuntos militares; siendo esto así, ¿por qué se le habría privado de su dignidad?»

21. El Filósofo dijo: «El que habla sin moderación y sin circunspección, pone difícilmente sus palabras en práctica.»

22. Tchin-tching-tsé (grande del Estado de Tshi), condenó a muerte a Kien-kong (príncipe de Tshi). Kungtsé se purificó el cuerpo con un baño y se trasladó a la corte (de Lu), donde anunció el acontecimiento a Ngaï-kong (príncipe de Lu), en estos términos: «Tchin-keng ha matado a su príncipe; yo vengo a pedir que sea castigado.»

El príncipe dijo: «Expón el asunto a mis tres grandes dignatarios.»

Kungtsé dijo: «Aunque voy inmediatamente junto a los grandes dignatarios, no por ello he creído menos un deber de hacerte conocer el hecho.»

El príncipe dijo: «Es a mis tres grandes dignatarios a los que es preciso exponer el hecho.»

Expuso el hecho a los tres grandes dignatarios, que vieron que tal gestión no convenía.

Kungtsé añadió: «Aunque voy inmediatamente junto a los grandes dignatarios (vosotros no lo sois, pues no sois capaces de hacer justicia), no he creído menos un deber el haceros conocer el hecho.»

23. Tseu-lu preguntó cómo era preciso servir al príncipe. El Filósofo dijo: «No abuses de él y hazle amonestaciones.»

24. El Filósofo dijo: «El hombre superior se eleva continuamente en inteligencia y en penetración; el hombre sin méritos desciende continuamente en la ignorancia y en el vicio.»

25. El Filósofo dijo: «En la antigüedad, los que se entregaban al estudio, lo hacían para ellos mismos; ahora, los que se entregan al estudio, lo hacen para los demás (para parecer instruídos a los ojos de los demás).»

26. Kieu-pe-yu (gran dignatario del Estado de Veï) envió un hombre a Kungtsé para saber noticias suyas. Kuantsé hizo sentar al enviado a su lado, y le dirigió una pregunta en estos términos: «¿Qué hace tu señor?» El enviado respondió con respeto: «Mi señor desea disminuir el número de sus defectos, pero no puede conseguirlo.» Habiendo salido el enviado, el Filósofo dijo: «¡Qué digno enviado! ¡Qué digno enviado!»

27. El Filósofo dijo que «cuando una cosa no vuelve a entrar en sus funciones, no es preciso mezclarse en dirigirlas.»

28. Thseng-tsé dijo: «Cuando el hombre superior medita sobre una cosa, no sale de sus funciones.» (Y-king.)

29. El hombre superior enrojece ante el temor de que sus palabras vayan más allá de sus acciones.

30. El Filósofo dijo: «Las vías rectas, o virtudes principales del hombre superior, son en número de tres, que yo no he podido aún alcanzar completamente: la virtud de humanidad, que disipa las tristezas; la ciencia, que disipa las dudas del espíritu, y el valor viril, que disipa los temores.»

Tsé-kung dijo: «Nuestro maestro habla de sí mismo con demasiada humildad.»

31. Tsé-kung se ocupaba de comparar entre ellos a los hombres de las diversas comarcas. El Filósofo dijo: «Sse, tú eres, sin duda, un sabio muy esclarecido; en cuanto a mí, no tengo tiempo libre para ocuparme de esas cosas.

32. »No os aflijáis de que los hombres no os conozcan; pero afligiros más bien de que no hayáis podido aún merecer ser conocidos.»

33. El Filósofo dijo: «No rebelarse por ser engañados por los hombres, no precaverse contra su falta de fe, cuando, sin embargo, se la ha previsto de antemano; ¿no es esto ser sabio?»

34. Veï-seng-mu, driigiéndose a Kungtsé, le dijo: «Khieu (nombre abreviado del Filósofo), ¿por qué andas siempre por sendas y por los caminos propagando tu doctrina? ¿No amas tal vez demasiado hablar de ella?»

Kungtsé dijo: «Yo no osaría permitirme amar demasiado el persuadir por la palabra; pero yo odio la obstinación a aferrarse a una idea fija.»

35. El Filósofo dijo: «Cuando se ve al hermoso caballo denominado Ki, no se alaba en él la fuerza, sino las caulidades superiores.»

36. Alguien preguntó: «¿Qué se debe pensar del que devuelve beneficios por injurias?»

El Filósofo dijo: «(Si se obra así), ¿con qué se pagarán entonces los beneficios mismos?

»Es preciso pagar el odio y las injurias con la justicia, y los beneficios, con beneficios. »

37. El Filósofo dijo: «Yo no soy conocido de nadie.» Tsé-kung dijo: «¿Cómo es posible que nadie te conozca?»

El Filósofo dijo: «No guardo rencor por ello al Cielo; no acuso a los hombres. Humilde y sencillo estudiante, he llegado por mí mismo a penetrar las cosas más elevadas. ¡Si alguno me conoce, es el Cielo!»

38. Kong-pe-liao calumniaba a Tsé-lu en presencia de Kisun. Tsé-fu-king-pe (grande del Estado de Lu) informó de ello (al Filósofo) en estos términos: «Su superior (Ki-sun) duda ciertamente de Tsé-lu si cree a Kang-pe-liao. Soy bastante fuerte para castigar (al calumniador) y exponer su cadáver en el patio del mercado.»

El Filósofo dijo: «Si la vía de la recta razón se debe seguir, es el decreto del Cielo; si la vía de la recta razón debe abandonarse, es el decreto del Cielo. ¿Cómo Kong-pe-liao detendría los decretos del Cielo?»

39. El Filósofo dijo: «Los sabios huyen del siglo. Los que los siguen, inmediatamente huyen de su patria.

»Los que siguen inmediatamente a estos últimos, huyen de los placeres.

»Los que vienen inmediatamente, huyen las palabras engañosas.»

40. El Filósofo dijo: «Los que han obrado así son en número de siete.»

41. Tsé-lu pasó la noche en Chi-men. El guardián de la puerta le dijo: «¿De dónde vienes?» Tsé-lu le dijo: «Vengo de junto de Kungtsé.» El guardián añadió: «El debe saber, sin duda, que no puede hacer prevalecer sus doctrinas y, sin embargo, ¡él obra y las propaga siempre!»

42. El Filósofo, estando un día ocupado en tocar su instrumento de piedra (véase nota 38), llamado king, en el Estado de Veï, un hombre, llevando un cesto a sus espaldas, fue a parar ante la puerta de Kungsté, y exclamó: «¡Ah! ¡Que corazón tiene el que toca así el king!»

Después de un momento de silencio, añadió: «¡Oh! ¡Los hombres viles! ¡Qué armonía! ¡king! ¡king!; nadie sabe apreciarla. Ha cesado de tocar; se ha terminado.

»Si el agua es profunda, entonces la pasan sin alzar su ropa;

»Si no es profunda, entonces se la levantan.»

El Filósofo dijo: «Para el que es firme y perseverante, nada es difícil.»

43. Tsé-echang dijo: «El Chu-king refiere que Kaotsung pasó en el Lyang-yn (67) tres años sin hablar; ¿cuál es el sentido de este pasaje?»

El Filósofo dijo: «¿Por qué citar solamente Kao-tsun?

»Todos los hombres de la antigüedad obraban así.

«Cuando el príncipe había cesado de vivir, todos los magistrados o funcionarios públicos que continuaban sus funciones, recibían del primer ministro sus instrucciones durante tres años.»

44. El Filósofo dijo: «Si el que ocupa el primer rango en el Estado ama conformarse con los ritos, entonces el pueblo se deja fácilmente gobernar.»

45. Tsé-lu preguntó qué era un hombre superior. El Filósofo respondió: «El que se esfuerza constantemente en mejorar su persona para atraerse el respeto. —¿Es eso todo lo que hace? —Mejora constantemente su persona para procurar reposo y tranquilidad a los demás. —¿Es eso todo lo que hace? —Mejora constantemente su persona para hacer dichosas a todas las poblaciones. Yao y Chun obraron ellos mismos así.»

46. Yuan-jang (un antiguo amigo del Filósofo), de más edad que él, estaba sentado en el camino, con las piernas cruzadas. El Filósofo le dijo: «De niño, no haber tenido deferencia fraternal; en la edad madura, no haber tenido nada loable; llegado a la vejez, no morir; es ser un tunante.» Y le golpeó las piernas con un bastón (para hacerle levantar).

47. Un joven de la aldea de Kiuë-tang estaba encargado por el Filósofo de recibir a las personas que le visitaban. Alguien le preguntó si había hecho grandes progresos en el estudio.

El Filósofo dijo: «Yo he visto a ese joven sentarse en un asiento (68), le he visto marchar al lado de sus maestros (69); yo no he intentado que haga progresos en el estudio; yo deseo solamente que llegue a ser un hombre distinguido.»

Capítulo XV

1. Ling-kong, príncipe de Veï, preguntó a Kungtsé sobre el arte militar. Kungtsé le contestó con deferencia: «Si me interrogaras sobre los asuntos de las ceremonias o de los sacrificios, te podría contestar con conocimiento de causa. En cuanto a los asuntos del arte militar, yo no los he estudiado.» Al siguiente día partió.

Habiendo llegado al Estado de Tching, los víveres le faltaron por completo. Los discípulos que le seguían se caían de debilidad, sin poderse levantar.

Tsé-lu, manifestando su descontento, dijo: «¿También los hombres superiores experimentan de ese modo las necesidades del hambre?» El Filósofo dijo: «El hombre superior es más fuerte que la necesidad; el hombre vulgar, en la necesidad, se deja vencer por el desfallecimiento.»

2. El Filósofo dijo: «Sse, ¿no piensas que yo he aprendido mucho, y que he retenido todo en mi memoria?»

(El discípulo) respondió con respeto: «Seguramente, ¿no es así?»

«No es así; yo he reducido todo a un solo principio.»

3. El Filósofo dijo: «Yeu (nombre abreviado de Tsé-lu), ¡son tan raros los que conocen bien la virtud!»

4. El Filósofo dijo: «El que sin obrar gobernaba el Estado, ¿no era Chun? ¿Cómo hacía? Ofreciendo siempre en su persona el aspecto venerable de la virtud; no tenía sino que poner la faz vuelta al mediodía, y eso bastaba.»

5. Tsé-tchang preguntó cómo era preciso conducirse en la vida.

El Filósofo dijo: «Que tus palabras sean sinceras y fieles; que tus acciones sean constantemente honorables y dignas; aun cuando estés en los países bárbaros del Mediodía y del Norte, tu conducta será ejemplar. Pero si tus palabras no son sinceras y fieles, tus acciones constantemente honorables y dignas, aun cuando estés en una ciudad de dos mil familias, o en un caserío de veinticinco, ¿que se pensará de tu conducta?

»Cuando estés descansando, ten siempre estas máximas ante los ojos; cuando viajes en un carro, míralas escritas en el yugo de tu tiro de caballos. De esta manera tu conducta será ejemplar.»

Tshé-tchang escribió estas máximas en su cinturón.

6. El Filósofo dijo: «¡Oh! ¡Qué diestro y verídico era el historiador Yu! (gran dignatario del reino de Veï).

»Cuando el Estado estaba gobernado según los principios de la razón, él era recto como una flecha; cuando el Estado no estaba gobernado por los principios de la razón, era igualmente recto como una flecha.

»¡Khui-pe-yu era un hombre superior! Si el Estado estaba gobernado por los principios de la recta razón, entonces él llenaba las funciones públicas; si el Estado no estaba gobernado por los prinicipos de la recta razón, entonces él resignaba sus funciones y se retiraba a la soledad.»

7. El Filósofo dijo: «Si debes conversar con un hombre (sobre asuntos de moral), y no lo haces, le pierdes. Si un hombre no está dispuesto a recibir tus instrucciones morales, y tú se las das, pierdes tus palabras. El hombre sabio y esclarecido no pierde a los hombres (a causa de no instruirlos), e igualmente, no pierde sus lecciones.»

8. El Filósofo dijo: «El letrado que tiene los pensamientos grandes y elevados, el hombre dotado de la virtud de humanidad, no buscan vivir para dañar a la humanidad; antes bien preferirían entregar su persona a la muerte si ello amplía la virtud de humanidad.»

9. Tsé-kunang preguntó en qué consistía la práctica de humanidad. El Filósofo dijo: «El artesano que quiere ejecutar bien su obra, empieza por aguzar bien sus instrumentos. Cuando habitéis en un Estado cualquiera, frecuentar, para imitarlos, a los sabios de entre los grandes funcionarios de ese Estado y entablar amistad con los hombres humanos y virtuosos de entre los letrados.»

10. Yan-Hui preguntó cómo era preciso gobernar un Estado.

El Filósofo dijo: «Sigue la división de los tiempos de la dinastía Hia. Monta los carros de la dinastía Yin, lleva los gorros de la dinastía Tcheu. En cuanto a la música, adopta los aires chao-vu (de Chun).

»Rechaza las modulaciones de Tching; aleja de ti a los aduladores. Las modulaciones de Tching son licenciosas; los aduladores son peligrosos.»

11. El Filósofo dijo: «El hombre que no medita o no prevé las cosas lejanas, debe sufrir un castigo próximo.»

12. El Filósofo dijo: «¡Ay! ¡Yo no he visto aún a nadie que ame la virtud como se ama la belleza corporal!» (pensamiento ya expresado).

13. El Filósofo dijo: «Tsan-ven-tchung, ¿no era un secreto acaparador de empleos públicos? Conocía la sabiduría y los talentos de Lieu-hia-hoeï, y no quiso que pudiera sentarse con él en la corte.»

14. El Filósofo dijo: «Ser severos con vosotros mismos e indulgentes con los demás; entonces alejaréis de vosotros los resentimientos.»

15. El Filósofo dijo: «Si un hombre no se dice frecuentemente a sí mismo: ¿Cómo haría esto? ¿Cómo evitaría esto?, como yo, pudiera decirle: ¿No hagas esto? ¿Evita aquello? Eso es cosa suya.»

16. El Filósofo dijo: «Cuando una multitud de personas se encuentran reunidas durante una jornada. sus palabras no son todas de equidad y justicia; aman ocuparse de cosas vulgares y llenas de astucia. ¡Qué difícil los es hacer el bien!»

17. El Filósofo dijo: «El hombre superior hace de la equidad y la justicia la base de todas sus acciones; los ritos forman la regla de su conducta; la deferencia y la modestia le dirigen hacia el exterior; la sinceridad y la fidelidad le sirven de cumplimientos. ¿No es este un hombre superior?»

18. El Filósofo dijo: «El hombre superior se aflige de su impotencia (para hacer el bien que desea); no se aflige de ser ignorado y desconocido de los hombres.»

19. El Filósofo dijo: «El hombre superior lamenta ver transcurrir su vida sin dejar en pos de sí acciones dignas de elogios.»

20. El Filósofo dijo: «El hombre superior no pide algo sino a sí mismo; el hombre vulgar y sin méritos pide todo a los demás.»

21. El Filósofo dijo: «El hombre superior es firme en sus resoluciones, sin tener altercados con nadie; vive en paz con la multitud, sin ser de la multitud.»

22. El Filósofo dijo: «El hombre superior no concede elevaciones a un hombre por sus palabras; no rechaza las palabras a causa del hombre que las ha pronunciado.»

23. Kseu-kung hizo una pregunta en estos términos: «¿Hay una palabra en el idioma que debamos praccitar siempre hasta el fin de nuestras existencia?»

El Filósofo dijo: «Hay la palabra chu, cuyo sentido es: Lo que no se desea que nos sea hecho, no es preciso hacerlo a los demás.»

24. El Filósofo dijo: «En mis relaciones con los hombres, ¿me ha ocurrido ser injusto con alguien, o alabar a alguno fuera de medida? Si se encuentra alguno a quien haya alabado fuera de medida, he procurado justificar luego mis elogios.

»Estas personas (de las que yo haya exagerado los defectos o las cualidades) practican las leyes de equidad y de rectitud de las tres dinastías, (¿qué motivo hubiera tenido para censurarlas?)»

25. El Filósofo dijo: «Yo casi he visto el día en que el historiador del Imperio dejaba lagunas en sus relatos (cuando no estaba seguro de los hechos); o que el que poseía un caballo se lo prestaba a los demás para que le montasen; ahora esas costumbres se han perdido.»

26. El Filósofo dijo: «Las palabras artificiosas pervierten la virtud misma; una impaciencia caprichosa arruina los más grandes proyectos.»

27. El Filósofo dijo «Cuando la multitud deteste a alguien, examinad atentamente antes de juzgar; cuando la multitud se apasione por alguien, examinad atentamente antes de juzgar.»

28. El Filósofo dijo: «El hombre puede ennoblecer la vía de la virtud; la vía de la virtud no puede ennoblecer al hombre.»

29. El Filósofo dijo: «El que tiene una conducta viciosa, y no la corrige, ese puede ser llamado vicioso.»

30. El Filósofo dijo: «Yo he pasado jornadas enteras sin alimento, y noches enteras sin sueño, para entregarme a meditaciones, y esto sin realidad útil; el estudio es preferible.»

31. El Filósofo dijo: «El hombre superior no se ocupa más que de la recta vía; no se ocupa de beber y de comer. Si cultiváis la tierra, el hambre se encuentra a menudo en medio de vosotros; si estudiáis, la felicidad se encuentra en el seno mismo del estudio. El hombre superior no se inquieta sino por alcanzar la recta vía; no se inquieta por la pobreza.»

32. El Filósofo dijo: «Si no se tiene bastante conocimiento para alcanzar la práctica de la razón, y que no baste la virtud de humanidad que se posea para perseverar en esta práctica, aunque se llegue a ella, se acabará necesariamente por abandonarla.

»En el caso en que se tenga bastante conocimiento para alcanzar la práctica de la razón, y en que la virtud de humanidad que se posea baste para perseverar en esta práctica; si no se tiene gravedad ni dignidad, entonces el pueblo no tiene ninguna consideración para vosotros.

»En fin, aun cuando se tuviera bastante conocimiento para alcanzar la práctica de la razón, cuando la virtud de humanidad que se posea baste para perseverar en esta práctica, y aunque se le uniera la gravedad y la dignidad convenientes, si se trata al pueblo de una manera contraria a los ritos, no habrá aún virtud.»

33. El Filósofo dijo: «El hombre superior no puede ser conocido y apreciado convenientemente en las pequeñas cosas, porque es capaz de emprender las gran des. El

hombre vulgar, por el contrario, no siendo capaz de emprender grandes cosas, puede ser conocido y apreciado en las pequeñas.»

34. El Filósofo dijo: «La virtud de humanidad es más saludable a los hombres que el agua y el fuego; yo he visto morir a hombres por haber pisado el agua y el fuego, y no he visto jamás morir a nadie por haber pisado el sendero de humanidad.»

35. El Filósofo dijo: «Haceros un deber de practicar la virtud de humanidad, y no le abandonéis ni aun por orden expresa de vuestros instructores.»

36. El Filósofo dijo: «El hombre superior se conduce siempre conformemente a la rectitud y a la verdad, y no tiene obstinación.»

37. El Filósofo dijo: «Sirviendo a un príncipe, tened mucho cuidado y atención por sus negocios y haced poco caso de sus emolumentos.»

38. El Filósofo dijo: «Tened enseñanzas para todo el mundo, sin distinción de clases o de rasgos.»

39. El Filósofo dijo: «Siendo diferentes los principios de conducta, no hay medio de ayudarse mutuamente con consejos.»

40. El Filósofo dijo: «Si las expresiones de que nos servimos son sencillas e inteligibles, esto basta.»

41. El intendente de la música llamado Mian (que era ciego) fue un día a visitar (a Kungtsé). Llegado al pie de los escalones, el Filósofo le dijo: «Aquí están los escalones.» Llegado cerca de los asientos, el Filósofo le dijo: «He ahí los asientos.» Y los dos se sentaron. El Filósofo le informó entonces de que uno estaba sentado allí, y el otro, allá. Habiendo partido el intendente de la música, Mian, Tsé-tchang hizo una pregunta en estos términos: «Lo que has dicho al intendente ¿estaba conforme con los principios?»

El Filósofo respondió: «Seguramente; es la manera de ayudar y de asistir a los maestros de una ciencia cualquiera.»

Capítulo XVI

1. Ki-chi estaba a punto de ir a combatir a Tchuan-yu (un reino). Jan-yeu y Ki-lu que estaban con Kungtsé, le dijeron: Ki-chi se prepara a ir a luchar a Tchuan-yu.

El Filósofo dijo: «¡Kieu! (Jan-yeu), ¿no tienes tú la culpa?

»Tchuan-yu recibió hace tiempo de los antiguos reyes la soberanía sobre Thung-mung (nombre de una montaña). Además, entra por una parte de sus confines en el territorio del Estado (de Lu). Es vasallo de los espíritus de la Tierra y de los granos (en un Estado vasallo del príncipe de Lu). ¿Por qué tendría que sufrir una invasión?»

Jan-yeu dijo: «Nuestro señor lo desea; nosotros dos sus ministros, nosotros no lo deseamos.»

Kungtsé dijo: «¡Kieu!» Tcheu-jin (el antiguo e ilustre historiador) ha dicho: «Mientras os sirvan vuestras fuerzas, cumplid vuestro deber; si no le podéis cumplir, cesad en vuestras funciones. Si un hombre en peligro no es socorrido; si cuando se le ve caer no se le sostiene, entonces ¿de qué sirven los que están allí para asistirles?

»Se sigue de ahí que vuestras palabras son falibles. Si el tigre o el búfalo se escapan del recinto en que están encerrados; si la tortuga de la piedra preciosa se escapa del cofre en que está guardada, ¿de quién es la falta?»

Jan-yeu dijo: «Ahora, el país de Tchuan-yu está fortificado y se aproxima mucho a Pi (ciudad perteneciente en propiedad a Ki-chi). Si ahora no se apodera de ella, acarreará necesariamente en las generaciones venideras una serie de inquietudes y turbulencias para nuestros hijos y nuestros nietos.»

Kungtsé dijo: «¡Kieu! El hombre superior odia estas sutilezas de un hombre que finge no codiciar cualquier ambición codiciosa, cuando sus acciones le desmienten.

»Yo siempre he oído decir que los que poseen un reino o son jefes de grandes familias no se quejan de que los que gobiernan o administran sean poco numerosos, sino que se quejan de no haber extendido el territorio que pretenden serles debido; que no se quejan de la pobreza en que se pueden encontrar las poblacione's, sino que se quejan de la discordia que puede reinar entre ellos y éstas. Porque si cada uno obtiene la parte que le es debida, no hay pobre; si la concordia reina, no hay penuria de habitantes; si hay paz y tranquilidad, no hay motivo de ruina o de revolución.

»Así pasan las cosas. De modo que si las poblaciones lejanas no son sumisas, debéis de cultivar la ciencia y la virtud, con objeto de atraerlas con vuestros méritos. Una vez que sean reducidas a la obediencia, entonces hacedlas gozar de paz y de tranquilidad.

»Ahora, Yeu y Kieu, ayudando a vuestro señor, no reduciréis a la obediencia a las poblaciones lejanas, y no podrán venir a someterse ellas mismas. El Estado se hallará dividido, alterado, despedazado por las disensiones intestinas, y vosotros no seréis capaces de protegerle.

»Y, sin embargo, proyectáis llevar las armas al seno de ese Estado. Mucho temo que los nietos de Ki experimenten un día que el origen de sus temores y de sus alarmas no esté en el país de Tchuan-yu, sino en su propia familia.»

2. Kungtsé dijo: «Cuando el Imperio está gobernado por los principios de la recta razón, entonces los ritos, la música, la guerra para someter a los rebeldes proceden de los hijos del Cielo (de los emperadores). Si el Imperio está sin ley, si no es gobernado por los principios de la recta razón, entonces los ritos, la música, la guerra para someter a los rebeldes proceden de los príncipes tributarios o de los vasallos de todos los rangos. Cuando (estas cosas, que están exclusivamente en las atribuciones imperiales) proceden de los príncipes tributarios, acaece raramente que en el espacio de diez generaciones (o de diez períodos de treinta años) estos últimos no pierden su poder usurpado (que cae en manos de los grandes funcionarios públicos). Cuando acaece que estos actos de la autoridad imperial proceden de los grandes funcionarios, es raro que en el espacio de cinco generaciones estos últimos no pierdan su poder (que cae en manos de los intendentes de las grandes familias). Cuando los intendentes de las grandes familias se apoderan del poder real, es raro que no lo pierdan en el espacio de tres generaciones.

»Si el Imperio es gobernado por los principios de la recta razón, entonces la administración no reside en los grandes funcionarios.

»Si el imperio es gobernado según los principios de la recta razón, entonces los hombres del pueblo no se ocupan de deliberar y de expresar su sentimiento a propósito de los actos que dependen de la autoridad imperial.»

3. Kungtsé dijo: «Las rentas públicas no han sido entregadas en la morada del príncipe durante cinco generaciones; la dirección de los negocios públicos ha caído en manos de los grandes funcionarios durante cuatro generaciones. Por eso, los hijos y los nietos de los tres Huan (tres familias de príncipes de Lu) han sido tan débiles.»

4. Kungtsé dijo: «Hay tres clases de amigos que son útiles y tres clases que son dañosos. Los amigos rectos y veraces, los amigos fieles y virtuosos, los amigos que tienen despejada su inteligencia, son los amigos útiles; los amigos que afectan una gravedad toda exterior y sin rectitud, los amigos pródigos en elogios y de bajas adulaciones, los amigos que tienen locuacidad sin inteligencia, son los amigos dañosos.»

5. Kungtsé dijo «Hay tres clases de gozos o satisfacciones que son útiles y tres clases de gozos que son dañosos. La satisfacción de instruirse a fondo en los ritos y la música, la satisfacción de instruir a los hombres en los principios de la virtud, la satisfacción de poseer la amistad de un gran número de sabios, son los goces o satisfacciones útiles; la satisfacción que da la vanidad o el orgullo, la satisfacción de la ociosidad y de la molicie, la satisfacción de la buena comida y de los placeres, son las satisfacciones dañosas.»

6. Kungtsé dijo: «Los que están cerca de los príncipes virtuosos para ayudarlos en sus deberes tienen que evitar tres faltas: hablar sin haber sido invitados a ello, lo que se llama precipitación; no hablar cuando se les ha invitado a ello, lo que se llama taciturnidad; hablar sin haber observado el continente y la disposición (del príncipe), lo que se llama ceguedad.»

7. Kungtsé dijo: «Hay para el hombre superior tres cosas que trata siempre de evitar. En la época juvenil, cuando la sangre y los espíritus vitales no se han fijado aún (cuando la forma corporal no ha adquirido aún todo su desarrollo), lo que se debe evitar son los placeres sensuales; cuando se ha alcanzado la madurez, y la sangre y los espíritus vitales han adquirido toda su fuerza y todo su vigor, lo que se debe evitar son las riñas y las querellas; cuando se ha llegado a la vejez, y la sangre y los espíritus vitales caen en un estado de languidez, lo que se debe evitar es el deseo de amontonar riquezas.»

8. Kungtsé dijo: «Hay tres cosas que el hombre superior reverencia: reverencia los decretos del Cielo, reverencia a los grandes hombres y reverencia las palabras de los santos.

»Los hombres vulgares no conocen los decretos del Cielo y, por consiguiente, no los reverencian; hacen poco caso de los grandes hombres y se mofan de las palabras de los santos.»

9. Kungtsé dijo: «Los que desde el día mismo de su nacimiento poseen la ciencia, son los hombres de primer orden (superiores a todos los demás); los que por el estudio adquieren la ciencia, vienen después de ellos; los que teniendo el espíritu pesado y espeso adquieren, sin embargo, conocimiento por el estudio, vienen después; en fin, los que teniendo el espíritu pesado y espeso no estudian y no aprenden nada, éstos son del último rango entre los hombres.»

10. Kungtsé dijo: «El hombre superior o el hombre de perfecta virtud tienen nueve objetos principales de meditaciones. Mirando, piensa en esclarecerse; escuchando, piensa en instruirse; en su aspecto y en su actitud, piensa en conservar la calma y la serenidad; en su continencia, piensa en conservar siempre la gravedad y la dignidad; en sus palabras, piensan en conservar siempre la fidelidad y la sinceridad; en sus acciones, piensa en atraerse siempre el respeto; en sus dudas, piensa en interrogar a los demás; en la cólera, piensa en reprimir sus movimientos; viendo ganancias a obtener, piensa en la justicia.»

11. Kungtsé dijo: «Se considera el bien como si no se le pudiera alcanzar; se considera el vicio como si se tocara agua hirviendo. Yo he visto hombres obrar así y he oído a hombres sostener este lenguaje.

»Hay que retirarse al secreto de la soledad para buscar en su pensamiento el principio de la razón; cultivar la justicia para poner en práctica estos mismos principios de la razón. Yo he oído hablar de este modo, pero no he visto a nadie aún obrar así.

12. »King-hong príncipe de Thsi, tenía mil cuadrigas de caballos. Después de su muerte, se dice que el pueblo no encontró en él ninguna virtud que alabar. Pei y Chu murieron de hambre al pie de la montaña. Cheu-yang, y el pueblo no ha cesado hasta nuestros días de hacer su elogio. ¿No es esto lo que yo decía?»

13. Tchin-kang hizo una pregunta a Po-yu (hijo de Kungtsé) en estos términos: ¿Has oído cosas extraordinarias? (del Maestro).

Este le respondió con deferencia: «Yo no he oído nada. (Mi padre) está casi siempre solo. Yo, Li, pasando un día rápidamente por la sala, fui interpelado por él en estos términos: ¿Estudias el Libro de los versos? Yo le respondí con respeto: No lo he estudiado aún. —Si no estudias el Libro de los versos no tendrán nada que decir en las conversaciones. Yo me retiré y estudié el Libro de los versos.

»Otro día que estaba solo, pasé aún apresuradamente por la sala y me dijo: ¿Estudias el Libro de los ritos? Yo le respondí con respeto: No lo he estudiado aún. —Si no estudias el Libro de los ritos no tendrás nada con qué fijarte en la vida. Yo me retiré y estudié el Libro de los ritos.»

Después de haber oído estas palabras, Tchin-kang se volvió hacia él y exclamó gozoso: «Yo he hecho una pregunta sobre una cosa y he obtenido conocimiento de tres. He oído hablar del Libro de los versos, del Libro de los ritos; he aprendido, además, que el hombre superior tenía a su hijo alejado de él.»

14. La esposa del príncipe de un Estado es calificada por el príncipe mismo de Fu-jin o compañera del hombre. Esta esposa (llamada Fu-jin) se llama ella misma jovencita. Los habitantes del Estado la llaman esposa o compañera del príncipe. Ella se califica ante los príncipes de los diferentes Estados de pobre reinecita. Los hombres de los diferentes Estados la llaman también compañera del príncipe.

Capítulo XVII

1. Yang-ho (intendente de la casa de Ki-chi) deseó que Kungtsé le hiciera una visita. Kungtsé no fue a verle. El intendente le instó de nuevo, enviándole un puerco. Kungtsé, habiendo escogido el momento en que estaba ausente para hacerle sus cumplimientos, le encontró en la calle.

(Yang-ho) abordó a Kungtsé en estos términos: «Ven, tengo algo que decirte.» Y dijo: «Ocultar cuidadosamente en su seno tesores preciosos mientras que su país está entregado a los disturbios y a la confusión, ¿se puede llamar humanidad?»

(El Filósofo) dijo: «No se puede. —Gustar ocuparse de los negocios públicos y perder siempre las ocasiones de hacerlo, ¿se puede llamar a esto sabiduría y prudencia?»

(El Filósofo) dijo: «No se puede. —Los soles y las lunas (los días y los meses) pasan, transcurren rápidamente. Los años no están a nuestra disposición.» Kungtsé dijo: «Está bien; me encargaré de un destino público.»

2. El Filósofo dijo: «Por la naturaleza nos aproximamos mucho unos a otros; por la educación llegamos a estar muy alejados.»

3. El Filósofo dijo: «No hay sino los hombres de un saber y una inteligencia superiores que no cambien viviendo con los hombres de la más baja ignorancia, del espíritu más pesado y más espeso.»

4. Habiendo marchado el Filósofo a Vu-tching (pequeña ciudad de Lu), oyó un concierto de voces humanas mezcladas con los sonidos de un instrumento de cuerda.

El maestro sonrió ligeramente y dijo: «Cuando se mata un pollo, ¿para qué servirse de una cuchilla que sirve para matar bueyes?»

Tsé-yeu respondió con respeto: «En otro tiempo, yo, Yen, he oído decir a mi maestro que un hombre superior que ocupa un empleo elevado en el Gobierno estudia asiduamente los principios de la recta razón (los ritos, la música, etc.). Entonces, por esto mismo ama a los hombres y es amado por ellos. Y que si los hombres del pueblo estudian asiduamente los principios de la recta razón, entonces se dejan fácilmente gobernar.»

El Filósofo dijo: «Mis queridos discípulos, las palabras de Yen son justas. En lo que yo he dicho hace algunos instantes, yo no hacía más que reir.»

5. Kong-chan, fei-jao (ministro de Ki-chi), habiendo sabido que había estallado una revuelta en Pi, lo advirtió, según uso, al Filósofo. Este deseaba ir a su lado.

No satisfaciendo a Tsé-lu este propósito, dijo: «No vayas allí; nada te obliga. ¿Qué necesidad tienes de ir a ver a Kong-chan-chi?»

El Filósofo dijo: «Puesto que ese hombre me llama, ¿por qué no habría de haber motivo para obrar así? Si le ocurre emplearme, yo haré del reino de Lu un Estado de Tcheu oriental (Tcheu era afamado a causa de sus sabias doctrinas.)»

6. Tseu-tchang preguntó a Kungtsé qué era la virtud de humanidad. Kungtsé dijo: «El que pueda cumplir cinco cosas en el Mundo está dotado de la virtud de humanidad.» (Tseu-tchang) preguntó suplicando cuáles eran aquellas cinco cosas. El Filósofo dijo: «El respeto de sí mismo y de los demás, la generosidad, la fidelidad o la sinceridad, la aplicación al bien y la benevolencia para los demás.

»Si observas en todas tus acciones el respeto de ti mismo y de los demás, entonces no serás despreciado de nadie; si eres generoso, entonces obtendrás el afecto del pueblo; si eres sincero y fiel, entonces los hombres tendrán en ti confianza; si eres benévolo y misericordioso, entonces tendrás todo lo que es preciso para gobernar a los hombres.»

7. Poé-hie (gran funcionario del Estado de Tsin) solicitó ver a Kungtsé. El Filósofo deseó acceder a su invitación.

Tsé-lu dijo: «En otro tiempo, yo, Yeu, he oído decir a menudo a mi maestro estas palabras: Si alguno comete actos viciosos con su propia persona, el hombre superior no debe entrar en su morada.» Poé-hie se ha revuelto contra Tchung-meu; después de esto, ¿cómo explicar la visita de mi maestro?

El Filósofo dijo: «Sí, sin duda; he tenido esta conversación; pero ¿no decía, también, los cuerpos más duros no se gastan por el frotamiento? ¿No decía aún: la blancuda inalterable no se hace negra por su contacto con un color negro? ¿Piensas que yo soy un melón de sabor amargo, que no es bueno más que para estar colgado sin ser comido?»

8. El Filósofo dijo: «Yeu, ¿has oído hablar de las seis máximas y de los seis defectos que éstas implican?» —El discípulo respondió con respecto: «Jamás». —«Colócate a mi lado, que voy a explicártelas:

»El amor de la humanidad, sin el amor del estudio tiene por defecto la ignorancia o la estupidez; el amor de la ciencia sin el amor del estudio tiene por defecto la incertidumbre o la perplejidad; el amor de la sinceridad y de la fidelidad sin el amor del estudio tiene por defecto la majadería; el amor de la rectitud sin el amor del estudio tiene por defecto una temeridad inconsiderada; el amor del valor viril sin el amor del estudio tiene por defecto la insubordinación; el amor de la firmeza y de la perseverancia sin el amor del estudio tiene por defecto la demencia o la aferración a una idea fija.»

9. El Filósofo dijo: «Mis queridos discípulos, ¿por qué no estudiáis el Libro de los versos?

»El Libro de los versos es propio para elevar los sentimientos y las ideas;

»Es propio para formar el juicio mediante la contemplación de las cosas;

»Es propio para reunir a los hombres en una mutua armonía;

»Es propio para excitar los pesares sin resentimientos.

»En él se encuentra enseñado que cuando se está cerca de sus parientes se les debe servir, y que cuando se está alejado de ellos se debe servir al príncipe.

»También instruye largamente a propósito de los nombres de los árboles, de las plantas, de las bestias salvajes y de los pájaros.»

10. El Filósofo interpeló a Po-yu (su hijo) diciéndole: «¿Te entregas al estudio de Tcheu-nan y de Tchaonan (los dos primeros capítulos del Libro de los versos?) Los hombres que no estudian el Tcheu-nan y el Tchao-nan son como si estuvieran en pie con el rostro vuelto hacia la muralla.»

11. El Filósofo dijo: «¡Se cita a cada instante Los Ritos! ¡Los Ritos! Las piedras preciosas y los trajes de ceremonia, ¿no son para vosotros todo lo que constituye Los Ritos? ¡Se cita a cada instante la Música! ¡La Música! Las campanillas y los tambores, ¿no son para vosotros todo lo que constituye la Música?»

12. El Filósofo dijo: «Los que demuestran exteriormente un aire de gravedad austera cuando son interiormente ligeros y pusilánimes, son comparados a los hombres vulgares. Se parecen a los ladrones, que quieren horadar un muro para cometer un robo.»

13. El Filósofo dijo: «Los que buscan los sufragios de los aldeanos, son ladrones de virtudes.»

14. El Filósofo dijo: «Los que en la vía pública escuchan un asunto y le discuten, hacen un abandono de la virtud.»

15. El Filósofo dijo: «¿Cómo podrían servir al príncipe los hombres viles y abyectos?

»Estos hombres, antes de haber obtenido sus empleos están ya atormentados ante el temor de no obtenerlos; cuando los han obtenido están atormentados por el temor de perderlos.

»Desde el insante en que están atormentados por el temor de perder sus empleos, no hay algo de lo que no sean capaces.»

16. El Filósofo dijo: «Desde la antigüedad, los pueblos tenían tres vicios de espíritu, en nuestros días, algunos de estos vicios se han perdido: la ambición de los antiguos se vinculaba a las grandes cosas y desdeñaban las pequeñas; las ambición de los hombres de nuestros días es moderada sobre las grandes cosas y ardiente sobre las pequeñas.

»La gravedad y la austeridad de los antiguos eran moderadas sin extravagancia; la gravedad y austeridad de los hombres de nuestros días es irascible, extravagante.

»La grosera ignorancia de los antiguos era recta y sincera; la grosera ignorancia de los hombres de nuestros días no es sino trapacerías; he ahí todo.»

17. El Filósofo dijo: «Los hombres de palabras artificiosas y floridas, de maneras insinuantes, están raramente dotados de la virtud de humanidad.»

18. El Filósofo dijo: «Yo detesto el color violeta (color intermedio), que oculta a las miradas el verdadero color de la púrpura. Yo detesto los sonidos musicales de Tching, que siembran el desorden y la confusión en la verdadera música. Yo detesto las lenguas agudas (o calumniadoras), que trastornan los Estados y las familias.»

19. El Filósofo dijo: «Deseo no pasar mi tiempo en hablar.»

Tsé-kung dijo: «Si nuestro maestro no habla, entonces, ¿cómo transmitirán sus discípulos sus palabras a la posteridad?»

El Filósofo dijo: «El Cielo, ¿cómo habla? Las cuatro estaciones siguen su curso; todos los seres de la naturaleza reciben sucesivamente la existencia. ¿Cómo habla el Cielo?»

20. Ju-pei (hombre del reino de Lu) deseaba ver a Kungtsé. Este se excusó con una indisposición; pero tan pronto como el portador del mensaje pasó de la puerta, el Filósofo cogió su guitarra y se puso a cantar con propósito de hacerse oír.

21. Traï-ngo preguntó si en lugar de tres años de luto después de la muerte de los parientes, no bastará una revolución de doce lunas (o un año).

Si el hombre superior no observara los ritos sobre el luto durante tres años, estos ritos caerían ciertamente en desuso; si durante tres años no cultivase la música, la música, ciertamente, perecería. Cuando los antiguos frutos han llegado a su madurez, se muestran nuevos frutos y ocupan su puesto. Se cambia de fuego talando los bosques que le dan (70). Una revolución de doce lunas puede bastar para todas estas cosas.

El Filósofo dijo: «Si nos limitásemos a alimentarnos con el más hermoso arroz y a vestirnos con los más bellos trajes, ¿estarías satisfecho y tranquilo? Yo sí estaría satisfecho y tranquilo.

»Si te encuentras satisfecho y tranquilo con esta manera de obrar, entonces practícala.

»Pero si este hombre superior (de que has hablado), en tando que esté de luto por sus parientes, no encuentra placer en los platos más rebuscados que le sean ofrecidos, no hallará placer en oír la música ni encontrará reposo en los sitios que habite. He aquí por qué no hará (lo que propones: no reducirá sus tres años de luto a una revolución de doce lunas). Ahora bien, si tú estás satisfecho de esta reducción, practícala». Habiendo salido Tsaï-ngo, el Filósofo dijo: «Yu (nombre abreviado de Tsaï-ngo) no está dotado de la virtud de humanidad. Cuando el niño ha alcanzado su tercer año es privado del seno de su madre, entregado un poco a él mismo; he aquí por qué se guardan tres años de luto por los padres; este luto está en uso en todo el Imperio. Yu ¿no ha tenido acaso estos tres años de afecto solícito de parte de su padre y de su madre?»

22. El Filósofo dijo: «Los que no hacen sino comer y beber durante toda la jornada, sin emplear su inteligencia en cualquier objeto digno de ella, inspiran lástima. ¿No hay el oficio de titiritero? Que le practiquen, y serán sabios en comparación.»

23. Tsé-lu dijo: «El hombre superior, ¿estima mucho el valor viril?» El Filósofo dijo: «El hombre superior pone por encima de todo la equidad y la justicia. Si el hombre superior posee el valor viril o la bravura sin la justicia, fomenta las revueltas del Estado. El hombre vulgar que posee el valor viril o la bravura sin la justicia, comete violencias y rapiñas.»

24. Tsé-kung dijo: «El hombre superior, ¿tiene en él sentimientos de odio o de aversión?» El Filósofo dijo: «Tiene en él sentimientos de odio o de aversión. Odia o detesta a los que divulgan las faltas de los demás hombres; detesta a los que, ocupando los más elevados rangos de la sociedad, calumnian a sus superiores; detesta a los bravos y a los fuertes que no tienen ninguna cuenta de los ritos; detesta a los audaces y a los temerarios que se detienen en medio de sus empresas sin tener el coraje de terminarlas.» (Tsé-kung) dijo: «Así es también cómo yo detesto, Sse. Yc detesto a los que toman todos los rodeos, todas las precauciones posibles para ser considerados como hombres de una prudencia completa; yo detesto a los que rechazan toda sumisión toda regla de disciplina, a fin de pasar por bravos y valerosos. Yo detesto a los que revelan defectos secretos de los demás, a fin de pasar por rectos y sinceros.»

25. El Filósofo dijo: «Son los servidores y los criados los más difíciles de conservar. Las tratas como allegados, entonces son insumisos; los tienes alejados, y conciben odios y resentimientos.»

26. El Filósofo dijo: «Si llegado a la edad de cuarenta años (la edad de la madurez de la razón) se atrae aún la reprobación (de los sabios), perdido se está; no hay nada ya que esperar.»

Capítulo XVIII

1. Vei-tsé (príncipe feudatario del Estado de Veï, hermano del tirano Cheu-sin), habiendo resignado sus funciones, Ki-tsé (71) quedó esclavo (de Cheu-sin). Pikan hizo advertencias y fue condenado a muerte. Kungtsé dijo: «La dinastía Yin (o Chang) tuvo tres hombres dotados de la gran virtud de humanidad (72).»

2. Lieu-hia-hoei ejercía las funciones de jefe de las prisiones del Estado; fue tres veces destituído de sus funciones. Una persona le dijo: «Y tú ¿no has abandonado aún el país?» El respondió: «Si yo sirvo a los hombres según la equidad y la razón, ¿cómo encontraría un país donde no fuera tres veces destituido de mis funciones? Si yo sirvo a

los hombres contrariamente a la equidad y a la justicia, ¿cómo podría abandonar el país donde están mi padre y mi madre?»

3. King-kong, príncipe de Thsi, ocupándose de la manera cómo recibiría a Kungtsé, dijo: «Yo no puedo recibirle con las mismas consideraciones que he guardado a Ki-chi (grande de primer orden del Estado de Lu). Le recibiré de una manera intermedia entre Ki y Meng» (grande de último orden del Estado de Lu). Y añadió: «Yo soy viejo, yo no podría utilizar su presencia.» Kungtsé se puso en camino para otro destino.

4. Los ministros del príncipe de Thsi habían enviado unos músicos al príncipe de Lu, Ki-hoan-tsé (gran funcionario de Lu) los recibió; pero durante tres días no fueron presentados a la corte. Kungtsé se alejó (porque su presencia molestaba a la corte).

5. El tonto Tsie-yu, del Estado de Thsu, haciendo pasar su carro delante del de Kungtsé, cantaba estas palabras: «¡Oh fénix! ¡Oh fénix! ¡Cómo está en decadencia su virtud! Las cosas pasadas no están ya sometidas a su censura; las cosas futuras pueden conjeturarse. ¡Detente, pues! ¡Detente, pues! ¡Los que ahora dirigen los negocios públicos están en un inminente peligro!»

Kungtsé descendió de su carro con el propósito de hablar a aquel hombre; pero él se alejó rápidamente, y el Filósofo no le pudo alcanzar para hablarle.

6. Tchang-tsiu y Ki-nie estaban juntos labrando la tierra. Pasando Kungtsé cerca de ellos, envió a Tsé-lu a preguntarles donde estaba el vado para pasar el río.

Tsang-tsiu dijo: «¿Quién es este hombre que conduce el carro?» Tsé-lu dijo: «Es Khung-khieu.» El otro añadió: «¿Es Khun-thieu, de Lu?» Es él mismo. Si es él, él conoce el vado.

Tsé-lu hizo la misma pregunta a Ki-nie. Ki-nie dijo: «Hijo mío, ¿quién eres?» Este respondió: «Yo soy Tching-yeu.» —¿Eres uno de los discípulos de Khung-khieu, de Lu? Este respondió respetuosamente: Sí. —¡Oh! ¡El Imperio entero se precipita como un torrente hacia su ruina y no se encuentra a nadie para cambiarle, para reformarle! Y tú, ¿tú eres discípulo de un maestro que no huye sino de los hombres (que no quieren emplearle?) ¿Por qué no te haces discípulo de maestros que huyen del siglo? (como nosotros). —Y el labrador continuó sembrando su grano.

Tsé-lu fue a referirle lo que le habían dicho. El Filósofo exclamó suspirando: «Los pájaros y los cuadrúpedos no pueden reunirse para vivir juntos; si yo no tuviera tales hombres por discípulos, ¿qué tendría yo? Cuando el Imperio tiene buenas leyes y está bien gobernado, yo no tengo que ocuparme de reformarle.»

7. Habiéndose quedado Tsé-lu detrás del séquito del Filósofo se encontró un viejo llevando una cesta sujeta con un bastón. Tsé-lu le interrogó diciéndole: «¿Has visto a nuestro maestro?» El viejo respondió: «Tus cuatro miembros no están acostumbrados a la fatiga; no sabes hacer la distinción de las cinco clases de grano. ¿Cuál es tu maestro?» Al mismo tiempo, colocó su bastón en tierra y se ocupó en arrancar raíces. Tsé-lu juntó las manos sobre su pecho, en señal de respeto, y se detuvo de pie cerca del viejo. Este retuvo a Tsé-lu con él para pasar la noche. Mató un pollo, preparó una ligera comida y le ofreció de comer. En seguida le presentó sus dos hijos.

Al día siguiente, cuando apuntó el alba, Tsé-lu se puso en camino para reunirse a su maestro e instruirle de lo que le había ocurrido. El Filósofo dijo: «Es un solitario que vive en el retiro.» En seguida hizo volver a Tsé-lu para verle. Pero cuando llegó, el viejo había partido (a fin de ocultar sus huellas).

Tsé-lu dijo: «No aceptar empleo público es contrario a la justicia. Si consideramos como ley el no violar las relaciones que existen entre las diferentes edades, ¿cómo sería permitido violar la ley de justicia, mucho más importante, que existe entre los ministros y el príncipe? Deseando conservar pura su persona, se lleva el desorden y la confusión en los grandes deberes sociales. No siendo puesto en práctica los principios de la recta razón, él lo sabe (y se esfuerza en remediarlo).»

8. De los hombres ilustres sin empleo público fueron Pe-y, Chu-thai (príncipe de Ku-tchu), Yu-tchung (lo mismo que Taï-pé, del país de los Man o bárbaros del mediodía), Y-ye, Tchu-tchan, Lieu-hia-hoeï y Chao-lien (bárbaros del este).

El Filósofo dijo: «¿No abandonaron jamás sus resoluciones y no deshonraron jamás su carácter Pe-y y Chuthsi? Se dice que Lieu-hia-hoeï y Chao-lien no sostuvieron jamás hasta el fin sus resoluciones y que deshonraron su carácter. Su lenguaje estaba en armonía con la razón y la justicia; sus actos estaban en armonía con los sentimientos de los hombres. Pero he ahí bastante sobre estas personas y sus actos. Se dice que Yu-tchung y Y-ye habitaron en el secreto de la soledad y que esparcieron atrevidamente su doctrina. Conservaban en su persona toda su pureza; su conducta se encontraba en armonía con su carácter insociable y era conforme a la razón. En cuanto a mí, yo difiero de esos hombres; yo no digo de antemano: Esto se puede, aquello no se puede.»

9. El intendente en jefe de la música del Estado de Lu llamado Tchi se refugió en el Estado de Thsi. El jefe de la segunda reunión, o tropa, Kan, se refugió en el Estado de Tsu. El jefe de la tercera tropa, Liao, se refugió en el Estado de Thsai. El jefe de la cuarta tropa, Kiuë, se refugió en el Estado de Thsin.

El que tocaba el bombo, Fang-chu, se retiró a una isla del Hoang-ho.

El que tocaba el redoblante, Yang, y el que tocaba instrumentos de piedra, llamado Siang, se retiraron a una isla del mar.

10. Tcheu-kong (el príncipe de Tcheu) se dirigió a Lukong (el príncipe de Lu) diciendo: «El hombre superior no olvida a sus parientes y no los aleja de él; no excita resentimientos en el corazón de sus grandes funcionarios, no queriendo servirse de ellos; no rechaza sin graves motivos a las antiguas familias de dignatarios y no exige toda suerte de talentos y de servicios de un solo hombre.»

11. Los Tcheu (antiguos) tenían ocho hombres perfectos; eran: Pe-ta, Pe-kuo, Tchung-to, Tchung-hoë, Chuye, Chu-hia, Ki-sui, Ki-va.

Capítulo XIX

1. Tsé-tchang dijo: «El hombre que se ha elevado por encima de los demás, mediante las adquisiciones de su inteligencia, prodiga su vida a la vista del peligro. Si ve circunstancias propicias para hacerle obtener provechos, medita sobre la justicia y el deber. Ofreciendo un sacrificio, medita sobre el respeto y la gravedad, que son inseparables de él. Cumpliendo las ceremonias fúnebres, medita sobre los sentimientos de las penas y dolores que experimenta. Estos son los deberes que se complace en cumplir.»

2. Tsé-tchang dijo: «Los que abrazan la virtud sin darle ningún desenvolvimiento, que han sabido adquirir el conocimiento de los principios de la recta razón sin poder perseverar en su práctica, ¿qué importa al Mundo que estos hombres hayan existido o que no hayan existido?»

3. Los discípulos de Tsé-hia preguntaron a Tsé-tchang lo que era la amistad o la asociación de los amigos. Tsétchan dijo: «¿Qué piensa de ello vuestro maestro Tsé-hia?» Los discípulos respondieron con respeto: «Tsé-hia dice que los que pueden unirse por los lazos de amistad se asocien y que aquellos cuya asociación sería dañosa no se asocien.» Tsé-tchang dijo: «Esto difiere de lo que yo he oído decir. Yo he aprendido que el hombre superior honraba a los sabios y abrazaba en su afecto a toda la multitud; que alababa altamente a los hombres virtuosos y tenía piedad de los que no lo eran. Si yo soy un gran sabio, ¿por qué en mis relaciones con los hombres no tendré una benevolencia común para todos? Si no soy un sabio, los hombres sabios (en vuestro sistema) me rechazarán. Si es así, ¿por qué rechazar de sí a ciertos hombres?»

4. Tsé-hia dijo: «Aunque ciertas profesiones de la vida (como las de labrador, jardinero, médico, etc) sean humildes, son, sin embargo, verdaderamente dignas de consideración. No obstante, si los que siguen estas profesiones quieren llegar a lo que hay de más lejano de su estado (como el gobierno del reino, la pacificación del Imperio, etc.), temo que no puedan conseguirlo. Es por lo que el hombre superior no practica estas profesiones inferiores.»

5. Tsé-hia dijo: «El que cada día adquiere conocimientos que le faltaban y que cada mes no olvida los que ha podido aprender, puede decirse que ama el estudio.»

6. Tsé-hia dijo: «Dad mucha extensión a vuestros estudios y llevad a ellos una voluntad firme y constante. Interrogad atentamente y meditad a placer sobre lo que habéis oído. La virtud de humanidad, la virtud superior, está en eso.»

7. Tsé-hia dijo: «Todos los que practican las artes manuales se establecen en talleres para confeccionar sus obras; el hombre superior estudia para llevar a la perfección la regla de los deberes.»

8. Tsé-hia dijo: «Los hombres viciosos disfrazan sus faltas bajo un cierto exterior de honradez.»

9. Tsé-hia dijo: «El hombre superior tiene tres apariencias cambiantes: si se le considera de lejos, parece grave, austero; si se acercan a él, se le encuentra dulce y afable; si oyen sus palabras, parece severo y rígido.»

10. Tsé-hia dijo: «Los que desempeñan las funciones superiores de un Estado se concilian primeramente la confianza de su pueblo para obtener de él el premio de sus sudores, y si no obtienen su confianza, entonces son considerados como tratándole de una manera cruel. Si el pueblo ha dado a su príncipe pruebas de su fidelidad, puede entonces hacerle advertencias; si no ha dado aún pruebas de su fidelidad, será considerado como calumniando a su príncipe.»

11. Tsé-hia dijo: «En las grandes empresas morales no sobrepujad el objeto; en las pequeñas empresas morales podéis ir más allá o quedaros acá, sin grandes inconvenientes.»

12. Tsé-yeu dijo: «Los discípulos de Tsé-hia son niñitos. Pueden regar, barrer, retirarse respetuosamente, presentarse con gravedad y responder lo mismo. No son sino las ramas o las cosas menos importantes; pero la raíz de todo, la cosa más importante, les falta por completo. ¿Qué es preciso pensar de su ciencia?»

Habiendo oído Tsé-hia estas palabras, dijo: «¡Oh! Yan-yeu excede los límites. En la enseñanza de las doctrinas del hombre superior, ¿qué se debe enseñar al principio? ¿Qué hay que esforzarse por inculcar en seguida? Por ejemplo: entre los árboles y las plantas hay diferentes clases, que es preciso distinguir. En la enseñanza de las doctrinas del hombre superior, ¿cómo abandonarse a la decepción? Esta enseñanza tiene un principio y un fin, que es el del hombre santo.»

13. Tsé-hia dijo: «Si mientras se ocupa un empleo público se tiene tiempo y fuerzas de sobra, entonces hay que aplicarse al estudio de sus deberes; cuando un estudiante ha llegado al punto de tener tiempo y fuerzas desocupadas, entonces debe ocupar un empleo público.»

14. Tsé-yeu dijo: «Cuando se está de luto por su padre y por su madre, se debe llevar la expresión de su dolor a sus últimos límites y detenerse allí.»

15. Tsé-yeu dijo: «Mi amigo Tchang se arriesga siempre a las más difíciles empresas; sin embargo, aun no ha podido adquirir la virtud de humanidad.»

16. Thseng-tsé dijo: «¡Qué grave y digna tiene la continencia Tchang! Sin embargo, ¡no puede practicar con los hombres la virtud de humanidad!»

17. Thseng-tsé dijo: «He oído decir al maestro que no hay nadie que pueda agotar todas las facultades de su naturaleza. Si alguno lo pudiera, ocurriría en la expresión de dolor para la pérdida de su padre y de su madre.»

18. Thseng-tsé dijo: «He oído a menudo al maestro hablar de la piedad filial de Meng-tchuang-tsé. (Este gran dignatario del Estado de Lu), puede ser imitado en sus demás virtudes; pero después de la muerte de su padre no cambio ni sus ministros ni su manera de gobernar, y esto sí que es bien difícil de imitar.»

19. Cuando Meng-chi (Meng-tchuan-tsé) nombró a Yung-fu ministro de Justicia, Yung-fu consultó a Thieng-tsé (su maestro) sobre la manera como debía conducirse. Thseng-tsé dijo: «Si los superiores que gobiernan pierden la vía de la justicia y del deber, el pueblo se aparta igualmente del poder y pierde por largo tiempo toda sumisión. Si adquieres la prueba de que tiene tales sentimientos de revuelta contra las leyes, ten piedad de él y jamás te regocijes de ello.»

20. Tsé-kung dijo: «La perversidad de Cheu no fue tan extremada como se refiere. Por eso, el hombre superior debe tener horror a habitar en lugares inmundos; todos los vicios y los crímenes posibles le serían imputados.»

21. Tsé-kung dijo: «Las faltas del hombre superior son como los eclipses de Sol y de Luna. Si comete faltas, todos los hombres las ven; si se corrige, todos los hombres le contemplan.»

22. Kong-sun-tchao, grande del Estado de Veï, preguntó a Tsé-kung en estos términos: «¿Para qué han servido los estudios de Tchung-ni (Kungtsé)?»

Tsé-kung dijo: «Las doctrinas de los (antiguos reyes) Ven y Vu no se han perdido en la Tierra; aun son mantenidas entre los hombres. Los sabios han conservado en su memoria sus grandes preceptos de conducta, y los que eran adelantados en la sabiduría han conservado en su memoria los preceptos de moral menos importantes que habían legado al Mundo. No hay nada que no sea conservado de los preceptos y de las doctrinas saludables de Ven y de Vu. ¿Cómo el maestro no las habría estudiado? Y, además, ¿cómo no habría tenido más que un solo y único preceptor?»

23. Chu-sun Vu-chu, conversando con los dignatarios de primer orden de la corte del príncipe de Lu, dijo: «Tsé-kung es muy superior en sabiduría a Tchung-ni.» Tsé-ju-king-pe (gran dignatario del Estado de Lu) informó de ello a Tsékung. Tsé-kung dijo: «Para servirme de la comparación de un palacio y de sus muros, yo, Sse, no soy más que un muro que apenas llega a los hombros; pero si consideras atentamente todo el edificio, le encontrarás admirable.

»Los muros de mi maestro son muy elevados. Si no llegas a franquear la puerta, no podrás contemplar el templo de los antepasados ni las riquezas de todas las magistraturas del Estado.

»Los que llegan a franquear esta puerta son algunas raras personas. Las conversaciones de mi superior (Vuchu, relativamente a Kungtsé y a él), ¿no son perfectamente análogas?»

24. Chu-sun Vu-chu, habiendo de nuevo rebajado el mérito de Tchung-ni, Tsé-kung dijo: «No obres así; Tchung-ni no debe ser calumniado. La sabiduría de los demás hombres es una colina o un montículo que se puede franquear. Tchung-ni es el Sol y la Luna, que no pueden ser alcanzados ni franqueados. Aun cuando los hombres (que aman la oscuridad) desearan separarse completamente de estos astros resplandecientes, ¿qué injuría harían al Sol y a la Luna? Ves bien ahora que no conoces la medida de las cosas.»

25. Tching-tsé-king (discípulo de Kungtsé), dirigiéndose a Tsé-kung, dijo: «Tienes una constancia grave y digna; ¿en qué es Tchung-ni más sabio que tú?» Tsé kung dijo: «El hombre superior, por una sola palabra que se le escape, es considerado como muy esclarecido sobre los principios de las cosas, y por una sola palabra es considerado como no sabiendo nada. Se debe, pues, poner una gran circunspección en sus palabras. Nuestro maestro no puede ser alcanzado (en su inteligencia superior); es como el Cielo, al que no se puede subir, aun con las más altas escaleras de mano. Si nuestro maestro obtuviera el gobernar Estados, no tenía sino decir (al pueblo): «Estableced esto, en seguida lo establecería; seguid esta vía moral, en seguida la seguiría; conservad la paz y la tranquilidad, en seguida se rendiría a este consejo: alejad toda discordia, en seguida reinarían la unión y la concordia; en tanto que vivió, los hombres le honraron; después de su muerte, le han sentido y llorado. Después de esto, ¿cómo poder alcanzar su elevada sabiduría?»

Capítulo XX

1. Yao dijo: «¡Oh! Chun! El Cielo ha resuelto que la sucesión de la dinastía imperial repose en lo sucesivo en tu persona. Ten siempre firme y sinceramente el medio de la

recta vía. Si los pueblos que están situados entre los cuatro mares sufren penuria y miseria, las rentas del príncipe serán para siempre suprimidas.»

Chun confió también un mandato semejante a Yu Este dijo: «Yo, humilde y pobre Li, todo lo que yo oso es servirme de un toro negro (en los sacrificios); todo lo que yo oso es instruir de ello al Emperador soberano y augusto. Si ha cometido faltas, ¿no oso yo (yo, su ministro) censurarlas? Los ministros naturales del Emperador (los sabios del Imperio) no son relegados a la oscuridad; todos están en evidencia ante el corazón del Emperador. Mi pobre persona tiene muchos defectos que no son conocidos (de los sabios) de las cuatro regiones del Imperio. Si los sabios de las cuatro regiones del Imperio tienen defectos, estos defectos existen igualmente en mi pobre persona.»

Tcheu (Vu-vang) tuvo una gran liberalidad: los hombres virtuosos fueron a sus ojos los más eminentes. Decía:

«Aunque se tenga parientes muy próximos (como hijos y nietos), no hay nada comparable a los hombres dotados de la virtud de humanidad; yo quisiera que las faltas de todo el pueblo recayesen sobre mí solo.» Vuvang dedicó mucho cuidado y atención a los pesos y medidas. Examinó las leyes y las constituciones, restableció en sus empleos a los magistrados que habían sido privados de ellos, y la adminisración de las cuatro partes del Imperio fué puesta en orden.

Levantó de nuevo los reinos destruidos (los restableció y los devolvió a sus antiguos poseedores); reanudó el hilo de las generaciones interrumpidas (dio reinos a los reyes que no los tenían); devolvió los honores a los que habían sido desterrados. Las poblaciones del Imperio volvieron por sí mismas a someterse a él.

Lo que él consideraba como más digno de atención y lo más importante era la conservación del pueblo, los funerales y los sacrificios a los antepasados.

Si tenéis generosidad y grandeza de alma, entonces ganáis a la multitud; si tenéis sinceridad y rectitud, entonces el pueblo se confía a vosotros; si sois activos y vigilantes, entonces todos los negocios tienen felices resultados; si tenéis igual interés para todo el mundo, entonces el pueblo está alegre.

2. Tsé-tchang hizo una pregunta a Kungtsé en estos términos: «¿Cómo piensas que se deben dirigir los negocios de la administración pública?» El Filósofo dijo: «Honra las cinco cosas excelentes («son las cosas que procuran ventajas al pueblo»); huye de las cuatro malas acciones («son las que causan un detrimento al pueblo»); he ahí como podré dirigir los negocios de la administración pública.» Tsé-tchang dijo: «¿A qué llamas las cinco cosas excelentes?» El Filósofo dijo: «El hombre superior (que manda a los demás) debe esparcir sus beneficios sin ser pródigo, exigir servicios al pueblo sin levantar sus odios, desear los ingresos suficientes sin abandonarse a la avaricia y a la sordidez, tener dignidad y grandeza sin orgullosa ostentación y majestad sin rudeza.»

Tsé-tchang dijo: «¿Qué entiendes por ser bienhechor sin prodigalidad?» El Filósofo dijo: «Favorecer continuamente todo lo que puede procurar ventajas al pueblo, haciéndole bien; ¿no es eso ser bienhechor sin prodigalidad? Determinar, para hacerlas ejecutar por el pueblo, las jornadas de trabajo, que son razonablemente necesarias, ¿quién podría indignarse de ello?

»Desear solamente lo que puede ser útil a la Humanidad y obtenerlo, ¿es esto sordidez? Si el hombre superior (o el jefe del Estado) no tiene ni una demasiada multitud de poblaciones, ni un número demasiado pequeño; si no tiene ni demasiado grandes ni demasiado pequeños asuntos; si no osa tener desprecio para nadie, ¿no es este el caso de tener dignidad sin ostentación? Si el hombre superior compone reguiarmente sus vestiduras; si pone gravedad y majestad en su actitud y en su continente, los hombres le considerarán con respeto y veneración; ¿no es esto la majestad sin rudeza?»

Tsé-tchang dijo: «¿Qué entiendes por las cuatro malas acciones?» El Filósofo dijo: «Es no instruir al pueblo y matarle (moralmente, dejándole caer en el mal); se llama a esto crueldad o tiranía; no hacer advertencias previas y parecer exigir una conducta perfecta, se llama esto violencia, opresión; el diferir de dar sus órdenes y querer la ejecución de una cosa tan pronto como se ha resuelto; esto se llama injusticia grave; lo mismo que, en sus relaciones diarias con los hombres, mostrar una sórdida avaricia; esto se llama comportarse como un colector de impuestos.»

3. El Filósofo dijo: «De no creerse encargado de realizar una misión, un mandato, no se puede ser considerado como un hombre superior.

»Si no se conocen los ritos o las leyes que regulan las relaciones sociales, no se tiene nada con qué fijar la conducta.

»Si no se conoce el valor de las palabras de los hombres, no se les conoce a ellos mismos.»

MENGTSE

(73)

CUARTO LIBRO CLASICO

LIBRO PRIMERO

Capítulo I

1. Mengtsé fue a visitar al rey Liang-hoeï-vang (rey del Estado de Vei) (74).

El rey le dijo: «Sabio venerable, puesto que no has juzgado que la distancia de mil li (cien leguas) fuese demasiado larga para venir a mi corte, ¿me traes, sin duda, con qué enriquecer mi reino?»

Mengtsé respondió con respeto: «¡Rey! ¿Qué necesidad hay de hablar de ganancias y de provechos? Yo traigo conmigo humanidad, justicia; he ahí todo.»

Si el rey dice: ¿Cómo haría para enriquecer mi reino?, los grandes dignatarios dirán: ¿Cómo haremos para enriquecer a nuestras familias? Los letrados y los hombres del pueblo dirán: ¿Cómo haremos para enriquecernos nosotros mismos? Si los superiores y los inferiores se disputan así sobre quién obtendrá mayores riquezas, el reino se hallará en peligro. En un reino de diez mil carros de guerra, el que destrona o mata a su príncipe, debe ser el jefe de una familia de mil carros de guerra (75). En un reino de mil carros de guerra, el que destrona o mata a su príncipe, debe ser el jefe de una familia de cien carros de guerra. De diez mil tomar mil y de mil tomar ciento, no es tomar una pequeña porción (76). Si se coloca en segundo lugar la justicia y en primer lugar la ganancia o provecho, en tanto que los (superiores) no sean derribados y despojados (los inferiores), no estarán satisfechos.

No ha ocurrido jamás que el que posee verdaderamente la virtud de humanidad abandonará a sus padres (a su padre y a su madre); no ha ocurrido jamás que el hombre justo y equitativo hiciese poco caso de su príncipe.

Rey, hablemos, en efecto, de humanidad y de justicia; nada más que de eso. ¿A qué hablar de ganancias y provechos?

2. Mengtsé, habiendo ido otro día a ver a Liang-hoeï-vang, el rey, que estaba ocupado en su estanque en ver los patos salvajes y los ciervos, le dijo: «¿No se complace también el sabio con este espectáculo?»

Mencio respondió respetuosamente: «Es preciso haber llegado a la posesión de la sabiduría para regocijarse con este espectáculo. Si no se posee aún la sabiduría, aunque se posean estas cosas, no debe encontrarse distracción en ellas.»

El Libro de los versos dice:

«Empieza (Ven-vang) por bosquejar el plano de la torre de la Inteligencia (observatorio).

»Diseña, traza el plano y se ejecuta.

»La multitud del pueblo ocupándose de estos trabajos.

»No emplea una jornada entera en terminarlos.

»Comenzando a trazar el plano (Vu-vang) prohibía apresurarse.

»Y, sin embargo, el pueblo acudía a la obra como un hijo.

»Cuando el rey (Vu-vang) estaba en el parque de la inteligencia.

»Amaba ver los ciervos y las corzas reposar en libertad y huir cuando él se acercaba.

»Amaba ver estos ciervos y estas corzas, rebosantes de fuerza y de salud.

»Y los pájaros blancos, cuyas alas eran resplandecientes.

»Cuando el rey estaba cerca del estanque de la Inteligencia,

»Se complacía en ver la multitud de los peces, de que estaba lleno, saltar ante sus ojos.»

Vu-vang se sirvió de los brazos del pueblo para construir una torre y horadar su estanque; y, sin embargo, el pueblo estaba gozoso y contento de su rey. Llamó a su torre la Torre de la Inteligencia (porque había sido construída en menos de un día), y llamó a su estanque el «estanque de la Inteligencia» (por la misma razón). El pueblo se regocijaba de que su rey tuviese ciervos, corzas y peces de todas clases. Los hombres de la antigüedad no tenían gozo sino con el pueblo, cuando el pueblo se regocijaba con ellos; he aquí por qué podían verdaderamente regocijarse.

El Tchang-tchi (capítulo del Chu-king) dice: «¿Cuándo perecerá el Sol? Nosotros queremos perecer con él. Si el pueblo desea perecer con él, aunque el rey tenga una torre, un estanque, pájaros y bestias feroces, ¿cómo podrá regocijarse solo?»

3. Liang-hoeï-vang dijo: «Yo, que tengo tan poca capacidad para la administración del reino, agoto, sin embargo, en ella todas las facultades de mi inteligencia. Si la parte de mi Estado, situada en el recinto formado por el río Hoang-ho, llega a sufrir hambre, entonces yo transporto las poblaciones robustas al oriente del río, y hago pasar granos de ese lado a la parte que rodea el río. Si la parte de mi Estado, situada al oriente del río, llega a sufrir hambre, obro del mismo modo. He examinado la administración de los reinos vecinos, no hay ningún (príncipe) que, como tu pobre servidor, emplee todas las facultades de su inteligencia en (aliviar a su pueblo). Las poblaciones de los reinos vecinos, sin embargo, no disminuyen y los súbditos de tu pobre servidor no aumentan. ¿Por qué es esto?»

Mencio respondió respetuosamente: «Rey, tú amas la guerra; permíteme tomar una comparación del arte militar. Cuando al son del tambor el combate se empeña; cuando se han mezclado las lanzas y los sables, abandonando sus escudos y arrastrando sus armas, los unos huyen, cierto número de entre ellos, dan cien pasos y se detienen; cierto número de otros dan cincuenta pasos, y también se detienen; si los que han huído cincuenta pasos se burlan de los que han huído ciento, ¿qué pensarías de ellos?»

(El rey) dijo: «No les está permitido burlarse de los otros; ellos no han hecho sino huir menos de cien pasos. Ello es igualmente huir.» (Mencio) dijo: «Rey, si sabes esto, entonces no esperes ver la población de tu reino acrecer a costa de la de los reinos vecinos.

»Si no intervienes en los asuntos de los labradores obligándoles, mediante trabajos forzados, a superar las labores de cada estación, las cosechas no serán superiores al consumo. Si las compactas redes no se echan en los estanques y los viveros, los peces de diversas clases no podrán ser consumidos. Si no llevas el hacha a las selvas sino en los tiempos convenientes, habrá siempre maderas en abundancia. Teniendo más peces de los que puedan consumirse y más madera de la que pueda emplearse, el pueblo tendrá con qué alimentar a los vivos y con qué ofrecer sacrificios a los muertos; entonces no murmurará. He ahí el punto fundamental.

»Haz plantar moreras en los campos de una familia que cultiva cinco fanegas de tierra, y las personas de edad podrán cubrirse con vestiduras de seda.

»Haz que no se olvide el cuidado de pollos, perros (77), y puercos de toda especie, y las personas de setenta años podrán alimentarse de carne. No arrebates, en las estaciones que exijan trabajos asiduos, los brazos de las familias que cultiven cien fanegas de tierra, y estas familias numerosas no estarán expuestas a los horrores del hambre. Vela atentamente a que las enseñanzas de las escuelas y los colegios propaguen los deberes de la piedad filial y el equitativo respeto de los jóvenes hacia los viejos, y entonces no se verá a hombres de cabellos blancos arrastrar o llevar pesados fardos por los grandes caminos. Si los septuagenarios llevan vestidos de seda y comen carne, y si los jóvenes de cabellos negros no sufren ni frío ni hambre, todas las cosas serán prósperas. No ha habido aún un príncipe que después de haber obrado así, no haya reinado sobre el pueblo.

»Pero, si en lugar de esto, tus perros y tus puercos devoran el alimento del pueblo, y tú no sabes remediarlo; si el pueblo muere de hambre en veredas y en los grandes caminos, y no sabes abrir los graneros públicos; si cuando veas hombres muertos de hambre dices: No es mía la culpa; es de la esterilidad de la tierra, diferirá esto de un hombre que habiendo herido a otro con su acero, dijera: ¡No soy yo, es mi espada! No achaques la falta a la intemperie de las estaciones, y las poblaciones del Imperio acudirán a ti para recibir el auxilio a sus miserias.»

4. Liang-hoeï-vang dijo: «Yo, hombre de poca virtud, deseo sinceramente recibir tus lecciones.»

Mencio añadió con respeto: «Matar un hombre con un bastón o con una espada, ¿encuentras en esto alguna diferencia?»

El rey dijo: «No hay ninguna diferencia. —Matarle con una espada o con un mal gobierno, ¿encuentras en ello diferencia?»

El rey dijo: «No encuentro ninguna diferencia.» (Mencio) añadió: «Tus cocinas tienen carne en abundancia, tus cuadras están llenas de caballos lustrosos. Pero el rostro descarnado del pueblo muestra la palidez del hambre, y los campos están cubiertos de cadáveres de personas muertas de miseria. Obrar así es excitar a las bestias feroces a devorar a los hombres.

»Las bestias feroces se devoran entre ellas y tienen horror a los hombres. Tú debes gobernar y conducirte en la administración del Estado como el padre y la madre del pueblo. Si tú no te dispensas de excitar a las bestias feroces a devorar a los hombres, ¿cómo podrías ser considerado como el padre y la madre del pueblo?»

Tchung-ni dijo: «Los primeros que construyeron estatuas o maniquíes de madera (para los funerales), ¿no fueron privados de posteridad? El Filósofo decía esto, porque habían hecho hombres a su imagen, y los habían empleado (en los sacrificios). ¿Qué hubiera dicho de los que obran de tal modo que hacen morir al pueblo de hambre y de miseria?»

5. Liang-hoeï-vang dijo: «El reino de Tcin no tenía igual en poderío en todo el Imperio. Sabio venerable, esto lo sabes muy bien. Cuando cayó como herencia sobre mi mezquina persona, en seguida, en Oriente, fuí deshecho por el rey de Thsi, y mi hijo primogénito pereció. En el Occidente, he perdido en una guerra contra el rey de Thsin setecientos li de territorio. Al mediodía he recibido una afrenta del rey de Thsu. Yo quisiera, en honor de los que han muerto, borrar de una sola vez todas estas ignominias. ¿Qué debo hacer para ello?»

Mencio respondió respetuosamente: «Con un territorio de cien li de extensión (diez leguas) se puede, sin embargo, llegar a reinar como soberano.

»Si tu gobierno, rey, es humano y bienhechor para el pueblo; si disminuyes las penas y los suplicios; si alivias los impuestos y los tributos de toda naturaleza, los labradores surcarán más profundamente la tierra y arrancarán la cizaña de sus campos. Los que son jóvenes y fuertes, en sus días de descanso, cultivarán en ellos la piedad filial, la deferencia con sus hermanos mayores y la rectitud y la sinceridad. En el interior, se emplearán en servir a sus padres; en el exterior, se emplearán en servir a los ancianos y a sus superiores. Podrás entonces llegar a hacerlos coger las estacas para golpear los recios escudos y las agudas armas de los hombres de Thsi y de Thsu.

»Los reyes de esos Estados roban a sus pueblos el tiempo más precioso, impidiéndoles trabajar la tierra y arrancar la cizaña de sus campos, a fin de poder alimentar a sus padres y a sus madres. Sus padres y sus madres sufren frío y hambre; sus hermanos, sus mujeres y sus hijos son separados los unos de los otros, y dipersados por todas partes (para buscar su alimento).

»Estos reyes han precipitado a sus pueblos en un abismo de miseria, haciéndoles sufrir toda suerte de tiranías. Príncipe, si tú marchas para combatirlos, ¿cuál de entre ellos, se opondría a tus designios?

»Por eso se ha dicho: «El que es humano, no tiene enemigos.» Rey, yo te lo suplico: obra al punto.»

6. Mencio fue a visitar a Liang-siang-vang (hijo del rey precedente).

Saliendo de su audiencia, habló de este modo con algunas personas: «Considerándole de lejos, no le he encontrado parecido con un príncipe; aproximándome de cerca, no he visto nada en él que inspirara respeto. Al abordarle, me ha preguntado: «¿Cómo es preciso arreglarse para consolidar el Imperio?» Yo le he respondido con respeto: «Se le da la estabilidad mediante la unidad.» —«¿Quién podrá darle esa unidad?»— Yo le he respondido con respeto: «El que no encuentre placer en matar a los hombres puede darle esa unidad.» —«¿Quiénes son los que vendrán a entregarse a él?»—. Yo le he respondido con respeto: «En todo el Imperio no habrá nadie que no venga a someterse a él. Rey, ¿conoces los campos de trigo en germen? Si en el intervalo de siete u ocho lunas sobreviene una sequía, entonces los trigos se secan. Pero si en el espacio inmenso del cielo se forman espesas nubes, y la lluvia cae con abundancia, entonces los tallos de trigo, adquiriendo su vigor, se desarrollan. ¿Quién podría impedirlos desarrollarse así? Ahora, entre los que en todo este gran Imperio se consideran pastores de los hombres, no hay uno que no se complazca en hacer matar a los hombres. Si entre ellos se encontrase uno solo que no amara hacer matar a los hombres, entonces todas las poblaciones del Imperio tenderían hacia él sus brazos, y no esperarían más que en él. Lo que yo digo es la verdad. Las poblaciones vendrían a refugiarse bajo su égida, semejantes a los torrentes que se precipitan en los valles. Cuando se precipitaran como un torrente, ¿quién podría resistirlos?»

7. Siuan-vang, rey de Thsi, interrogó a Mencio, diciendo: «¿Podría obtener de ti oír el relato de las acciones de Hoan, príncipe de Thsi, y de Ven, príncipe de Tcin?»

Meng-tsé respondió con respeto: «De todos los discípulos de Tchung-ni, ninguno ha contado los hechos y las gestas de Hoan y de Ven. Por ello no han sido transmitidos a las generaciones que les han seguido, y tu servidor jamás ha oído el relato. Si no cesas de apremiarme con preguntas semejantes, ¿cuándo nos ocuparemos del arte de gobernar un Imperio?»

(El rey) dijo: «¿Qué reglas es preciso para bien gobernar?» (Mengtsé) dijo: «Ama, quiere al pueblo, y no encontrarás ningún obstáculo para bien gobernar.»

El rey añadió: «Dime si mi mezquina persona es capaz de amar y de querer al pueblo.»

—Tú eres capaz de ello, replicó Mengtsé.

—¿Por que sabes que soy capaz? (Mengtsé) dijo: «Tu servidor ha oído decir a Hu-hé (uno de los ministros del rey), estas palabras: «El rey estaba sentado en la sala de audiencia; unos hombres que conducían un buey atado con cuerdas, vinieron a pasar por el fondo de la sala. Habiéndoles visto el rey, les dijo: ¿Dónde lleváis ese buey? Ellos le respondieron respetuosamente: Nos vamos a servir de su sangre para regar una campana.» El rey dijo: «Dejarle; no puedo soportar su temblor y su agitación, como la de una víctima inocente que se conduce al lugar del suplicio.» Ellos respondieron con respeto: «Si nosotros obramos así, ¿renunciaremos, pues, a regar la campana con su sangre?» (El rey) repuso: «¿Por qué habiáis de renunciar a ello? Reemplazo por un carnero.» Yo no sé si esto ha pasado así.»

El rey dijo: «Así ha pasado.»

Mencio dijo: «Esa compasión del corazón basta para reinar. Las cien familias (que forman el pueblo chino) han considerado todas al rey en esta ocasión como movido por sentimientos de avaricia; pero yo, tu servidor, sabía de modo cierto que lo que te movían eran sentimientos de compasión.»

El rey dijo: «Es verdad. No obstante, tal vez he dado al pueblo ocasión de creerme movido por sentimientos de avaricia. Sin embargo, aunque el reino de Thsi esté encerrado en estrechos límites, ¿cómo hubiera yo salvado un buey por avaricia? Lo que no podía soportar era ver su temblor y su agitación, como la de un inocente que es conducido al lugar del suplicio. Por eso le he hecho reemplazar por un carnero.»

Mencio dijo: «Príncipe, no te sorprendas de que las cien familias hayan considerado al rey, cual si hubiera sido movido esta vez por sentimientos de avaricia. Habiendo hecho reemplazar una víctima grande por una pequeña, ¿cómo hubiera podido adivinar el pueblo el motivo de tu acción? Si has tenido compasión solamente de un ser inocente que era llevado al lugar del suplicio, ¿por qué has elegido entre el buey y el carnero?» El rey respondió sonriendo: «Es verdad; pero ¿cuál era mi pensamiento? Yo no lo he salvado a causa de su valor, le he cambiado simplemente contra un carnero. No obstante, el pueblo ha tenido razón al acusarme de avaricia.»

Mencio dijo: «Nada de esto te debe ofender, porque es la humanidad la que te ha inspirado este cambio. Cuando tenías el buey ante tu vista, aún no habías visto al carnero. Cuando el hombre superior ha visto los animales vivos, no puede soportar verlos morir; cuando ha oído sus gritos de agonía, no puede soportar comer su carne. Es por lo que el hombre superior sitúa su matadero y su cocina en sitos alejados.»

El rey, satisfecho de esta explicación, dijo: «Se lee en el Libro de los versos:

«Otro hombre tenía un pensamiento;

»Yo le he adivinado y le he dado su medida.»

«Maestro, has expresado mi pensamiento. Yo había cometido esta acción, pero, reflexionado en ella muchas veces, y buscando los motivos que me habían impulsado a obrar como he obrado, no había podido conseguir darme cuenta de ello interiormente. Maestro, explicándome estos motivos, he sentido renacer en mi corazón grandes movimientos de compasión. Pero, estos movimientos del corazón, ¿qué relación pueden tener con el arte de reinar?»

Mencio dijo: «Si se encontrase un hombre que dijera al rey: Mis fuerzas son suficientes para levantar un peso de tres mil libras, pero no para levantar una pluma; mi vista puede percibir el movimiento de crecimiento de los pelos en otoño en ciertos animales, pero no puede percibir un carro cargado de maderas que sigue el gran camino; rey, ¿tendrías fe en sus palabras?» —El rey dijo: «De ningún modo.» —Ahora, tus beneficios pueden alcanzar hasta un animal, pero tus buenas obras no llegan hasta las poblaciones. ¿Cuál es la causa? Así, pues, si el hombre no levanta una pluma, es porque no hace uso de sus fuerzas; si no ve el carro cargado de madera, es porque no hace uso de su facultad de ver, si los pubelos no reciben tus beneficios, es porque no haces uso de tu facultad bienhechora. Porque si un rey no gobierna como debe gobernar (colmando al pueblo de beneficios) es porque no lo hace, no porque no puede.»

El rey dijo: «¿En qué difieren las apariencias del mal gobierno, por mal querer o por impotencia?»

Mencio dijo: «Si se aconsejase a un hombre coger en brazos la montaña Tchaï-chan para transportarla al Océano septentrional, y que este hombre dijera: Yo no puedo, se le creería, porque decía la verdad; pero si se le ordenase romper una débil rama de árbol, y dijese aún: Yo no puedo, entonces habría de su parte mal querer y no impotencia. Del mismo modo, el rey que no gobierna bien, como debía hacerlo, no puede ser comparado con la especie de hombre intentando coger la montaña Tchaï-chan en sus brazos para transportarla al Océano septentrional, sino a la especie de hombre diciendo no poder romper la débil rama de árbol.

»Si la piedad filial que yo tengo hacia un padre y la amistad que experimento por mis hermanos inspiran a los demás hombres los mismos sentimientos; si la ternura paternal con que yo trato a mis hijos inspira a los demás hombres el mismo sentimiento, podré verter tan fácilmente mis beneficios en el Imperio como en mi mano.»

El Libro de los versos dice:

«Yo me comporto como debo con mi mujer,

»En seguida, con mis hermanos, el mayor y los pequeños,

»A fin de gobernar convenientemente mi Estado, que no es sino una familia.»

«Esto quiere decir que es preciso cultivar estos sentimientos de humanidad y aplicarlos a las personas designadas, y esto basta. He aquí por qué el que pone en acción, el que produce por fuerza buenos sentimientos, puede abrazar, en su tierno afecto, las poblaciones comprendidas entre los cuatro mares; el que no realiza estos buenos sentimientos, y no los hace producir ningún efecto, no puede asimismo rodear de estos cuidados y de su afecto a su mujer y a sus hijos. Lo que hacía a los hombres de los antiguos tiempos tan superiores a los hombres de nuestros días no era otra cosa; seguían el orden de la Naturaleza en las aplicaciones de sus beneficios. Ahora que tus beneficios han podido alcanzar a los animales, tus buenas obras, ¿no se extenderán hasta las poblaciones o éstas serán las únicas privadas de ellas?

»Cuando se han colocado objetos en la balanza, se conoce los que son pesados y los que son ligeros. Cuando se han medido los objetos, se conoce los que son largos y los que son cortos. Todas las cosas tienen, en general, este carácter, pero el corazón del hombre es la cosa más importante de todas. Rey, te lo suplico: mídele (es decir, trata de determinar sus verdaderos sentimientos).

»¡Oh rey! Cuando haces brillar a la luz las afiladas armas y los recios escudos; cuando expones al peligro a los jefes y a sus soldados, y te atraes así los resentimientos de todos los grandes vasallos, ¿se regocija de ello tu corazón?»

El rey dijo: «De ninguna manera. ¿Cómo me regocijaría de cosas parecidas? Todo lo que yo busco, obrando así, es llegar a lo que constituye el mayor objetivo de mis deseos.»

Mencio dijo: «¿Podría yo llegar a conocer el más grande de los deseos del rey?» El rey sonrió, y no respondió. (Mencio) añadió: «¿Será que los platos de tus festines no son bastante copiosos y bastante espléndidos para satisfacer tu boca? ¿y tus vestidos bastante ligeros y de bastante abrigo para cubrir tus miembros? o bien, ¿será que los más variados colores de las flores no basten para encantar tus miradas, y que los sonidos más armoniosos no basten para alegrar tus oídos? o, en fin, ¿que los oficiales del palacio no basten para ejecutar tus órdenes en tu presencia? La multitud de servidores del rey es bastante grande para poder procurarle todos estos regocijos y, sin embargo, el rey, ¿no se conmueve con estas cosas?»

El rey dijo: «En modo alguno. No me conmuevo con estas cosas.»

Mencio dijo: «Si es así, entonces yo puedo conocer el gran objetivo de los deseos del rey. Quiere engrandecer las tierras de su dominio para hacer venir a su corte a los reyes de Thsi y de Thsu; mandar en todo el Imperio del medio y pacificar a los bárbaros de las cuatro regiones. Pero, obrar como él lo hace, para llegar a lo que desea, es como si se subiera a un árbol para coger peces.»

El rey dijo: «La dificultad, ¿será, pues, tan grande?»

Mencio dijo: «Es aún más grande y más peligrosa. Subiendo a un árbol para buscar en él peces, aunque es seguro que no los puedas encontrar, no resulta de ello ninguna cosa fastidiosa; pero, obrando como tú obras, para obtener lo que deseas con tanto afán, cuanto consigues es agotar en vano todas las fuerzas de tu inteligencia en este objetivo único; y esto ocasionará una multitud de calamidades.»

(El rey) dijo: «¿Podría saber cuáles son esas calamidades?»

(Mencio) dijo: «Si los hombres de Tseu (78) y los de Thsu entran en guerra, entonces, ¡oh rey!, ¿cuáles, según tú, resultarán vencedores?»

El rey dijo: «Los hombres de Thsu serán los vencedores.»

«Si es así, entonces un pequeño reino no podrá ciertamente subyugar a uno grande. Un corto número de combatientes no podrá, ciertamente, resistir a un gran número; los débiles no podrán, ciertamente, resistir a los fuertes. El territorio situado en el interior de los mares (el Imperio de China todo entero) comprende nueve regiones de mil li cada una. El reino de Thsi (el de su interlocutor), reuniendo todas sus posesiones, no tiene más que una sola de esas nueve porciones del Imperio. Si con (las fuerzas reunidas) de una sola de estas regiones quiere someter a las otras ocho, ¿en qué diferirá del reino de Tseu si atacase al de Thsu? Luego, te es preciso reflexionar de nuevo sobre el gran objetivo de tus deseos. Ahora, ¡oh rey!, si tú haces que en todas las partes de tu administración pública se manifieste la acción de un buen gobierno; si esparces a lo lejos los beneficios de humanidad, resultará de ello que todos los que en el Imperio desempeñen destinos públicos querrán venir a residir en la corte del rey; que todos los labradores querrán venir a trabajar los campos del rey; que todos los mercaderes querrán venir a traer sus géneros a los mercados del rey; que todos los viajeros y los extranjeros querrán viajar por los caminos del rey; que todas las poblaciones del Imperio, que detestan la tiranía de sus príncipes, querrán acudir apresuradamente cerca del rey para instruirle de sus sufrimientos. Y de ocurrir así, ¿quién podrá retenerlos?»

El rey dijo: «Yo, hombre de poca capacidad, no puedo llegar a esos resultados mediante gobierno tan perfecto; yo deseo que tú, maestro, ayudes a mi voluntad (conduciéndome por la buena vía); que me esclarezcas con tus instrucciones. Aunque yo no estoy dotado de mucha perspicacia, te ruego, sin embargo, que ensayes esta empresa.»

(Mencio) dijo: «Carecer de cosas constantemente necesarias para la vida y, sin embargo, conservar siempre un alma igual y virtuosa, esto tan sólo es posible a los hombres cuya inteligencia cultivada se eleva por sobre lo vulgar. En cuanto al común del pueblo si carece de las cosas constantemente necesarias a la vida, por esta razón, carece de un alma constantemente igual y virtuosa, si carece de un alma constantemente igual y virtuosa, no hay nada que no sea capaz de hacer: violación de la justicia, depravación del corazón, licencia viciosa, exceso en el libertinaje. Si llega al punto de caer en el crimen (rebelándose contra las leyes), se ejerce persecuciones contra él y se le hace padecer suplicios. Es coger al pueblo entre redes. ¿Cómo si existiera un hombre verdaderamente dotado de la virtud de humanidad, ocupando el trono, podría cometer esta acción criminal de coger así al pueblo entre redes? »Por eso, un príncipe esclarecido, constituyendo como conviene la propiedad privada del pueblo, obtiene por resultado necesario, en primer lugar, que los hijos tengan con qué servir a su padre y a su madre; en segundo lugar, que los padres tengan con qué mantener a sus mujeres y a sus hijos; que el pueblo se pueda alimentar toda su vida con producciones de años abundantes, y que, en los años de calamidades, esté a cubierto del hambre y de la muerte. En seguida podrá instruir al pueblo y conducirle por el camino de la virtud. Así es como el pueblo seguirá esta vía con facilidad.

»Hoy, la constitución de la propiedad privada del pueblo es tal que, considerando la primera de todas las cosas, los hijos no tienen con qué servir a su padre y a su madre, y que considerando la segunda, los padres no tienen con qué mantener a sus mujeres y a sus hijos; que con los años de abundancia, el pueblo sufre hasta el fin de su vida, pena y miseria, y que, en los años de calamidades, no se halla preservado del hambre y de la muerte. En tales extremos, el pueblo no piensa más que en evitar la muerte, temiendo carecer de lo necesario. ¿Cómo tendría tiempo de ocuparse de las doctrinas morales, para conducirse según los principios de la equidad y de la justicia?

»¡Oh rey! Si deseas practicar esos principios, ¿por qué no llevas tu espíritu a lo que es la base fundamental de ellos? (la constitución de la propiedad privada).

»Haz plantar moreras en los campos de una familia que cultive cinco fanegas de tierra, y las personas de edad de cincuenta años podrán llevar los trajes de seda; haz que no se olvide el criar pollos y puercos de diferentes especies, y las personas de setenta años de edad podrán alimentarse de carne. No arrebates, en los tiempos que exigen trabajos asiduos, los brazos de las familias que cultivan cinco fanegas de tierra, y estas familias numerosas no estarán expuestas a los sufrimientos del hambre. Vela atentamente por que las enseñanzas de las escuelas y de los colegios propaguen los deberes de la piedad filial y el equitativo respeto de los jóvenes hacia los viejos, y entonces no se verá a hombres de cabellos blancos arrastrando o llevando pesados fardos por los grandes caminos. Si los septuagenarios llevan trajes de seda y comen carne, y si las gentes de cabellos negros no sufren frío ni hambre, todas las cosas serán prósperas. No ha habido un príncipe que después de obrar así no hay reinado sobre todo el Imperio.»

Capítulo II

1. Tchuang-pao (uno de los ministros del rey Thsi), habiendo ido a ver a Mencio, le dijo: «Yo, Pao, he ido un día a ver al rey; en la conversación, me dijo que le gustaba mucho la música. Yo. Pao, no he sabido qué responderle. ¿Qué piensas de este gusto del rey por la música?» Mencio dijo: «Si el rey gusta de la música con predilección, el reino de Thsi se aproxima mucho (al mejor gobierno).»

Otro día, Mencio, habiendo ido a visitar al rey, le dijo: «El rey ha dicho, en la conversación, a Tchuang-y-tsé (Tchuang-pao) que amaba mucho la música. ¿Es verdad el hecho?» El rey, habiendo cambiado de color, dijo: «Mi mezquina persona no es capaz de amar la música de los antiguos reyes. Solamente yo gusto, sí, de la música apropiada a las costumbres de nuestra generación.»

Mencio dijo: «Si el rey gusta mucho de la música, entonces el reino de Thsi se aproxima mucho (a un mejor gobierno). La música de nuestros días se parece a la música de la antigüedad.»

El rey dijo: «¿Podría obtener de ti explicaciones acerca de eso?»

Mencio dijo: «Si gozas a solas del placer de la música, o bien si le compartes con otros hombres, ¿en cuál de los dos casos experimenta mayor placer?» El rey dijo: «El mayor será seguramento cuando la comparta con otros hombres.» Mencio añadió: «Si tú gozas del placer de la música con un pequeño número de personas, o si lo gozas con muchas, ¿en cuál de estos dos casos experimentas mayor placer?» El rey dijo: «El mayor placer será seguramente cuando la comparta con muchas.

»Tu servidor te ruega le permitas continuar la conversación sobre la música.

»Yo supongo que el rey comienza a tocar en este sitio sus instrumentos de música; oyendo todo el pueblo los sonidos de los diversos instrumentos de música (79) del rey, experimentará en seguida un vivo descontento, fruncirá las cejas y se dirá: «Nuestro rey gusta mucho tocar sus instrumentos de música; pero, ¿cómo hace para gobernar de modo que hayamos llegado al colmo de la miseria?» Los padres y los hijos no se ven ya; los hermanos, las mujeres, los niños, están separados los unos de los otros, y dispersos por todos lados. Luego si el rey va de caza en ese país, todo el pueblo, oyendo el ruido de los caballos y de los carros del rey, viendo la magnificencia de sus estandartes adornados de plumas y de colas flotantes, experimentará al punto un vivo descontento, fruncirá las cejas y se dirá: «Nuestro rey ama mucho la caza; pero, ¿cómo hace, pues, para que nosotros hayamos llegado al colmo de la miseria?» Los padres y los hijos no se ven ya; los hermanos, las mujeres y los hijos, están separados los unos de los otros, y dispersos por todos lados. La causa de este vivo descontento es que el rey no hace participar al pueblo de su alegría y de sus placeres.

»Yo supongo ahora que el rey comienza a tocar en estos lugares sus instrumentos de música; todo el pueblo, oyendo los sonidos de los diversos instrumentos del rey, experimentará un vivo sentimiento de alegría, que atestiguará su rostro sonriente, y se dirá: «Nuestro rey se porta, sin duda, muy bien; de otro modo, ¿cómo podría tocar instrumentos de música?» Ahora, que el rey vaya de caza en este país, el pueblo, oyendo el ruido de los caballos y de los carros del rey, viendo la magnificencia de sus estandartes, adornados de plumas y de colas flotantes, experimentará un vivo sentimiento de alegría, que atestiguará su rostro sonriente, y se dirá: «Nuestro rey se porta muy bien, sin duda; de otra manera, ¿cómo podría ir de caza?» La causa de esta alegría es que el rey habrá hecho participar al pueblo de sus goces y de sus placeres.

»Luego si el rey hace participar al pueblo de sus goces y de sus placeres, entonces él reina verdaderamente.»

2. Siuan-vang, rey de Thsi, interrogó a Mencio en estos términos: «He oído decir que el parque del rey Vu-vang tenía setenta li (siete leguas) de circunferencia; ¿las tenía verdaderamente?»

Mencio respondió con respeto: «Eso es lo que la historia refiere. (En Tuchuan, antiguo libro perdido.)»

El rey dijo: «Según eso, ¿era de una magnitud excesiva?»

Mencio dijo: «El pueblo le encontraba aún muy pequeño.»

El rey dijo: «Mi mezquina persona tiene un parque que no tiene más que cuarenta li (cuatro leguas) de circunferencia, y el pueblo lo encuentra aún demasiado grande. ¿Por qué esa diferencia?»

Mencio dijo: «El parque de Vu-vang tenía siete leguas de circuito; pero era allí donde acudían todos los que tenían necesidad de coger hierba o de cortar madera. Los que querían coger faisanes o liebres, acudían allí también. Como el rey tenía su parque en común con el pueblo, éste lo encontraba demasiado pequeño (aunque tuviese siete leguas de circunferencia). ¿No era esto justo?

»Yo, tu servidor, cuando comencé a franquear la frontera, me informé de lo que estaba principalmente prohibido en tu reino, antes de osar penetrar más adelante. Tu servidor aprendió que había en el interior de tus líneas de aduanas un parque de cuatro leguas en redondo; que el hombre del pueblo que mataba en él un ciervo era castigado de muerte, como si hubiera cometido un asesinato; luego tu parque es una verdadera fosa de muerte de cuatro leguas de circunferencia abierta en el seno de tu reino. El pueblo, que encuentra este parque demasiado grande, ¿no tiene razón?»

3. Siuan-vang, rey de Thsi, hizo una pregunta en estos términos: «¿Hay un arte, una regla que seguir para formar relaciones de amistad entre los reinos vecinos?»

Mencio respondió con respeto: «Existe. No hay sino el príncipe, dotado de la virtud de humanidad, que pueda, poseyendo un gran Estado, procurar grandes ventajas a los pequeños. He aquí por que Tching-thang ayudó al Estado de Ko, y Vu-vang no dañó al de los Kuen-i (o de los bárbaros de Occidente). No hay más que el príncipe, dotado de una sabiduría esclarecida, que pueda, poseyendo un pequeño Estado, tener la condescendía necesaria con los grandes Estados. Así es como Taï-vang se condujo con los Hiun-hio (o los bárbaros del Norte), y Keu-tsian con el Estado de Ou.

»El que, mandando en un gran Imperio, protege, asiste a los pequeños, se conduce de una manera digna y conforme a la razón celeste; el que, poseyendo un pequeño Estado, tiene condescendias para los grandes Estados, respeta, obedeciéndola, la razón celeste; el que se conduce de una manera digna y conforme a la razón celeste, es el protector de todo el Imperio; el que respeta, obedeciéndola, la razón celeste, es el protector de su reino.»

El Libro de los versos dice:

«Respetad la majestad del Cielo,

»Y, con ello, conservaréis el mandato que ha delegado en vosotros.»

El rey dijo: «¡Grande, admirable instrucción! Mi mezquina persona tiene un defecto; mi mezquina persona ama la bravura.»

(Mencio) respondió con respeto: «Príncipe, te suplico que no ames la bravura vulgar (que no es más que una impetuosidad de los espíritus vitales) El que posee ésta, coge su espada y, dirigiéndose en torno suyo miradas irritadas, grita: «¿Cómo este enemigo osa venir a atacarme?» Esta bravura no es sino la del hombre vulgar que puede resistir a un solo hombre. Rey, yo te lo ruego, no te ocupes más que de la bravura de las grandes almas.»

El Libro de los versos dice:

«El rey (Vu-vang), animándose súbitamente, enrojeció de cólera;

»Hizo en seguida formar su ejército en orden de batalla,

»A fin de detener las tropas enemigas que marchaban sobre ellos;

»A fin de hacer más floreciente la prosperidad de los Tcheu,

»A fin de responder a los deseos ardientes de todo el Imperio.»

He ahí la bravura de Vu-vang. Vu-vang no se irrita más que una vez, y pacifica todas las poblaciones del Imperio.

ElChu-King o Libro por excelencia, dice: «El Cielo, al crear los pueblos, los ha nombrado príncipes (para que cuiden de ellos), los ha dado instructores (para instruirlos).» También dice: «Ellos son los auxiliares del soberano supremo, que les distingue mediante marcas de honor en las cuatro partes de la Tierra. No pertenece más que a mí (es Vu-vang el que habla) recompensar a los inocentes y castigar a los culpables. ¿Quién, en el Imperio, osaría oponerse a su voluntad?» (a la voluntad del Imperio todo que había elegido a Vu-vang).

Un solo hombre (Cheu-sin) había cometido acciones odiosas en el Imperio; Vu-vang se avergonzó de ello. Esa fue la bravura de Vu-vang; y Vu-vang, habiéndose irritado una sola vez, pacificó todas las poblaciones del Imperio.

Luego, si el rey, entregándose una sola vez a sus movimientos de indignación o de bravura, pacificó todas las poblaciones del Imperio, las poblaciones no tenían más que un temor: que el rey no amase la bravura.

4. Siuan-vang, rey de Thsi, había ido a ver a Mencio al Palacio de la nieve (Siueï-kung). El rey dijo: «¿Conviene a los sabios vivir en un parecido lugar de delicias?» Mencio respondió con respeto: «Seguramente. Si los hombres del pueblo no obtienen este favor, entonces acusan a su superior (su príncipe). Los que no obtienen este favor y acusan a su superior, son culpables, pero el que está constituído en superior del pueblo, y no comparte con el pueblo sus goces y sus placeres, es aún más culpable.

»Si un príncipe se regocija con el gozo del pueblo, el pueblo se regocija también con su gozo. Si el príncipe se entristece de las tristezas del pueblo, el pueblo también se entristece de sus tristezas. Que un príncipe se regocije con todo el mundo, que se entristezca con todo el mundo: obrando así, es imposible que encuentre dificultad en reinar.»

En otro tiempo, King-kong, rey de Thsi, interrogando a Yan-tsé (su primer ministro), dijo: «Desearía contemplar (las montañas) Tchuan-fu y Tchao-vu, y, siguiendo el mar al mediodía (en el Océano oriental), llegar a Lang-ye. ¿Cómo debo obrar para imitar a los antiguos reyes en sus visitas al Imperio?»

Yan-tsé respondió con respeto: «¡Oh! ¡Admirable pregunta! Cuando el hijo del Cielo (el emperador) se dirigía a casa de los grandes vasallos, se llamaban estas visitas, visitas de informaciones (sun cheu); hacer estas visitas de informaciones, es inspeccionar lo que ha sido dado a conservar. Cuando los grandes vasallos iban a hacer su corte al hijo del Cielo, se llamaba a estas visitas cuentas rendidas (chu-tchi) Por cuentas rendidas se entendía dar cuenta (al rey o al emperador) de todos los actos de su administración. Ninguna de estas visitas era sin motivo. En la primavera (los antiguos emperadores) inspeccionaban los campos cultivados y suministraban a los labradores las cosas de que tenían necesidad. En otoño, inspeccionaban las cosechas, y daban socorros a los que no recolectaban lo bastante. Un proverbio de la dinastía Hia decía: «Si nuestro rey no visita (el reino), ¿cómo recibiremos sus beneficios? Si nuestro rey no se da el placer de inspeccionar (el reino), ¿cómo obtendremos socorros?» Cada visita, cada recreo de este género, llegaba a ser una ley para los grandes vasallos. Ahora no suceden así las cosas. Numerosas tropas se ponen en marcha con el príncipe (para servirle de guardia), y devoran todas las provisiones. Los que experimentan hambre, no tiene qué comer; los que pueden trabajar, no encuentran reposo. No hay sino miradas feroces, concierto de maldiciones. Entonces, nacen en el corazón del pueblo odios profundos, resiste a las órdenes (del rey) que prescriben oprimir al pueblo. El beber y el comer se consumen con la impetuosidad de un torrente. Estos desórdenes llegan a ser el espanto de los vasallos. Seguir el torrente que se precipita en los lugares inferiores y olvidarse de volver sobre sus pasos, se llama seguir la corriente (80); seguir el torrente, remontándose hacia su manantial, y olvidarse de volver sobre sus pasos, se llama seguir sin interrupción sus placeres; perseguir a las bestias feroces, sin hartarse de esta diversión, se llama perder su tiempo en cosas vanas; encontrar sus delicias en el uso del vino, sin poder hartarse de él, se llama perder la alegría del corazón.

»Los antiguos reyes no se daban las satisfacciones de estos dos primeros extravíos del corazón (el lieu y el lian) y no ponían en práctica las dos últimas acciones viciosas, el hoang y el vang. Depende únicamente del príncipe determinar en esto los principios de su conducta.»

King-kong quedó muy satisfecho (de este discurso de Yan-tsé). Publicó al punto en todo el reino un decreto real por el cual informaba al pueblo que iba a abandonar (su palacio espléndido) para habitar en los campos. Desde este momento comenzó a dar testimonios ardientes de sus buenas intenciones, abriendo los grane ros públicos, para asistir a los que se encontraban en la necesidad. Llamó a su lado al intendente en jefe de la música, y le dijo: «Compón para mí un canto de música que exprese la alegría mutua de un príncipe y de un ministro.» Ahora, esta música es la que se llama Tchi-chao y Kio-chao (la primera que tiene relación con los asuntos del príncipe, y la segunda, que se relaciona con el pueblo). Las palabras de esta música son la oda del Libro de los versos, que dice:

«¿Qué falta se puede atribuir
»A1 ministro que modera y retiene a su príncipe?
»El que modera y retiene al príncipe, ama al príncipe.»

5. Siuan-vang, rey de Thsi, hizo una pregunta en estos términos: «Todo el mundo me dice que demuela el Palacio de la luz (Ming-thang) (81). ¿Es preciso que me decida a destruirle?»

Mencio respondió con respeto: «En otro tiempo, cuando Ven-vang gobernada (el antiguo reino de) Khi, los labradores pagaban como impuesto la novena parte de sus productos; las funciones públicas (entre las manos de los descendientes de los hombres ilustres y virtuosos de los primeros tiempos), con la sucesión de generaciones llegaron a ser asalariadas; en los pasos de las fronteras y en los mercados era ejercida una activa vigilancia, pero no se exigía ningún derecho; en los lagos y en los estanques no estaban prohibidos los utensilios de pesca; los criminales no eran castigados en sus mujeres y en sus hijos. Los ancianos que no tenían mujeres eran nombrados viudos o sin compañeras (kuan); la mujer de edad que no tenía marido era llamada viuda o sin compañero (kua); el anciano privado de hijos era llamodo solitario (tu); los jóvenes privados de su padre y madre eran llamados huérfanos, sin apoyo (ku.) Estas cuatro clases formaban la población más miserable del Imperio y no tenían nadie que se ocupara de ella. Vanvang, introduciendo en su gobierno los principios de equidad y de justicia y practicando en todas las ocasiones la gran virtud de humanidad, se aplicó ante todo al alivio de estas cuatro clases. El Libro de los versos dice:

«Se puede ser rico y poderoso;

»Pero es preciso tener compasión para los desgraciados viudos y huérfanos.»

El rey dijo: «¡Qué admirables son las palabras que acabo de escuchar!» Mencio añadió: «¡Oh rey!, si tú las encuentras admirables, ¿por qué no las practicas?» El rey dijo: «Mi mezquina persona tiene un defecto; mi mezquina persona ama las riquezas.»

Mencio respondió con respeto: «En otro tiempo, Kong-lieu amaba también las riquezas.

»El Libro de los versos dice (hablando de Kong-leu):

«Amontonaba (montones de trigo), acumulaba (los granos en los graneros);

»Reunía provisiones secas en sacos sin fondo y en sacos con fondo.

»Su pensamiento se ocupaba de pacificar al pueblo para dar brillo a su reino.

»Los arcos y las flechas estaban preparadas,

»Así como los escudos, las lanzas y las hachas;

»Entonces comenzó a ponerse en marcha.»

«Por eso los que quedaron tuvieron trigo amontonado en depósitos y granos acumulados en los graneros; y los que partieron (para la emigración en el lugar llamado Pin) tuvieron provisiones secas reunidas en sus sacos; a consecuencia de estas medidas pudieron ir a ponerse en marcha. Rey, si amas las riquezas, compártelas con el pueblo; ¿qué dificultad encontrarás entonces para reinar?»

El rey dijo: «Mi mezquina persona aún tiene otra debilidad; mi mezquina persona ama la voluptuosidad.»

Mencio respondió con respeto: «En otro tiempo, Taï-vang (el antepasado de Ven-vang) amaba la voluptuosidad: adoraba a su mujer.

»El Libro de los versos dice: «Tan-fu, sobrenombrado Ku-hong (el mismo que Taï-vang),

»Llegó una mañana, corriendo a caballo;

»Costeando los bordes del río occidental.

»Llegó al pie del monte Khi.

»Su mujer, Kiang, estaba con él;

»Allí es donde fijó con ella su morada.»

«En aquel tiempo no había en el interior de las casas ninguna mujer indignada (de estar sin marido), y en todo el reino no había solteros. Rey, si amas la voluptuosidad (ámala como Taï-vang) y hazla común a toda la población (haciendo que nadie esté privado de los placeres del matrimonio); entonces, ¿qué dificultad encontrarás para reinar?»

6. Mencio, dirigiéndose a Siuan-vang, rey de Thsi, le dijo: «Yo supongo que un servidor del rey tenga bastan te confianza con un amigo para confiarle a su mujer y a sus hijos en el momento en que va a viajar al Estado de Thsu. Cuando este hombre se halla de vuelta, se entera de que su mujer y sus hijos han sufrido frío y hambre; entonces, él, ¿qué debe hacer?»

El rey dijo: «Romper completamente con su amigo.»

Mencio dijo: «Si el jefe supremo de la justicia (Sse-sse) no puede gobernar a los magistrados que le están subordinados, entonces, ¿qué partido hay que tomar con él?»

El rey dijo: «Es preciso destituirle.»

Mencio dijo: «Si las provincias situadas entre los cuatro límites extremos del reino no están bien gobernadas, ¿qué será preciso hacer?»

El rey (fingiendo no comprender) miró a derecha e izquierda y habló de otra cosa (no queriendo comprender que esta vez era él el aludido).

7. Mencio, habiendo ido a visitar a Siuan-vang, rey de Thsi, le dijo: «Lo que hace decir que un reino es antiguo no son los viejos y altos árboles que en él se encuentran; son las generaciones sucesivas de ministros hábiles que le han hecho feliz y próspero. Rey, tú no tienes ningún ministro íntimo (que tenga tu confianza como tú la suya); los que has hecho ayer ministros, no recuerdas hoy ni siquiera que los has destituído.»

El rey dijo: «¿Cómo sabría de antemano, con objeto de rechazarles, que no tienen talento?»

Mencio dijo: «El príncipe que gobierna un reino, cuando eleva a los sabios a los honores y a las dignidades, debe adoptar en su elección la atención y la circunspección más grandes. Si obra de suerte a dar la preferencia (a causa de su sabiduría) a un hombre de una condición inferior sobre un hombre de una condición elevada y a un pariente lejano sobre un pariente más próximo, ¿no habría puesto en su elección mucha atención y vigilancia?

»Si todos los que te rodean te dicen: «Tal es sabio»; esto no debe bastar (para creerlo); si todos los grandes funcionarios dicen: «Tal es sabio», esto no debe bastar aún; si todos los hombres del reino dicen: «Tal es sabio», y después de haber adquirido informaciones para saber si era fundada la opinión pública le has encontrado sabio, debes al punto emplearle (en las funciones públicas, de preferencia a todas las demás).

»Si todos los que te rodean te dicen: «Tal es indigno» (o impropio para desempeñar un destino público), no los escuches; si todos los grandes funcionarios dicen: «Tal es indigno», y después de haber adquirido informaciones para saber si era fundada la opinión pública le has encontrado indigno, debes al punto alejarle (de las funciones públicas).

»Si todos los que te rodean te dicen: «Tal debe ser condenado a muerte», no los escuches; si todos los grandes funcionarios dicen: «Tal debe ser condenado a muerte», no los escuches; si todos los hombres del reino dicen: «Tal debe ser condenado a muerte», y después de haberte informado para saber si era fundada la opinión pública, le has hallado merecedor de la muerte, debes al punto hacerle morir. Es por lo que se dice que la opinión pública es la que le ha condenado a morir. Si el príncipe obra de esta manera (en el empleo de los honores y en el uso de los suplicios), podrá así ser considerado como el padre y la madre del pueblo.»

8. Siuan-vang, rey de Thsi, hizo una pregunta en es tos términos: «¿Es verdad que Tching-thang (fundador de la segunda dinastía china) destronó a Tie (último rey de la primera dinastía) y le envió al destierro, y que Vu-vang condenó a muerte a Cheu-sin (último rey de la segunda dinastía)?»

Mencio respondió con respeto: «La historia lo refiere.» El rey dijo: «Un ministro o un súbdito, ¿tienen derecho a destronar o matar a su príncipe?»

Mencio dijo: «El que ha hecho un robo a la humanidad es llamado ladrón; el que ha hecho un robo a la justicia (que la ultraja) es llamado tirano (82). Luego, un ladrón y un tirano son hombres a los que se llama aislados, réprobos (abandonados de sus parientes y de la multitud).» He oído decir que Tchin-tchang había condenado a muerte a un hombre aislado, réprobo (abandonado de todo el mundo) llamado Cheu-sin; yo no he oído decir que hubiera matado a su príncipe.

9. Habiendo ido Mencio a visitar a Siuan-vang, rey de Thsi, le dijo: «Si tú mandas construir un gran palacio, entonces estarás obligado a ordenar al jefe de los obreros que busque árboles gruesos (para hacer postes y vigas); si el jefe de los obreros llega a procurarse esos árboles gruesos, entonces el rey estará satisfecho, porque los considerará como pudiendo soportar el peso a que se los destina. Pero si el carpintero, trabajándolos con su hacha, los reduce a una dimensión demasiado pequeña, entonces el rey se enojará porque los considerará como no pudiendo soportar el peso a que se los destinaba. Si un hombre sabio se entrega al estudio desde su infancia, y llegando a la edad madura, y deseando poner en práctica los principios de las sabidurías que ha aprendido, el rey dice: «Ahora abandona todo lo que has aprendido y sigue mis instrucciones», ¿qué pensarías de esto?

»Además, supongo que si una piedra de jade en bruto está en su poder, aunque pueda pesar diez mil li (o 200.000 onzas chinas), seguramente llamarás a un lapidario para trabajarla y pulirla. En cuanto a lo que concierne al gobierno del Estado, si dices (a los sabios): «Abandonad todo lo que habéis aprendido y seguid mis instrucciones», ¿obrarás diferentemente que si quisieras instruir al lapidario sobre la manera cómo debe tallar y pulir tu piedra en bruto?»

10. Los hombres de Thsi atacaron a los de Yan y los vencieron.

Siuan-vang interrogó (a Mencio) diciéndole: «Los unos me dicen no apoderarme (del reino de Yan); otros me dicen que vaya a apoderarme de él. Que un reino de diez mil carros pueda conquistar otro reino de diez mil carros en el espacio de cinco décadas (o cincuenta días) y ocuparle, la fuerza humana no llega hasta esto. Sí no voy a apoderarme de ese reino, experimentaré ciertamente el disfavor del Cielo; si voy a apoderarme de él, ¿qué ocurrirá?»

Mencio respondió con respeto: «Si el pueblo de Yan se regocija de verte tomar posesión de ese Estado, ve a tomar posesión de él; el hombre de la antigüedad que obró así fué Vu-vang. Si el pueblo de Yan no se regocija de verte tomar posesión de ese reino, entonces no vayas a tomar posesión de él; el hombre de la antigüedad que obró así fué Ven-vang.

»Si con las fuerzas de un reino de diez mil carros atacas otro reino de diez mil carros y el pueblo viene delante de los ejércitos del rey ofreciéndoles arroz cocido para comer y vino para beber, ¿piensas que el pueblo tiene otra causa para obrar así que la de huir del agua y del fuego (o sea de una cruel tiranía)?

»Pero si tú quisieras hacer esta agua más profunda y este fuego más abrasador (es decir, si tú vas a ejercer esa tiranía de un modo más cruel aún), se volverá hacia otro lado para obtener su liberación; he ahí todo.»

11. Habiendo atacado los hombres de Thsi al Estado de Yan y habiéndolo tomado, todos los demás príncipes resolvieron libertar a Yan, Siuan-vang dijo: «Los príncipes de los diferentes Estados han resuelto en gran número atacar mi mezquina persona; ¿cómo haré para aguandarlos?» Mencio respondió con respeto: «Tu servidor ha oído hablar de un hombre que no poseyendo más que setenta li (siete leguas) de territorio, llegó, sin embargo, a aplicar los principios de un buen gobierno a todo el Imperio. Tchi-tchang fue este hombre. Pero jamás he oído decir que un príncipe, poseyendo un Estado de mil li (cien leguas), temiese los ataques de los hombres.

»El Chu-King, libro por excelencia, dice: Tching-tchang, yendo por primera vez a combatir a los príncipes que tiranizaban al pueblo, comenzó por el rey de Ko; el Imperio puso en él toda su confianza; si llevaba sus armas hacia el Oriente, los bárbaros del Occidente se quejaban (y suspiraban después de libertados) diciendo: «¿Por qué nos pone después de los demás?» Los pueblos aspiraban por él como después de una gran sequía se aspira por las nubes y el arco iris. Los que (bajo su gobierno) se dirigían a los mercados no eran detenidos en el camino; los que labraban la tierra no eran transportados de un sitio a otro. Tchin-tchang condenaba a muerte a los príncipes (que ejercían la tiranía) y aliviaba con ello a los pueblos. Como cuando la lluvia cae en un tiempo deseado, los pueblos experimentaban una gran alegría.

»El Chu-King dice: «Nosotros aguardábamos ávidamente a nuestro príncipe; después de su llegada, hemos vuelto a la vida.»

Ahora, el rey de Yan oprimía a su pueblo; tú, rey, has ido para combatirle y le has vencido. El pueblo de Yan, pensando que el vencedor le libraría del miedo del agua y del fuego (de tu tiranía bajo la cual gemía), vino al encuentro de tu ejército, ofreciéndole arroz cocido para comer y vino para beber. Pero si tú haces morir a los padres y a los hermanos mayores; si encadenas a los niños y a los hermanos pequeños; si destruyes los templos dedicados a los antepasados; si arrebatas de estos templos los vasos preciosos que encierran, ¿qué ocurrirá con esto? El Imperio entero temería ya ciertamente el poderío de Thsi. Luego, si sobre doblar la extensión de tu territorio no practicas un gobierno humano, levantarás con ello los ejércitos del Imperio.

«Pero si promulgases protamente un decreto que ordenase devolver a sus parientes los ancianos y los niños, cesar de arrebatar de los templos los vasos preciosos, y si, de concierto con el pueblo de Yan, restableces a su cabeza a un príncipe sabio y abandonas su territorio, entonces puedes llegar a detener (los ejércitos de otros príncipes, todos prontos a atacarle)».

12. Los príncipes de Tseu y de Lu, habiéndose puesto en hostilidad uno contra otro, Mu-kon (príncipe de Tseu) hizo una pregunta en estos términos: «Los jefes de mis tropas que han perecido combatiendo han sido en número de treinta y tres, y nadie de entre los hombres del pueblo ha muerto defendiéndolos. Si yo condeno a muerte a los hombres del pueblo, yo no podré hacer morir a todos los que serán condenados; si yo no

los condeno a muerte, ellos verán, por consiguiente, con desdén la muerte de sus jefes y no los defenderán. En estas circunstancias, ¿cómo debo obrar para hacerlo bien?»

Mencio respondió con respeto: «En los últimos años de esterilidad, de desastres y de hambre, el número de las personas de tu pueblo, tanto ancianos como enfermos que se han precipitado en los fosos llenos de agua o en los mares, comprendiendo en él los jóvenes fuertes y vigorosos que se han dispersado en las cuatro partes del Imperio (para buscar sustento), este número, digo yo, se eleva a cerca de mil, y durante este tiempo los graneros del príncipe rebosaban de provisiones; sus tesoros estaban llenos, y ningún jefe del pueblo ha instruído al príncipe de los sufrimientos de éste. He ahí cómo los superiores desdeñan y tiranizan horriblemente a los inferiores. Thseng-tsé decía: «¡Cuidado! ¡Cuidado! Lo que de vosotros sale, a vosotros vuelve.» El pueblo ahora ha devuelto lo que ha recibido. Que el príncipe no le acuse por ello.

»Desde el instante en que el príncipe practica un gobierno humano, al punto el pueblo toma afecto a sus superiores y dará su vida por sus jefes.»

13. Ven-kong, príncipe de Teng, hizo una pregunta en estos términos: «Teng es un pequeño reino; pero como está situado entre los reinos de Thisi y de Thsu, ¿serviría yo a Thsi o serviría a Thsu?»

Mencio respondió con respeto: «Es uno de esos consejos que no está en mí podértelo dar. Sin embargo, si continúas insistiendo, entonces te daré uno (que será dado por necesidad): horada profundamente estos fosos; eleva más altas estas murallas, y si con el concurso del pueblo, puedes guardarlas, si estás pronto a soportarlo todo hasta morir, para defender tu ciudad, y el pueblo no te abandona, entonces es eso todo lo que puedes hacer (en las circunstancias en que te encuentras).»

14. Ven-kong, príncipe de Teng, hizo otra pregunta en estos términos: «Los hombres de Thsi están a punto de rodear de murallas el Estado de Sië; yo experimento ante eso un gran temor. ¿Qué debo hacer en estas circunstancias?»

Mencio respondió con respeto: «En otro tiempo, Taï-vang habitaba en la tierra de Pin: los bárbaros del Norte, llamados Jung, le inquietaban sin cesar en sus incursiones; abandonó esta residencia y se fue al pie del monte Khi, donde se fijó; no fue por elección y por propósito deliberado por lo que obró así, sino porque no podía hacer de otro modo.

»Si alguno practica constantemente la virtud, a través de las generaciones se encontrará siempre, entre sus hijos y sus nietos, un hombre que será elevado a la realeza. El hombre superior que quiere fundar una dinastía, con intención de transmitir la soberana autoridad a su descendencia, obra de tal suerte que su empresa pueda ser continuada. Si este hombre superior realiza su obra (si es elevado a la realeza), entonces el Cielo se ha pronunciado. Príncipe, ¿qué te hace este reino de Thsi? Esfuérzate en practicar la virtud (que facilita el camino de la realeza) y limítate a ello.»

15. Ven-kong, príncipe de Teng, hizo aún una pregunta en estos términos: «Teng es un pequeño reino. Aunque haga todos sus esfuerzos para ser muy agradable a los grandes reinos, no podrá evitar su ruina. En estas circunstancias, ¿qué piensas que yo puedo hacer?» Mencio respondió con respeto: «En otro tiempo, cuando Taï-vang habitaba el territorio de Pin y los bárbaros del Norte le inquietaban sin cesar con sus incursiones, él

se esforzaba por serles agradable, ofreciéndoles como tributo pieles de animales y telas de seda; pero no llegó a impedir sus incursiones; en seguida les ofreció perros y caballos, y aun no llegó a impedir sus incursiones; les ofreció, en fin, perlas y piedras preciosas, y no pudo impedir sus incursiones. Entonces, habiendo reunido a todos los ancianos del pueblo, los informó de lo que había hecho y les dijo: «Lo que los Jung (bárbaros del Norte o tártaros) desean es la posesión de nuestro territorio. Yo he oído decir que el hombre superior no causa perjuicio a los hombres con motivo de lo que sirve para su alimento y para su mantenimiento. Vosotros, hijos míos, ¿por qué os afligís de que pronto no tendréis príncije? Voy a abandonaros.» Abandonó, pues, Pin, franqueó el monte Liang y, habiendo fundado una ciudad al pie de la montaña Khi, fijó en ella su residencia. Entonces, los habitantes de Pin dijeron: «¡Era un hombre muy humano nuestro príncipe! nosotros no debemos abandonarle!» Los que le siguieron se apresuraron, como la multitud cuando se dirige al mercado.

»Alguien dijo (a los ancianos): «El territorio nos ha sido transmitido de generación en generación; no es una cosa que podemos, por nosotros mismos, transmitir (a extranjeros); debemos soportar todo, hasta la muerte, para conservarle y no abandonarle.» Príncipe, yo ruego que elijas entre estas dos resoluciones.»

16. Phing-kong, príncipe de Lu, estaba dispuesto a salir (para visitar a Mengtsé) cuando su ministro favorito, Thasan-tsang, le habló así: «Los otros días, cuando el príncipe salía, prevenía a los jefes de servicio del lugar adonde se dirigía; hoy, aunque los caballos están ya enganchados al carro, los jefes de servicio no saben aún dónde va. Permíteme que yo ose preguntártelo.» El príncipe dijo: «Voy a hacer una visita a Mencio.» Thsang-tsang dijo: «¡Cómo! El paso que da el príncipe es el de una persona sin importancia, yendo el primero a visitar a un hombre vulgar. ¿Le consideras, acaso, como un sabio? Los ritos y la equidad son practicados en público por el que es sabio; sin embargo, los últimos funerales que Mencio ha mandado hacer (a su madre) han sobrepujado (en suntuosidad) a los primeros funerales que mandó hacer (por su padre), faltando de este modo a los ritos. Príncipe, no debes visitarle.» Phing-kong dijo: «Tienes razón.»

Lo-tchin-tsé (discípulo de Mengtsé), habiendo ido a la corte para ver al príncipe, le dijo: «Príncipe, ¿por qué no has ido a ver a Meng-kho (Mencio)?» El príncipe le respondió: «Cierta persona me ha informado que en los últimos funerales que Mencio había hecho (a su madre) había sobrepujado (en suntuosidad) los primeros funerales que había hecho (a su padre). Por eso es por lo que no he ido a verle.» Lo-tchin-tsé dijo: «¿Qué es lo que el príncipe entiende por la expresión sobrepujar? Mi maestro ha hecho los primeros funerales conformemente a los ritos prescritos por los sencillos letrados, y los últimos, conformemente a los ritos prescritos por los grandes funcionarios; en los primeros ha empleado tres trípodes y en los últimos ha empleado cinco; ¿es esto lo que has querido decir?» —De ningún modo, repuso el rey. Yo hablo del ataúd interior y de la tumba exterior, así como de la belleza de los trajes de luto. Lo-tchin-tsé dijo: «En eso no se puede decir que ha sobrepujado (los primeros funerales por el lujo de los últimos); las facultades del pobre y del rico no son las mismas (83).»

Lo-tchin-tsé, habiendo ido a visitar a Mencio, le dijo: «He hablado de ti al príncipe; el príncipe había dado sus disposiciones para venir a verte; pero su favorito Thsang-tsang es el que se lo ha impedido; he ahí realmente por qué el príncipe no ha venido.»

Mencio dijo: «Si se llega a hacer practicar al príncipe los principios de un sabio gobierno, es que alguna causa desconocida le habrá obligado a ello; si no llega, es que alguna causa desconocida se lo habrá impedido. El éxito o el fracaso no están en poder del hombre; si yo no he tenido la entrevista con el príncipe de Lu, es el Cielo quien lo ha querido. ¿Cómo el hijo de la familia Thsang (Thsang-tsang) hubiera podido impedir que me entrevistase con el príncipe?»

Capítulo III

1. Kong-sun-tcheu (discípulo de Mencio) hizo una pregunta en estos términos: «Maestro, si tú obtuvieras una magistratura, un mando provincial en el reino de Thsi, ¿se podría, sin duda, ver renovarse las acciones meritorias de Kuan-tchung y de Yan-tsé?»

Mencio dijo: «Tú eres verdaderamente un hombre de Thsi. Tú conoces a Kuan-tchung y a Yan-tsé, y ¡he ahí todo!»

Alguien interrogó a Thsen-si (nieto de Thseng-tsé) en estos términos: «Dime cuál de vosotros o de Tseu-lu es el más sabio.» Thseng-si respondió con cierta agitación: «Mi abuelo tenía mucha veneración por Tseu-lu.» Si es así, entonces, dime: «¿Cuál de vosotros o de Kuan-tchung es el más sabio?» Thseng-si pareció indignarse por esta nueva pregunta, que le desagradó, y respondió: «¿Cómo puedes compararme con Kuan-Tchung? Kuantchung obtuvo los favores de su príncipe y éste le dio toda su autoridad. Además de esto, dirigió la administración del reino tan largo tiempo (durante cuarenta años) que sus acciones, tan alabadas (atendiendo a sus medios de acción), no son sino muy ordinarias. ¿Por qué me comparas con este hombre?»

Mencio dijo: «Thseng-si no se preocupaba de pasar por otro Kuapg-tchung, ¡y tú querrías que yo deseara parecerme a él!»

El discípulo añadió: «Kuang-tchung hizo a su príncipe el jefe de los demás príncipes; Yang-tsé hizo a su príncipe ilustre. Kuang-tchun y Yang-tsé, ¿no son dignos de ser imitados?»

Mencio dijo: «Sería tan fácil hacer a un príncipe soberano del rey de Thsi como volver la mano.»

El discípulo respondió: «Si es así, entonces las dudas y las perplejidades de tu discípulo son llevadas hasta su último grado; porque, en fin, si nosotros nos referimos a la virtud de Ven-vang, que no murió sino después de haber alcanzado la edad de cien años, vemos que pese a ello no pudo llegar al gobierno de todo el Imperio, Vu-vang y Tcheu-kung tuvieron que continuar la ejecución de sus proyectos. Y así, gracias a esta continuación, se cumplió la renovación de todo el Imperio. Si ahora dices que nada es tan fácil como obtener la soberanía del Imperio; entonces, ¿Ven-vang no basta para ser ofrecido como modelo?»

Mencio dijo: «¿Cómo podría ser igualada la virtud de Ven-vang? Desde Tching-tchang hasta Vu-ting ha habido seis o siete príncipes dotados de sabiduría y de santidad. El Imperio ha estado sometido a la dinastía de Yn durante largo tiempo. Y por eso mismo que ha estado sometido durante largo tiempo, ha sido tanto más difícil operar cambios. Vu-ting convocó a su corte a todos dos los príncipes vasallos y obtuvo el Imperio con la misma facilidad que si hubiera vuelto su mano. Como Tcheu (o Cheu-sin) no reinó mucho tiempo después de Vu-ting (84), las antiguas familias que habían dado ministros a este rey, los hábitos de benevolencia o de humanidad que el pueblo tenía, las sabias instrucciones y las buenas leyes estaban aún subsistentes. Además, existían también Vei-tsé, Vei-tchung, los hijos del rey, y Pikan, Kitseu y Kiao-ke. Todos estos hombres, que eran sabios, se reunieron para ayudar y servir a este príncipe. Es por lo que Cheu-sin reinó largo tiempo y acabó por perder el Imperio. No existía un palmo de terreno que no fuera de su posesión ni un pueblo que no le estuviera sometido. Ven-vang no poseía más que una pequeña comarca de cien li (diez leguas) de circunferencia, de la cual partió (para conquirtar el Imperio). Es por lo que experimentó tantas dificultades.

»Los hombres de Thsi tienen un proverbio que dice: «Aunque se posea la penetración y la prudencia, nada es tan ventajoso como las circunstancias oportunas, aunque se tengan buenos instrumentos agrícolas, nada tan ventajoso como esperar la estación favorable.» Si el tiempo ha llegado, entonces todo es fácil.

»Cuando florecían los príncipes de Hia y los de Yin y de Tcheu, su territorio no pasó jamás de mil li (o cien leguas); el reino de Thsi tiene hoy esta extensión de territorio. El canto de los gallos y los ladridos de los perros respondiéndose mutuamente (tan apiñada está la población), se oyen hasta en las cuatro extremidades de las fronteras; por consiguiente, el reino de Thsi tiene una población igual a la suya (a la de estos reinos de mil li de extensión). No se tiene necesidad de cambiar los límites de su territorio para agrandarle ni de aumentar el número de su población. Si el rey de Thsi practica un movimiento humano (lleno de amor por su pueblo), nadie podrá impedirle extender su soberanía sobre todo el Imperio.

»Además, no se ve surgir príncipes que ejerzan la soberanía. Su interregno jamás ha sido tan largo como en nuestros días. Los sufrimientos y las miserias producidos por gobiernos crueles y tiránicos, jamás han sido tan grandes como en nuestros días. Es fácil hacer comer a los que tienen hambre y hacer beber a los que tienen sed.»

Kungtsé decía: «La virtud en un buen gobierno se esparce como un río; marcha más de prisa que el peatón o el caballero que lleva las proclamas reales. Si en nuestros días un reino de diez mil carros llega a poseer un gobierno humano, los pueblos se regocijarán de ello como (se regocija de su liberación) el hombre al que se le ha librado de la horca donde estaba suspendido con la cabeza abajo. Así es que si se hace la mitad de los actos bienhechores de los hombres de la antigüedad, los resultados serán más que dobles. Tan sólo ahora pueden realizarse tales cosas.»

2. Kong-sun-tcheu hizo otra pregunta en estos términos: «Maestro, yo supongo que tú eres gran dignatario y primer ministro del reino de Thsi y que llegas a poner en práctica tus doctrinas de buen gobierno, aunque pudiese resultar de aquí que el rey llegase a ser jefe soberano de los demás reyes o soberanos del Imperio, no habría en ello nada de extraordinario. Si llegaras así a ser primer ministro del reino, ¿experimentarías en tu corazón sentimientos de duda o de temor?» Mencio respondió: «De ningún modo.

Desde que he alcanzado los cuarenta años no he sentido yo esos movimientos del corazón.»

El discípulo añadió: «Si eso es así, entonces, maestro, sobrepujas mucho a Meng-pun.»

«No es difícil, repuso Mencio, permanecer impasible. Kao-tsé, de una edad más joven aún que yo, no se dejaba conmover el alma por ninguna emoción.» —«¿Hay medios o principios fijos para no dejarse conmover el alma?»— «Los hay.

»Pe-kung-yeu mantenía su valor viril de esta manera: No aguardaba, para defenderse, a ser abrumado por los dardos de su adversario ni tener los ojos deslumhrados por el brillo de sus armas; de haber recibido la menor injuria de un hombre, pensaba al punto en vengarla como si hubiera sido ultrajado en la plaza pública o en la corte. No recibía injurias ni de un villano vestido con un largo traje de lana ni de un príncipe de diez mil carros (del rey de un poderoso reino). Lo mismo pensaba en su interior matar al príncipe de diez mil carros que matar al hombre vestido de largo traje de lana. No tenía miedo de ninguno de los príncipes del Imperio; si llegaban a sus oídos palabras ultrajantes pronunciadas por ellos, al punto se las devolvía. Era de ese modo como Meng-chi-che mantenía también su valor viril. Decía: «Miro de la misma manera la derrota que la victoria. Calcular el número de los enemigos antes de avanzar sobre ellos y meditar largo tiempo sobre la probabilidad de vencer antes de empeñar el combate, es tener tres ejércitos enemigos.» ¿Piensas que Meng-chi-che podía adquirir la certeza de vencer? Podía solamente estar desnudo de todo temor, y he ahí todo.

»Meng-chi recuerda a Thseng-tsé por el carácter. Pe-kung-tieu recuerda a Tseu-hia. Si se compara el valor viril de estos dos hombres, no se puede determinar cuál de los dos sobrepuja al otro; sin embargo, Meng-chi-che tenía el (valor) más importante (el que consiste en tener un imperio absoluto sobre sí mismo). En otro tiempo, Thseng-tsé, dirigiéndose a Tseu-siang, le dijo: «¿Amas el valor viril? Yo he oído hablar mucho del gran valor viril (o de la fuerza de alma) a mi maestro (Kungtsé), que decía: «Cuando me examino a mí mismo y no me encuentro el corazón recto, aunque tenga por adversario a un hombre grosero vestido con un largo traje de lana, ¿cómo no experimentaría en mí algún temor? Cuando me examino a mí mismo y me encuentro el corazón recto, aunque pueda tener por adversarios mil o diez mil hombres, iría sin temor hacia el enemigo.»

»Meng-chi-che poseía la bravura que nace de la impetuosidad de la sangre, y que no es comparable al valor más noble que poseía Thseng-tseu (el de una razón esclarecida y soberana).»

Kong-sun-tcheu dijo: «¿Osaría preguntar sobre qué principio está fundada la fuerza o la firmeza de alma de mi maestro y sobre qué principio estaba fundada la fuerza o la firmeza de alma de Kao-tsé? ¿Podría conseguir saberlo de ti?» Mencio respondió: «Kao-tsé decía: «Si no os apoderáis claramente de la razón de las palabras que alguien os dirige, no la busquéis en (las pasiones de) su alma; si no la encontrais en (las pasiones de) su alma, no la busquéis en los movimientos desordenados de su espíritu vital.»

»Si no la encuentras en (las pasiones de) su alma, no la busques en los movimientos desordenados de su espíritu vital; esto se debe hacer; pero si no te apoderas claramente de la razón de las palabras que alguien te dirige, no la busques en (las pasiones de) su alma;

esto no se debe hacer. Esta inteligencia (que poseemos en nosotros, y que es el producto del alma) manda al espíritu vital. El espíritu vital es el complemento necesario de los miembros corporales del hombre; la inteligencia es la parte más noble de nosotros mismos; el espíritu vital viene en seguida. Por eso yo digo: Es preciso vigilar con respeto la inteligencia y no turbar el espíritu vital.»

(El discípulo añadió): «Tú has dicho: «La inteligencia es la parte más noble de nosotros mismos; el espíritu vital viene en seguida.» Tú has dicho aún: «Es preciso vigilar con respeto la inteligencia y conservar con cuidado el espíritu vital.» ¿Qué entiendes por ello?» Mencio dijo: «Si la inteligencia se entrega a su acción individual, entonces llega a ser la esclava sumisa del espíritu vital; si el espíritu vital se entrega a su acción individual, entonces turba la inteligencia. Supongamos que un hombre cae de cabeza o que huye con precipitación; en los dos casos se agita el espíritu vital y sus movimientos obran sobre su inteligencia.»

El discípulo continuó: «¿Permites que te pregunte, maestro, en qué tienes más razón (que Kao-tsé)?»

Mencio dijo: «Yo comprendo claramente la razón de las palabras que se me dirigen; yo dirijo según los principios de la recta razón mi espíritu vital, que corre y circula por doquier.»

—Permíteme que ose preguntarte: ¿qué entiendes por el espíritu vital que corre y circula por doquier?

«Esto es difícil de explicar.

»Este espíritu vital tiene un carácter tal, que es soberanamente grande (sin límites), soberanamente fuerte (no pudiendo nadie retenerle). Si se le dirige según los principios de la recta razón y no se le deja sufrir ninguna perturbación, entonces llenará el intervalo que separa el Cielo y la Tierra.

»Este espíritu vital tiene aún este carácter: que reúne en sí los sentimientos naturales de la justicia o del deber y de la razón; sin este espíritu vital, el cuerpo tiene sed y hambre.

»Este espíritu vital es producido por una gran acumulación de equidad (un gran cumplimiento de deberes) y no por algunos actos accidentales de equidad y de justicia. Si las acciones no llevan la satisfacción al alma, entonces tiene sed y hambre. Yo, por esta razón, digo, pues: Kao-tseu no ha conocido jamás el deber, puesto que le juzgaba exterior al hombre.

»Es preciso practicar buenas obras y no calcular de antemano los resultados. El alma no debe olvidar su deber ni precipitar su cumplimiento. No es preciso parecerse al hombre del Estado de Sung. Había en el Estado de Sung un hombre que estaba desolado porque sus trigos no crecían; fue a medio arrancarlos para hacerlos crecer más de prisa. Se volvió con aire atontado y dijo a las personas de su familia: Hoy estoy muy fatigado; he ayudado a nuestros trigos a crecer. Sus hijos acudieron apresuradamente para verlos, pero todos los tallos del trigo se habían secado.

»Los que en el Mundo no ayudan a sus trigos a crecer son muy raros. Los que piensan que no hay ningún provecho que retirar (del cultivo del espíritu vital) y le abandonan a él mismo, son como el que ayuda a crecer los trigos arrancándolos una mitad. No solamente en estas circunstancias no se ayuda, sino que se daña.»

—¿Qué entiendes por estas expresiones: «Yo comprendo claramente la razón de las palabras que se me dirigen»? Mencio dijo: «Si las palabras de alguno son erróneas, yo conozco lo que turba su espíritu o le induce al error; si las palabras de alguno son abundantes y difusas, yo conozco lo que le hace caer así en la locuacidad; si las palabras de alguno son licenciosas, yo sé lo que ha apartado su corazón de la recta vía; si las palabras de alguno son ambiguas, evasivas, yo sé lo que ha despojado su corazón de la recta razón. Desde el instante en que los defectos han nacido en el corazón de un hombre, éstos alteran sus sentimientos de rectitud y de buena dirección; desde el instante en que la alteración de los sentimientos de rectitud y de buena dirección del corazón ha sido producida, las acciones se encuentran viciadas. Si los santos hombres apareciesen de nuevo sobre la Tierra, darían, sin duda alguna, su asentimiento a mis palabras.»

—Tsaï-ngo y Tseu-kung hablaban de una manera admirablemente conforme a la razón; Jan-nieu, Min-tsu y Yan-yuan sabían hablar de una manera perfecta y obraban conforme a la virtud. Kungtsé reunía todas estas cualidades, y, sin embargo, él decía: «Yo no soy hábil en el arte de la palabra.» Según lo que has dicho, maestro, ¿serías tú mucho más consumado en la santidad? —¡Oh el blasfemo!, repuso Mencio; ¿cómo puedes tener parecido lenguaje?

En otro tiempo, Tseu-kung, interrogando a Kungtsé, le dijo: «Maestro, ¿eres un santo?» Kungtsé le respondió: «¿Un santo? ¡Estoy bien lejos de poderlo ser! Yo estudio, sin jamás abandonarme, los preceptos y las máximas de los santos hombres, y las enseño sin fatigarme jamás.» Tseu-kung añadió: «Estudiar sin jamás fatigarse es ser esclarecido; enseñar a los hombres sin fatigarse jamás, es poseer la virtud de humanidad, maestro; tú eres, por consiguiente, santo.» Si Kungtsé (añadió Mencio) no osaba permitirse aceptar el título de santo, ¿cómo podrías sostener a propósito de mi parecido lenguaje?

Kong-sun-tcheu prosiguió: «En otro tiempo oí decir que Tsé-hia, Tsé-yeu y Tsé-tchang tenían los tres una parte de las virtudes que constituyen al hombre santo, y que Jan-nieu, Min-tsé y Yan-yuan tenían todas, sólo que mucho menos desarrolladas. ¿Osaría preguntarte en cuál de estos grados de santidad gustarías estar?»

Mencio dijo: «¿Yo? Yo los rechazo todos (aspiraba al mayor grado de santidad).» El discípulo continuó: «¿Qué piensas de Pe-i y de Y-yin?» —«Que no profesan las mismas doctrinas que yo. Si tu príncipe no es tu príncipe, no le sirvas; si el pueblo no es tu pueblo, no le mandes. Si el Estado se halla bien gobernado y en paz, procura sus empleos; si está revolucionado, entonces retírate, apártate. He ahí los principios de Pe-i.» «¿A quién servirías si no es al príncipe? ¿A quién mandarías si no es al pueblo? Si el Estado se halla bien gobernado, procura sus empleos; si está revuelto, procura igualmente sus empleos.» He ahí los principios de Y-yin. «Si conviene aceptar una magistratura, aceptad esta magistratura; si conviene cesar de ocuparla, cesad de ocuparla. Si conviene ocuparla largo tiempo, ocupadla largo tiempo; si conviene dimitir inmediatamente, no tardad un instante.» He ahí los principios de Kuntsé. El uno y los otros son santos de tiempos pasados. Yo, yo no he podido aún llegar a obrar como ellos; no obstante, lo que deseo por encima de todo es poder imitar a Kungtsé.

—Pe-i y Y-yin ¿son hombres del mismo orden que Kungtsé? —De ningún modo. Desde que existen los hombres hasta nuestros días, nadie ha habido jamás comparable a Kungtsé.

—No obstante, ¿no tuvieron algo semejante? —Tuvieron algo semejante, sí. Si hubieran poseído un dominio de cien li de extensión y hubieran sido príncipes, los tres hubiesen podido llegar a ser tan poderosos como para convocar a su corte a los príncipes vasallos y poseer el Imperio. Si, cometiendo una acción contraria a la justicia y haciendo morir a un inocente, hubieran podido obtener el Imperio, ninguno de ellos hubiera obrado así por conseguirle. En cuanto a esto, los tres se parecían.

El discípulo prosiguió: «¿Osaría preguntarte en qué se diferenciaban?»

Mencio dijo: «Taï-ngo, Tsé-kung y Yeu-jo eran bastante esclarecidos para conocer al santo hombre (Kungtsé). Sus escasas luces no llegaron, sin embargo, hasta exagerar los elogios de aquel a quien amaba con predilección.» Tsaï-ngo decía: «Si yo considero atentamente a mi maestro, le encuentro mucho más sabio que Yao y Chun.»

Tsé-kung decía: «Observando los usos y la conducta de los antiguos emperadores, conozco los principios que siguieron en el gobierno del Imperio; escuchando su música, conozco sus virtudes. Si después de cien generaciones clasifico por su orden las cien generaciones de reyes que han reinado, ninguno de ellos escapa a mis miradas. ¡Pues bien! Desde que existen los hombres hasta nuestros días, puedo decir que no ha existido nadie comparable a Kungtsé.»

Yeu-jo decía: «No solamente los hombres son de la misma especie; sino el Kilín, o Unicornio, y los demás cuadrúpedos que corren; el Fung-hoang o Fénix y los demás pajados que vuelan; el monte Tai-chan, así como las colinas y las demás elevaciones; los ríos y los mares, así como los pequeños cursos de agua y los estanques, pertenecen a las mismas especies. Los santos hombres, comparados con la multitud, son también de la misma especie; pero salen de su especie, se elevan sobre ella y dominan a la multitud de los demás hombres. Pero desde que existen los hombres hasta nuestros días no ha habido uno más perfecto que Kungtsé.»

3. Mencio dijo: «El que emplea todas las fuerzas de que dispone en simular las virtudes de humanidad, es que quiere llegar a ser jefe de muchos vasallos para tener un gran reino. El que emplea toda su virtud en practicar la humanidad, reina verdaderamente; para reinar verdaderamente no hay que esperar a codiciar un gran reino. Así, Tching-thang, con un Estado de setenta li (siete leguas) de extensión; Ven-vang, con un Estado de cien li (diez leguas) de extensión, llegaron al Imperio.

»El que doma a los hombres y los somete por la fuerza de las armas, no subyuga los corazones; por eso, la fuerza, sea cual fuere, siempre resulta insuficiente. El que somete a los hombres por la virtud, lleva la alegría a los corazones, que se entregan sin reserva, como los setenta discípulos de Kungtsé se sometieron a él.»

El Libro de los versos dice:

«Del occidente y del oriente,

«Del mediodía y del septentrión,

«Nadie pensó en no someterse.» Esta cita expresa mi pensamiento.

4. Mengtsé dijo: «Si el príncipe está lleno de humanidad, se procura una gran gloria; si no tiene humanidad, se deshonra. Ahora, si odiando el deshonor persevera en la inhumanidad, es como si detestando la humedad persevera en vivir en los lugares bajos. Si el príncipe odia el deshonor, no puede hacer nada mejor que honrar la virtud y elevar a las dignidades a los nombres distinguidos por su saber y por su mérito. Si los sabios ocupan los primeros empleos públicos, si los hombres de mérito son colocados en los mandos que les convienen y el reino goza de las comodidades de la paz, el momento es llegado de revisar y poner en buen orden el régimen civil y el régimen penal. Obrando así es como los demás Estados, por grandes que sean, se encontrarán en la necesidad de respetarle.»

El Libro de los versos dice:

«Antes de que el Cielo se oscurezca con nubes o que la lluvia caiga (es un pájaro el que habla),

»Levanto la corteza de la raíz de las moreras

«Para consolidar la puerta y las ventanas de mi nido.

«Después de esto, ¿cuál es el que de entre la multitud, que vive debajo de mí,

«Osaría venir a turbarme?»

Kungtsé decía: «¡Oh! ¡El que ha compuesto estos versos, qué bien conocía el arte de gobernar!

»En efecto, si un príncipe sabe gobernar bien su reino, ¿quién osaría venir a turbarle?

»Ahora, si cuando un reino goza de la paz y de la tranquilidad el príncipe emplea su tiempo en abandonarse a sus placeres viciosos y a la molicie, atraerá inevitablemente sobre su cabeza grandes calamidades.

»Las calamidades, así como las felicidades, no llegan sino porque las atraemos.»

El Libro de los versos dice:

«Si el príncipe piensa constantemente en conformarse al mandato que ha recibido del Cielo,

»Se atraerá muchas felicidades.»

El Tdï-kia dice: «Cuando el Cielo nos envía calamidades, podemos alguna vez evitarlas; cuando nos las atraemos nosotros mismos, no podemos soportarlas sin perecer.» Estas citas expresan claramente lo que yo quería decir.

5. Mengtsé dijo: «Si el príncipe honra a los sabios y emplea a los hombres de mérito en los mandos; si los que se distinguen por sus talentos superiores son colocados en las altas funciones públicas, entonces todos los letrados del Imperio estarán contentos y desearán vivir en su corte. Si en los mercados públicos no se exige más que el precio del alquiler de los sitios que los mercaderes ocupan y no una tasa sobre las mercancías; si los reglamentos de los magistrados que presiden los mercados públicos son observados sin que se exija el precio de alquiler de los sitios, entonces todos los mercaderes del Imperio estarán alegres y desearán llevar sus mercancías a los mercados del príncipe (que los favorece de este modo).

»Si en los pasos de las fronteras no se hace sino una simple inspección, sin exigir tributo o derechos de entrada, entonces todos los viajeros del Imperio estarán alegres y desearán viajar por los caminos del príncipe que así obra.

»Que los que labran la tierra no estén sujetos más que a la asistencia (es decir, a labrar una porción determinada de los campos del príncipe) y no a pagar censos, entonces todos los labradores del Imperio estarán alegres y desearán ir a labrar a los dominios del príncipe. Si las casas de los artesanos no están sujetas al impuesto por personas y a los censos en telas, entonces todas las poblaciones estarán alegres y desearán llegar a ser las poblaciones del príncipe.

»Si se encuentra un príncipe que pueda fielmente practicar estas cinco cosas, entonces las poblaciones de los reinos vecinos elevarán hacia él sus miradas como hacia un padre y hacia una madre. Porque no se ha visto jamás, desde que existen los hombres hasta nuestros días, que los hijos y los hermanos hayan sido conducidosa a atacar a su padre y a su madre. Si esto es así, el príncipe no tendrá ningún enemigo en el Imperio. El que no tiene ningún adversario en el Imperio es el enviado del Cielo. No ha existido aún el hombre que, después de haber obrado así, no haya reinado sobre el Imperio.»

6. Mengtsé dijo: «Todos los hombres tienen un corazón misericordioso y compasivo para los demás hombres. Los antiguos reyes tenían un gobierno dulce y compasivo para los demás hombres. Si el príncipe tiene un corazón compasivo para los hombres y pone en práctica un gobierno dulce y compasivo, gobernará con la misma facilidad el Imperio, que volvería un objeto en la palma de su mano.

»He ahí cómo explico el principio que acabo de enunciar, o sea que iodos los hombres tienen un corazón compasivo y misericordioso para los demás hombres. Supongamos que vean de repente a un niño próximo a caer en un pozo; todos experimentan en el mismo instante un sentimiento de temor y de compasión que estaba oculto en su corazón, y sienten este sentimiento, no porque quieran entablar relaciones de amistad con el padre y la madre de ese niño, no porque soliciten los aplausos o los elogios de sus amigos y de sus conciudados o por temor a la opinión pública.

»Pueden sacarse de aquí las consecuencias siguientes: si no se tiene un corazón misericordioso y compasivo, no se es un hombre; si no se tienen sentimientos de vergüenza y de aversión, no se es un hombre; si no se tienen sentimientos de abnegación y de deferencia, no se es un hombre; si no se tiene el sentimiento de lo verdadero y de lo falso, o de lo justo y de lo injusto, no se es un hombre.

»Un corazón misericordioso y compasivo es el principio de humanidad; el sentimiento de la vergüenza y de la aversión es el principio de la equidad y de la justicia; el sentimiento de abnegación y de deferencia es el principio de los usos sociales; el sentimiento de lo verdadero y de lo falso, o de lo justo y de lo injusto, es el principio de la sabiduría.

»Los hombres tienen ellos mismos estos cuatro principios, como tienen miembros. Luego, el príncipe que, poseyendo estos cuatro principios naturales, dice que no los puede poner en práctica, se daña a sí mismo, se pierde completamente; y los que dicen que su príncipe no puede practicarlos, éstos pierden a su príncipe.

»Cada uno de nosotros tenemos estos cuatro principios en nosotros mismos, y si sabemos desenvolverlos todos y hacerlos fructificar, serán como fuego que comienza a arder, como un manantial que comienza a surgir. Si un príncipe cumple los deberes que le prescriben estos sentimientos, adquirirá un poder suficiente para poner los cuatro mares bajo su protección. Si no los cumple, no será siquiera capaz de servir bien a su padre y a su madre.»

7. Mengtsé dijo: «El hombre que hace flechas, ¿no es más inhumano que el que hace corazas o escudos? El objeto del hombre que hace flechas es herir a los hombres, mientras que el objeto del hombre que hace corazas y escudos es impedir que sean heridos los hombres. Es lo mismo que el hombre cuyo oficio es hacer votos de felicidad al nacimiento de los niños, y del hombre cuyo oficio es hacer ataúdes. Es por lo que se debe poner mucha atención en la elección de la profesión que se quiere abrazar.»

Kungtsé decía: «En los pueblecillos, la humanidad es admirable. Si alguno, teniendo que elegir el lugar de su morada, no va a habitar allí donde reside lá humanidad, ¿cómo obtendría el nombre de sabio y esclarecido? Esta humanidad es una dignidad honorable, conferida por el Cielo a la morada tranquila del hombre. Nadie, no impidiéndole obrar libremente, si no es humano, demuestra ser sabio y esclarecido. El que no es humano, ni sabio, ni esclarecido; quien no tiene urbanidad ni equidad, es esclavo de los hombres. Si este esclavo de los hombres se avergüenza de ser un esclavo, se parece al fabricante de arcos que se avergonzara de fabricar arcos, y al fabricante de flechas que se avergonzara de fabricar flechas.

»Si se avergüenza de su estado, nada mejor para salir de él que practicar la humanidad.

»El hombre que practica la humanidad es como el arquero: el arquero empieza por colocarse como es debido, y en seguida lanza su flecha. Si después de haber lanzado su flecha no llega al blanco, no culpa a quienes le han vencido, sino, por el contrario, busca la falta en sí mismo, y en nadie más.»

8. Mengtsé dijo: «Si Tsé-lu se hallara advertido por alguno de hacer cometido faltas, se regocijaría de ello.

»Si el antiguo emperador Yu oía pronunciar palabras de sabiduría y virtud, se inclinaba en señal de veneración para recogerlas.

»El gran Chun tenía aún sentimientos más elevados: para él la virtud era común a todos los hombres. Si algunos de entre ellos eran más virtuosos que él, hacía abnegación de sí mismo para imitarlos. Se regocijaba de recoger así los ejemplos de virtud de los demás hombres, para practicar él mismo esa virtud.

»Desde el tiempo en que labrada la tierra, en que fabricaba vajilla de vidrio, en que desempeñaba el oficio de pescador, hasta el en que ejerció la soberanía imperial, jamás dejó de tomar como ejemplo las buenas acciones de los demás hombres.

«Tornar ejemplo de los demás hombres para practicar la virtud, es dar a los hombres los medios de practicar esa virtud. Por eso, no hay nada más grande para el hombre superior que procurar a los demás hombres los medios de practicar la virtud.»

9. Mengtsé dijo: «Pe-i no servía al príncipe que no era de su elección, ni trataba relaciones de amistad con los amigos que no eran de su elección. No se presentaba en la corte de un rey perverso, no conversaba con los hombres corrompidos y malvados. Estar en la corte de un rey perverso hablar con hombres corrompidos y malvados, era para él como sentarse en el lodo con los trajes de corte. Si vamos más lejos, encontraremos que llevaba mucho más allá sus sentimientos de aversión y de odio para el mal; si se encontraba con un hombre rústico cuyo gorro o cuyo sombrero no estaba

convenientemente colocado en su cabeza, volviendo al punto el rostro, se alejaba de él como si hubiera pensado que su contacto iba a mancharle. Es por lo que no aceptaba las invitaciones de los príncipes vasallos que venían junto a él, aunque pusieran en sus expresiones y en sus discursos toda la conveniencia posible: la negativa provenía de que él hubiera creído mancharse aproximándose a ellos.

»Lieu-hia-hoei (primer ministro del reino de Lu) no se avergonzaba de servir a un mal príncipe, y no desdeñaba una pequeña magistratura. Si era promovido a funciones más elevadas, no sólo no ocultaba sus principios de rectitud, sino que se imponía como deber seguir constantemente la vía recta. Si era desdeñado y puesto en olvido, no tenía por ello ningún resentimiento; si se hallaba en la necesidad y en la miseria, no se quejaba. Decía: «Lo que tú haces te pertenece y lo que yo hago me pertenece. Aunque estuvieras a mi lado con el brazo y el cuerpo desnudo, ¿cómo podrías mancharme?» Es por lo que siempre llevaba un rostro y una frente serenos en el comercio de los hombres, y no se perdía. Si alguien le tomaba de la mano, y le retenía cerca de él, permanecía allí.

»El que, siendo así cogido por la mano y retenido, cedía a esta invitación, pensaba que alejarse equivalía asimismo o ser impuro.»

Mengtsé dijo: «Pe-i tenía un espíritu estrecho; Lieu-hia-hoei carecía de firmeza y de gravedad. El hombre superior no sigue ni una ni otra de estas dos maneras de obrar.»

Capítulo IV

1. Mengtsé dijo: «Los tiempos propicios del Cielo no son comparables a las ventajas de la Tierra; las ventajas de la Tierra no son comparables a la concordia entre los hombres.

»Supongamos una ciudad ceñida de muros interior-res de tres li de circunferencia, rodeada de enemigos que la atacan por todas partes sin poderla tomar. Para sitiar y atacar esta ciudad los enemigos han debido obtener el tiempo del Cielo que convenía; pero, sin embargo, como ellos no han podido tomar esta ciudad, es que el tiempo del Cielo no es comparable a las ventajas de la Tierra (tales como muros, fosos y otros medios de defensa).

»Que las murallas sean elevadas, los fosos profundos, las armas y los escudos sólidos y duros; el arroz, abundante; si los habitantes huyen y abandonan sus fortificaciones, es que las ventajas de la Tierra no valen lo que la unión y la concordia entre los hombres.

»Es por lo que se ha dicho: «No es preciso colocar los límites de un pueblo en las fronteras materiales, ni la fuerza de un reino en los obstáculos que presentan al enemigo las montañas y los cursos de agua, ni la majestad imponente del Imperio en un gran aparato militar.» El que ha podido llegar a gobernar según los principios de humanidad y de justicia, encontrará un inmenso apoyo en el corazón de las poblaciones. El que no gobierne según los principios de humanidad y de justicia, encontrará poco apoyo. El príncipe que no encuentre sino poco apoyo en las poblaciones, será hasta abandonado por sus parientes y aliados. El que tenga para asistirle en el peligro a casi todas las poblaciones, recibirá los homenajes de todo el Imperio.

»Si el príncipe al que todo el Imperio rinde homenaje ataca al que ha sido abandonado hasta por sus parientes y aliados, ¿quién podrá resistirle? Es por lo que el hombre de una virtud superior no tiene necesidad de combatir; si combate, está seguro de vencer.»

2. Mencio se disponía a ir a visitar al rey (de Thsí), cuando el rey le envió un mensajero que vino a decirle de su parte que deseaba vivamente verle, pero que estaba enfermo con un enfriamiento que había sufrido, y que no podía afrontar el viento. Añadía que al día siguiente, por la mañana, esperaba verle en su corte, y preguntaba si no podría saber cuándo tendría tal placer.

Mencio respondió con respeto que, desgraciadamente, él también estaba enfermo, y que no podía ir a la corte.

Al siguiente día, por la mañana, salió para cumplir los deberes de parentesco con una persona de la familia Tung-kuo. Kong-sun-tcheu (su discípulo) dijo: «Ayer has rehusado (hacer una visita al rey) por causa de enfermedad; hoy vas a hacer una visita de parentesco; ¿acaso esto no conviene?» Mencio dijo: «Ayer estaba enfermo, hoy me encuentro mejor; ¿por qué no había de cumplir mis deberes de parentesco?»

El rey mandó un propio para obtener noticias de su enfermedad, y mandó también llamar a un médico. Meng-tchung-tsé (hermano y discípulo de Mengtsé) respondió respetuosamente al enviado del rey: «Ayer recibió una invitación del rey; pero habiendo experimentado una indisposición que le impedía evacuar el menor asunto, no ha podido asistir a la corte. Hoy, su indisposición, habiendo mejorado un poco, se ha apresurado a trasladarse a la corte. Yo no sé si ha podido llegar a ella o no.»

En seguida, envió a varios hombres a buscarle por los caminos, y decirle que su hermano le rogaba no volver a su casa, sin trasladarse antes a la corte.

Mengtsé, sin seguir este aviso, se encaminó a la morada de la familia King-tcheu, donde pasó la noche. King-tsé le dijo: «Los principales deberes de los hombres son: en el interior o en la familia, entre los padres y los hijos; en el exterior, o en el Estado, entre el príncipe y los ministros. Entre el padre y los hijos, la ternura y la benevolencia dominan; entre el príncipe y los ministros domina la deferencia y la equidad. Yo, Tcheu, he visto la deferencia y la equidad del rey por ti; pero aún no he visto que tú hayas tenido la deferencia y la equidad para el rey.» Mengtsé dijo: «¡Eh! ¿Por qué hablas de este modo? Entre los hombres de Hhsi no hay ninguno que hable de la humanidad y de la justicia con el rey. ¿Es que no consideran la humanidad y la justicia como dignas de alabanza? No, es que dicen a su corazón: «¿De qué me serviría hablar con él de humanidad y de justicia?» Esto es lo que dicen. Luego ¡no hay irreverencia e injusticia mayores que estas! Yo no oso hablar delante del rey, si no es conforme a los principios de Yao y de Chun. He aquí por qué ninguno de los hombres del Thsi tiene tanto respeto y deferencia como yo para con el rey.»

Kingtsé dijo: «De ninguna manera; yo no soy de esa opinión. Se lee en el Libro de los ritos: «Cuando tu padre te llame, no difieras el decirle: Voy; cuando la orden del príncipe te llama, no esperes a tu carro.» Tú tenías firmemente la intención de trasladarte a la corte, pero después de haber oído la invitación del rey, has cambiado al punto de resolución. Por consiguiente, tu conducta no se ha ajustado con este pasaje del Libro de los ritos.»

Mengtsé respondió: «¿Qué quieres decir con esto? Thseng-tsé decía: «Las riquezas de los reyes de Tcin y de Thsu no pueden ser igualadas; estos reyes se fían de sus riquezas;

yo me fío de mi humanidad; estos reyes se fían de su alta dignidad y de su poderío, yo me fío de mi equidad. ¿Qué me faltaría, pues?» Si estas palabras no fuesen conformes a la equidad y a la justicia, Thseng-tsé ¿las hubiera pronunciado? Hay, quizá, en estas palabras de (Thseng-tsé) una doctrina de alta moralidad. Existen en el Mundo tres cosas universalmente honradas; una es el rango; la otra, la edad; la tercera, la virtud. En la corte, nada es comparable al rango; en las ciudades y en los caseríos nada es comparable a la edad; en la dirección de la enseñanza de las generaciones, así como en el mejoramiento del pueblo, no hay nada comparable a la virtud. ¿Cómo podría ocurrir que el que no posee más que una de estas tres cosas (el rango) despreciase al hombre que posee las otras dos?

»Es por lo que, cuando un príncipe quiere ser grande y obrar grandes cosas, tiene bastante razón para no llamar a cada instante a su lado a sus súbditos. Si desea tener una opinión, se va entonces cerca de ellos; si no honra la virtud, y no se regocija con las buenas y sanas doctrinas, no obra así. Entonces no es capaz de cumplir sus funciones (85).

»Así es como Tchin-tchan empezó por instruirme junto a Y-yin, a quien hizo al punto su ministro. He ahí por qué gobernó sin trabajo. Huang-kung se instruyó, desde luego, de Huan-tchung, a quien hizo al punto su ministro. He ahí por qué llegó sin trabajo a ser el jefe de los grandes vasallos.

»Ahora los territorios de los diversos Estados del Imperio son de la misma clase (o poco más o menos de igual extensión); las ventajas son las mismas. Ninguno de ellos puede dominar a los demás. No hay otra causa de esto sino que los príncipes aman tener ministros a los que dan las instrucciones que les conviene y que aman tener ministros de los que ellos mismos recibirían instrucciones.

»Tching-tchang no se hubiera atrevido a hacer venir a su lado a Y-yin, ni Huan-kung a llamar cerca de él a Huan-tchung. Si Huan-tchung no podía ser convocado por un príncipe pequeño, mucho menos el que no hace el menor caso de Huan-tchung.»

3. Tchin-thisin (discípulo de Mencio) hizo una pregunta en estos términos: «En otro tiempo, cuando tú estabas en el reino de Thsi, el rey te ofreció diez mil onzas de oro doble, que tú no quisiste recibir. Cuando estabas en el reino de Sung, el rey te ofreció mil cuatrocientas onzas, y tú las recibiste. Cuando estabas en el reino de Sie, el rey te ofreció mil onzas y las recibiste. Si, en el primer caso, has tenido razón en rehusar, entonces, en los dos últimos casos, te has equivocado al aceptar; si en los dos últimos casos has tenido razón de aceptar, entonces, en el primero, te has equivocado al rehusar. Maestro, es preciso que necesariamente me concedas lo uno o lo otro de estas proposiciones.»

Mengtsé dijo: «Yo he tenido razón en todos los casos.

»Cuando estaba en el reino de Sung, iba a emprender un gran viaje; el que emprende un gran viaje, tiene necesidad de llevar con él presentes de viaje. El rey me habló en estos términos: «Te ofrezco presentes de hospitalidad.» ¿Por qué no había de recibirlos?

»Cuando estaba en el reino de Sie, tenía el propósito de adoptar seguridades contra todo acontecimiento desagradable. El rey me habló en estos términos: «He sabido que querías adoptar seguridades para continuar tu viaje; es por lo que te ofrezco esto, para procurarte armas.» ¿Por qué no había de aceptaro?

»En cuanto al reino de Thsi, no había lugar (de ofrecerme y de aceptar el presente del rey). Si no había lugar a ofrecerme esos presentes, yo los hubiera recibido entonces como don pecunario. ¿Y sería un hombre verdaderamente superior si me dejara ganar por dones pecunarios?»

4. Cuando Mencio fue a la ciudad de Phing-lo, se dirigió a uno de los primeros funcionarios de la misma, y le dijo: «Si uno de tus soldados portadores de lanza abandona tres veces su puesto en un día, ¿le castigarás o no?» El otro respondió: «No aguardaría a la tercera vez.»

(Mencio) añadió: «Si es así, entonces tú mismo has abandonado tu puesto, y no una sino muchas veces. En los años calamitosos, en los años de esterilidad y de hambre, los viejos y los enfermos del pueblo del que debes tener cuidado, que se han precipitado en los fosos llenos de agua y en las balsas de los valles; los jóveres fuertes y robustos que se han dispersado y se han marchado a las cuatro partes del Imperio (para buscar en ellas su sustento), son en número de varios millares.»

(El magistrado) respondió: «No depende de mí, Kiu-sin, que esto sea así.»

Mencio prosiguió: «Ahora yo te diré que si se encuentra un hombre que recibe de otro los bueyes y los carneros para ser su guardián y hacerles pacer en su sitio, entonces él pediría necesariamente pastos y hierbas para alimentarlos. Si, después de haber pedido estos pastos y estas hierbas para alimentar a su rebaño, no los obtiene, entonces, ¿piensas que en lugar de devolvérselos al hombre que se los ha confiado, permanecerá allí inmóvil viéndolos morir?»

El magistrado respondió: «En cuanto a esto, la falta es mía, Kiu-sin.»

Otro día, habiendo ido Mencio a ver al rey, le dijo: «De todos los que administran la ciudad en nombre del rey, tu servidor conoce a cinco; y de entre esos cinco, no hay más que Khung-kiu-sin que reconozca sus faltas.» En cuanto se las hubo contado al rey, el rey le dijo: «De estas calamidades, yo soy el culpable.»

5. Mencio, dirigiéndose a Tchi-va (ta-fu, o uno de los primeros funcionarios de Thsi), le dijo: «Tú has rehusado el mando de la ciudad de Ling-khieu y has solicitado las funciones de jefe de la justicia. Esto parecería justo, porque ese último puesto te daba la facultad de hablar al rey el lenguaje de la razón. Ahora, he ahí transcurridas muchas lunas desde que estás en funciones, y ¿es que has hablado?»

Tchi-va, habiendo hecho varias amonestaciones al rey, que no hizo el menor caso de ellas, dimitió de sus funciones y se retiró.

Los hombres de Thsi dijeron: «En cuanto a la conducta de Tchi-va (con relación al rey) es perfectamente conveniente; en cuanto a la de Mengtsé, no sabemos nada.»

Kong-tu-tsé repitió a su maestro estas palabras.

Mengtsé replicó: «Siempre he oído decir que el que tiene que desempeñar una magistratura, si no puede conseguir cumplir su deber, se retira; que el que tiene el ministerio de la palabra para hacer advertencias al rey, si no puede conseguir que estas advertencias se sigan, se retira. Yo no tengo magistratura que desempeñar aquí;y o no tengo tampoco el ministro de la palabra; luego, que me mantenga en la corte o que me aleje de ella, ¿no soy libre de obrar como me parezca bien?»

6. Cuando Mengtsé estaba revestido de la dignidad honoraria de King, o de primer mandarín en el reino de Thsi, fue a hacer sus cumplidos de pésame a Teng; y el rey envió a Vang-kuan, primer magistrado de la ciudad de Ko, para asistirle en sus funciones de enviado. Vang-kuan veía mañana y tarde a Mencio, pero yendo y viniendo de Teng a Thsi, durante el camino Mencio no habló con él de los asuntos de su legación.

Kong-sun-tcheu dijo: «En el reino de Thsi, la dignidad de King, o de primer mandarín, no es pequeña. El camino que conduce a Thsi a Teng no es igualmente poco largo. Al ir y venir, no has hablado con ese hombre de los asuntos de tu legación; ¿cuál es la causa?»

Mencio dijo: «Esos asuntos habían sido regulados por alguien; ¿a qué hablar de ellos?»

7. Mencio abandonó el reino de Thsi para ir a rendir los deberes fúnebres (a su madre) en el reino de Lu. Al volver al reino de Thsi, se detuvo en el pueblecillo de Yng. Tchung-yu (uno de sus antiguos discípulos) dijo con sumisión: «Estos días pasados, no sabiendo que tu discípulo Yu era completamente inepto, me has ordenado a mí, Yu, de encargar que hiciese un ataúd un carpintero. En el dolor en que te encuentras, yo no he osado preguntarte sobre este particular. Hoy deseo pedirte una explicación sobre una duda que tengo: la madera del ataúd, ¿no era demasiado hermosa?»

Mencio dijo: «En la remota antigüedad no había reglas fijas para la fabricación de ataúdes, ya interiores, ya exteriores. En la antigüedad media, las tablas del ataúd interior tenían siete pulgadas de espesor; el ataúd exterior era el mismo. Esta regla era observada por todo el mundo, desde el Emperador hasta la multitud del pueblo; y eso no era seguramente porque los ataúdes fueran bellos. En seguida, los parientes se entregaban a toda la manifestación de los sentimientos de su corazón.

»Si no se tiene la facultad de dar a estos sentimientos de dolor toda la expresión que se desea, no podemos procurarnos consuelos. Si no se tiene fortuna, no podemos tampoco darnos el consuelo de hacer a nuestros parientes magníficos funerales. Cuando podían alcanzar el obrar según sus deseos, y tenían medios para ello, todos los hombres de la antigüedad empleaban hermosos ataúdes. ¿Por qué yo sólo no podía obrar de la misma manera?

»Luego, si cuando sus padres acaban de fallecer, los hijos no dejan la tierra adherirse a sus cuerpos, ¿tendrán un solo motivo de pena (por su conducta)?

»He oído decir con frecuencia que el hombre superior no debe de ser parsimonioso a causa de los bienes del Mundo, en los deberes que se rinde a los padres.»

8. Tchin-thung (ministro del rey de Thsi), preguntó por su cuenta a Mencio, si el reino de Yan podía ser atacado y subyugado por las armas.

Mencio dijo: «Puede serlo. Tseu-khuaï (rey de Yan) no puede, por su cuenta, dar Yan a otro hombre. Tseu-tchi (su ministro) no podía aceptar el reino de Yan del príncipe Tseu-khuaï. Supongamos, por ejemplo, que un magistrado se encuentre aquí, y que tú sientas por él mucho afecto. Si, sin prevenir de ello al rey, y por tu propia cuenta, le confieres la dignidad y los emolumentos que tú posees; si este letrado, igualmente, sin haber recibido el mandato del rey, y por su propia cuenta los acepta de ti, entonces, ¿piensas que esto sería lícito? ¿Y en qué podría diferir este ejemplo del hecho precedente?»

Los hombres de Thsi (el príncipe y sus ministros), habiendo atacado al reino de Yan, alguien preguntó a Mencio si él no había excitado a Thsi a conquistar Yan. El respondió: «De ningún modo. Tchin-thung me ha preguntado si el reino de Yan podía ser atacado y subyugado por las armas.» Yo le he respondido diciendo:

«Que lo podía ser. Después de esto, el rey de Thsi y los ministros le han atacado. Si Tchi-thung me hubiera hablado así: ¿Quién es el que puede atacarle y conquistarle? Entonces, yo le hubiera contestado diciendo: El que ha recibido para ello la misión del Cielo es el que puede atacarle y conquistarle.

»Ahora, yo supongo aún que un hombre haya matado a otro. Si alguno me interroga a este propósito, y me dice: «¿Un hombre puede hacer morir a otro?» Entonces, yo le respondería diciendo: «Lo puede.» Pero si éste hombre me decía: «¿Quién es el que puede matar a otro hombre?» Entonces, y le respondería diciendo: «El que ejerce las funciones de ministro de la justicia; éste puede hacer morir a otro hombre (cuando él merece la muerte). Luego, ¿cómo hubiera yo podido aconsejar reemplazar el gobierno tiránico de Yan por otro gobierno tiránico?»

9. Los hombres de Yan se revolucionaron. El rey de Thsi dijo: «¿Cómo me presentaría yo sin avergonzarme delante de Mencio?»

Tching-kia (uno de sus ministros) dijo: «Que no se aflija por eso el rey. Si el rey se compara a Tcheu-kung (uno de los más grandes hombres de la China), ¿a quién de los dos se juzgará más humano y más prudente?»

El rey dijo: «¡Oh! ¡Qué lenguaje osas tener!»

El ministro prosiguió: «Tcheu-kung había enviado a Kuan-cho para vigilar el reino Yn, pero Kuan-cho se sublevó con el reino de Yn (contra la autoridad de Tcheu-kung). Si cuando Tcheu-kung encargó a Kuan-cho de su misión, había previsto lo que iba a suceder, no fue humano; si no lo preveía, no fue prudente. Si Tcheu-kung no fue de una humanidad y de una prudencia consumadas, con más fuerte razón podía no serlo (en la última ocasión). Yo, Tchin-kia, te ruego me dejes ir a ver a Mengtsé y explicarle el asunto.»

Fue a ver a Mencio y le preguntó qué clase de hombre era Tcheu-kung.

Mencio respondió: «Era un santo hombre de la antigüedad.

—¿No es verdad que envió a Kuan-cho para vigilar el reino de Yn, y que Kuan-cho se sublevó con el reino?

—Así es, dijo.

—¿Preveía Tcheu-kung que se sublevaría cuando le encargó de esa misión?

—No lo preveía.

—Si es así, entonces el santo hombre, ¿cometió, por consiguiente, una falta?

—Tcheu-kung era el hermano menor de Kuan-cho. que era su hermano mayor. La falta de Tcheu-kung, ¿no era excusable?

En efecto, si los hombres superiores de la antigüedad cometían faltas, se corregían en seguida. Si los hombres (pretendidos) superiores de nuestro tiempo cometen faltas, continúan siguiendo la mala vía (sin querer corregirse). Las faltas de los hombres superiores de la antigüedad son como los eclipses de Sol y de Luna; todos los hombres los ven; y, en cuanto a su conversión, todos los hombres la contemplan con gozo. Los hombres superiores de nuestros días, no solamente continúan siguiendo la mada vía, sino que aún quieren justificarla.»

10. Mencio dimitió de sus funciones de ministro honorario (en la corte del rey de Thsi) para regresar a su patria.

El rey, habiendo ido a visitar a Mencio, le dijo: «En días pasados, había deseado verte, pero no lo he podido conseguir. Cuando, al fin, he podido sentarme a tu lado, toda mi corte se ha alegrado de ello. Ahora, quieres abandonarme para regresar a tu patria; yo no sé si en lo sucesivo podré conseguir visitarte de nuevo.»

Mencio respondió: «Yo no osaría rogártelo. Pero ciertamente es lo que deseo.»

Otro día, el rey, dirigiéndose a Chi-tsé, le dijo: «Yo deseo retener a Mencio en mi reino, dándole una habitación y manteniendo a sus discípulos con diez mil medidas (Tchung) de arroz, a fin de que todos los magistrados y los habitantes del reino tengan ante sus ojos un hombre a quien puedan reverenciar e imitar. ¿Por qué no se lo anuncias en mi nombre?»

Chi-tsé confió a Tchin-tsé la misión de prevenir de ello a su maestro Mencio. Tchin-tsé refirió a Mencio las palabras de Chi-tsé.

Mencio dijo: «Está bien, pero ¿cómo ese Chit-tsé no sabe que yo no puedo acceder a esa proposición? (86). Si yo deseara riquezas, ¿cómo hubiera rehusado cien mil medidas de arroz (87), para aceptar ahora diez mil? ¿Es esto amar las riquezas?»

Ki-sun dijo: «¡Qué hombre tan fuera de lo ordinario era Tse-cho-i! Si, ejerciendo funciones públicas, no era promovido a un empleo superior, entonces cesaba toda actividad; pero hacía más; hacía de suerte que su hijo o su hermano menor fuera elevado a la dignidad de King (una de las primeras del reino).»

En efecto, entre los hombres, ¿cuál es el que no desea riquezas y honores?; pero Tseu-cho-i, él solo, en lo que afectaba a los honores y a las riquezas, quería el monopolio y ser el jefe del mercado que percibe para él solo todos los provechos.

La intención del que, en la antigüedad instituyó los mercados públicos, era hacer cambiar lo que se poseía contra lo que no se poseía. Los que fueron comisionados para presidir estos mercados, no tenían otro deber que llenar sino el de mantener el buen orden. Pero se encontró un hombre vil que hizo elevar un gran promontorio en el centro del mercado para subirse en él. Desde allí dirigía miradas de vigilancia a derecha e izquierda y recogía todos los provechos del mercado. Todos los hombres le miraban como un perverso y como un miserable. Así es que, desde aquel tiempo, se han establecido los derechos percibidos en los mercados públicos, y la costumbre de exigir derechos de las mercancías data desde aquel hombre perverso.

11. Mencio, al dejar el reino de Thsi, pasó la noche en la ciudad de Tcheu. Allí se encontró un hombre que, a causa del rey, deseó impedirle continuar su viaje. Se sentó cerca de él y le habló. Mencio, sin responderle, se apoyó sobre una mesa y se durmió. El huésped, que quería retenerle, no se satisfizo de ello, y le dijo: «Tu discípulo ha pasado na noche entera antes de osar hablarte, pero como ve, maestro, que te duermes sin querer escucharle, te ruega le dispenses si te visita de nuevo.»

Mencio respondió: «Siéntate. Quiero instruirte a propósito de tu deber. En otro tiempo, si Mo-kong, príncipe de Lu, no hubiera tenido un hombre (de virtudes eminentes) cerca de Tseu-sse, no hubiera podido retenerle (en su corte). Si Sie-lieu y Chin-thsiang no hubieran tenido un hombre (distinguido) cerca de Mo-kong no hubiera podido permanecer cerca de su persona.

»Tú, tú tienes proyectos respecto a un anciado respetable (se designa él mismo al decir esto), y tú no has llegado siquiera a tratarme como Tseu-sse. ¿No eres tú el que ha roto con ese anciano, o es ese anciano el que ha roto contigo?»

12. Mencio, habiendo abandonado el reino de Thsi; Yn-sse, dirigiéndose a varias personas, le dijo: «De no haber sabido Mencio que el rey no podía llegar a ser otro Tching-thang u otro Vu-vang, hubiera carecido de perspicacia y de penetración. Si, por el contrario, lo sabía y no obstante estar persuadido de ello vino a la corte, entonces hizo tal cosa por obtener emolumentos. Ha venido de mil li (cien leguas) para ver al rey; y por no haber conseguido lo que deseaba, se ha marchado. Se ha detenido tres días y tres noches en la ciudad de Tcheu antes de continuar su ruta; ¿por qué todos estos retrasos y dilaciones? Yo, Sse, no encuentro eso bien.»

Kao-Tsé refirió estas palabras a su antiguo maestro Mencio.

Mencio dijo: «¿Yn-sse dice conocerme? Venir de cien leguas para ver al rey era lo que yo deseaba vivamente (para propagar mi doctrina). He abandonado ese reino, porque no he obtenido tal resultado. ¿Es eso lo que yo deseaba? Yo no he podido dispensarme de obrar así.

»Yo he creído incluso apresurar demasiado mi partida, no pasando más que tres días en la ciudad de Tcheu, antes de abandonarla. El rey podía cambiar prontamente su manera de obrar. Si la hubiera cambiado, entonces me hubiera llamado a su lado.

»Cuando salí de la ciudad sin que el rey me hubiera llamado, experimenté un vivo deseo de regresar a mi país. Pero, aunque hubiera obrado así, ¿abandonaba por eso al rey? El rey es aún capaz de hacer el bien, de practicar la virtud. Si el rey me emplea un día, entonces no sólo el pueblo de Thsi estará tranquilo y feliz, sino todas las poblaciones del Imperio gozarán de una tranquilidad y de una paz profundas. Acaso el rey cambiará pronto su manera de obrar; es el objeto de mis votos de cada día.

»¿Soy yo, pues, parecido a esos hombres vulgares, de espíritu estrecho, que, después de haber hecho a su príncipe advertencias que éste no ha tenido en cuenta, se irritan y dejan aparecer sobre su rostro el resentimiento que experimentan? Cuando han adoptado la resolución de alejarse, parten y marchan hasta que sus fuerzas se hayan agotadas, antes de detenerse en alguna parte para pasar allí la noche.»

Yn-sse, habiendo oído estas palabras, dijo: «Yo soy verdaderamente un hombre vulgar.»

13. Mientras que Mencio se alejaba del reino de Thsi, Tchung-yu, uno de sus discípulos, le interrogó en el camino, y le dijo: Maestro, no me parece que tienes el aire muy satisfecho. En los días pasados, yo, Yu, he oído decir a mi maestro: «El hombre superior no murmura contra el Cielo y no se queja de los hombres.»

Mencio respondió: «Ese tiempo difería mucho de éste.

»En el curso de quinientos años, debe necesariamente aparecer un rey poderoso (que ocupe el trono de los hijos del Cielo); y en este intervalo de tiempo debe también aparecer un hombre que ilustre su siglo. Desde el establecimiento de la dinastía de los

Tcheu hasta nuestros días, han transcurrido más de setecientos años. Que se haga el cálculo de este número de años transcurrido (deduciendo un período de quinientos años); entonces se encontrará que este período ha pasado (sin que haya, sin embargo, aparecido ningún gran soberano). Si se examina con atención el tiempo presente, entonces se verá que puede aparecer ahora.

»El Cielo, a lo que parece, no desea aún que la paz y la tranquilidad reinen en todo el Imperio. Si deseara que la paz y la tranquilidad reinaran en todo el Imperio, y me rechazara, ¿a quién escogería en nuestro siglo (para realizar esta obra)? ¿Por qué, entonces, había de tener un aire satisfecho?»

14. Mencio, habiendo abandonado el reino de Thsi, y habiéndose detenido en Kieu (ciudad situada en las fronteras de Thsi), Kong-sun-tcheu le hizo una pregunta en estos términos: «Ejercer una magistratura y no aceptar sus emolumentos, ¿era la regla de la antigüedad?»

Mencio respondió: «De ningún modo. Cuando yo estaba en el país de Thsung, obtuve ver al rey. Me alejé pronto, y tomé la resolución de abandonarle enteramente. No he querido cambiar, y es por lo que no acepté emolumentos.

»Pocos días después, habiendo el rey ordenado reunir tropas (para repeler una agresión), yo no pude despedirme del rey. Pero de ningún modo tenía intención de permanecer largo tiempo en el reino de Thsi.»

Capítulo V

1. Ven-kung, príncipe de Teng, heredero presunto del trono de su padre, queriendo trasladarse al reino de Thsu, pasó por el de Sung para ver a Mencio.

Mencio le habló de las buenas disposiciones naturales del hombre, y le hizo necesariamente el elogio de Yao y de Chun.

El heredero del trono, volviendo del reino de Thsu, fue de nuevo a visitar a Mencio. Mencio le dijo: «Hijo del siglo, ¿pones en duda mis palabras? No hay más que una vía para todo el mundo, y nada más.» Tching-hian, hablando a King-kong, rey de Thsi, le decía: «Estos grandes sabios de la antigüedad no eran sino hombres; nosotros, que vivimos, somos también hombres; ¿por qué temeríamos no poder igualar sus virtudes?»

Yan-yuan decía: «¿Qué hombre era Chun, y qué hombre soy yo? El que quiere hacer todos sus esfuerzos, puede igualarle también.»

Kong-ming-i decía: «Ven-vang es mi instructor y mi maestro. ¿Cómo podría engañarme Tcheu-kung?»

Luego, si disminuyes la longitud del reino de Teng para aumentar y fortificar su anchura, harás un Estado de cincuenta li cuadradas. De esta manera, podrás formar de él un buen reino (haciendo reinar en él los buenos principios de gobierno). El Chu-king dice: «Si un medicamento no causa la revolución y el desorden en el cuerpo de un enfermo, no obrará su curación.»

2. Ting-kong, príncipe de Teng, habiendo muerto, el hijo del siglo (el heredero del trono), dirigiéndose a Jan-yeu le dijo: «En otro tiempo, Mencio conversó conmigo en el Estado de Sung. Jamás he olvidado en mi corazón lo que me dijo. Ahora que por un

desgraciado acontecimiento, he caído en una gran pena, yo deseo enviarte para interrogar a Mencio, a fin de saber lo que yo debo hacer en tal circunstancia.»

Jan-yeu, habiendo ido al reino de Tseu, interrogó a Mencio. Mencio respondió: «Las preguntas que me haces ¿no son verdaderamente importantes? En los funerales de sus padres es donde se manifiestan sinceramente los sentimientos del corazón. Thseng-tseu decía: «Si durante la vida de vuestros padres los servís según los ritos; si después de su muerte los amortajáis según los ritos; si les ofrecéis los sacrificios tsi según los ritos, podréis ser llamados llenos de piedad filial. Yo no he estudiado jamás los ritos que se deben seguir para los príncipes de todos los órdenes; sin embargo, yo he oído hablar de ellos. Un luto de tres años, vestidos de tela grosera, groseramente hechos; un alimento de arroz apenas mondado y cocido con agua: he ahí lo que observaban y de lo que se servían las poblaciones de las tres dinastías, desde el Emperador hasta las últimas clases del pueblo.»

Después que Jan-yeu le hubo referido estas palabras, el príncipe ordenó llevar un luto de tres años. Los ministros parientes de su padre y todos los funcionarios públicos no se quisieron conformar con ello, y dijeron: «De todos los antiguos príncipes de Lu (de donde provienen nuestros antepasados), ninguno ha practicado esta costumbre de honrar a sus padres fallecidos; de todos nuestros antiguos príncipes, ninguno tampoco ha practicado este luto. En cuanto a lo que te concierne, no te conviene obrar de otra manera, pues la historia dice: «En las ceremonias de los funerales y del sacrificio a los manes de los difuntos, es preciso seguir la costumbre de los antepasados.» Es decir, que nuestros antepasados nos han trasmitido el modo de honrarlos y nosotros lo hemos recibido de ellos.»

El príncipe, dirigiéndose a Jan-yeu, le dijo: «En los días que ya pasaron, jamás me he entregado al estudio de la filosofía. Amaba mucho la equitación y el ejercicio de las armas. Ahora, los antiguos ministros y aliados de mi padre y todos los funcionarios públicos no tienen confianza en mí; temen acaso que no pueda bastar al cumplimiento de los grandes deberes que me son impuestos. Vas a ir de nuevo a consultar por mí, con Mencio, sobre esto.» Jan-yeu se trasladó de nuevo al reino de Tseu para interrogar a Mencio. Mencio dijo: «Siendo así las cosas, tu príncipe no debe buscar la aprobación de los demás. Kungtsé decía: «Cuando el príncipe acaba de morir, los negocios del Gobierno eran dirigidos por el primer ministro. El heredero del poder se alimentaba con arroz cocido en agua, y su rostro adquiría un tinte muy sombrío. Cuando se colocaba en su sitio, en la cámara mortuoria, para entregarse al dolor, los magistrados y los funcionarios públicos de todas clases no osaban sustraerse a las demostraciones de un dolor del que el heredero del trono daba el primero ejemplo. Cuando los superiores aman alguna cosa, los inferiores le afeccionan más vivamente aún. La virtud del hombre superior es como el viento, la virtud del hombre inferior es como la hierba; si el viento pasa sobre ella se inclina necesariamente.» Está en poder del hijo del siglo el obrar así.» Cuando Jan-yeu le hubo referido estas instrucciones, el hijo del siglo dijo: «Es verdad; esto no depende más que de mi.» Y durante cinco lunas habitó en una barraca de madera (construida fuera de la puerta del palacio, para pasar allí el tiempo del luto) y no di□ ninguna orden concerniente a los negocios del Estado. Todos los magistrados del reino y los miembros de su familia hicieron un deber de llamarle versado en el conocimiento de los ritos. Cuando llegó el día de los funerales, de los cuatro puntos del reino acudieron numerosas personas para contemplarle; y estas numerosas personas que habían asistido a los funerales quedaron muy satisfechas del aire consternado de su rostro y de la violencia de sus gemidos.

3. Ven-kung, príncipe de Teng, interrogó a Mencio sobre el arte de gobernar.

Mencio dijo: «Los asuntos del pueblo no deben ser descuidados. El Libro de los versos dice:

«Durante el día, recolectaréis las cañas;

»Durante la noche, haced con ellas sogas y esteras:

»Apresuraros a subir al techo de vuestras casas para repararlo.

»Va a comenzar pronto la estación en que será preciso sembrar todos los granos.»

»Esa es la opinión del pueblo. Los que tienen constantemente el uso de una propiedad para su mantenimien-no, tienen el espíritu completamente tranquilo; los que no tienen constantemente el uso de tal propiedad, no tienen un espíritu completamente tranquilo. Si no tienen el espíritu completamente tranquilo, entonces no hay nada que no cometan: violación del derecho, perversidad del corazón, depravación de las costumbres, licencia desenfrenada. Si se espera a que el pueblo se hunda en el crimen para corregirle por medio de castigos, es coger al pueblo con redes. ¿Cómo un hombre, teniendo la virtud de humanidad y sentándose sobre un trono, podría coger así al pueblo con redes?

»Es por esa razón por la que un príncipe sabio es necesariamente reflexivo y económico; observa los ritos prescritos con los inferiores y, exigiendo los tributos al pueblo, se conforma con lo que está determinado por la ley y por la justicia.»

Yang-hu decía: «El que no piensa más que en acumular riquezas, no es humano; el que no piensa más que en ejercer la humanidad, no es rico.

»Bajo los príncipes de la dinastía Hia cincuenta fanegas de tierra pagaban tributo (o estaban sometidas al diezmo); bajo los príncipes de la dinastía Yn, setenta fanegas estaban sujetas al feudo de asistencia (tsu); los príncipes de la dinastía Tchu exigieron estos dos primeros tributos para cien fanegas de tierra (que recibió cada familia). En realidad, en una y otra de estas dinastías prevaleció el diezmo sobre las tierras. El último de estos tributos es un reparto igual de todas las cargas; el segundo es un préstamo.»

Lung-tsé decía: «Haciendo la división y reparto de las tierras no se puede establecer mejor impuesto que el de asistencia (tsu) no se puede establecer otro peor que el del diezmo (kung). Por este último tributo, el príncipe calcula el ingreso medio de varios años, a fin de hacer de él la base de un impuesto constante e invariable. En los años fértiles en que el arroz es muy abundante y en que no sería ejercer la tiranía exigir un tributo más elevado, se exige relativamente poco. En los años calamitosos, cuando el labrador no tiene siquiera con que abonar sus tierras, se exige absolutamente de él la integridad del tributo. Si el que está constituido para ser el padre y la madre del pueblo obra de manera que las poblaciones, con la mirada henchida de ira, se agoten hasta el fin del año en continuos trabajos, sin que los hijos puedan alimentar a su padre y a su madre, y que, además, los labradores estén obligados a pedir prestado a gran interés para completar sus tasas; si hace de modo que los ancianos y los niños, a causa del abandono que experimentan, se precipiten en los fosos llenos de agua, ¿cómo podrá ser el padre y la madre del pueblo?

»Los sueldos o pensiones hereditarias (88) están ya en vigor desde largo tiempo en el reino de Teng.»

El Libro de los versos dice:

«Que las lluvias rieguen, primeramente, los campos que cultivamos en común (pertenecientes al príncipe);

»Y que en seguida alcance a nuestros campos privados.»

»Es solamente cuando está en vigor el sistema de tributo de asistencia (tsu), cuando se cultivan los campos en común. Según esta cita del Libro de los versos, se ve que hasta bajo los Tcheu se percibía aún el tributo de asistencia.

»Estableced escuelas de todos los grados para instruir al pueblo, aquellas en que se enseñe a respetar a los ancianos; aquellas en que se dé la instrucción a todo el mundo indistintamente; aquellas en que se enseñe a tirar al arco que se llamaban Hiao bajo los Hia, Sin bajo los Yin, y Tsiang bajo los Tcheu. Las que se llaman hio (estudios) han conservado este nombre bajo las tres dinastías. Todas estas escuelas están destinadas a enseñar a los hombres sus deberes. Cuando son claramente enseñados los deberes por los superiores, los hombres de la multitud común se aman mutuamente en su inferioridad.

»Si ocurriese que un gran rey apareciese en el Imperio, tomaría ciertamente tu gobierno como ejemplo. Así es cómo llegarías a ser el preceptor de un gran rey.

El Libro de los versos dice:

«Aunque la familia de los Tcheu poseyó desde muy antiguo un principado real,

»El mandato que ha recibido del Cielo es reciente.»

»Es de Ven-vang de quien se trata. Si haces todos tus esfuerzos para poner en práctica las citadas instrucciones (el establecimiento de escuelas de todos los grados), podrás así renovar tu reino.»

Ve-kung envió a Pi-tchen para interrogar a Mencio sobre las tierras divididas en cuadrados iguales.

Mencio dijo: «Tu príncipe está dispuesto a practicar un gobierno humano, puesto que te ha escogido para enviarte junto a mí; debes hacer todos tus esfuerzos para responder a su confianza. El gobierno humano debe comenzar por una determinación de los límites o linderos de las tierras. Si la determinación de límites no es exacta, la división en cuadrados de los campos no será igual, y los salarios o pensiones en especie no estarán justamente repartidos. Es por lo que los príncipes crueles y sus viles agentes se cuidan muy poco de la delimitación de los campos. Una vez ejecutada exactamente la determinación de los límites, la división de los campos y el reparto de las pensiones o tratamientos en especie podrán ser asentadas sobre bases seguras y determinadas convenientemente.

»Aunque el territorio del Estado de Teng sea reducido y pequeño, es preciso que haya en él hombres superiores (por su saber, funcionarios públicos) y es preciso que haya en él hombres rústicos. Si no hay hombres superiores o funcionarios públicos, nadie se encontrará para gobernar y administrar a los hombres rústicos; si no hay hombres rústicos, nadie alimentará a los hombres superiores o funcionarios públicos

»Yo quisiera que en las campiñas alejadas de las ciudades, en nueve divisiones cuadrangulares iguales, una de ellas (la de en medio) fuera cultivada en común para subvenir a los tratamientos de los magistrados o funcionarios públicos, mediante el tributo de asistencia, y que en medio del reino (cerca de la capital) prevaleciera el diezmo como un impuesto o tributo.

»Todos los funcionarios públicos, desde los más elevados en dignidad hasta los más humildes, deben cada uno tener un campo puro (cuyos productos sean empleados únicamente en los sacrificios o ceremonias en honor de los antepasados). El campo puro debe contener cincuenta fanegas.

»Para los hermanos (menores que no tengan dieciséis años) se deben añadir veinticinco fanegas de tierra. Ni la muerte ni los viajes harán salir a estos colonos de su aldea. Si los campos de esta aldea están divididos en porciones cuadrangulares semejantes, así por fuera como por dentro, establecerán lazos estrechos de amistad; se protegerán y se ayudarán mútuamente en sus necesidades y en sus enfermedades; entonces, todas las familias vivirán en una unión perfecta.

»Un li cuadrado de extensión constituye un tsing (por ción cuadrada de tierra); un tsing contiene novecientas fanegas; en medio se encuentra el campo público. Ocho familias, teniendo cada una de ellas cien fanegas en propiedad, conservarían juntamente el campo público en común. Terminados los trabajos comunes, las familias pueden al punto entregarse a sus propios trabajos. He ahí el resumen de este sistema. En cuanto a las modificaciones y mejoramientos que se les puede hacer sufrir, esto depende del príncipe y de tí.»

4. Hubo un hombre, llamado Hiu-hing, que, alabando mucho las palabras del antiguo emperador Chi-nung, pasó del reino de Thsu al de Teng. Habiendo llegado a la puerta de Ven-Kong, le habló así: «Yo, hombre de una región lejana, he oído decir que el príncipe practicaba un gobierno humano (que había distribuído las tierras en porciones cuadradas). Yo deseo recibir una habitación y llegar a ser campesino suyo.»

Ven-kong le di un sitio para habitar. Los que le seguían, en número de algunas decenes de hombres, se cubrieron todos de trajes de lana grosera. Unos trenzaban sandalias, otros esteras de junco, para procurarse su alimento.

Cierto Tchin-siang, discípulo de Tchin-liang (del reino de Thsu), acompañado de su hermano menor, llamado Sin, llevando a sus espaldas los instrumentos de labor, llegaron del Estado de Sung al de Teng y dijeron: «Nosotros hemos sabido que el príncipe practicaba el gobierno de los santos hombres (de la antigüedad); es, pues, también él mismo un santo hombre. Nosotros deseamos ser aldeanos del santo hombre.»

Tching-siang, habiendo visto a Hiu-hing, se entusiasmó de alegría. Rechazó completamente las doctrinas que había aprendido de su primer maestro para estudiar las de Hiu-hing.

Tchin-siang, habiendo ido a ver a Mencio, le refirió las palabras de Hiu-hing, diciendo: «El príncipe de Teng es verdaderamente un príncipe sabio; pero, aunque así sea, no ha sido aún instruído en las santas doctrinas. El príncipe sabio cultiva la tierra y se alimenta con el pueblo; gobierna al propio tiempo que él mismo se prepara sus alimentos. Sin embargo, el príncipe de Teng tiene graneros y tesoros privados; obrando así, perjudica al pueblo para beneficiarse a sí mismo. ¿Cómo se le puede llamar sabio?»

Mencio dijo: «Hiu-tsé ¿siembra ciertamente él mismo el mijo de que se alimenta?

—Sí.

—Hiu-tsé ¿teje ciertamente él mismo la tela de cáñamo de que se hace los vestidos?

—De ningún modo. Hiu-tsé lleva trajes de lana.

—Hiu-tsé ¿lleva un gorro?

—Lleva un gorro.

—¿Qué género de gorro?

—Un gorro de tela sin adornos.

—¿Teje él mismo esa tela?

—De ningún modo. La cambia por mijo.

—¿Por qué Hiu-tsé no la teje él mismo?

—Haciéndolo, dañaría a sus trabajos de agricultura.

—Hui-tsé ¿se sirve de vasos de bronce o de vasos de tierra para cocer sus alimentos? ¿Se sirve de una reja de arado de hierro para trabajar?

—Sin duda.

—¿Los confecciona él mismo?

—De ninguna manera. Los cambia por mijo.

—Si el que cambia por mijo los instrumentos aratorios y los utensilios de cocina de que se sirve no cree hacer daño a los fabricantes de instrumentos aratorios y de utensilios de cocina, entonces estos últimos, que cambian sus instrumentos aratorios y sus instrumentos de cocina por mijo, ¿piensan dañar a los labradores? ¿Por qué, pues, Hiu-tsé no se hace alfarero o herrero? No tendría sino tomar de su casa todos esos objetos de que tenía necesidad para servirse de ellos. ¿Por qué tomarse el trabajo de hacer esos cambios con todos los artesanos? ¿Cómo no teme Hiu-tsé todos estos inconvenientes?»

Tching-siang respondió: «Los trabajos de los artesanos no se pueden hacer al mismo tiempo que los de la agricultura.»

«Si es así, replicó Mencio, ¿el gobierno de un Imperio es, pues, la sola ocupación que se puede aliar con los trabajo de la agricultura? Hay negocios que pertenecen a los grandes hombres (a los que gobiernan un Imperio), los hay que pertenecen a los hombres del pueblo. Luego una sola persona (cultivando la tierra prepara (por medio de cambios) los objetos que todos los artesanos confeccionan. Si estuvieras obligado a confeccionarlos tú mismo para servirte de ellos en seguida, sería forzar a todo el mundo a estar sin cesar en los caminos. Es por lo que se ha dicho: «Los unos trabajan con su inteligencia; los otros trabajan con sus brazos. Los que trabajan con su inteligencia, gobiernan a los hombres; los que trabajan con sus brazos, son gobernados por los hombres.» Es la ley universal del Mundo.

»En los tiempos de Yao, el Imperio no estaba aún tranquilo. Inmensas aguas, desbordándose por todas partes, inundaron el Imperio; las plantas y los árboles crecían con superabundancia, los pájaros y las bestias salvajes se multiplicaban al infinito, las cinco clases de granos no podían madurar; los pájaros y las bestias feroces causaban los mayores daños a los hombres; sus vestigios se mezclaban en los caminos con los de los hombres hasta el medio del Imperio. Yao era él solo a entristecerse de estas calamidades. El elevó a Chun (a la dignidad suprema) para ayudarle a extender más los beneficios de un buen gobierno. Chun ordenó a I (Pe-i) presidir el fuego. Cuando I hubo incendiado las montañas y las fronteras, los pájaros y las bestias feroces (que infestaban todo) se ocultaron.

»Yu restableció el curso de los nueve ríos; hizo desembocar el Thsi y el Ta en el mar. Apartó en el curso de los ríos Ju y Kan los obstáculos que los obstruían; hizo desembocar los torrentes Hoai y Sse en el río Kiang. Hecho esto, los habitantes del reino de en medio pudieron en seguida obtener alimentos (trabajando y sembrando las tierras). En esta época, Yu estuvo ocho años ausente (ocupado) en sus grandes trabajos), pasó tres veces por la puerta de su casa sin entrar en ella. ¿Hubiera acaso podido labrar sus tierras aunque él mismo lo hubiera querido?

»Heu-tsi enseñó a su pueblo a sembrar y recolectar. Cuando estuvieron sembradas las cinco clases de gra nos y los campos sembrados estuvieron purgados de cizaña, las cinco clases de granos llegaron a la madurez y los hombres del pueblo tuvieron con qué alimentarse.

»Los hombres tienen en ellos el principio de la razón; pero si satisfaciendo enteramente su apetito, y vistiéndose confortablemente, y construyéndose habitaciones cómodas, carecen de instrucción, entonces se aproximan mucho a los animales.

»Los santos hombres (Yao y Chun) se afligieron mucho con este estado de cosas. Chun ordenó a Sie presidir la educación del pueblo y enseñarle los deberes de los hombres, a fin de que los padres y los hijos tuviesen ternura unos hacia otros; que el príncipe y sus ministros tuvieran entre ellos relaciones de equidad; que el marido y la mujer supiesen la diferencia de sus deberes, que el viejo y el joven estuviesen cada cual en su sitio; que los amigos y compañeros tuviesen fidelidad unos para otros.

»El hombre de méritos eminentes (Yao, así llamado por sus ministros) decía (a su hermano Sie): «Ve a consolar a las poblaciones; llámalas a ti; condúcelas a la virtud; corrígelas, ayúdalas; hazlas prosperar; haz que por sí mismas vuelvan al bien; además, esparce sobre ellas numerosos beneficios.» Cuando estos santos hombres se preocupaban así, con tanta solicitud, de la felicidad de las poblaciones, ¿crees que hubieran tenido tiempo libre para entregarse a los trabajos de la agricultura?

»Yao estaba atormentado por el temor de no encontrar un hombre como Chun (para ayudarle a gobernar el Imperio); y Chun estaba atormentado por el temor de no encontrar hombres como Yu y Hao-yao. Los que están atormentados por el temor de no cultivar cien fanegas de tierra, éstos son los agricultores.

»La acción de compartir con los hombres sus riquezas se llama benevolencia; la acción de enseñar la virtud a los hombres se llama rectitud de corazón; la acción de obtener el afecto de los hombres para gobernar el Imperio se llama humanidad. Es por esta razón por lo que es fácil dar el Imperio a un hombre; pero es muy difícil obtener el afecto de los hombres para gobernar el Imperio.»

Kuntsé decía: «¡Oh! ¡Qué grande fue Yao como príncipe! ¡No hay más que el Cielo que sea grande y no hay más que Yao que haya imitado su grandeza! ¡Qué inconmensurables eran sus virtudes y sus méritos! Los pueblos no pudieron encontrar términos para calificarle. ¡Qué príncipe también Chun! ¡Qué grande y sublime era! Poseyó el Imperio sin gloriarse de ello. Mientras que Yao y Chun gobernaron el Imperio, ¿no tuvieron bastante en qué ocupar su inteligencia sin entregarse aún a los trabajos de la agricultura? Yo he oído decir que ciertos hombres, sirviéndose (de las enseñanzas y de las doctrinas esparcidas por los grandes emperadores) de la dinastía Hia, habían cambiado las costumbres de los bárbaros; yo no había oído decir que los hombres esclarecidos por sus doctrinas hayan sido convertidos a la barbarie por los bárbaros. Tchi-liang, nativo del Estado de Tchsu, seducido por los principios de Tcheu-kung y de Tchung-ni, estudió en la parte septentrional del reino de en medio. Los sabios de esta región septentrional no han podido quizá sobrepujarle en saber; era lo que llamáis un letrado eminente por sus talentos y su genio. Tú y tu hermano menor habéis sido sus discípulos algunas decenas de años. Muerto vuestro maestro, le habéis hecho defección al punto. En otro tiempo, cuando Kungtsé murió, sus discípulos, después de haber llevado su luto durante tres años, habiendo dispuesto sus efectos para regresar cada cual a su casa, fueron todos a despedirse de Tsé-kung. Cuando se encontraron en su presencia, prorrumpieron en llanto y gimieron hasta enronquecer. En seguida se volvieron con sus familias. Tsé-kung volvió junto a la tumba de su maestro, se construyó una habitación cerca de ella y la habitó sólo durante tres años. En seguida se tornó con su familia.

»Otro día, Tsé-hia, Tsé-tchang y Tsé-yeu, considerando que Yeu-jo tenía mucho parecido con el santo hombre (su maestro), querían servirle como habían servido a Kungtsé. Como apremiaban a Tseng-tsé para que se reuniese con ellos, Tseng-tsé les dijo: «Esto no conviene. Si laváis alguna cosa en el Hiang y en el Kan y luego la exponéis al sol de otoño para secarla, ¡oh!, ¡cómo estará de brillante y pura!; su blancura no podrá ser superada.

»Ahora bien, el bárbaro de las regiones meridionales, hombre de la lengua del pájaro chillón Kieu, no posee en modo alguno la doctrina de los antiguos reyes; como habéis abandonado a vuestro maestro para estudiar con él, diferiréis mucho de Tseng-tsé.

»El Libro de los versos dice: «El pájaro, saliendo del profundo valle, volaba a la cima de los árboles.» Jamás he oído decir que descendiera de la cima de los árboles para hundirse en los valles tenebrosos. El Lu-sung dice:

»El puso en huída a los bárbaros del occidente y del septentrión.

»El domó los reinos de King y de Chu.»

»¿Es bajo un hombre de las regiones bárbaras, al que Tcheu-kung venció, con el que estudiáis? Yo pienso que no está bien cambiar de este modo.»

Tching-liang respondió: «Si se siguiera la doctrina de Hiu-tsé, entonces la tasa de los mercados no sería doble y el fraude no se ejercería hasta en el centro del reino. Aunque enviarais al mercado un niño de doce años, no se le engañaría. Si las piezas de tela de cáñamo y las de seda tuviesen la misma longitud y la misma anchura, entonces su precio sería el mismo; si un montón de cáñamo en bruto y de cáñamo hilado tuvieran el mismo peso, entonces su precio sería el mismo; si las cinco clases de grano se dieran en la misma cantidad, pequeña o grande, entonces su precio sería el mismo, y zapatos del mismo tamaño se venderían igualmente al mismo precio.»

Mencio dijo: «El valor desigual de las cosas está en la naturaleza misma de las cosas. Ciertas cosas difieren entre ellas en un precio doble, quíntuple; ciertas otras en un precio décuple, céntuple; otras, aun en un precio mil veces o diez veces más grande. Si confundes así todas estas cosas, dando a todas un valor pro-procionado solamente a su magnitud o a su cantidad, sembrarás la confusión en el Imperio. Si buenos zapatos o malos zapatos son del mismo precio, ¿qué hombre querría confeccionarlos buenos? Si se siguieran las doctrinas de Hiu-tsé, se excitaría mútuamente a ejercer el fraude; ¿cómo se podría entonces gobernar la familia y el Estado?»

5. Un llamado I-tchi, discípulo de Mé, solicitó, por medio de Sui-phi (discípulo de Mencio) ver a Mencio. Mencio dijo: «Deseo ciertamente verle, pero ahora estoy aún enfermo. Cuando esté mejor, yo iré a verle. Que I-tchi se evite el venir.»

Al día siguiente solicitó aún ver a Mencio. Mencio dijo: «Hoy puedo verle. Si no le conduzco en derechura a la verdad, entonces es que la doctrina que seguimos no lleva consigo la evidencia. Pero tengo la esperanza de conducirle a los verdaderos principios. He oído decir que I-tchi era el discípulo de Mé. Ahora, la secta de Mé se hace una regla de la mayor economía en la dirección de los funerales. Si I-tsé piensa en cambiar los usos y las costumbres del Imperio, ¿por qué mira esta regla como contraria a la razón y hace poco caso de ella? Así, I-tchi ha amortajado a sus parientes con suntuosidad, siguiéndose de aquí que se conduce con sus parientes según los principios que su secta desprecia. Siu-tsé refirió estas palabras a I-tchi.» I-tchi dijo: Esa es también la doctrina de los letrados: «Los (santos) hombres de la antigüedad tenían la misma ternura para un niño en la cuna que para todo otro» (palabras del Chu-king). ¿Qué significan estas palabras? Luego, yo, Tchi, estimo que se debe amar igualmente a todo el mundo sin excepción de nadie; pero es preciso comenzar por sus padres.»

Siu-tsé refirió estas palabras. Mencio dijo: «¿Cree I-tchi que no debe haber diferencia entre los sentimientos que se tiene para el hijo de su hermano mayor y los sentimientos que se tiene para el niño en la cuna de su vecino? Es del Chu-king de donde ha sacado su cita; pero ella significa simplemente que si un niño que aún no hace más que arrastrarse se deja caer a un pozo, no es falta del niño. Luego, el Cielo al producir los seres vivos ha hecho de modo que tengan en ellos un principio fundamental único (que es deber el nacimiento a su padre y a su madre). Sin embargo, I-tchi divide en dos este principio fundamental (obligando a amar parecidamente a su padre y a su madre y a los hombres que pasan por el camino).

»Ahora bien, en los remotos siglos de la lejana antigüedad el uso no había establecido aún el amortajar a los padres. Cuando el padre y la madre habían muerto, los hijos cogían sus cuerpos e iban a arrojarlos a las fosas abiertas a lo largo de los caminos. Al siguiente día, cuando volvían a pasar cerca de ellos y veían que los lobos los habían devorado o que los gusanos los habían roído, un sudor frío inundaba su frente; apartaban sus miradas y no podían soportar la vista de aquello. Este sudor que inundaba su frente no era producido en ellos por haber visto los cuerpos de otras personas que los de su padre y madre, era el dolor que desde su corazón llegaba hasta su frente.

»Volvían prontamente y, trayendo con ellos un canasto y una azada, cubrían de tierra los cuerpos de sus padres. Esta acción de recubrir de tierra los cuerpos de sus padres, si era natural y conforme a la razón, preciso es necesariamente que el hijo piadoso y el hombre humano tengan una regla que seguir para enterrar a sus padres.»

Siu-tsé refirió estas palabras a I-tchi. I-tchi, fuera de sí, gritó al punto: «¡Estoy instruido en la buena doctrina!»

Capítulo VI

1. Tchin-tai (discípulo de Mencio) dijo: «No hacer lo primero una visita a los príncipes de todos rangos parece cosa de poca importancia. Ahora, suponed que hayáis ido a verlos lo primero, el mayor bien que podrá resultar de ello será hacerlos reinar según los verdaderos principios; el menor será hacer llegar el que habréis visitado el rango de jefe de los vasallos. Ahora bien, el Memorial (tchi) dice: Inclinándonos un pie nos elevamos ocho. Me parece conveniente que se obre así.»

Mencio dijo: «En otro tiempo, King-kung, rey de Thsi, queriendo ir de caza, llamó cerca de él, por medio del estandarte adornado de plumas, a los hombres encargados de la guarda del parque real. No habiendo acudido al llamamiento, resolvió en seguida condenarlos a muerte. "El hombre esclarecido y firme en su resolución (dice a este propósito Kungtsé) no olvida que su cuerpo pudiera muy bien ser arrojado a un muladar o a un foso lleno de agua. El hombre bravo y resuelto no olvida que puede perder la cabeza." Por qué Kungtsé hizo así el elogio (de los hombres de resolución)? Hizo el elogio de ellos porque estos hombres no se rindieron a una señal que no era la suya. Si, sin esperar la señal que debía llamarlos, los hombres nombrados para ciertas funciones las abandonasen, ¿qué sucedería tras ello?

»Luego, esta máxima de inclinarse un pie para elevarse ocho, concierne a la utilidad o a las ventajas que se pueden sacar de esta conducta. Pero si se trata de una simple ganancia o provecho, ¿está pexmitido, en vista de este provecho, inclinarse ocho pies para no elevarse más que uno?

»En otro tiempo, Tchao-kian-tsé (uno de los primeros funcionarios, ta-fu, del Estado de Tçin) ordenó a Vang-liang (uno de los más hábiles cocheros) que condujese su carro para su servidor favorito, llamado Hi. Durante todo el día no cogió ni una bestia montaraz.

»El favorito, al dar cuenta a su señor de este resultado, dijo: «¡Es el más indigno de los hombres de su arte de todo el Imperio!»

»Habiendo alguien referido estas palabras a Vang-liang, éste dijo: «Yo ruego que se me deje de nuevo conducir el carro.» Insistió tan vivamente, que el favorito Hi consintió en ello. En una sola mañana cogió diez bestias monteses.

»El favorito, dando cuenta a su señor de este resultado, dijo: «¡Es el más hábil de los hombres de su arte de todo el Imperio!»

»Kian-tsé dijo entonces: «Yo ordeno que conduzca tu carro.» Vang-liang, habiendo sido advertido de ello, rehusó diciendo: «Cuando he dirigido para él sus caballos, según las reglas del arte, él no ha podido coger una sola bestia montés en toda la jornada; cuando para él los he dejado ir a tuertas y a derechas, en una sola mañana ha cogido diez. El Libro de los versos dice:

»Cuando no olvida guiar los caballos según las reglas del arte,

»El arquero lanza sus flechas con la mayor precisión.»

»Pero yo no tengo la costumbre de conducir un carro para un hombre tan ignorante de las reglas de su arte. Yo te ruego recibas mi negativa.

»Así, hasta un cochero tiene vergüenza de verse unido a un (mal) arquero. Valdría más no estar con él aun cuando este arquero cogiera tantas bestias monteses cuantas fuera preciso para formar una colina. ¿Qué sería, pues, si fuera preciso plegar las más estrechas reglas de conducta a merced de los príncipes yendo a visitarlos lo primero? Luego tú te has engañado (en tu cita). El que una vez se ha plegado él mismo, no puede ya enderezar a los demás hombres.»

2. King-tchu dijo: «Kong-sun-yen y Tchang ¿no son grandes hombres? Cuando uno de ellos se irrita, todos los príncipes tiemblan; cuando están en paz, todo el Imperio está tranquilo.»

Mencio dijo: «¿Cómo por ello pueden ser considerados como grandes? No has estudiado, pues, jamás el Libro de los ritos? Cuando el joven recibe el gorro viril, el padre le da sus instrucciones; cuando la joven se casa, la madre le da sus instrucciones. Cuando se traslada a la morada de su esposo, su madre la acompaña hasta la puerta y la exhorta en estos términos: «Cuando estés en la mansión de tu esposo deberás ser respetuosa, deberás ser atenta y circunspecta: no te opongas a las voluntades de tu marido. Hacer de la obediencia y de la sumisión su regla de conducta es la ley de la mujer casada.»

»Habitar constantemente en la gran morada del Mundo; tenerse constantemente sobre el recto sitio del Mundo (mantenerse constantemente en los límites de las conveniencias prescritas por los ritos); marchar por la gran vía del Mundo (observar constantemente la justicia y la equidad en las funciones públicas que se desempeñe); cuando se ha obtenido el objeto de sus deseos (empleos y honores), dar parte al pueblo de los bienes que se posean; cuando no se ha obtenido el objeto de sus deseos, practicar sólo los principios de la recta razón, haciendo todo el bien que se pueda; no dejarse corromper por las riquezas y por los honores; permanecer inmutable en la pobreza y en la abyección; no doblegarse a la vista del peligro y de la fuerza armada: he ahí lo que yo llamo ser un gran hombre.»

3. Tcheu-siao hizo una pregunta en estos términos: «Los hombres superiores de la antigüedad ¿cumplían las funciones públicas?» Mencio dijo: «Cumplían las funciones públicas.» La historia dice: si Kungtsé pasaba tres lunas sin obtener de su príncipe un empleo público, entonces estaba inquieto y triste. Si franqueaba las fronteras de su país para ir a un Estado vecino, llevaba siempre con él los dones de buena recepción. Kun-ming-i decía: «Cuando los hombres de l aantigüedad pasaban tres lunas sin obtener de su príncipe empleos públicos, entonces estaban vivamente afligidos por ello. (Tcheu-siao dice): Si se está durante tres meses sin obtener de su príncipe un empleo público y se está vivamente afligido por ello, ¿no es esto ser demasiado susceptible?»

Mencio dijo: «Para un letrado, perder su empleo es como para los príncipes perder su reino». El Libro de los ritos dice: «Estos príncipes laboran la tierra con la ayuda de sus colonos para proveer de mijo a todo el mundo; sus mujeres crían gusanos de seda y devanan los capullos para ayudar a la fabricación de los vestidos.»

«Si la víctima no está perfectamente propicia al sacrificio, si el mijo que se debe ofrecer no está mondado, si los vestidos no están preparados, el príncipe no osa hacer la ceremonia a los antepasados.

»Si el letrado no tiene un campo (como las funciones públicas dan derecho a tener uno), entonces no hace la ceremonia de los antepasados; si la víctima que debe ser inmolada, si los utensilios y los vestidos no están preparados, no osa permitirse hacer las ceremonias a los antepasados, entonces no osa permitirse la menor alegría. ¿No basta esto para que esté afligido?» (Tcheu-siao) dijo: «Si franqueaba las fronteras de su Estado para ir a un Estado vecino, llevaba siempre con él los dones de buena recepción. ¿Qué significan estas palabras?»

Mencio dijo: «Para un letrado ocupar un empleo público es como para un labrador cultivar la tierra. Cuando un labrador abandona su patria, ¿deja en ella sus instrumentos de trabajo?»

Tcheu-siao dijo: «El reino de Thsin es también un reino donde se desempeñan funciones públicas. Yo no había jamás oído decir que los hombres fuesen tan impacientes para ocupar empleos; si conviene ser así de impaciente por ocupar empleos, ¿qué decir de los hombres superiores que no aceptan sino difícilmente un empleo público?»

Mencio dijo: «Desde el instante en que un joven ha nacido (su padre y madre) desean para él una mujer; desde el instante en que una joven ha nacido (su padre y madre) desean para ella un marido. El sentimiento del padre y de la madre (para sus hijos), todos los hombres le tienen personalmente. Si, sin esperar la voluntad de su padre y madre y las proposiciones del encargado de oficio (89), los jóvenes practicasen una abertura en los muros de sus habitaciones, a fin de verse a escondidas el uno al otro; si franqueasen los muros para verse más íntimamente en secreto, entonces el padre y la madre, así como todos los hombres del reino, condenarán su conducta, que encontrarán despreciable.

»Los hombres de la antigüedad han deseado siempre ocupar empleos públicos; pero, además, detestaban no seguir la vía recta (no obtenerlos por medios dignos). Los que no siguen la vía recta, visitando a los príncipes, son de la misma clase que los que horadan los muros (para obtener las entrevistas ilícitas).»

4. Pheng-keng (discípulo de Mencio) hizo una pregunta en estos términos: «Cuando se hace uno seguir por algunas decenas de carros (como Mencio) y se hace acompañar por algunas centenas de hombres (que los montan), ¿no está fuera de lugar hacerse mantener por los diferentes príncipes en sus diferentes excursiones?»

Mencio dijo: «Si fuera preciso apartarse de la vía recta, entonces no sería conveniente recibir de los hombres, para su alimento, una sola cucharada de arroz cocido; de no apartarse de la vía recta, entonces Chun puede aceptar el imperio de Yoa sin que ello parezca fuera de lugar. ¿Piensas que ello estaría fuera de lugar?

—De ninguna manera. Pero no es conveniente que un letrado sin méritos, y viviendo en la ociosidad, coma el pan de los otros (recibiendo salarios en especie que no gana).»

Mencio dijo: «Si no comunicas tus méritos a los demás hombres; si no cambias nada de lo que poseen contra lo que no posees a fin de que por tu superfluo te procures lo que te falte, entonces el labrador tendrá mijo de sobra, la mujer tendrá tela de la que no sabrá qué hacer. Pero si das parte a los demás de lo que posees (por cambios), entonces el carpintero y el carretero podrán ser alimentados por ti.

»Supongamos que hay aquí un hombre (él mismo) que en su interior esté lleno de benevolencias y que al exterior esté lleno de conmiseración para los hombres; que este hombre conserve preciosamente las doctrinas de los antiguos reyes para transmitirla a los que las estudiarán después que él; cuando este hombre no es mantenido por vosotros, ¿por qué honrar tanto a los carpinteros y a los carreteros (que se procuran el sustento con su trabajo) y hacer tan poco caso de los que (como el hombre en cuestión) practican la humanidad y la justicia?»

Tcheu-siao dijo: «La intención del carpintero y la del carretero es procurarse el sostenimiento necesario para la vida; la intención del hombre superior que practica los principios de la recta razón, ¿es también procurarse el sostenimiento necesario para la vida?»

Mencio respondió: «¿Por qué escrutas su intención? Desde el instante en que te parece que lo ha merecido debes retribuirle y le retribuyes. Ahora, ¿retribuyes la intención o bien retribuyes las buenas obras?» —Yo retribuyo la intención. —Supongamos que hay un hombre aquí. Que el hombre ha roto las tejas de tu casa para penetrar en el interior, y con los tizones del hogar ha manchado los adornos de las paredes. Si su intención era, obrando así, procurarse el sustento, ¿le darías alimentos?

—De ningún modo.

Si es así, entonces no retribuirás la intención; retribuirás las buenas obras.»

5. Ven-tchang hizo una pregunta en estos términos: «El reino de Sung es un pequeño reino. Ahora comienza a poner en práctica el modo de gobierno de los antiguos reyes. Si los reinos de Thsi y de Thsu le tomaran odio y llevasen las armas contra él, ¿qué ocurriría?»

Mencio dijo: «Cuando Tching-thang habitaba el país de Po, tenían por vecino el reino de Ko. El jefe de Ko tenía una conducta disoluta y no ofrecía sacrificios a sus antepasados. Thang envió hombres a preguntarle por qué no sacrificaba. Y respondió: «Yo no me puedo procurar víctimas.» Thang ordenó enviarle bueyes y carneros. El jefe de Ko se los comió y no pudo con ellos ofrecer sacrificios. Thang envió de nuevo hombres que le preguntaron por qué no sacrificaba. «Yo no me puedo procurar mijo para la ceremonia.» Thang ordenó que la población de Po fuera a trabajar para él y que los ancianos, así como los débiles, llevasen víveres a aquella población. El jefe de Ko, conduciendo con él a su pueblo, fue a cerrar el paso a los que llevaban el vino, el arroz y el mijo, arrebatándoselo, y a los que no querían entregarlo los mataba. Se hallaba entre ellos un niño que llevaba provisiones de mijo y de carne; lo mató y se las arrebató. El, Chu-king, dice: «El jefe de Ko trató como enemigos a los que llevaban víveres». Hacía alusión a este acontecimiento.

»Porque el jefe de Ko había matado a este niño. Thang le declaró la guerra. Las poblaciones situadas en el interior de los cuatro mares dijeron unánimemente: Esto no es para enriquecer su Imperio, sino para vengar a un marido o a una mujer privados de sus hijos por lo que ha declarado la guerra.

»Thang comenzó la guerra por el reino de Ko. Después de haber vencido a once reyes, ya no tuvo más enemigos en el Imperio. Si llevaba la guerra al oriente, los bárbaros del occidente se quejaban; si llevaba la guerra al mediodía, los bárbaros del norte se quejaban diciendo: «¿Por qué nos deja para los últimos?»

»Los pueblos le deseaban como tras una sequía se desea de la lluvia. Los que iban al mercado no eran detenidos en el camino; los que labraban la tierra no eran arrancados de ella. Thang hacía morir a los príncipes y consolaba a los pueblos, como en los tiempos de la sequía la lluvia que acaba de caer procura una gran alegría a las poblaciones. El Chu-king dice: «Nosotros aguardamos a nuestro príncipe; cuando nuestro príncipe venga, seremos librados de la tiranía de los suplicios.»

»Había hombres que aun no estaban sometidos. Vu-vang se trasladó al oriente para combatirlos. Habiendo asegurado a los maridos y a las mujeres, estas últimas colocaron su seda negra y amarilla en canastillos y dijeron: «Continuando a servir a nuestro rey de Tcheu seremos colmadas de beneficios.» En seguida fueron a someterse a la gran ciudad de Tcheu. Sus hombres, elevados en dignidad, llenaron los canastillos de seda negra y amarilla y acudieron con estos presentes delante de los jefes de los Tcheu; el pueblo llenó los platos de provisiones de boca y los vasos de vino, y fue con sus presentes al encuentro de la tropa de Vu-vang. (Para obtener un resultado parecido), éste libró a aquellas poblaciones del fuego y del agua (es decir, de la más cruel tiranía); condenaba a muerte a sus tiranos, y esto fue todo.

»El Taï-chi (uno de los capítulos del Chu-king) dice:

«El renombre de mi poder se ha extendido hasta lo lejos; cuando yo haya alcanzado los límites de su reino, me apoderaré del tirano. Este renombre se acrecerá aun cuando yo haya condenado a muerte a ese tirano y vencido a sus cómplices; brillará con más esplendor que el de Thang.»

»El reino de Sung no practica el modo de gobierno de los antiguos reyes, como se ha dicho más arriba. Si practicase el modo de gobierno de los antiguos reyes, todas las poblaciones situadas entre los cuatro mares elevarían hacia él miradas de esperanza y no aspirarían más que a él, deseando que el rey de este reino llegara a ser su príncipe. Aunque los reinos de Thsi y de Thsu fueran grandes y poderosos, ¿qué tenía él que temer de ellos?»

6. Mencio, dirigiéndose a Taï-pu-ching (ministro del reino de Sung), dijo: «¿Deseas que tu rey llegue a ser un buen rey? Si lo deseas, yo te daré instrucciones bien claras a este respecto. Supongamos que el primer ministro de Thsu esté aquí. Si desea que su hijo hable el lenguaje de Thsi, ¿ordenará a un habitante del reino de Thsu instruirle en él?

—Ordenará a un habitante de Thsi que le instruya. —Si un solo hombre de Thsi le instruye y, al mismo tiempo, todos los hombres de Thsu le hablan continuamente en su lengua, aunque el maestro le golpeara cada día para que aprendiera a hablar la lengua de Phisi, no podría conseguirlo. Si, por el contrario, le llevan y le retienen durante varios años en el pueblecillo de Tchung-yo (pueblecillo muy frecuentado del reino de Thsi), aun cuando le golpearan cada día para que aprendiese a hablar la legua de Thsu, no podría conseguirlo.

»Tú has dicho que Sie-kiu-tcheu (ministro del reino de Sung) era un hombre dotado de virtud y que tú habías hecho de suerte que habitase en el palacio del rey. Si los que habitan el palacio del rey, jóvenes y viejos, viles y honrados, eran tales como Sie-kiu-tcheu, ¿en unión de quién el rey podía dañar? Si los que habitan el palacio del rey, jóvenes y viejos, viles y honrados, eran todos diferentes de Sie-kiu-tcheu, ¿con quién el rey podía hacer el bien? Si, pues, no hay más hombre virtuoso que Sie-kiu-tcheu, qué haría él solo junto al rey de Sung?»

7. Konk-tsun-tcheu hizo una pregunta en estos términos: «Tú no vas a ver a los príncipes; ¿cuál es el motivo?»

Mencio dijo: «Los antiguos que no querían llegar a ser ministros de los reyes no iban a verlos. Kuan-sun-tcheu evitó al príncipe, que fue a visitarle, escapando por encima del muro. Sie-lieu cerró su puerta y no quiso recibirle. Uno y otro de estos sabios fueron demasiado lejos. Si el príncipe insiste fuertemente, el sabio letrado puede ir a visitarle.»

Yang-ho deseaba ver a Kungtsé, pero temía no observar los ritos.

(Se ha dicho en el Libro de los ritos): «Cuando el primer funcionario lleva un presente a un letrado, si ocurre que éste no se halla en su casa para recibirle, entonces él se presenta en la morada del funcionario para darle las gracias.»

Yang-ho se informó del momento en que Kungtsé no estaría en su casa, y eligió este momento para ir a llevar a Kungtsé un cochinillo salado. Kungtsé, por su parte, se informó del momento en que Yang-ho estaba ausente de la suya para ir a darle las gracias. Si Yang-ho hubiera regresado a su casa antes del momento indicado, ¿hubiera podido Kungtsé impedir el verle?

Thseng-tsé decía: «Los que se violentan para sonreír como aprobación a todos los propósitos de los que quieren adular, se fatigan más que si trabajasen a pleno Sol.»

Tsé-lu decía: «Si los hombres disimulados hablan entre sí antes de haber contraído lazos de amistad, ved cómo su rostro se cubre de rubor. Esos hombres son a los que yo aprecio poco. Examinándolos bien, se puede saber lo mucho bueno que el hombre superior lleva en sí mismo.»

8. Taï-ying-tchi (primer ministro del reino de Sung) decía: «Yo no he podido aún exigir para tributo más que la décima de los productos, ni abrogar los derechos de entrada a los pasajes de las fronteras y las tasas de los mercados. Yo quisiera, sin embargo, disminuir estas cargas hasta llegar al año próximo, y en seguida las suprimiría completamente. ¿Cómo hacer?»

Mencio dijo: «Hay ahora un hombre que cada día coge los pollos de sus vecinos. Alguien le dijo: «Lo que haces no está conforme con la conducta de un hombre honrado y sabio.» Pero él respondió: «Bien quisiera yo corregirme poco a poco de este vicio; cada mes no cogería más que un pollo para esperar al año próximo, y en seguida me abstendría completamente de robar.»

»Si se sabe que lo que se practica no es conforme a la justicia, entonces se debe cesar incontinenti. ¿Para qué esperar al año próximo?»

9. Kong-tu-tsé dijo: «Los hombres de fuera proclaman todos, maestro, que te gustar disputar. ¿Osaré yo interrogarte a este respecto?»

Mencio dijo: «¿Por qué me gustaría disputar? Pero no puedo dispensarme de ello. Hace largo tiempo que el Mundo existe; unas veces es el buen gobierno el que reina; otras es la anarquía y la revuelta.

»En la época del Emperador Yao, las aguas desbordadas inundaron todo el reino. Las serpientes y los dragones le habitaban y el pueblo no tenía ningún lugar para fijar su residencia. Los que habitaban en la llanura se construían sus barracas como nidos de pájaros; los que moraban en lugares elevados se horadaban habitaciones subterráneas. El Chu-king dice: «Las aguas, desbordándose por todas partes, me dan una advertencia.» Las aguas desbordadas por todas partes son grandes y vastas aguas. Chun, habiendo ordenado a Yu dominarlas y dirigirlas, Yu hizo horadar la tierra para hacerlas afluir hasta el mar. Ahuyentó las serpientes y los dragones y los hizo refugiarse en los pantanos llenos de hierbas. Las aguas de los ríos Kiang, Hoaï, Ho y Han volvieron a surgir en medio de sus lechos. Habiéndose alejado los peligros y los obstáculos que se oponían a la circulación de las aguas, las aves de rapiña y las bestias monteses, que dañaban a los hombres, desaparecieron; en seguida los hombres obtuvieron una tierra habitable y fijaron en ella su morada.

»Habiendo muerto Yao y Chun, la doctrina de justicia y de humanidad de estos santos hombres se echó a perder. Príncipes crueles y tiranos aparecieron durante una larga serie de generaciones. Destruyeron las moradas y las habitaciones para hacer en su lugar lagos y estanques, y el pueblo no supo dónde encontrar un sitio seguro para su reposo. Asolaron los campos en cultivo para hacer en ellos jardines y parques de recreo; tanto hicieron, que el pueblo se halló en la imposibilidad de vestirse y de alimentarse. Los discursos más perversos, las acciones más crueles vinieron aún a manchar estos tiempos desastrosos. Los jardines y los campos de recreo, los lagos y los estanques, los mares y las lagunas llenas de hierba se multiplicaron tanto, que las aves de rapiña y las bestias monteses reaparecieron; y cuando cayó en manos de Cheu (o Tcheu-sin), el Imperio llegó al más alto grado de revuelta y de confusión.

»Tcheu-kong ayudó a Vu-vang a derribar y destruir a Cheu y a conquistar el reino de Yan. Después de tres años de combates, el príncipe de este reino fue derribado; Vu-vang persiguió a Feï-lin hasta un rincón de tierra cerrado por el mar y le mató. Después de haber extinguido cincuenta reinos, se dedicó a perseguir a los leopardos, tigres, rinocerontes, elefantes, y los ahuyentó lejos. Reinó entonces en el Imperio gran alegría. El Chu-king dice: «¡Oh! Cómo brillaban con gran esplendor los designios de Ven-vang! ¡Como fueron bien seguidos por los altos hechos de Vu-vang! Ellos han ayudado e instruido a los hombres de nuestros días, que son su posteridad. Todo está ahora perfectamente regulado; no hay nada que enmendar.»

»La generación siguiente ha degenerado; los principios de humanidad y de justicia (proclamados por los santos hombres y enseñados en todos los libros sagrados) han caído en el olvido. Los discursos más perversos, las acciones más crueles, han venido de nuevo a trastornar el Imperio. Hubo súbditos que hicieron morir a su príncipe; hubo hijos que hicieron morir a su padre.

»Kungtsé, asustado (de esta gran disolución), escribió su libro, titulado La Primavera y el Otodo (Tchun-thiseu). Este libro contiene el deber del hijo del Cielo (del Emperador).

Es por lo que Kungtsé decía: «El que me conozca, no me conocerá sino según La Primavera y el Otoño; el que me acuse, no lo hará sino según La Primavera y el Otoño.»

»No aparecen más santos reyes (para gobernar el Imperio); los príncipes y los vasallos se entregan a la licencia más desenfrenada; los letrados de cada lugar profesan los principios más opuestos y los más extraños; las doctrinas de los sectarios Yang-tchu y Mé-i llenan el Imperio, y las doctrinas del Imperio (las que son profesadas por el Estado), si no entran en las de Yang, entran en las de Mé-i. La secta de Yang relaciona todo así; no reconoce príncipes. La secta de Mé-i ama a todo el mundo indistintamente; no reconoce parientes. No reconocer parientes, no reconocer príncipes, es ser como los brutos y las bestias monteses.

»Kung-ming-i decía: «Las cocinas del príncipe rebosan de carnes, sus cuadras están llenas de caballos; pero el pueblo lleva en su rostro las huellas del hambre, los campos desiertos son invadidos por hombres muertos de miseria; así es como se empuja a las bestias feroces a devorar a los hombres.»

»Si las doctrinas de las sectas de Yang y de Mé-i no son reprimidas; si las doctrinas de Kungtsé no son sacadas a luz nuevamente, los discursos más severos abusarán del pueblo y ahogarán los saludables principios de humanidad y de justicia. Si los principios saludables de humanidad y de justicia son ahogados y reprimidos, entonces, no solamentos estos discursos impelirán a las bestias feroces a devorar a los hombres, sino que excitarán a los hombres a devorarse entre ellos.

»Yo, asustado de los progresos que hacen estas peligrosas doctrinas; yo, defiendo las doctrinas de los santos hombres del tiempo pasado; yo combato a Yang y a Mé-i; yo rechazo sus proposiciones corruptoras, a fin de que los predicadores perversos no surjan en el Imperio para esparcirlas. Una vez que estas doctrinas perversas hayan penetrado es los corazones, corromperán las acciones; una vez sean practicadas mediante las acciones, corromperán todo lo que constituye la existencia social. Si los santos hombres de la antigüedad aparecieran de nuevo sobre la Tierra, no cambiarían nada a mis palabras. En otro tiempo, Yu dominó las grandes aguas e hizo cesar las calamidades que afligían al Imperio; Tcheu-kong reunió bajo su dominación a los bárbaros del mediodía y del septentrión; ahuyentó lejos las bestias feroces, y todas las poblaciones del Imperio pudieron vivir en paz. Después que Kungtsé hubo terminado la composición de su libro histórico La Primavera y el Otoño, los ministros rebeldes y los bandidos temblaron.

»El Libro de los versos dice:

»Los bárbaros del occidente y del septentrión son puestos en fuga;

»Los reinos de Hing y de Chu son dominados;

»Nadie osa ahora resistirme.»

Los que no reconocían ni parientes ni príncipes son los bárbaros que Tcheu-kung puso en fuga.

»Yo, también yo, deseo rectificar el corazón de los hombres, reprimir los discursos perversos, oponerme a las acciones depravadas y rechazar con todas mis fuerzas las proposiciones corruptoras, a fin de continuar la obra de los tres grandes santos, Yu, Tcheu-kong y Kungtsé, que me han precedido. ¿Es esto amar el disputar? Yo no he podido dispensarme de obrar como Jo he hecho. El que puede mediante sus discursos combatir las sectas de Yang y de Mé-i es un discípulo de los santos hombres.»

10. Khuang-tchang dijo: «Tchin-tchung-tsé, ¿no es un letrado lleno de sabiduría y de sencillez? Cuando vivía en U-ling, habiendo pasado tres días sin comer, sus oí-dos no pudieron oír, sus ojos no pudieron ver. Un peral se encontraba allí, cerca de un pozo; los gusanos se habían comido más de la mitad de sus frutos. El moribundo, arrastrándose sobre sus manos y sobre sus pies, cogió lo restante para comerlo. Después de haberlo gustado tres veces, sus oídos recobraron la audición, y sus ojos la vista.»

Mencio dijo: «Entre todos los letrados del reino de Tsi, yo considero ciertamente a Tchung-tsé como el más grande. A pesar de esto, sin embargo, ¿cómo entiende Tchung-tsé la sencillez y la templanza? ¡Para cumplir el propósito de Tchung-tsé sería necesario ser gusano de tierra! Entonces habría medio de parecerse a él.

»El gusano de tierra, en los lugares elevados, se alimenta de tierra seca, y en los lugares bajos, bebe el agua cenagosa. La casa que habita Tchung-tsé, ¿no es la que se construyó Pe-i (hombre de la antigüedad, célebre por su extrema templanza)?, o bien, ¿sería la que edificó el ladrón Tche (hombre de la antiguedad, célebre por su intemperancia)? El mijo se come, ¿no es el que sembró Pé-i?, o bien, ¿sería el que fue sembrado por Tche? Esas son preguntas que aún no han sido resueltas.»

Kuang-tchan dijo: «¿Qué importa todo eso? El hacía zapatos y su mujer tejía el cáñamo, para cambiar estos objetos por alimentos.»

Mencio prosiguió: «Tchung-tsé era de una antigua y gran familia de Thsi. Su hermano mayor, de nombre Taï, recibe, en la ciudad de Ho, diez mil medidas de grano de rendimientos anuales en especie. Pero él mira las rentas de su hermano mayor como rentas inicuas, y no quiere alimentarse de ellas; considera la casa de su hermano mayor como una casa inicua, y no quiere habitarla. Huyendo de su hermano mayor y separado de su madre, ha ido a fijarse en U-ling. Cierto día que había regresado a su país, alguien le llevó como presente, de parte de su hermano mayor, un ganso vivo. Frunciendo el entrecejo al verle, dijo: «¿A qué uso se destina ese ganso chillón?» Otro día, su madre mató aquel ganso, y se lo dió a comer. Su hermano mayor, que volvía a la casa, dijo: «Comes carne de ganso chillón»; entonces Tchung-tsé salió y vomitó lo que había comido.

»Los platos que su madre le da a comer no los come; los que le prepara su mujer, los come. No quiere habitar la casa de su hermano mayor, pero habita el pueblecillo de U-ling. ¿Es de esta manera como puede cumplir el destino de la empresa que se ha propuesto? Si alguno quiere parecerse a Tchung-tsé debe hacerse gusano de tierra; en seguida podrá conseguir su objeto.»

HIA-MENG

LIBRO SEGUNDO

Capítulo I

1. Mengtsé dijo: «Aun cuando tengan la penetración de Li-leu (90) y la habilidad de Kung-chu-tsé (91), si no haces uso del compás y de la regla, no podrás fabricar objetos redondos y cuadrados. Aun cuando tengas el oído tan fino como Sse-kuang, si no haces uso de las seis reglas musicales, no podrás poner en armonía los cinco tonos; aun cuando sigas los principios de Yao y de Chun, si no empleas un modo de gobierno humano y liberal, no podrás gobernar pacíficamente el Imperio.

«Ahora los príncipes tienen sin duda, un corazón humano y fama de humanitarios; sin embargo, los pueblos no experimentan sus beneficios; ellos mismos no pueden servir de ejemplos o de modelos a los siglos venideros, porque no practican los principios de humanidad y de justicia de los antiguos reyes.

»Es por lo que se dice: «La virtud sola no basta para practicar un buen sistema de gobierno; la ley sola no puede ponerse en práctica por sí misma.»

»El Libro de los versos dice:

»Ellos no pecarán ni por exceso ni por olvido;

»Ellos seguirán las leyes de los antiguos.»

»No ha existido jamás un príncipe que haya cometido error siguiendo las leyes y las instituciones de los antiguos reyes.

»Cuando los santos hombres hubieron agotado todas las facultades de sus ojos, transmitieron a la posteridad el compás, la regla, el nivel y la plomada, para formar los objetos cuadrados, redondos, nivelados y rectos; y estos instrumentos todavía no han podido ser reemplazados. Cuando hubieron agotado en toda su extensión su facultad del oído, transmitieron a la posteridad las seis liu, o reglas de música, que rectifican los cinco sonidos; y estas reglas no han podido ser aún reemplazadas. Cuando hubieron agotado todas las facultades de su inteligencia, todas las inspiraciones de su corazón, transmitieron a la posteridad los frutos de sus meditaciones, legando un modo de gobierno que no permite tratar cruelmente a los hombres, y la humanidad se extendió por todo el Imperio.

»Es por lo que se dice: «Si quieres construir un monumento que domine, debes poner sus cimientos sobre una colina o un sitio elevado; si quieres construir un edificio sin apariencia, debes poner sus cimientos sobre un suelo bajo y húmedo, a lo largo de los arroyos y de los estanques. Si, ejerciendo el gobierno, no se sigue la manera de gobernar de los antiguos reyes, ¿se puede llamar esta conducta conforme a la sabiduría y a la prudencia?

»Es por lo que no hay sino el hombre humano y lleno de compasión para los hombres, que esté convenientemente colocado sobre el sitial elevado del poder soberano. Si un hombre inhumano y cruel se encuentra colocado sobre el sitial elevado del poder soberano, es un azote que vierte todas las iniquidades sobre la multitud.

»Si el superior o príncipe no sigue la recta regla de conducta y una sabia dirección, los inferiores no seguirán ninguna ley, ni se someterán a ninguna subordinación. Si la corte no hace caso alguno de la recta razón; si no se cree en sus prescripciones; si los magistrados no tienen ningún respeto hacia las instituciones ni aumentan su confianza; si los hombres superiores se rebelan contra la equidad, violando las leyes, y los hombres vulgares contra la justicia, es un feliz azar que, en tales circunstancias, el reino se conserve sin parecer. »Es por lo que se dice: «No es una calamidad para el reino el no tener ciudades completamente fortificadas, de muros exteriores e interiores; el no tener corazas y armas en gran número; no es una causa de ruina para un Imperio que los campos y las campiñas alejados de las ciudades no estén bien cultivados, que los bienes y las riquezas no están acumuladas. Si el superior o el príncipe no se conforma a los ritos; si los inferiores no estudian los principios de la razón, el pueblo pervertido se alzará en insurrección y la ruina del Imperio será inminente.»

»El Libro de los versos dice:

»El Cielo está a punto de derribar la dinastía de (Tcheu):

»(Ministros de esta dinastía) ¡no perder tiempo!»

»La expresión no perder tiempo es equivalente a la de no ser negligentes. No seguir los principios de equidad y de justicia en el servicio del príncipe; no observar los ritos, aceptando o rehusando una magistratura; censurar vivamente en sus discursos los principios de conducta de los antiguos Emperadores, es como si se fuera negligente e indiferente a la ruina del Imperio.

»Es por lo que se dice: «Exhortar al príncipe a prac ticar cosas difíciles, se llama acto de respeto hacia él; proponerle hacer el bien, impedirle cometer el mal, se llama abnegación sincera.» Pero decir: «mi príncipe no puede (ejercer un gobierno humano), esto se llama robar.»

2. Mencio dijo: «El compás y la regla son los instrumentos de perfeccionamiento de las cosas cuadradas y redondas; el santo hombre es el cumplimiento perfecto de los deberes prescritos entre los hombres.

»Si, ejerciendo las funciones y los deberes de soberano, quieres cumplir en toda su extensión los deberes del soberano; si, ejerciendo las funciones de ministro quieres cumplir en toda su extensión los deberes de ministro: en estos dos casos no tienes sino imitar la conducta de Yao y de Chun, y nada más. No servir a su príncipe como Chun sirvió a Yao, es no tener respeto para su príncipe; no gobernar al pueblo como Yao lo gobernó, es oprimir al pueblo.

»Kungtsé dijo: «No hay más que dos grandes vías en el mundo: la de humanidad y la de inhumanidad, y he ahí todo.»

»Si la tiranía que un príncipe ejerce sobre su pueblo es extremada, entonces su persona está condenada a muerte y su reino es destruido. Si la tiranía no es llevada al extremo, entonces su persona está en peligro y su reino está amenazado de ser dividido.

»El pueblo da a estos príncipes los sobrenombres de embrutecido (Yeu) y de cruel (Li). Aun cuando estos príncipes tuvieran hijos llenos de ternura y de piedad filial para ellos, y sobrinos llenos de humanidad, estos últimos, durante cien generaciones, no podrían cambiar los nombres envilecidos que los ha impuesto la justicia popular.

»El Libro de los versos dice:

»El ejemplo de la dinastía Yn no se ha alejado;

»Hay otro del tiempo de la dinastía Hia.»

»Son los dos reyes (a los que el pueblo ha dado los nombres envilecidos) los que se designan el decir esto.»

3. Mengtsé dijo: «Los fundadores de las tres dinastías obtuvieron el Imperio por humanidad; sus sucesores lo perdieron por la inhumanidad y por la tiranía.»

»He ahí las causas que trastornan y elevan los Imperios, que los conservan o los hacen perecer.

»Si el hijo del Cielo es inhumano, no conserva su soberanía sobre los pueblos situados entre los cuatro mares. Si los reyes y príncipes vasallos son inhumanos, no conservan el apoyo de los espíritus de la tierra y de los frutos de la misma. Si los presidentes del Tribunal Supremo y los demás grandes funcionarios son inhumanos, no conservan los venerables templos de los antepasados. Si los letrados y los hombres del pueblo son inhumanos, no conservan intactos sus cuatro miembros.

»Luego, si se tiene miedo a la muerte o a la pérdida de algunos miembros, y se complace, no obstante, en la inhumanidad, ¿no se obra como si se detestase la embriaguez y, al mismo tiempo, se entregase con todas sus fuerzas a la bebida?»

4. Mengtsé dijo: «Si alguno ama a los hombres sin recibir de ellos muestras de afecto, que no considere más que su humanidad. Si alguno gobierna a los hombres sin que los hombres se dejen gobernar fácilmente por él, que no considere más que su sabiduría y su prudencia. Si alguno trata a los nombres con toda la consideración prescrita, sin ser pagado por ello, que no considere más que el cumplimiento de su deber.

»Cuando se obra así, si ocurre que no se consigue lo que se desea, en todos los casos, no se debe buscar la causa más que en sí mismo. Si su conducta está conforme con los principios de la rectitud y de la razón, el Imperio vuelve por sí mismo a someterse a él.»

El Libro de los versos dice:

«El que piensa siempre en conformarse al mandato del Cielo,

»Atrae sobre él un gran número de felicidades.»

5. Mengtsé dijo: «Los hombres tienen una manera constante de hablar (sin comprenderla demasiado). Todos dicen: «el Imperio, el reino, la familia.» La base del Imperio existe en el reino; la base del reino existe en la familia; la base de la familia existe en la persona.»

6. Mengtsé dijo: «No es difícil ejercer el gobierno; es preciso no atraerse resentimientos por parte de las grandes casas. Lo que estas grandes casas desean, uno de los reinos (que constituyen el Imperio) lo desea también; lo que un reino desea, el Imperio lo desea también. Es por lo que las instrucciones y los preceptos de las virtudes se esparcen como un torrente hasta los cuatro mares.»

7. Mengtsé dijo: «Cuando la recta regla de la razón se sigue en el Imperio, la virtud de los hombres inferiores sirve a la virtud de los hombres superiores; la sabiduría de los hombres inferiores sirve a la sabiduría de los hombres superiores. Pero cuando la recta regla de la razón no se sigue en el Imperio, los pequeños sirven a los grandes; los débiles sirven a los fuertes (lo que es contrario a la razón).

»Estos dos estados de cosas son regulados por el Cielo. El que obedece al Cielo, es conservado; el que le resiste, perece.»

King-kung, príncipe de Thsi, dijo: «Cuando un príncipe no puede mandar a los demás; si, además, no quiere recibir órdenes de nadie, se separa por esto mismo de los demás hombres. Después de haber vertido muchas lágrimas, da a su hija en matrimonio al príncipe bárbaro del reino de Ou.»

«Ahora, los pequeños reinos imitan a los grandes reinos y, sin embargo, se avergüenzan de recibir órdenes de ellos y de obedecerlos. Es como si los discípulos se avergonzasen de recibir órdenes de su maestro de más edad que ellos, y de obedecerle.

»Si los pequeños reinos se avergüenzan de obedecer a los otros, nada mejor para ellos que imitar a Ven-vang. (Tomándolo por ejemplo), un gran reino, después de cinco años; un pequeño reino, después de siete años, ejercerán seguramente el poder soberano en el Imperio.

»El Libro de los versos dice:

»Los descendientes de la familia de los Chang,

»Eran en número de más de cien mil.

»Cuando el Emperador Supremo (Chang-ti) lo hubo ordenado (transmitiendo el Imperio a otra familia),

»Ellos se sometieron a los Tcheu.

»Porque el mandato del Cielo no es eterno.

»Los ministros de la familia Yn (o Chang), dotados de perspicacia y de inteligencia,

»Vertiendo el vino de los sacrificios, sirven en el palacio imperial.»

Kungtsé dijo: «Como el nuevo soberano era humano, no se puede considerar a los que le eran opuestos como numerosos. Si el jefe de un reino ama la humanidad, no tendrá ningún enemigo o adversario en el Imperio.

»Luego, si se desea no tener ningún enemigo o adversario en el Imperio, y no se hace uso de la humanidad (para llegar a este objeto), es como si se quisiera coger un hierro caliente con la mano, sin haberle antes metido en el agua.»

El Libro de los versos dice:

»¿Quién puede coger con la mano un hierro caliente

»Sin haberle antes metido en el agua?»

8. Mengtsé dijo: «¿Se puede conservar y hablar el lenguaje de la razón con los príncipes crueles e inhumanos? Los peligros más amenazadores son para ellos motivos de tranquilidad, y las calamidades más desastrosas son para ellos motivos de provechos: se regocijan con lo que causa ruina. Si se pudiera conversar y hablar el lenguaje de la razón con estos príncipes crueles e inhumanos, ¿habría un gran número de reinos que perecerían y de familias que sucumbirían?

»Había un niñito que cantaba diciendo:

»Si el agua del río Thsang-lang es pura,

»Podré lavar en ellas las cintas que ciñen mi cabeza

»Si el agua del río Tsang-lang está turbia,

»Podré lavar en ella mis pies.»

Kungtsé dijo: «Hijos míos, escuchad estas palabras: Si el agua es pura, entonces lavará en ella las cintas que ciñen su cabeza; si está turbia, entonces lavará en ella sus pies; él mismo es quien decidirá sobre ello.

»Los hombres se desprecian, ciertamente, a sí mismos antes que los demás hombres los desprecien. Las familias se destruyen, ciertamente, ellas mismas antes que los hombres las destruyan. Los reinos se atacan, ciertamente, ellos mismos antes que los hombres los ataquen.»

El Taï-kia dice: «Es posible preservarse de las calamidades enviadas por el Cielo; no se puede soportar aquellas que son atraídas por nosotros mismos.» Estas palabras dicen exactamente lo que yo quería expresar.

9. Mengtsé dijo: «Kie y Cheu perdieron el Imperio porque perdieron a sus pueblos; ellos perdieron a sus pueblos porque perdieron su afecto.»

»Hay una vía segura para obtener el Imperio; es preciso obtener al pueblo, y por ello mismo se obtiene el Imperio. Hay una vía para obtener al pueblo; es preciso obtener su afecto o su corazón, y por esto mismo se obtiene al pueblo. Hay una vía para obtener el corazón del pueblo; es la de darle lo que desea, suministrarle aquello de que tiene necesidad, y no imponerle aquello que detesta.

»El pueblo se somete a la humanidad, como el agua corre por lo más bajo, como las bestias feroces se retiran a los lugares desiertos.

»Así es la nutria, que hace retirarse a los peces al fondo de las aguas, y el gavilán, que hace huir a los pájaros a la espesura de los bosques; son los (malos reyes) Kie y Tcheu, los que hacen huir a los pueblos en brazos de Thang y de Vu-vang.

»Ahora, si entre todos los príncipes del Imperio se encontrase uno que tuviera humanidad, entonces todos los reyes y los príncipes vasallos (por su tiranía habitual) forzarían a los pueblos a refugiarse bajo su protección. Aun cuando no quiera reinar como soberano en todo el Imperio, no podría abstenerse de ello.

»Ahora, los que desean reinar como soberanos sobre todo el Imperio son como un hombre que durante una enfermedad de siete años busca la hierba preciosa (caï) que no procura alivio sino después de haber estado seca durante tres años. Si no se ocupa de cogerla, no podrá recibir de ella el alivio antes del fin de su vida. Si los príncipes no se aplican con toda su inteligencia a la investigación y a la práctica de humanidad, hasta el fin de su vida, se afligirán de la vergüenza de no practicarla, para caer, en fin, en la muerte y en el olvido. El Libro de los versos dice:

»¿Cómo podrían estos príncipes llegar a ser hombres de bien?

»Ellos se sumergen mutuamente en el abismo. Este es el pensamiento que yo he tratado de expresar más arriba.»

10. Mengtsé dijo: «No es posible tener propósitos razonables con los que se entregan, con sus palabras, a toda la fogosidad de sus pasiones; no es posible obrar en común en los asuntos que exigen la aplicación más sostenida, con hombres sin energía que se abandonan ellos mismos. Censurar los usos y la equidad de sus discursos, es lo que se llama abandonarse en sus palabras a la fogosidad de sus pasiones. Decir: «Mi persona no puede ejercer la humanidad y seguir la justicia»; esto se llama «abandono de sí mismo».

»La humanidad es la morada tranquila del hombre; la justicia es la vía recta del hombre.

»Dejar su morada tranquila, sin habitarla; abandonar su ví recta, sin seguirla. ¡Oh! ¡Qué lamentable es esto!»

11. Mengtsé dijo: «¡La vía recta está cerca de ti, y la buscas a lo lejos! ¡Es una cosa de las que son fáciles, y tú la buscas entre las difíciles! Si cada uno ama a sus padres como se los debe respetar, el Imperio estará en la unión y la armonía.»

12. Mengtsé dijo: «Si los que están en una condición inferior (a la del príncipe) no obtienen toda la confianza del superior, el pueblo no podrá ser gobernado. Hay una vía segura para obtener el favor y la confianza del príncipe. Hay una vía segura para ser fiel con sus amigos: si en los deberes que se rinde a los padres no se los procura alegría, no se es fiel con sus amigos. Hay una vía seguro para proporcionar alegría a sus padres; si mirando hacia sí mismo no se ve uno veras, sincero, exento de fingimiento y de disfraz; si no se sabe discernir en qué consiste realmente la virtud, no se hace su persona veraz, sincera, exenta de fingimiento y de disfraz.

»Es por lo que la verdad sincera es la vía del Cielo; meditar sobre la verdad, es la vía o el deber del hombre.

»No ha habido jamás un hombre que siendo soberanamente veraz, sincero, no se haya ganado la confianza y el favor de los demás hombres. No ha habido jamás un hombre que, no siendo veraz, sincero, haya podido conciliarse largo tiempo esta confianza y este favor.»

13. Mengtsé dijo: «Cuando Pé-i, huyendo de la tiranía de Cheu (sin), habitaba las orillas del mar septentrional, supo la elevación de Ven-vang (como jefe de los grandes vasallos de las provincias occidentales del Imperio); entonces, levantándose emocionado, dijo: ¿Por qué no iría yo a someterme a él? He oído decir que el jefe de los grandes vasallos del occidente sobresalía en la virtud de mantener a los ancianos.

»Estos dos ancianos eran los ancianos más eminentes del Imperio; y, sometiéndose a Ven-vang, eran los padres del Imperio quienes le habían hecho su sumisión.

»Desde el momento en que los padres del Imperio se habían sometido, ¿a qué otro se hubieran dirigido sus hijos?

»Si entre todos los príncipes feudatarios se encontrase uno que practicase el gobierno de Ven-vang, ocurriría, ciertamente, que en el espacio de siete años llegaría a gobernar el Imperio.»

14. Mengtsé dijo: «Cuando Kieu (Jan-kieu, discípulo de Kungtsé) era intendente de la familia Ki, no podía tomar sobre sí el obrar de otro modo que su señor, y exigía en tributo el doble de mijo que en otro tiempo. Kungtsé dijo: «Kieu no es mi discípulo; mis jóvenes (los otros discípulos del Filósofo) deberán perseguirle públicamente con gritos y redobles de tambores.»

»De aquí debe inferirse que si un príncipe no practica un gobierno humano y que si sus ministros le enriquecen, elevando demasiado los impuestos, este príncipe y sus ministros son reprobados y rechazados por Kungtsé; con más fuerte razón rechazaba a los que suscitan guerras en interés sólo de su príncipe. Si se libran combates para ganar territorio, los hombres matados cubrirán los campos; si se libran combates para tomar una ciudad, los hombres matados llenarán la ciudad tomada. Es lo que se llama hacer que la tierra coma la carne de los hombres. Este crimen no es suficiente rescatado con la muerte.

»Es por lo que los que colocan todas sus virtudes en hacer la guerra, debieran ser retribuídos con las penas más graves. Los que forman ligas entre los grandes vasallos, debían sufrir la pena que le sigue inmediatamente, y los que imponen el trabajo de cultivar y de sembrar las tierras a los labradores, cuyos campos están despojados de hierbas estériles, debieran sufrir la pena que viene después.»

15. Mengtsé dijo: «De todos los órganos de los sentidos que están a la disposición del hombre, no los hay más admirables que la pupila del ojo. La pupila del ojo no puede ocultar o disfrazar los vicios que se tiene. Si el interior del alma es recto, entonces la pupila del ojo brilla con un brillo puro; si el interior del alma no es recto, entonces la pupila del ojo está mate y oscurecida.

»Si escuchas atentamente las palabras de un hombre y observas las pupilas de sus ojos, ¿cómo se podrá ocultar de ti?»

16. Mengtsé dijo: «El que es afable y benévolo, no desprecia a los hombres; el que es moderado en sus exigencias, no despoja a los hombres de lo que estos poseen. Los príncipes que desprecian y despojan a los hombres de lo que poseen, y que no tienen más que un temor, el de no ser obedecidos, ¿cómo podrán ser llamados afables y moderados en sus exigencias? La afabilidad y la moderación, ¿podrían consistir en el sonido de la voz y en la expresión riente de su rostro?»

17. Chun-yu-khuan (cierto sofista del reino de Thsi) dijo: «¿No es conforme a los ritos que el hombre y la mujer no se den y reciban recíprocamente de sus propias manos ningún objeto?»

Mengtsé respondió: «Es conforme a los ritos.»

—Si la mujer de su hermano estaba en peligro de ahogarse, ¿se la podría socorrer con la mano?

—Sería la acción de un lobo no socorrer a la mujer de su hermano que estuviera en peligro de ahogarse.

Es conforme a los ritos que el hombre y la mujer no se den y reciban recíprocamente de sus propias manos ningún objeto. La acción de socorrer con la mano a la mujer de su hermano en peligro de ahogarse es una excepción, conforme a la razón.

«Ahora, yo supongo que el Imperio está a punto de su mergirse (o de perecer en las agitaciones de las revueltas civiles): ¿qué pensar del magistrado que no se apresure a socorrerle?

»El Imperio a punto de sumergirse debe ser socorrido según las reglas de la humanidad y de la justicia. La mujer de su hermano, estando en peligro de ahogarse, puede ser socorrida con la mano. ¿Querríais que yo socorriese el Imperio con la mano?»

18. Kung-sun-tcheu dijo: «¿Por qué un hombre superior no instruye él mismo a sus hijos?»

Mengtsé dijo: «Porque él no puede emplear la fuerza. El que enseña debe hacerlo según las reglas de la rectitud. Si (el niño) no obra según las reglas de la rectitud, (el padre) se enfada; si se enfada, se irrita; entonces hiere los sentimientos de ternura que un hijo, debe tener para un padre.» «Mi maestro (dice el hijo, hablando de su padre) debería instruirme según las reglas de la rectitud, pero jamás se ha guiado por las reglas de esta rectitud.» En este estado de cosas, el padre y el hijo se hieren mútuamente. Si el padre y el hijo se hieren mútuamente, entonces resulta un gran mal.

»Los antiguos confiaban sus hijos a otros para instruirlos y darlos su educación.

»Entre el padre y el hijo no conviene usar correcciones para hacer el bien. Si el padre usa de corrección para conducir a su hijo a hacer el bien, entonces el uno y el otro son pronto desunidos de corazón y de afecto. Si una vez son desunidos de corazón y de afecto, no les puede ocurrir desgracia más grande.»

19. Mengtsé dijo: «Entre los deberes que se rinde a los que están por encima de nosotros (padre, madre, príncipe y personas de edad), ¿cuál es el mayor? Es el de servir a su padre y a su madre, el que es el más grande. De todo lo que se conserva y protege en el Mundo, ¿qué hay de más importante? Es el de conservarse a sí mismo (en la vía recta), el que es el más importante. Yo he oído siempre decir que los que no se dejan extraviar por el camino de la perdición, podían servir a sus padres; pero jamás he oído decir que los que se dejan extraviar por el camino de la perdición podían servir a sus padres.

»¿Quién es el que está exento de servir a alguno (o que está exento del deber)? Los deberes que se debe a los padres forman la base fundamental de todos los deberes. ¿Quién es aquel que está exento de los actos de conservación? La conservación de sí mismo (en la recta vía) es la base fundamental de toda conservación.

»Cuando Thseng-tsé alimentaba (a su padre) Thseng-si, tenía siempre cuidado de servirle carne y vino en sus comidas. Cuando se estaba a punto de quitar los manjares, preguntaba siempre a quién podía ofrecer aún. Si le preguntaban, si había manjares de sobra, respondía siempre que los había.

»Después de la muerte de Thseng-si, cuando Thseng-yuan alimentaba (a su padre) Thseng-tsé, tenía siempre cuidado de servirle carne y vino en sus comidas. Cuando estaba a punto de quitar los manjares no preguntaba a quién podía ofrecérselos. Si le preguntaban si había manjares de sobra, respondía que no los había. Quería hacérselos servir de nuevo (a su padre). He ahí lo que se llama alimentar la boca y el cuerpo, y nada más. Si alguno obra como Thseng-tsé se puede decir que él alimenta la voluntad y la inteligencia (que él obra convenientemente con sus padres).

»Se debe servir a sus padres como Thseng-tsé.»

20. Mencio dijo: «Todos los hombres no están en condiciones de reprender a los príncipes; todos los modos de administración no son susceptibles de ser censurados. No hay sino los grandes hombres que puedan reprimir los vicios del corazón de los príncipes. Si el príncipe es humano, no hay nada inhumano en su gobierno. Si el príncipe es justo, no hay nada en su gobierno que no sea recto. Una vez que el príncipe se halla impuesto la obligación de tener una conducta constantemente recta, el reino estará tranquilo y estable.»

21. Mencio dijo: «Hay hombres que son alabados más de cuanto se puede esperar; hay hombres que son perseguidos con calumnias, aunque no busquen sino la integridad y la virtud.»

22. Mencio dijo: «Hay hombres que son de una gran ligereza de palabra, porque no han encontrado nadie que les reprenda.»

23. Mencio dijo: «Uno de los grandes defectos de los hombres es gustar a ser los modelos de los demás hombres.»

24. Lo-eching-tsé (discípulo de Mencio), habiendo seguido a Tseu-ngao, se trasladó al reino de Thsi.

Lo-tching-tsé, habiendo ido a ver a Mencio, éste le dijo: ¿Has venido expresamente para verme?

—Maestro, ¿por qué hablas de este modo?

—¿Cuántos días hace que has llegado?

—Tres días.

—Si hace ya tres días, ¿no tenía entonces razón para hablarte como te he hablado?

—Es que aún no sabía dónde iba a residir.

—¿Y quién te ha enseñado que es tan solo después de saber el sitio donde nos alojamos cuando se va a ver a aquellos a los que se debe respeto?

—Reconozco que he cometido una falta.

25. Mencio, dirigiéndose siempre a Lo-tching-tsé, le dijo: «Has venido acompañando a Tseu-ngao, con el solo objeto de beber y de comer. No creo que en otro tiempo estudiabas los principios de humanidad y de justicia de los antiguos con el solo objeto de beber y de comer.»

26. Mencio dijo: «La falta de piedad filial es un triple defecto; la falta de posteridad es el mayor de los defectos.

»Chun se casó sin prevenir a su padre y a su madre, ante el temor de no dejar posteridad. Los hombres superiores han pensado que obrando con esta intención es como si hubiera prevenido a su padre y a su madre.»

27. Mencio dijo: «El fruto más precioso de la humanidad es servir a sus padres. El fruto más precioso de la equidad es conformarse con las opiniones de su hermano mayor.

»El fruto más precioso de la prudencia o de la sabiduría, es conocer estas dos cosas y no apartarse de ellas. El fruto más precioso de la urbanidad es cumplir sus deberes con delicadeza y complacencia.

»El fruto más precioso de la música (que produce la concordia y la armonía) es amar estas dos cosas. Si se las ama, ellas nacen en seguida. Una vez nacidas, producidas, ¿cómo se podrían reprimir los sentimientos que inspiran? No pudiendo reprimir los sentimientos que estas virtudes inspiran, entonces, sin saberlo, los pies los manifiestas mediante movimientos candenciosos y las manos mediante aplausos.»

28. Mencio dijo: «No había más que Chun que pu diera ver, sin más orgullo que si hubiera sido una mata de hierba, que un Imperio desease someterse ardiente mente a su dominio, y a este Imperio estar lleno de gozo de sumisión. Para él, no tener contentos y felices a sus padres, era no ser hombre; no obedecerles en todo, era no ser hijo.

»Cuando Chun hubo cumplido sus deberes de hijo para con sus padres, su padre. Ku-seu, llegó al colmo del gozo. Cuando Ku-seu llegó al colmo del gozo, el Imperio fue convertido a la piedad filial. Cuando Ku-seu llegó al colmo del gozo, todos los que en el

Imperio eran padres o hijos vieron fijados sus deberes. Esto es lo que se llama la gran piedad filial.»

Capítulo II

1. Mencio dijo: «Chun nació en Tchu-fung (comarca desierta, situada en los confines del Imperio chino), pasó a Fu-hia y murió en Ming-thiao; era un hombre de las provincias más lejanas del oriente.

»Ven-vang nació en Khi-tcheu y murió en Pi-ing; era un hombre de las provincias más lejanas del occidente.

»La distancia mútua de estas dos regiones es de más de mil li (cien leguas); el espacio comprendido entre las dos épocas (en que nacieron estos dos grandes reyes) es más de mil años. Ambos se obstinaron en cumplir sus deseos en el reino de en medio con la misma facilidad con que se reúnen las dos partes de las tablillas del sello real.

»Los principios de conducta de los primeros santos y de los santos que los han sucedido son los mismos.»

2. Cuando Tseu-tchan presidía la administración del reino de Tching, tomó a un hombre en su propio carro para ayudarle a pasar los arroyos de Tsin y Veï.

Mencio dijo: «Era servicial y compasivo, pero no sabía administrar bien.

»Si cada año, al onceno mes, los puentes que sirven para los peatones estuviesen construidos; si al dozavo mes los puentes que servían para los carros estuviesen también construidos, el pueblo no tenía necesidad de trabajar para pasar a nado los ríos y los arroyos.

»Si el hombre que administra un Estado lleva la equidad y la justicia a todas las partes de su administración, puede (sin que se le censure por ello) alejar de él a la multitud que se halla a su paso. ¿Cómo podría hacer pasar el agua a todos los hombres que se encontrara?

»Es por lo que el que administra un Estado, si quisiera procurar tal placer a cada individuo en particular, no le bastaría el día.» (92)

3. Mencio, dirigiéndose a Siu-vang, rey de Thsi, le dijo: «Si el príncipe mira a sus ministros como a sus manos y sus pies, entonces los ministros mirarán al príncipe como a sus vísceras y a su corazón; si el príncipe considera a sus ministros como a perros o caballos, entonces los ministros mirarán al príncipe como a un hombre vulgar; si el príncipe mira a sus ministros como a la hierba que holla con sus pies, entonces los ministros mirarán al príncipe como a un ladrón y como a un enemigo».

El rey dijo: «Se lee en el Libro de los ritos: «(Un ministro que abandona el reino que gobernaba) lleva (tres meses un traje) un traje de luto en memoria del príncipe a quien ha servido.» ¿Cómo se debe conducir un príncipe para que un ministro lleve así el luto después de haberle abandonado?»

Mencio respondió: «Ejecuta sus avisos y sus consejos; escucha sus observaciones; hace descender sus beneficios entre el pueblo. Si, por una causa cualquiera, su ministro le abandona, entonces el príncipe envía hombres para escoltarle hasta más allá de las fronteras de su reino; además, le precede (mediante sus buenos oficios) cerca del nuevo príncipe, al palacio del cual su antiguo ministro tiene intención de dirigirse. Si después de su partida transcurren tres años sin que regrese, entonces se ocupa de sus campos y de su casa (para conservarle los ingresos). Esto es lo que se llama haber cumplido tres veces los ritos. Si obra así, su ministro, a causa de él, se revestirá con sus trajes de luto.

»Ahora, si el príncipe no ejecuta los avisos y los consejos de su ministro; si no escucha sus observaciones; si no hace descender sus beneficios entre el pueblo; si, por una causa cualquiera, su ministro, necesitando abandonarle, le maltrata y le retiene a la fuerza a su lado; que, además, le reduce a la más extrema miseria en el sitio donde se ha retirado; si el día mismo de su partida, se apodera de sus campos y de su casa: es lo que se llama obrar como un ladrón y como un enemigo. ¿Cómo un ministro (así tratado) llevará luego luto a un ladrón o a un enemigo?».

4. Mencio dijo: «Si, sin que se hayan hecho culpables de crímenes, el príncipe condena a muerte a los letrados, entonces los primeros funcionarios pueden abandonar el reino. Si, sin que sea culpable de crímenes, el príncipe oprime al pueblo, entonces los letrados pueden abandonar el reino».

5. Mencio dijo: «Si el príncipe es humano, nadie será inhumano; si el príncipe es justo, nadie será injusto».

6. Mencio dijo: «El gran hombre no practica una urbanidad que carezca de urbanidad, ni una equidad que carezca de equidad».

7. Mencio dijo: «Los hombres que tienen constantemente medios, mantienen a los que no los tienen; los hombres de capacidad y de talentos, alimentan a los que no los tienen. Es por lo que los hombres se regocijan de tener un padre y un hermano mayor dotados de sabiduría y de virtudes.

»Si los hombres que tienen constantemente medios abandonan a los que no los tienen; si los hombres de capacidad y de talentos abandonan a los que no los tienen, entonces la distancia entre el sabio y el insensato no será del espesor de una pulgada (la diferencia entre ellos no será grande).»

8. Mencio dijo: «Es preciso que los hombres sepan lo que ellos no deben practicar, para poder en seguida practicar lo que conviene».

9. Mencio dijo: «Si se cuentan las acciones viciosas de los hombres, ¿cómo hacer para evitar los disgustos que ocasionará el hacerlo?».

10. Mencio dijo: «Tchung-ni no llevaba jamás las cosas al exceso».

11. Mencio dijo: «El gran hombre (o el hombre de una equidad sin tacha) no se impone la obligación de decir la verdad con sus palabras (la dice naturalmente); no se prescribe un resultado determinado en sus acciones; no tiene ante la vista más que la equidad y la justicia».

12. Mencip dijo: «El que es un gran hombre es el que no ha perdido la inocencia y el candor de su infancia».

13. Mencio dijo: «Alimentar a los vivos es una acción que no puede ser considerada como una gran acción; no hay como la acción de rendir funerales convenientes a los muertos que pueda ser considerada como grande».

14. Mencio dijo: «El hombre superior realiza todos sus esfuerzos para avanzar en la virtud por diferentes medios; sus deseos más ardientes son llegar a poseer en su corazón esa virtud, o esta razón natural, que constituye su regla. Una vez que la posee, entonces se

une a ella fuertemente, y hace de ella, por decirlo así, su morada permanente; habiéndola hecho su morada permanente, la explora profundamente, y habiéndola explorado profundamente, entonces la cosecha por todas partes y dispone de su manantial abundante. Es por lo que el hombre superior desea ardientemente poseer en su corazón esta razón natural tan preciosa».

15. Mencio dijo: «El hombre superior da a sus estudios la mayor extensión posible, a fin de esclarecer su razón y explicar claramente las cosas; se fija como fin el volver varias veces sobre los mismos asuntos para exponerlos sumariamente y, por decirlo así, en su esencia».

16. Mencio dijo: «Es mediante la virtud (es decir, por la humanidad y la justicia) por lo que se subyuga a los hombres; pero no se ha encontrado a nadie que haya podido subyugarlos así. Si se alimenta a los hombres con los alimentos de la virtud, se podrá en seguida subyugar el Imperio. No ha ocurrido aún a nadie reinar soberanamente si los corazones de las poblaciones del Imperio no le son sumisos.»

17. Mencio dijo: «Las palabras que se pronuncian en el Mundo no tienen verdaderamente nada de funesto en ellas mismas: el resultado real de su efecto funesto resulta de oscurecer la virtud de los sabios y de alejarlos de los empleos públicos».

18. Siu-tsé dijo: «Tchung-ni hacía a menudo el mayor elogio del agua, exclamando: «¡Qué admirable es el agua! ¡Qué admirable es el agua!» ¿Qué lección que ría sacar del agua?».

Mencio dijo: «El agua que se escapa de un manantial con abundancia, no cesa de fluir ni día ni noche; ella llena los canales, las fosas; en seguida, prosiguiendo su curso, llega hasta los cuatro mares. El agua que sale del manantial circula así con rapidez (hasta los cuatro mares). Es por lo que es tomada como objeto de comparación.

»Si no hay manantial, las aguas son recogidas en la séptima u octava Luna, los canales y las fosas de los campos se llenan, pero el hombre podrá fácilmente esperar verlas bien pronto secas. Igualmente, cuando el rumor y la fama de su nombre sobrepujan al mérito de sus acciones, el hombre superior se avergüenza de ello».

19. Mencio dijo: «Aquello en lo que los hombres difieren de las bestias (la razón) es una cosa enorme; Ja multitud vulgar lo pierde bien pronto; los hombres superiores lo conservan cuidadosamente.

»Chun tenía una gran penetración para descubrir la azón de las cosas; escrutaba a fondo los deberes de los hombres entre sí. Obraba según la humanidad y la justicia, sin practicar con propósito deliberado la humanidad y la justicia».

20. Mencio dijo: «Yu detestaba el vino exquisito, pero amaba mucho las palabras que inspiraban la virtud.

»(Tching)-thang tenía constantemente el medio; establecía a los sabios (o los daba magistraturas) sin preguntarles de qué país, a qué secta o a qué clase pertenecían.

»Ven-vang consideraba al pueblo como a un herido (que tiene necesidad de mucho cuidado); y se obstinaba en contemplar la recta vía como si jamás la hubiera visto.

»Ven-vang no despreciaba los hombres y las cosas presentes; él no olvidaba los hombres y las cosas lejanas.

»Tcheu-kung pensaba reunir en su persona (imitándolos) a los reyes (más célebres) de las tres dinastías, practicando cuatro cosas principales que aquéllos habían practicado. Si entre estas cosas se encontraba una que no conviniese al tiempo en que vivía reflexionaba día y noche sobre ella. Cuando había sido lo suficientemente feliz para encontrar la razón de la inconveniencia o de la inoportunidad de aquella cosa, se sentaba para esperar la aparición del día».

21. Mencio dijo: «Habiendo desaparecido los vestigios de los que habían ejercido el poder soberano, los versos que los celebraban perecieron. Habiendo perecido los versos, el libro institulado La Primavera y el Otoño (Tchun-thsieu, compuesto por Kungtsé) fue compuesto (para reemplazarlos).

»El libro intitulado Ching (cuadriga), del reino de Tçin; el libro intitulado Tshao-vo, del reino de Thsu; el libro intitulado Tchun-thsieu, del reino de Lu, no hacen más que uno.

»Las acciones que son celebradas en esta última obra son las de los príncipes como Huan-kong, del reino de Thsi; Ven-kong, del reino de Tçin. El estilo que es empleado en él es el histórico. Kungtsé decía (hablando de su obra): «Las cosas que en ella son referidas me han parecido equitativas y justas; esto es lo que me ha hecho recopilarlas.»

22. Mencio dijo: «Los beneficios de un sabio que ha desempeñado funciones públicas se desvanecen tras cinco generaciones; los beneficios de un sabio que no ha desempeñado funciones públicas se desvanecen igual mente pasadas cinco generaciones.

»Yo, yo no he podido ser discículo de Kungtsé; pero he recogido lo mejor que he podido sus preceptos sobre la virtud de los hombres (que han sido los discípulos de Tseu-sse)».

23. Mencio dijo: «Cuando una cosa parece que debe ser aceptada y que, después de un maduro examen, no parece serlo, si se acepta, se hiere el sentimiento de la moderación. Cuando una cosa parece que debe ser dada y que, después de un examen más maduro, no parece deberlo ser, si se la da, se hiere el sentimiento de la benevolencia. Cuando parece que ha llegado el tiempo en que se puede morir, y que tras una reflexión más madura no parece conveniente ya morir, si nos damos la muerte, se hiere el sentimiento de fuerza y de vida que se posee».

24. Cuando Pheng-meng, aprendiendo de Y (príncipe del reino de Yeu-khin-ng) a lanzar las flechas, hubo agotado toda su ciencia, creyó que Y era el único en el Imperio que le excedía en este arte, y le mató.

Mencio dijo: «Este Y era también criminal.» Kung-ming-i decía: «Parece no haber sido criminal», es decir, que era menos criminal que Phen-meng. ¿Pero cómo no hubiera sido criminal también?

Los habitantes del reino de Tching, habiendo enviado a Tseu-cho-ju-tsé para atacar el reino de Vei, los de Vei enviaron a Yu-kung-tchi-sse para perseguirle. Tseu-cho-ju-tsé dijo: «Hoy me encuentro mal; no puedo sostener mi arco; me muero.» Interrogando en seguida al que conducía el carro, le preguntó quien era el hombre que le perseguía. Su cochero le respondió: «Es Yu-kung-tchi-sse.»

—Entonces, tengo salvada la vida.

El cochero repuso: «Yu-kung-tchi-sse es el más hábil arquero del reino de Vei. Señor, ¿por qué has dicho que has salvado la vida?»

—Yu-kung-tchi-sse ha aprendido el arte de tirar el arco de Yin-kung-tchi-ta. Yin-kung-tchi-ta aprendió de mí el arte de tirar el arco. Yin-kung-tchi-ta es un hombre de principios rectos. Al que él ha tomado por un amigo es ciertamente también un hombre de principios rectos.

Yu-kung-tchi-sse, habiéndole alcanzado, le dijo: Maestro, ¿por qué no tienes tu arco en la mano?

—Hoy me encuentro mal; no puedo tener mi arco.

—Yo he aprendido a tirar el arco de Yin-kung-tchi-ta. Yin-kung-tchi-ta aprendió el arte de tirar el arco de ti, maestro. No soporto la idea de servirme del arte de los principios de mi maestro en perjuicio del suyo. Aunque así sea, el asunto que tengo que cumplir hoy es el de mi príncipe y no me atrevo a descuidarle. Entonces, cogió sus flechas, que clavó en la rueda del carro, y habiendo arrancado el dardo, lanzó cuatro y se volvió.

25. Mencio dijo: «Si la bella Si-tsen estuviera cubierta de inmundicia, entonces todos los hombres se alejarían de ella, tapándose la nariz.

»Aunque un hombre tenga una figura fea y deforme, si se purifica y tiene su corazón sin mancha, si hace a menudo abluciones, entonces podrá sacrificar al soberano supremo (Chang-ti).»

26. Mencio dijo: «Cuando en el Mundo se diserta sobre la naturaleza racional del hombre, no se debe hablar sino de sus efectos. Sus efectos son lo más importante que hay en estas facultades de la razón (que no caen bajo los sentidos).

»A causa de ello experimentamos aversión hacia un (falso) sabio que usa rodeos capciosos. Si este sabio obrase naturalmente, como Yu, dirigiendo las aguas (de la gran inundación), nosotros no experimentaríamos aversión hacia su sabiduría. Cuando Yu dirigía las grandes aguas, las dirigía según su curso más natural y más fácil. Si el sabio dirige también sus acciones según la vía natural de la razón y la naturaleza de las cosas, entonces su sabiduría también será grande.

»Aunque el cielo esté muy elevado, aunque las estrellas estén muy alejadas, si se practica una investigación sobre los efectos naturales que proceden de ellas, se puede calcular con la mayor facilidad el día en que, después de mil años, tendrá lugar el solsticio de invierno.»

27. Kung-hang-tsé (primer ministro del reino de Thsi), habiendo mandado hacer funerales a su padre como hijo piadoso, un comandante de la derecha del príncipe fue enviado junto a él para asistir a las ceremonias fúnebres.

Cuando hubo franqueado la puerta, numerosas personas entraron conversando con el comandante de la derecha del príncipe. Otras le acompañaron hasta su sitio, conversando también con él.

Mencio no dirigió la palabra al comandante de la derecha del príncipe. Este se mortificó por ello y dijo: «Una multitud de personas distinguidas han venido a conversar conmigo, que estoy revestido de la dignidad de Huan; sólo Mencio no me ha dirigido la palabra. ¡Es una muestra de desprecio lo que me ha testimoniado!»

Mencio, habiendo oído estas palabras, dijo: «Se lee en el Libro de los ritos: «Estando en la corte, no se debe ir a ocupar su puesto, hablando con otro; no se debe salir de las gradas que se ocupa para saludarse mútuamente.» Yo, yo no deseaba sino obedecer los ritos. ¿No es asombroso que Tseu-ngao piense que yo le he testimoniado mi desprecio?».

28. Mencio dijo: «Aquello en que el hombre supe rior difiere de los demás hombres es, que conserva la virtud en su corazón. El hombre superior conserva la humanidad en su corazón y también conserva en él la urbanidad.

»El hombre humano ama a los hombres; el que tiene urbanidad respeta a los hombres.

»El que ama a los hombres es siempre amado de los hombres; el que respeta a los hombres es siempre respetado por los hombres.

»Supongamos que un hombre me trate con grosería y brutalidad; entonces, yo, como hombre sabio, debo sondearme a mí mismo y preguntarme sí no he sido inhumano, si no he faltado de urbanidad; de otro modo, ¿cómo me hubiera ocurrido tal cosa? Si después de sondearme a mí mismo encuentro que he sido humano; si después de un nuevo sondeo encuentro que he tenido urbanidad, la brutalidad y la grosería de que he sido objeto, existiendo siempre, como hombre sabio, yo debo de nuevo descender sobre mí mismo y preguntarme si no he faltado a la rectitud.

»Si, después de este examen interior, encuentro que no he faltado a la rectitud, la grosería y la brutalidad de que he sido objeto, existiendo siempre, como hombre sabio, yo me digo: Este hombre que me ha ultrajado no es sino un extravagante y nada más. Si es así, ¿en qué difiere de la bestia bruta? ¿Por qué, pues, he de atormentarme a causa de una bestia bruta?

»Es por este motivo por lo que el sabio está toda su vida interiormente lleno de solicitudes (para hacer el bien) sin que una pena (teniendo una causa exterior) le afecte siquiera durante el transcurso de la mañana.

»En cuanto a las solicitudes interiores, el sabio las experimenta constantemente. (Se dice): Chun era un hombre; yo soy también un hombre. Chun fue un ejemplo de virtudes y de sabiduría en todo el Imperio y pudo transmitir sus instrucciones a las generaciones futuras; yo no he cesado de ser un hombre de mi aldea (un hombre vulgar). Estos son para él verdaderos motivos de preocupaciones tristes y de penas; no tendría motivos de aflicción si hubiera llegado a parecerse a Chun. En cuanto a las penas que tienen una causa exterior, extraña, el sabio no las experimenta. El no comete actos contrarios a la urbanidad. Si una pena teniendo una causa exterior le afectara durante el espacio de una mañana, ésta no sería entonces una pena para el sabio.»

29. Ya y Tsi, habiendo entrado en la edad de igualdad de alma (en la edad de la razón, donde se ha tomado ya imperio sobre las pasiones y las inclinaciones), pasaron tres veces por delante de su puerta sin entrar en ella (para no interrumpir los cuidados que daba al interés público). Kungtsé alabó su conducta en aquellas circunstancias.

Yan-tsé, en la edad de las pasiones turbulentas, habitaba una callejuela oscura y desierta, comía en una escudilla de caña y bebía en una calabaza. Los hombres no hubieran podido soportar sus privaciones y sus tristezas. Pero Yan-tsé no perdió su aire sereno y satisfecho. Kungtsé alabó su conducta en aquella circunstancia.

Mencio dijo: «Yu, Tsi y Yan-Hui se condujeron según los mismos principios.

»Yu obraba como si hubiera pensado que el Imperio, estando sumergido por las grandes aguas, hubiera él mismo causado aquella inmersión. Tsi obraba como si hubiera pensado que el Imperio, agotado por el hambre, había él mismo causado aquella hambre. Es por lo que ellos experimentaban tal solicitud.

»Si Yu, Tsi y Yan-tsé se hubiera encontrado en su lugar, el uno y el otro hubieran obrado del mismo modo.

»Ahora, yo supongo que las personas de mi casa se querellan entre sí, yo me apresuraré a separarlas. Aunque sus cabellos y las cintas de sus gorros estén caídos aquí y allá, yo deberé igualmente apresurarme a separarlos.

»Si son los hombres de mi misma aldea, o de la inmediata, los que se querellan entre sí, teniendo los cabellos y las cintas de sus gorros por el suelo, yo cerraré los ojos sin ir a interponerme entre ellos para separarlos. Yo podría hasta cerrar mi puerta sin cuidarme de sus diferencias.»

30. Kung-tu-tsé (discípulo de Mencio) dijo: «Todo el mundo en el reino pretende que Khuang-tchang no tiene piedad filial. Maestro, como tú tienes con él relaciones frecuentes, como tú estás con él en gran amistad, ¿osaría preguntarte por qué se tiene tal opinión de él?»

Mencio dijo: «Los vicios que, según los usos de nuestro siglo, se llaman defectos de piedad filial, son en número de cinco: dejar que se entorpezcan sus cuatro miembros en la ociosidad, en lugar de proveer al sostenimiento de su padre y de su madre, es el primer defecto de piedad filial. Gustar jugar al ajedrez (po-i), y beber vino, en lugar de proveer al sostenimiento de su padre y de su madre, es el segundo defecto de piedad filial. Codiciar las riquezas y el lucro y entregarse con exceso a la pasión de la voluptuosidad, en lugar de proveer al sostenimiento de su padre y de su madre, es el tercer defecto de piedad filial. Abandonarse enteramente a los placeres de los ojos y de los oídos, ocasionando a su padre y a su madre la vergüenza y la ignominia, es el cuarto defecto de piedad filial. Complacerse en el exceso de una fuerza brutal, en las riñas y en los arrebatos, exponiendo a su padre y a su madre a toda clase de peligros, es el quinto defecto de piedad filial. Tchang-tsé ¿tiene alguno de esos defectos?

»Este Tchang-tsen, siendo hijo, no le conviene exhortar a su padre a la virtud; no es esto para él un deber de reciprocidad.

»El deber de exhortar a la virtud es la regla entre iguales y amigos; la exhortación a la virtud entre el padre y el hijo es una de las causas que más pueden alterar la amistad.

»¿Cómo puede Tchang-tsen desean que el marido y la mujer, la madre y el hijo vivan juntamente (como es un deber para ellos)? Porque ha sido culpable para su padre, no ha podido vivir cerca de él; ha echado a su mujer, ha expulsado a su hijo y se encuentra así, hasta el fin de su vida, privado de la conversación y de los alimentos que debía esperar. Tchang-tsen, en la determinación de su voluntad, no parecía haber querido obrar como él ha obrado (con su mujer y su hijo). Pero si, después de haberse conducido como lo ha hecho (con su padre, hubiese además aceptado la alimentación de su mujer y de su hijo), hubiera sido de los más culpables. He aquí la explicación de la conducta de Tchang-tsen (que no tiene nada de reprensible).»

31. Cuando Thseng-tsen habitaba en la ciudad de Vutching, alguien, conociendo la proximidad de un bandido armado del reino de Yuei, le dijo: «El bandido llega; ¿por qué no te salvas?». El respondió (a uno de los que estabas propuestos para la guarda de la casa): «No alojar a nadie en la casa, a fin de que las plantas y los árboles que se encuentran en el interior no sean deteriorados; y cuando el bandido se haya retirado, poned en orden los muros de mi casa, porque volveré a habitarla.»

Habiéndose retirado el bandido Thseng-tsen volvió a su morada. Sus discípulos dijeron: «Puesto que el primer magistrado de la ciudad ha tratado tan bien a maestro maestro (dándole una nabitación), debe de ser un hombre lleno de rectitud y de referencia. Pero huir el primero ante la proximidad de un bandido y dar así un mal ejemplo al pueblo, que podía imitarle; volver en seguida, después de la marcha del bandido, tal vez no sean obrar convenientemente.»

Ching-yeu-king (uno de los discípulos de Thseng-tsen) dijo: «Eso es lo que tú no sabes. En otro tiempo, la familia de Ching-yeu, habiendo tenido que sufrir las calamidades de una gran devastación, de los setenta hombres que acompañaban a nuestro maestro (Thseng-tsen), ninguno fue a ayudarle en aquellas circunstancias difíciles.»

Cuando Tseu-sse habitaba en el reino de Wei, uno, sabiendo la proximidad de un bandido armado del reino de Thsi, le dijo: «El bandido llega; ¿por qué no te salvas?»

Tseu-sse respondió: «Si yo, Ki, me salvo, ¿quién protegerá el reino en unión del príncipe?»

Mencio dijo: «Thseng-tsen y Tseu-sse tuvieron los mismos principios de conducta. Thseng-tsen era preceptor de sabiduría; estaba, por consiguiente, en las mismas condiciones (de mantener la dignidad y la seguridad) que un padre y un hermano mayor; Tseu-sse era magistrado o funcionario público; era, por consiguiente, de una condición bien inferior (bajo ambos conceptos). Si Thseng-tsen y Tseu-sse se hubieran encontrado en el mismo sitio, uno y otro hubiera obrado del mismo modo.»

32. Tchu-tsé, magistrado del reino de Thsi, dijo: «El rey ha enviado hombres para informarse secretamente si tú difieres, maestro, verdaderamente de los demás hombres.»

Mencio dijo: «¡Si yo difiero de los demás hombres! Yao y Chun, ellos mismos, eran de la misma naturaleza que los demás hombres.»

33. Mencio dijo: «Un hombre de Thsi tenía una mujer legítima y una segunda mujer, que habitaban las dos en su casa.

»Siempre que el marido salía, no dejaba de hartarse de vino y de carne antes de volver a su casa. Si su mujer legítima le preguntaba quiénes eran los que le habían dado de comer y de beber, entonces él respondía que eran hombres ricos y nobles.

»Su mujer legítima, dirigiéndose a la concubina, le dijo: «Todas las veces que el marido sale, no deja de entrar harto de vino y de carne. Si yo le pregunto quienes son las personas que le han dado de beber y de comer, me responde: Son hombres ricos y nobles; y sin embargo, ninguna persona ilustre ha venido aún aquí. Yo quiero observar en secreto adónde va el marido.»

»Se levantó temprano y siguió secretamente a su marido a los sitios donde se dirigía. El atravesó el reino (la ciudad) sin que nadie viniera a acercársele y a hablarle. Se dirigió, en fin, al barrio oriental, donde, entre las tumbas, se encontraba un hombre que ofrecía el sacrificio de los antepasados, de los que él comió los restos sin hartarse. Aun fue a otras partes con la misma intención. Era aquél su método habitual de satisfacer su apetito.

»Su mujer legítima, de regreso a la casa, dirigiéndose a la concubina, le dijo: «Nuestro marido era el hombre en el que habíamos puesto nuestras esperanzas para el resto de nuestros días, y ahora he aquí lo que ha hecho.» Y contó en seguida a la concubina lo que había visto hacer a su marido, y ambas lloraron juntas en medio del gineceo. Y el marido, no sabiendo lo que había pasado, volvió de fuera, con el rostro todo gozoso a alabarse de su buena fortuna ante su mujer legítima y de su mujer de segundo rango.

»Si el sabio medita atentamente sobre la conducta de este hombre, verá por qué medios los hombres se entregan a la persecución de las riquezas, de los honores, de la ganancia y del ascenso, y cuán poco numerosos son aquellos cuyas mujeres legítimas y de segundo rango no se avergüenzan y se desolan de su conducta.»

Capítulo III

1. Wen-tchang (discípulo de Mencio) hizo una pregunta en estos términos: «Cuando Chun iba a los campos (para cultivarlos), vertía lágrimas, implorando al cielo misericordioso. ¿Por qué imploraba al cielo vertiendo lágrimas?»

Mencio dijo: «Se quejaba (de no ser amado de sus padres) y pensaba en los medios de serlo.»

Wen-tchang dijo: «Si su padre y su madre le amaban, debía estar satisfecho y no olvidar su ternura. Si su padre y su madre le detestaban, debía soportar sus penas sin quejarse. Si es así, Chun se quejaba, pues, de sus padres.»

Mencio dijo: «Tching-si, interrogando a Kong-ming-kao, dijo: En lo que concierne a las expresiones Cuando Chun iba a los campos, he entendido más arriba tus explicaciones; en cuanto a éstas: vertía lágrimas implorando al cielo misericordioso, ignoro el sentido de ellas.»

Kung-ming-kao dijo: «No es una cosa que puedas comprender.» «Kung-ming-kao (continuó Mencio) pensaba que el corazón de un hijo piadoso no podía estar de este modo exento de penas. «Mientras que yo agoto mis fuerzas (se decía) en cultivar los campos, yo no hago más que cumplir mis deberes de hijo, y nada más. Si mi padre y mi madre no me aman, ¿es mía la culpa?»

»El emperador (Yao) le envió a sus hijos, nueve jóvenes vigorosos, y a sus dos hijas, y ordenó a un gran número de magistrados, así como de oficiales públicos, ir junto a Chun con provisiones de bueyes, carneros y granos para su servicio. Los letrados del Imperio, en gran número, acudieron junto a él. El Emperador quiso hacerle su ministro y transmitirle el Imperio. No recibiendo ninguna muestra de deferencia de su padre y de su madre, era como un hombre privado de todo, que no sabe dónde refugiarse. Hablar de la alegría y de la satisfacción a los nombres cuya inteligencia es la más esclarecida del Imperio es lo que se desea más viva mente, y, sin embargo, esto no bastaba para disipar las penas (de Chun). El amor de una joven y hermosa mujer es lo que los hombres desean ardientemente; Chun recibió por mujeres a las dos hijas del Emperador, y sin embargo, esto no bastaba para disipar sus penas. Las riquezas son también lo que los hombres desean vivamente; en cuestión de riquezas tuvo en posesión el Imperio, y, sin embargo, esto no bastaba para disipar sus penas. Los honores son lo que los hombres desean ardientemente; en cuestión de honores, él fue revestido de la dignidad de Hijo del Cielo (o emperador), y, sin embargo, esto no bastaba para disipar sus penas. El sentimiento de hablar de la satisfacción y de la alegría con los hombres del Imperio cuya inteligencia es la más esclarecida, el amor de jóvenes y hermosas mujeres, las riquezas y los honores, no bastaban para disipar las penas de Chun. Tan sólo la deferencia de su padre y de su madre a sus buenos consejos, hubieran podido disipar sus penas.

»El hombre, cuando es joven, quiere a su padre y a su madre. En cuanto siente nacer en él el sentimiento del amor, entonces ama a una joven y hermosa adolescente; cuando tiene una mujer e hijos, entonces, ama a su mujer y a sus hijos; cuando ocupa un empleo público, entonces ama al príncipe. Si (en este último caso) no obtiene el favor del príncipe, entonces experimenta una viva inquietud.

»El que tiene una gran piedad filial ama hasta su postrer día a su padre y a su madre. Hasta los cin cuenta años, querer (a su padre y a su madre) es un sentimiento de piedad filial que yo he observado en el gran Chun.»

2. Wen-tchang continuó sus preguntas:

El Libro de los versos dice:

«Cuando un hombre quiere tomar una mujer, ¿qué debe hacer?

«Debe consultar a su padre y a su madre.»

Nadie podía practicar más fielmente estas palabras que Chun. Chun, sin embargo, no consultó a sus padres antes de casarse. «¿Por qué hizo esto?»

Mencio respondió: «Si les hubiera consultado, no huoíera podido casarse. La cohabitación o la unión bajo el mismo techo del hombre y de la mujer es el deber más importante del hombre. Si hubiera consultado a sus padres no hubiera podido cumplir su deber, el más importante del hombre, y por ello hubiera provocado el odio de su padre y de su madre.

»Es por lo que no los consultó.»

Wen-tchang continuó: «Yo he sido bastante feliz para obtener de ti el estar perfectamente instruído de los motivos que impidieron a Chun consultar con sus padres antes de casarse: ahora bien, ¿cómo fue que el Emperador no consultara igualmente con los padres de Chun antes de darle sus dos hijas en matrimonio?»

Mencio dijo: «El Emperador sabía también que si los hubiera consultado no hubiera obtenido su consentimiento para el matrimonio.»

Wen-tchang prosiguió: «El padre y la madre de Chun, habiéndole ordenado construir un granero para trigo, y apenas hubo quitado los andamios, Ku-seu (su padre) le prendió fuego. Le ordenaron en seguida horadar un pozo del cual apenas había escapado (por una abertura lateral que había practicado), le colmaron.»

Siang (hermano menor de Chun, pero de otra madre) dijo: «Soy yo quien ha sugerido el propósito de hacer sumir al príncipe en el pozo (Chun); yo reclamo todo el mérito de ello. Sus bueyes y sus carneros pertenecen a mi padre y a mi madre; sus granjas y sus granos pertenecen a mi padre y a mi madre; su escudo y su lanza, a mí; su guitarra, a mí; su arco cincelado, a mí; a sus dos mujeres las mandaré adornar mi lecho.»

Siang, habiéndose trasladado a la morada de Chun (para apoderarse de lo que allí se encontraba, creyéndole desaparecido), encontró a Chun sentado sobre su lecho tocando la guitarra.

Siang dijo: «Estaba de tal modo inquieto por mi príncipe, que apenas podía respirar», y su rostro se cubrió de rubor, Chun le dijo: «Date la pena, te lo ruego, de dirigir en mi nombre esa multitud de magistrados y de oficiales públicos.» Yo no sé si Chun ignoraba que su hermano había querido hacerle morir.»

Mencio dijo: «¿Cómo lo hubiera ignorado? Pero le bastaba que Siang experimentase pena para sentirla él también.»

Wen-thang replicó: «Si es así, ¿no simuló Chun una alegría que no sentía? —De ningún modo. En otro tiempo fueron ofrecidos peces vivos, como regalo, a Tseu-tchan, del reino de Tchin. Tseu-tchan ordenó que los guardianes del vivero los conservasen en el agua del lago. Pero los guardianes del lago los mandaron cocer para comérselos. Habiendo ido a dar cuenta de la orden que habían recibido, dijeron: «Cuando hemos empezado a poner estos peces en libertad, estaban atontados e inmóviles; poco a poco se han reanimado, recobrando la agilidad; al fin, se han escapado con mucha alegría.» Tseu-tcham dijo: «¡Han obtenido su destino! ¡Han obtenido su destino!» Cuando los guardianes del vivero hubieron partido, se dijeron entre ellos: «¿Quién era el que decía que Tseu-tchan era un hombre penetrante? Tras haber hecho cocer los peces, dice: ¡Ellos han obtenido su destino! ¡Ellos han obtenido su destino! Así, pues, el sabio puede ser engañado en cosas verosímiles; pero difícilmente en las cosas inverosímiles o que no son conformes a la razón. Siang, habiendo venido cerca de Chun con todas las apariencias de un vivo sentimiento de ternura hacia su hermano mayor, éste depositó en él una entera confianza y se regocijó por ello. ¿Por qué hubiera fingido?»

3. Ven-tchang hizo esta nueva pregunta: «Siang no pensaba cada día sino en los medios de hacer morir a Chun. Cuando Chun fue hecho Hijo del Cielo (emperador), le desterró lejos de él; ¿por qué hizo esto?»

Mencio dijo: «Le hizo príncipe vasallo. Algunos dijeron que le había desterrado lejos de él.»

Wen-tchang dijo: «Chun desterró al presidente de los trabajos públicos (Kung-kong), a Yeu-tcheu; relegó a Huan-tseu, a Tsung-chan; hizo perecer (al rey) de los San-miau, a San-Vei; deportó a Kuan, a Yu-chan. Siendo castigados estos cuatro personajes, todo el Imperio se sometió, viendo castigados a los malvados. Siang era un hombre muy malvado, de la mayor inhumanidad; para que él fuese establecido príncipe vasallo de la tierra de Yeu-pi, ¿era preciso que los hombres de Yeu-pi fueran ellos mismos muy criminales? Un hombre verdaderamente humano, ¿hubiera obrado de ese modo? En lo que concierne a los otros personajes (culpables), Chun los castigó; en lo que concierne a su hermano menor, ¡le hizo príncipe vasallo!»

Mencio respondió: «El hombre humano no guarda resentimientos hacia su hermano; no alimenta odio contra él. Le ama, no le quiere como a un hermano, y he ahí todo.

»Por lo mismo que le ama, desea que sea elevado a los honores; por lo mismo que le quiere, desea que tenga riquezas. Chun, estableciendo a su hermano príncipe vasallo de los Yeu-pi, le elevó a los honores y le enriqueció. Si, mientras que era Emperador, su hermano menor hubiese seguido siendo hombre privado, ¿hubiera podido decir que le había amado y querido?»

—¿Osaría yo permitirme hacerte aún una pregunta?, dijo Ven-vang. «Algunos dijeron que él le había desterrado lejos de él.» ¿Qué significan estas palabras?

Mencio dijo: «Siang no podía poseer el poder soberano en su reino. El Hijo del Cielo (el emperador) hizo administrar el reino por un delegado, y es de éste del que exigía los tributos. Es por lo que se dijo que su hermano (así privado de autoridad) había sido desterrado. ¿Cómo Siang hubiera podido oprimir al pueblo de este reino (del que no era más que el príncipe nominal)? Aunque las cosas estuviesen así, Chun deseaba verle a cada instante. Chun no esperaba la época en que se le traían los tributos ni la en que se le rendían cuentas de los asuntos administrativos para recibir al príncipe vasallo de los Yeu-pi. He aquí lo que significan las palabras que has citado.»

4. Hian-khieu-ming (discípulo de Mencio) le hizo una pregunta en estos términos: «Un antiguo proverbio dice: "Los letrados, por eminentes y dotados de virtudes que estén, no pueden hacer de un príncipe un súbdito, y de una padre un hijo (atribuyendo superioridad sólo al mérito).» Sin embargo, cuando Chun tenía la faz vuelta al mediodía (es decir, que presidía solemnemente la administración del Imperio), Yao, a la cabeza de los príncipes vasallos, con la faz vuelta hacia el norte, le rendía homenaje; Ku-seu también le rendía homenaje con la faz vuelta hacia el norte. Chun, viendo a su padre, Ku-seu, dejaba ver en su rostro el embarazo que experimentaba. Kung-tsé decía a este respecto: "En aquel tiempo, el Imperio estaba en un peligro inminente; estaba muy cerca de la ruina." Yo no sé si estas palabras son verdaderas.»

Mencio dijo: «No lo son de ningún modo. Esas palabras no pertenecen al hombre eminente, al cual son atribuídas. Ese es el lenguaje de un hombre grosero de las comarcas orientales del reino de Thsi.

»Yao, habiendo llegado a viejo, tomó Chun en su mano la administración del Imperio. El Yao-tian dice: «Cuando después de veintiocho años (de la administración de Chun), murió el príncipe de las inmensas virtudes (Yao), todas las familias del Imperio, como si hubieran llevado el luto de su padre o de su madre muertos, le lloraron durante tres años, y los pueblos que recorren las orillas de los cuatro mares se detuvieron y suspendieron en silencio los ocho sonidos.»

»Kung-tsé dijo: «El Cielo no tiene dos soles; el pueblo no tiene dos soberanos.» Sin embargo, si Chun fue elevado a la dignidad de Hijo del Cielo, y, además, como jefe de los vasallos del Imperio, llevó tres años el luto de Yao, había, pues, al mismo tiempo, dos emperadores.»

Hian-khieu-ming dijo: «Yo he sido bastante feliz para obtener de ti el saber que Chun no había hecho a Yao su súbdito. El Libro de los versos dice:

»Si recorres el Imperio,

»No encontrarás ningún lugar que no sea el territorio del soberano;

»Si sigues las costas de la Tierra, no encontrarás ningún hombre que no sea súbdito del emperador.» Pero desde el momento en que Chun fue emperador, permíteme preguntarte: ¿Cómo Ku-seu (su padre) no fue su súbdito?»

Mencio dijo: «Estos versos no dicen lo que tú piensas que dicen. Hombres que consagraban sus labores al servicio del soberano y que no podían ocuparse de los cuidados necesarios para el sostenimiento de su padre y de su madre (los han compuesto). Es como si hubieran dicho: En lo que hacemos, nada es extraño al servicio del soberano; pero nosotros solos, que poseemos talentos eminentes, nosotros trabajamos para él (esto es injusto).

»Es por lo que los que explican los versos no deben, ateniéndose a un solo carácter, alterar el sentido de la frase; ni ateniéndose demasiado estrechamente a una sola frase, alterar el sentido de la composición. Si el pensamiento del lector (o del que explica los versos) va delante de la intención del poeta, entonces se comprende fácilmente el verdadero sentido. Si no se atiende sino a una sola frase, la de la oda que empieza con estas palabras: ¡Cuán lejos la vía láctea se extiende en el espacio! y que es así concebida: De los restos de la población de Tcheu, de cabellos negros, no queda una criatura viva, significaría, tomándolo a la letra, que no existe un solo individuo en el imperio de Tcheu.

»Si se trata de la piedad filial en su más alto grado, nada hay tan elevado como honrar a sus padres. De tratarse de la mayor muestra de honor que se puede testimoniar a sus padres, nada hay comparable al sostenimiento que se les procura con los ingresos del Estado. Como (Ku-seu) era el padre del Hijo del Cielo, el colmo del honor era para este último la más alta expresión de su piedad filial; y como él le sostuvo con las rentas del Imperio, le dio la mayor muestra de honor que él podía darle

»El Libro de los versos dice:

»El pensaba constantemente en tener piedad filial,

»Y por su piedad filial fue un ejemplo para todos.»

He ahí lo que yo he querido decir.

»Se lee en el Chu-King:

«Todas las veces que Chun visitaba a su padre, Ku-seu, para rendirle sus deberes, experimentaba un sentimiento de respeto y de temor. Ku-seu también accedía a sus consejos.» Esto confirma (lo que ha sido dicho precedentemente) que no se puede hacer de un padre un hijo.»

5. Ven-tchang dijo: «¿Es verdad que el emperador Yao dio el Imperio a Chun?»

Meng-tseu dijo: «De ningún modo. El Hijo del Cielo no puede dar a conferir el Imperio a ningún hombre.»

Ven-tchan dijo: «De acuerdo; pero, ¿cómo Chun poseyó el Imperio?, ¿quién se lo dió?»

Mencio dijo: «El Cielo se lo dió.»

Ven-tchang continuó: «Si fue el Cielo quien se lo dió, ¿lo hizo mediante palabras claras y distintas?»

Mencio replicó: «De ningún modo. El Cielo no habla: hace conocer su voluntad por las acciones, asi como por los altos hechos (de un hombre), y he ahí todo.»

Ven-tchang añadió: «¿Cómo hace conocer su voluntad por las acciones y los altos hechos (de un hombre)?»

Mencio dijo: «El Hijo del Cielo puede solamente proponer un hombre al Cielo; no puede ordenar que el Cielo le de el Imperio. Los vasallos del Imperio pueden proponer un hombre al Hijo del Cielo; no pueden ordenar que el Hijo del Cielo le confiera la dignidad de príncipe vasallo. El primer funcionario (ta-fu) de una ciudad puede proponer un hombre al príncipe vasallo; no puede ordenar que el príncipe vasallo le confiera la dignidad de primer magistrado.

»En otro tiempo, Yao propuso a Chun al Cielo, y el Cielo le aceptó; le mostró al pueblo cubierto de gloria, y el pueblo le aceptó. Es por lo que yo decía: «El Cielo no habla; hace conocer su voluntad por las acciones y los altos hechos de un hombre, y he ahí todo.»

Ven-tchang dijo: «Permíteme una nueva pregunta: ¿Qué entiendes por estas palabras: El le propuso al Cielo, y el Cielo le aceptó; él le mostró al pueblo cubier-de gloria, y el pueblo le aceptó?»

Mencio dijo: «El le ordenó presidir las ceremonias de los sacrificios, y todos los espíritus (los «cien espíritus», es decir, los espíritus del Cielo, de la Tierra, de las montañas y de los ríos) tuvieron sus sacrificios por agradables; esto es la aceptación del Cielo. El le ordenó presidir la administración de los asuntos públicos, y los asuntos públicos, estando bien administrados por él, todas las familias del Imperio estuvieron tranquilas y satisfechas; he ahí la aceptación del pueblo. El Cielo le dio el Imperio, y el pueblo también se lo dio. Es por lo que yo decía: El hijo del Cielo no puede por sí solo dar el Imperio a un hombre.

»Chun ayudó a Yao en la administración del Imperio durante veintiocho años. Este no fue el resultado del poder del hombre, sino del Cielo.

»Habiendo muerto Yao y terminados los tres años de luto, Chun se separó del hijo de Yao y se retiró a la parte meridional del río meridional (para dejarle el Imperio). Pero los grandes vasallos del Imperio, que venían en la primavera y en el otoño a jurarle fe y homenaje, no se dirigían junto al hijo de Yao, sino junto a Chun. Los que traían acusaciones o pleitos que resolver no se presentaban al hijo de Yao, sino a Chun. Los poetas que loaban los altos hechos en sus versos y que los cantaban, no celebraban y no cantaban al hijo de Yao, sino que celebraban y cantaban las proezas de Chun. Es por lo que yo he dicho que esto era el resultado del poder del Cielo. Después de esto, volvió al reino, de en medio (93) y subió sobre el trono del Hijo del Cielo. Si, habiendo continuado habitando el palacio de Yao, hubiera oprimido y constreñido a su hijo, esto hubiera sido usurpar el Imperio y no recibirle del Cielo.

»El Thai-tchi dice: «El Cielo ve; pero ve por (los ojos de) mi pueblo. El Cielo oye; pero oye por (los oídos de) mi pueblo.» Esto es lo que yo he querido decir.»

6. Ven-tchang hizo otra prgeunta en estos términos: «Los hombres dicen: No fue sino hasta Yu (cuando el interés público fue preferido por los soberanos al interés privado); en seguida, habiéndose debilitado la virtud, el Imperio no fue transmitido al más sabio, sino fue transmitido al hijo. ¿No es esto verdad?»

Mencio dijo: «De ningún modo; esto no es así. Si el Cielo da el Imperio al sabio, entonces (el emperador) se lo da; si el Cielo se lo da al hijo, entonces (el emperador) se lo da.

»En otro tiempo, Chun propuso al Cielo a Yu (haciéndole su ministro). Al decimoséptimo año de su administración, Chun murió. Habiendo transcurrido los tres años de luto, Yu se separó del hijo de Chun y se retiró a la comarca de Yang-tching. Las poblaciones del Imperio le siguieron, como después de la muerte de Yao no habían seguido a su hijo, sino a Chun.

»Yu propuso a Y al Cielo (haciéndole su ministro). Al séptimo año de su administración, murió Yu. Habiendo transcurrido los tres años de luto, Y se separó del hijo de Yu y se retiró a la parte septentrional del monte Kichan. Los que en la primavera y en el otoño acudían a la corte a presentar sus homenajes, que acusaban a alguien o que tenían pleitos que resolver, no acudían a Y, sino que se presentaban a Khi (hijo de Yu), diciendo: «Este es el hijo de nuestro príncipe. Los poetas que loan los altos hechos en sus versos y que los cantan, no celebraron ni cantaron a Y, sino que ellos cantaron a Khi, diciendo: Es el hijo de nuestro príncipe.» (94)

»Than-tchu (hijo de Yao) estaba muy degenerado respecto a las virtudes de su padre; el hijo de Chun también lo estaba. Chun, ayudando a Yao a administrar el Imperio; Yu, ayudando a Chun a administrar el Imperio, esparcieron durante un gran número de años sus beneficios en las poblaciones, Khi, siendo un sabio, pudo aceptar y continuar con todo el respeto que era debido el modo de gobierno de Yu. Como Y no había ayudado a Yu a administrar el Imperio sino escaso número de años, no había podido esparcir largo tiempo sus beneficios al pueblo (y hacerse amar de él). Que Chun, Yu e Y difieren mutuamente entre ellos por la duración y la longitud del tiempo (durante el cual administraron el Imperio); que sus hijos hayan sido, el uno un sabio, los otros hijos degenerados, estos hechos son la obra del Cielo y no de la que depende del poder del hombre. El que opera o produce efectos sin acción aparente, es el Cielo; lo que ocurre sin que se le haga intervenir, es el destino.

»Para que un sencillo y oscuro particular llegue a poseer el Imperio, debe, por sus cualidades y virtudes parecerse a Yao y a Chun, y además debe encontrarse un Hijo del Cielo (o emperador) que le proponga a la aceptación del pueblo. Es por eso (es decir, porque no fue propuesto a la aceptación del pueblo por un emperador) por lo que Khung-ni (Kungtsé) no llegó a ser emperador (aunque sus virtudes igualasen a las de Yao y de Chung). Para que quien, por derecho de sucesión o derecho hereditario, posea el Imperio, sea rechazado por el Cielo, es preciso que se parezca a los tiranos Kie y Cheu. Es por lo que Y-yin y Tcheu-kong no poseyeron el Imperio.

»Y-yin, ayudando a Tchang, le hizo reinar sobre todo el Imperio. Habiendo muerto Thang, Thai'-ting (su hijo mayor), no había sido (también antes de morir) constituído su heredero y Ngai-ping no tenía más que dos años de edad, y Tchung-jin, cuatro. Thai-kia (hijo de Thaï-ting), habiendo trastornado y pisoteado las leyes y ías instituciones de Thang, Y-yin le relegó al palacio llamado Thung durante tres años. Como Tai'-kia se arrepintiese de sus faltas pasadas, les había tomado aversión y se había corregido de ellas; como había cultivado en el palacio de Thung durante tres años los sentimientos de humanidad y había pasado a sentimientos de equidad y de justicia, escuchando con docilidad las instrucciones de Y-yin, este último le hizo volver a la ciudad de Po, su capital.

»Tcheu-kung no tuvo la posesión del Imperio por los mismos motivos que le privaron de él a Y, bajo la dinastía Hia, y Y-yin, bajo la de Chang. Kungtsé decía: «Thang

(Jao) y Yu (Chun) transmitieron el Imperio (a sus ministros); los emperadores de las dinastías Hia, Heu-yin (o segundo Chang) y Tcheu le transmitieron a sus descendientes: los unos y los otros se condujeron por el mismo principio de equidad y de justicia.»

7. Ven-tchang hizo una pregunta en estos términos: «Se dice que fue por su habilidad en preparar y cortar las carnes por lo que Y-yin llegó a obtener el favor de Tchang; ¿es eso verdad?»

Mencio respondió: «De ningún modo; eso no es así. Cuando Y-yin se ocupaba de la labranza en los campos del reino de Yeu-sin y hacía sus delicias estudiando las instituciones de Yao y de Chun, si los principios de equidad y de justicia (que estos emperadores habían esparcido) no hubiesen reinado entonces; si sus instituciones, fundadas sobre la razón, no hubieran sido establecidas, aun cuando le hubieran hecho dueño del Imperio, hubiera desdeñado aquella dignidad; aun cuando se hubieran puesto a su disposición mil cuadrigas de caballos enjaezados, él hubiera desdeñado mirarlos. Si los principios de equidad y de justicia es-parciados por Yao y por Chun no hubieran reinado entonces; si sus instituciones, fundadas sobre la razón, no hubieran sido establecidas, él no hubiera recibido un ardite de ellos. Tang, habiendo enviado expresamente mensajeros con piezas de seda, a fin de instarle a venir a su corte, él respondió con un aire de satisfacción, pero también de desinterés: ¿En qué podría emplear las piezas de seda que me ofrece Thang para instarme a ir a su corte? ¿Hay para mí alguna cosa preferible a vivir en medio de los campos y en hacer mis delicias de las instituciones de Yao y de Chun?

»Thang envió tres veces expresamente mensajeros para instarle a venir a su corte. Después de la partida de los últimos enviados, se conmovió de aquella insistencia, y cambiando de resolución dijo: «En lugar de pasar mi vida en medio de los campos y de constituir mi único placer el estudio de las instituciones tan sabias de Yao y de Chun, ¿no vale más para mí hacer de manera que este príncipe sea un príncipe parecido a estos dos grandes emperadores? ¿No vale más para mí hacer de manera que este pueblo (que yo seré llamado a administrar) se parezca al pueblo de Yao y de Chun? ¿No vale más que vea yo mismo por mis propios ojos estas instituciones practicadas por el príncipe y por el pueblo? Cuando el Cielo (prosiguió Y-yin) hizo nacer este pueblo, él quiso que los que primero conocieran los principios de las acciones o de los deberes morales instruyeran a los que debían aprenderlos de ellos; quiso que los primeros que tuvieran la inteligencia de las leyes sociales las comunicasen a los que debían no adquirirlas sino en seguida. Yo, yo soy de los hombres de todo el Imperio el primero que tiene esa inteligencia. Yo quiero, sirviéndome de las doctrinas sociales de Yao y de Chun, comunicar a inteligencia de estas doctrinas a este pueblo que las ignora. Si yo no le doy inteligencia, ¿quién se la dará?»

»Pensaba que si entre las poblaciones del Imperio se hallaba un hombre sencillo o una mujer sencilla que no comprendiese todas las ventajas de las institr ciones de Yao y de Chun, era como si se hubiera él mismo precipitado en una fosa abierta bajo sus pasos. Así es como él entendería cargarse con el pesado fardo del Imperio. Es por lo que al ir cerca de Thang, le habló de manera a decidirle a combatir al último rey de la dinastía Hia y a salvar al pueblo de su opresión.

»Yo no he oído decir que un hombre que se conduzca de una manera tortuosa haya hecho a los demás hombres rectos y sinceros; con mayor razón no lo podría hacer de haberse deshonrado a sí mismo (sin otro pretexto que cortar bien la carne). Las acciones de los santos hombres no todas se parecen. Unos se retiran a la vida privada, se aislan; otros obran y se acercan al poder; unos se destierran del reino, otros permanecen en él. Todos tienen por objeto hacerse puros, exentos de toda mancha, y nada más.

»Yo he oído decir siempre que Y-yin había sido buscado por Tchang, por sus grandes conocimientos de las doctrinas de Yao y de Chun; yo no he oído jamás decir que fuera por su habilidad en el arte de cocer y cortar las carnes.»

El Y-hiun dice: «Habiendo decidido el Cielo su ruina, Thang comenzó por combatir a Kie en el Palacio de los pastores («Mu-kong»); yo he comenzado en Po (capital de «Thang»).»

8. Ven-tchang hizo esta pregunta: «Algunos pretenden que Kungtsé, estando en el reino de Veï, habitó la casa de un hombre que curaba las úlceras, y que en el reino de Thsi habitó en casa de un eunuco de nombre Tsi-hoan. ¿Es esto verdad?»

Mencio dijo: «De ningún modo; eso no ha ocurrido así. Los que aman las invenciones han fabricado ésta. Estando en el reino de Veï, habitó en casa de Ya-tcheu-yel (95). Como la mujer de Hi-tsé y la de Tsé-lu (discípulo de Kungtsé) eran hermanas, Hi-tsé, dirigiéndose a Tsé-lu, le dijo: Si Kungtsé se alojara en mi casa (era el favorito del rey Veï), podría obtener la dignidad de King o de primer dignatario del reino de Veï.»

«Tsé-lu trasladó estas palabras a Kungtsé. Kungtsé dijo: «Hay un mandato del Cielo, un destino.» Kungtsé no buscaba las funciones públicas sino según los ritos o las conveniencias; no las abandonaba sino según las conveniencias. Las obtuviera o no las obtuviera, decía: Hay un destino. De haberse alojado en casa de un hombre que curaba las úlceras, y en casa del eunuco Tsi-hoan no se habría conformado ni a la justicia ni al destino. No gustándole a Kungtsé habitar en los reinos de Lu y de Vei, lo dejó y cayó en los reinos de Sung, entre las manos de Huan, jefe de los caballos del rey, que quería detenerle y hacerle morir. Pero habiéndose revestido de ropas ligeras y groseras, se trasladó más allá del reino de Sung. En las circunstancias difíciles en que se encontraba Kungtsé entonces, fue a vivir en casa del comandante de la ciudad Tchin-asé, que era ministro del rey de Tchin.

»He oído a menudo decir a este propósito: «Conoced a los ministros que viven cerca del príncipe, según los huéspedes que reciben en su casa; conoced a los ministros alejados de la corte, según las personas en casa de las cuales se alojan.» Si Kungtsé se hubiese alojado en casa del hombre que curaba las úlceras y en casa del eunuco Tsi-hoan, ¿cómo hubiera podido llamarse Kungtsé?»

9. Ven-tchan hizo aún esta pregunta: «Algunos dicen que Pe-li-hi (sabio del reino de Ysi) se vendió por cinco pieles de carnero a un hombre del reino de Thsin, que guardaba los rebaños y que, mientras que él mismo estaba ocupado en hacer pastar los bueyes, supo hacerse conocer y llamar por Mu-kung, rey de Thsin. ¿Es esto verdad?»

Mencio dijo: «De ninguna manera; eso no ha pasado así. Son los que aman las invenciones los que han fabricado ésta.

»Pe-li-hi era un hombre del reino de Yu. Los hombres del reino de Thsin, habiendo con presentes compuestos de piedras preciosas de la región Tchui-ki y de corceles alimentados en la comarca Kieu, solicitado del rey de Yu que les permitiese pasar por su reino para ir a atacar al de Kue, Kung-tchi disuadió al rey; Pe-li-hi, no hizo ninguna amonestación. Sabiendo que el príncipe de Yu (del cual era ministro) no podía seguir los buenos consejos que le diera en aquella ocasión, abandonó su reino para pasar al de Thsin. Era entonces de edad de setenta años. Si no hubiera sabido, en aquella época avanzada de su vida, que buscar el favor de Mu-kung conduciendo a pastar sus bueyes era una acción vergonzosa, ¿hubiera podido estar dotado de sabiduría y de penetración?

»Como las amonestaciones (al rey de Yu) no podían ser seguidas, no las hizo; ¿pudo por esto ser llamado un hombre imprudente? Sabiendo que el príncipe de Yu estaba cerca de su pérdida, él le abandonó; no puede por esto ser llamado imprudente.

»En estas circunstancias, fue promovido en el reino de Thsin. Sabiendo que Mu-kung podía obrar de concierto con él, le prestó su asistencia; ¿se le puede llamar por eso imprudente? Siendo ministro del reino de Thsin, hizo a su príncipe ilustre en todo el Imperio, y su renombre ha podido ser transmitido a las generaciones que le han sucedido. Si no hubiera sido un sabio, ¿hubiera podido obtener estos resultados? Venderse para hacer a su príncipe perfecto es una acción que los hombres más groseros de una aldea, que se aman y respetan, no harían, y el que es llamado sabio ¿lo hubiera hecho?»

Capítulo IV

1. Mencio dijo: «Los ojos de Pe-i no miraban las formas o los objetos que conducían al mal; sus oídos no escuchaban los sonidos gue conducían al mal. Si su príncipe no era digno de serlo, él no le servía; si el pueblo (que se le confiaba) no era digno de ser gobernado, no le gobernaba. Cuando las leyes seguían su curso, entonces él aceptaba funciones públicas; cuando la anarquía reinaba, entonces él se retiraba. Allí donde se ejercía una administración perversa; allí donde un pueblo perverso habitaba, él no podía soportar vivir. Pensaba que habitar con los hombres de las aldeas era como si se hubiera sentado en el cieno, o sobre carbones negros, con su traje de corte y con su gorro de ceremonia.

»En la época del tirano Cheu (sin) habitaba en las orillas del mar septentrional, aguardando la purificación del Imperio. Esto es por lo que aquellos que posteriormente han oído hablar de las costumbres de Pe-i, si eran ignorantes y estúpidos, han (gracias a su ejemplo) llegado a ser juiciosos; y si eran de carácter débil, han adquirido una inteligencia firme y perseverante.

»Y-yin decía: «¿A quién servirías si no es al príncipe? ¿A quién gobernaríais si no es al pueblo?»

»Cuando las leyes tenían curso, él aceptaba las funciones públicas; cuando la anarquía reinaba, él aceptaba igualmente las funciones públicas.

»Decía: «Cuando el Cielo hizo nacer a este pueblo, quiso que los primeros que conocieran los principios de las acciones, o los deberes sociales, instruyesen a los que debían aprenderlos de ellos; quiso que los primeros que tuvieran la inteligencia de las leyes sociales la comunicaran a los que debían no adquirirla sino en seguida. Yo, yo soy de los hombres de todo el Imperio el que el primero tiene esta inteligencia. Yo quiero, sirviéndome de las doctrinas sociales de Yao y de Chun, comunicar la inteligencia de estas doctrinas a este pueblo que las ignora.»

»Pensaba que si entre los habitantes del Imperio había un hombre sencillo o una mujer sencilla que no comprendiese todas las ventajas de las instituciones de Yao y de Chun era como si se hubiera él mismo precipitado en una fosa abierta bajo sus pies. Así es como él entendía encargarse del pesado fardo del Imperio.

»Lieu-hia-hoei no se avergonzaba de servir a un príncipe vil; no rechazaba una pequeña magistratura. Si entraba en acción, no retenía a los sabios en la oscuridad y se hacía un deber de seguir siempre la recta vía. Si se veía descuidado, abandonado, no conservaba por ello resentimiento; si se veía arrojado a la miseria y a tener que habitar entre los hombres de la aldea, siempre contento, no los quería abandonar para ir a habitar a otra parte. Decía: Obráis como entendéis que hay que hacerlo; yo obro de igual modo. Aunque con los brazos desnudos y el cuerpo sin vestidos, viniérais a sentaros a mi lado, ¿cómo podríais mancharme?

»He aquí por qué los que posteriormente han oído hablar de las costumbres de Lieu-hia-hoei, si eran pusilánimes, han (por su ejemplo) llegado a estar llenos de valor; si eran fríos e insensibles, han llegado a ser amantes y afectuosos.

»Kungtsé, queriendo abandonar el reino de Thsin tomó en su mano un puñado de arroz ya cocido y se puso en camino. Cuando quiso abandonar el reino de Lu, dijo: «Me alejo lentamente.» Tal es el deber del que se aleja del reino de su padre y de su madre (ambos habían nacido en él). Cuando era preciso apresurarse, apresurarse; cuando era preciso alejarse lentamente, alejarse lentamente; cuando era preciso llevar una vida privada, llevar una vida privada; cuando era preciso ocupar un empleo público, ocupar el empleo público: he ahí a Kungtsé.»

Mencio dijo: «Pe-i fue el más puro de los santos. Y-yin fue, de entre ellos, el que soportó más pacientemente toda clase de funciones públicas: Lieu-hia-hoei fue el que más se acomodó a ellas, y Kungtsé fue, de todos, el que se conformó más a las circunstancias (reuniendo en él todas las cualidades de los precedentes).

»Kungtsé puede ser llamado el gran conjunto de todos los sonidos musicales (que concurren a formar la armomía). En el gran conjunto de todos los sonidos musicales, los instrumentos de bronce producen los sonidos, y los instrumentos de piedras preciosas los ponen en armonía. Los sonidos producidos por los instrumentos de bronce comienzan el concierto; el acorde que los dan los instrumentos de piedras preciosas termina este concierto. Comenzar el concierto es la obra del hombre sabio; terminar el concierto es la obra de un santo o de un hombre perfecto.

»Si se compara la prudencia a cualquier otra cualidad, es a la habilidad; si se compara la santidad a cualquier otra cualidad, es a la fuerza (que hace alcanzar el objeto propuesto). Como el hombre que lanza una flecha a cien pasos, si va más allá del blanco, es fuerte; si no hace más que alcanzarlo, no es fuerte.»

2. Pe-kung-hi (hombre del Estado de Vei hizo una pregunta en estos términos: ¿Cómo ordenó la casa de Tcheu las dignidades y los salarios?

Mencio dijo: «Yo no he podido conocer estas cosas al detalle. Los príncipes vasallos que tenían odio a lo que dañaba a sus intereses y a sus inclinaciones, han hecho de concierto desaparecer los reglamentos escritos de esta familia. Pero, sin embargo, yo, Kho, yo he aprendido algo sobre ellos.

»El título de Thian-tsé, Hijo del Cielo (o emperador), constituía una dignidad; el título de Kung, otra; el de Heu, otra; el de Pe, otra aún; el de Tseu o Non, aún otra, y así, por el mismo orden, cinco grados de dignidades (96).

»El título de príncipe (kiun) constituía una dignidad de otro orden; el de presidente de los ministros (king), otra; el de primer administrador civil de una ciudad (ta-fu), otra; el de letrado de primer rango (chang-sse), otra; el de letrado de segundo rango (tchung-sse), otra; el de letrado de tercer grado (kia-sse), otra, y así, por el mismo orden, seis grados.

»El dominio constituído del Hijo del Cielo era un territorio cuadrado de mil li de extensión sobre cada lado; los Kung y los Heu tenían cada uno un dominio de cien li de extensión en todos sentidos; los Pe tenían uno de setenta li; los Tseu y los Nan, de cincuenta li; en total, cuatro clases. El que no poseía cincuenta li de territorio no llegaba (por derecho propio) hasta el Hijo del Cielo. Los que dependían de los Heu de todos rangos eran llamados Fu-yung o vasallos.

»El dominio territorial que los King, o presidentes de los ministros, recibían del Emperador, era equivalente al de los Heu; el que recibían los Ta-fu, comandantes de las ciudades, equivalía al de los Pe; el que recibían los Yuan-sse (o Chang-sse), letrados de primer rango, equivalía al de los Tseu o de los Nan.

»En los reinos de los grandes, cuyos territorios tenían cien li de extensión en todos los sentidos, el príncipe (o el jefe) (Kung y Heu) tenía diez veces tantos ingresos como los King, o presidentes de los ministerios; los presidentes de los ministerios, cuatro veces tanto como los Ta-fu, o primeros administradores de las ciudades; los primeros administradores de las ciudades, dos veces tanto como los Chang-sse, o letrados de primer rango; los letrados de primer rango, dos veces tanto como los Tchung-sse, o letrados de segundo rango; los letrados de segundo rango, dos veces tanto como los Hia-sse, o letrados de tercer rango.

»Los letrados de tercer rango tenían los mismos ingresos que los hombres del pueblo que estaban empleados en diferentes magistraturas. Estos ingresos debían ser suficientes para equivaler a los ingresos agrícolas que se hubieran podido procurar cultivando la tierra.

»En los reinos de segundo rango, cuyo territorio no tenía más que setenta li de extensión en todos sentidos, el príncipe (o el jefe, Pe) tenía diez veces tantos ingresos como los King, o presidentes de los ministerios; los presidentes de los ministerios, tres veces tanto como los primeros administradores de las ciudades; los primeros administradores de las ciudades, dos veces tanto como los letrados de primer rango; los letrados de primer rango, dos veces tanto como los letrados de segundo rango; los letrados de segundo rango, dos veces tanto como los letrados de tercer rango. Los letrados de tercer rango tenían los mismos ingresos que los hombres del pueblo que estaban empleados en diferentes magistraturas. Estos ingresos debían de ser suficientes para equivaler a los ingresos agrícolas que se hubieran podido procurarse cultivando la tierra.

»En los pequeños reinos, cuyo territorio no tenía más que cincuenta li de extensión en todos sentidos, el príncipe (o jefe, Tseu y Nan) tenía diez veces tantos ingresos como los presidentes de los ministerios; los presidentes de los ministerios, dos veces tanto como los primeros administradores de las ciudades; los primeros administradores de las ciudades; dos veces tanto como los letrados de primer rango; los letrados de primer rango, dos veces tanto como los letrados de segundo rango; los letrados de segundo rango, dos veces tanto como los letrados de tercer rango. Los letrados de tercer rango tenían los mismos ingresos que los hombres del pueblo que estaban empleados en diferentes magistraturas. Estos ingresos debían de ser suficientes para equivaler a los ingresos agrícolas que se hubieran podido procurarse cultivando la tierra.

»He aquí lo que los labradores obtenían de las tierras que cultivaban. Cada uno de ellos recibía cien fanegas (para cultivar). Para el cultivo de estas cien fanegas, los primeros o los mejores cultivadores alimentaban nueve personas; los que venían después alimentaban ocho; los de segundo orden, alimentaban siete; los que venían después, alimentaban seis. Los de la última clase, o los más malos, alimentaban cinco. Los hombres del pueblo que estaban emplumntos proporcionales a estos diferentes productos.»

3. Ven-tchang hizo una pregunta en esto terminus: «¿Osaría preguntarte cuáles son las condiciones de unaverdadera amistad?»

Mencio dijo: «Si no te prevales da la superioridad da tu edad, si no te prevales da tus honores, si no te prevales da la riqueza o del poder de tus hermanos, puedes contaer lazos amistad con alguien es contraer amistad con su virtud. No debe haber otro motivo de union en la amistad.

»Meng-kiank-tsé era el jefe de una familia de cien carros. Tenía cinco hombers con los que le ligaba amistad: To-tching-khieu, Mu-tchung; he olvidado el nombrre de los otros tres. (Meng) hian-tsé estaba también legado en amistad con otros cinco hombres que hacían poco caso de la gran familia de Hian-tsé. Si estos cinco hombres hubieran tomado en consideración la gran familia de Hian-tsé, éste no hubiera contraído amistad con ellos.

»No solameente el jefe de ua familia de cien carros debe obrar así, sino incluso los príncipes de los pequeños Estados deben obrar del mismo modo.

»Hoei-Kong, del estado de pi, decía: De Tsé-sse he hecho mi preceptor; de Yan-pan, mi amigo. Vang-chun y Tchangsi (que les son muy inferiors en virtudes), son las que me sirven como ministros. No solamente el príncipe de un pequeño estado debe obrar así, sino aun los príncipes de reinos más grandes debieran obrar del mismo modo.

»Ping-Kung, de Tein, tenía tal deferencia por Hai-tchang (sabio del reino de Tein), que cuando éste le decía que entrase en su palacio, entraba; cuando le decía que se sentrase, se sentaba; cuando le decía qaue comiese, comía. Aunque sus platos no estuviesen compuestos más que del arroz más ordinario o de jugos de hierbas, no se hubiera saciado menos de ellos, porque no osaba hacer lo contrario (tanto respetaba las órdenes del sabio). Breve, tenía con él la deferencia más absoluta. No compartió con él la dignidad que tenía del Cielo (dándole una magistratura); no compartió con él las funciones de gobierno que tenía del Cielo (confiriéndole una parte de estas funciones); no Consumió con el los ingresos que tenía del Cielo. Los letrados (que ocupan funciones o magistrados públicos) honran así a los sabios (a los cuales no se creen superiores); pero los reyes y los Kung, o príncipes, no los honran así.

»Cuando Chun hubo sido elevado al rango de primer ministro fue a visitar al Emperador. El Emperador dió hospitalidad a su yerno en el segundo palacio, e incluso comió en la mesa de Chun. Cuando uno de los dos visitaba al otro, eran sucesivamente huéspedes entre sí (sin distinción entre Emperador y súbdito). Es así como el Hijo del Cielo mantenía lazos de amistad con un hombre privado.

»Si, estando en una posición inferior, se testimonia la deferencia y el respeto a su superior, esto se llama respetar la dignidad: si, estando en una posición inferior, se testimonia la deferencia y el respeto a su inferior. Esto se llama honrar y respetar al hombre sabio. Respetar la dignidad, honrar y respetar al hombre sabio, el deber es el mismo en las dos circunstancias.»

4. Ven-tchang hizo una pregunta en estos términos: «¿Osaría preguntarte qué sentimiento se debe de tener ofreciendo presentes (97) para contraer amistad con alguno?»

Mencio dijo: «El de respeto.»

Ven-tchang continuó: «Rehusar esta amistad y rechazar estos presentes repetidas veces, es una acción considerada como irreverente; ¿por qué?»

Mencio dijo: «Cuando un hombre honrado (a causa de su posición o de su dignidad) te hace un don, si dices antes de aceptarle: Los medios que él ha empleado para procurarse estos dones de amistad, ¿son justos o son injustos?, sería carecer de respeto hacia él; es por lo que no se los debe rehusar.»

Ven-tchan dijo: «Perdona; yo no los rechazo de una manera expresa con palabras; es con el pensamiento como los rechazo. Si me digo a mí mismo: «Este hombre, honrado a causa de su dignidad, que me ofrece estos presentes, los ha arrancado al pueblo; lo que no es justo», y entonces, con otro pretexto cualquiera me niego a recibirlos, ¿no obraría convenientemente?»

Mencio dijo: «Si él quiere contraer amistad según los principios de la razón; si ofrece presentes con toda la cortesía y con toda la urbanidad convenientes: Kungtsé mismo los hubiera aceptado.»

Ven-tchang dijo: «Supongamos ahora a un hombre que detiene a los viajeros en un sitio apartado, lejos de las puertas de la ciudad, para matarlos y despojarlos de lo que llevan encima; si este hombre quiere contraer amistades según los principios de la razón, y si ofrece presentes con toda cortesía en uso, ¿será permitido aceptar estos presentes que son el producto de un robo?»

Mencio dijo: «Esto no será permitido. El Kang-kao dice: «Los que matan a los hombres y arrojan sus cuerpos a un lugar apartado para despojarles de sus riquezas, y cuya inteligencia, oscurecida y embrutecida, no teme la muerte, no hay nadie en todos los pueblos que no sienta horror hacia ellos.» Los tales son hombres a los que, sin esperar ni instrucción judicial ni explicación, se debe hacer morir en seguida. Esta expeditiva costumbre de hacer justicia con los asesinos, sin discusiones previas, la dinastía Yn la recibió de la de Hia y la dinastía de los Tchu de los Kin; y ha estado en vigor hasta nuestros días. Por consiguiente, ¿cómo te podrías exponer a recibir parecidos presentes?»

Ven-tchang prosiguió: «En nuestros días, los príncipes de todos los rangos, arrancándo los bienes del pueblo, se parecen a los ladrones que detienen a los pasajeros en los grandes caminos para despojarlos. Si cuando, con todas las conveniencias al uso, ellos ofrecen presentes al sabio, y el sabio los acepta, ¿osaría preguntarte en qué coloca éste la justicia?»

Mencio dijo: «¿Piensas, pues, que si un soberano poderoso apareciese en medio de nosotros, reuniría a todos los príncipes de nuestros días y los haría morir para castigarlos por sus exacciones?, o bien que después de haberlos prevenido del castigo que merecían, si no se corregían, los haría perecer? Llamar (como acabas de hacerlo) a los que toman lo que no les pertenece ladrones de los grandes caminos, es extender a esta especie de gentes la severidad más extrema que comporta la justicia (fundada en la sana razón).

»Kungtsé ocupaba una magistratura en el reino de Lu (su patria). Los habitantes, cuando iban de caza, se disputaban por coger unos la caza de los otros, y Kung-tsé hacía otro tanto (98). Si es permitido disputar de esa manera por la caza de otro cuando se está de caza, con más fuerte razón es permitido recibir los presentes que se os ofrecen.»

Ven-tchan continuó: «Si es así, entonces Kungtsé, ocupando su magistratura, ¿no se aplicaba, sin duda, a practicar la doctrina de la recta razón?»

Mencio respondió: «Se aplicaba, sí, en practicar la doctrina de la recta razón.»

—Si su intención era practicar esta doctrina, ¿por qué, pues, estando de caza, se querellaba para coger la caza de los otros?

—Kungtsé había prescrito el primero en un libro, de una manera regular, que debían emplearse ciertos vasos, en número determinado, en los sacrificios a los antepasados; pero que no se los colmaría de manjares, traídos con grandes gastos de las cuatro partes del reino.

—¿Por qué no abandonaba el reino de Lu?

—Porque quería poner sus principios en práctica. Si veía que estos principios podían ser puestos en práctica, y no se ponían, entonces abandonaba el reino. Es por lo que no permaneció jamás tres años en un reino sin abandonarle.

«Cuando Kungtsé veía que su doctrina podía ser puesta en práctica, aceptaba las funciones públicas; cuando se le recibía en un Estado con la urbanidad prescrita, aceptaba las funciones públicas; cuando podía ser mantenido con los ingresos públicos, aceptaba las funciones públicas.

»Viendo que su doctrina podía ser practicada por Ki-kuan-tsé (primer ministro de Ting, Kung de Lu) aceptó de él las funciones públicas; habiendo sido tratado con mucha urbanidad por Ling, Kung de Vei, aceptó de él las funciones públicas; habiendo sido mantenido con los ingresos públicos por Hiao, Kung de Vei, aceptó de él las funciones públicas.»

5. Mencio dijo: «Se aceptan y se cumplen las funciones públicas, sin que esto sea por causa de pobreza; pero a veces es por causa de pobreza. Nos casamos con una mujer con otro objeto que el de recibir por ello su mantenimiento; pero a veces es con objeto de recibir su mantenimiento.

»El que por causa de pobreza rehusa una posición honrosa permanece en su humilde condición y, rehusando emolumentos, permanece en la pobreza.

»El que rehusa una posición honrosa y permanece en su humilde condición, el que rehusa emolumentos y permanece en la pobreza, ¿qué le conviene, pues, hacer? Es preciso que esté en acecho a las puertas de la ciudad o que toque la carraca de madera (para anunciar las vigilias de la noche).

»Cuando Kungtsé era director de un granero público, decía: «Si mis cuentas de aprovisionamientos y de distribuciones son exactas, mis deberes están cumplidos. Cuando era administrador general de los campos, decía: «Si los rebaños se hallan en buen estado, mis deberes están cumplidos.»

»Si cuando nos encontramos en condición inferior hablamos de cosas mucho más elevadas que nosotros, somos culpables (de salir de nuestro estado). Si cuando nos encontramos en la corte de un príncipe no cumplimos los deberes que esta posición impone, nos cubrimos de vergüenza.»

6. Ven-tchang dijo: «¿Por qué los letrados (que no ocupan empleos públicos) no dejan el cuidado de su sostenimiento a los príncipes de todas clases?»

Mencio dijo: «Porque no se atreven. Los príncipes, de cualquier clase que sean, cuando han perdido su reino, dejan a los demás príncipes al cuidado de su sostenimiento; esto es conforme al uso establecido; pero no está conforme con el uso establecido que los letrados dejen a los príncipes el cuidado de su sostenimiento.»

Ven-tchang dijo: «Si el príncipe les ofrece por alimentos mijo y arroz, ¿deben aceptar?»

—Deben aceptar.

—Deben aceptar; ¿y con qué derecho?

«El príncipe tiene deberes que cumplir respecto al pueblo en la necesidad; él debe socorrerle.

—Cuando se ofrece un socorro se le recibe, y cuando es un presente se le rehusa; ¿por qué es eso?

—Porque no se osa (en este último caso).

—Permíteme aún una pregunta: No se osa; y ¿cómo es esto?

—El que está en acecho a las puertas de la ciudad, el que toca la carraca de madera, tienen uno y otro un empleo permanente que les da derecho a ser alimentados a expensas de los ingresos de los impuestos del príncipe. Los que, no ocupando empleos públicos permanentes, reciben los dones del príncipe, son considerados como careciendo del respeto que se deben a sí mismos.

—Yo sé ahora que si el príncipe suministra alimentos al letrado, éste puede recibirlos; pero ignoro si esos dones deben ser continuados.

—Mu-kung se condujo así con Tsé-sse: enviaba a menudo hombres para tener noticias de él (para saber si se hallaba en estado de poderse pasar sin sus socorros), y le enviaba a menudo alimentos de carne cocida. Esto no agradaba a Tsé-sse. Al fin, cogió a los enviados del príncipe de la mano y los condujo hasta fuera de la puerta grande de su casa; entonces, con el rostro vuelto hacia el norte, la cabeza inclinada a tierra y saludando dos veces a los enviados, sin aceptar los socorros, dijo: «Desde ahora considero que el príncipe me alimenta, a mí, Ki, como si fuera un perro o un caballo.» Desde aquel momento, los gobernadores y primeros administradores de las ciudades no han alimentado más (a los letrados); sin embargo, si cuando se ama a los sabios no se los puede elevar a empleos y que, además, no se les puede suministrar de lo que tienen necesidad para vivir, ¿puede esto llamarse amar a los sabios?»

Ven-tchang dijo: «¿Osaré hacerte una pregunta? Si el príncipe de un reino desea alimentar a un sabio, ¿qué debe hacer en ese caso para que se pueda decir que está verdaderamente alimentado?»

Mencio dijo: «El letrado debe recibir los presentes o los alimentos que le sean ofrecidos por orden del príncipe, saludando dos veces e inclinando la cabeza. Enseguida, los guardianes de los graneros reales deben continuar suministrándole los alimentos; los cocineros, la carne cocina, sin que los hombres encargados de las órdenes del príncipe se los tengan que presentar ellos de nuevo (con objeto de no obligarle a repetir saludos y acciones de gracias).

»Tseu-sse se decía a sí mismo: «Si para las carnes cocidas se me atormenta de manera que me obliguen a hacer a menudo saludos y a dar las gracias, no es ése un modo conveniente de subvenir al sostenimiento de los sabios.»

»Yao se condujo de la manera siguiente con respecto a Chun: ordenó a sus nueve hijos servirle; le dio a sus dos hijas en matrimonio; ordenó a todos los funcionarios públicos que le suministrasen bueyes, carneros y que llenasen los graneros para su sostenimiento en medio de los campos; en seguido le elevó a los honores y le confirió una elevada dignidad. Es por lo que se ha dicho que había honrado a un sabio de modo conveniente a un soberano o a un príncipe.»

7. Ven-tchang dijo: «¿Osaría hacerte una pregunta? ¿Por qué un sabio no va a visitar a los príncipes?» (Hace alusión a su maestro.)

Mencio dijo: «Si está en su ciudad principal, se dice que es el súbdito de la plaza pública y del pozo público; si está en el campo, se dice que es el súbdito de las hierbas forestales. Los que están en el uno y en el otro caso son los llamados los hombres del montón (los que no ocupan ningún empleo público).

»Los hombres del montón que no han sido ministros y no han ofrecido aún presentes a su príncipe, no osan permitirse hacerle su visita; es el uso.»

Ven-tchang dijo: «Si el príncipe llama a los hombres del montón para un servicio exigido, ellos van a hacer este servicio. Si el príncipe, deseando verlos, los llama cerca de él, ellos no van a verle; ¿por qué es esto?»

Mencio dijo: «Ir a hacer un servicio exigido es un deber de justicia; ir a hacer visitas (al príncipe) no es un deber de justicia.»

«Por consiguiente, ¿por qué el príncipe desearía que los letrados le hiciesen visitas?»

Ven-tchang dijo: «Porque es muy intiruido, porque él mismo es un sabio.»

Mencio dijo: «Si porque es muy instruido (el quiere tenerlos cerca de él para instruirse aún), entonces el Hijo del Cielo no llama cerca de él a su preceptor, con más fuerte razón no llamará tampoco un príncipe. Si porque es sabio (quiere descender hasta los sabios), entonces yo no he oído decir aún que un príncipe, deseando ver a un sabio, le haya llamado junto a él.

»Mu-kung, habiendo ido, según el uso, a visitar a Tsé sse, dijo: «En la antigüedad, ¿cómo un príncipe de mil cuadrigas hacía para contraer amistad con un letrado?»

«Tsé-sse, poco satisfecho de esta pregunta, respondió: «Hay una máxima de un hombre de la antigüedad que dice: «Que el príncipe le sirva (tomándole por su maestro y que le honrre). ¿Ha dicho que contraiga amistad con él.»

»Tsé-sse estaba poco satisfecho de la pregunta del príncipe; ¿no era porque se había dicho a sí mismo: «En cuanto a la dignidad o al rango que ocupas, tú eres el príncipe y yo el súbdito?, ¿cómo osaría, pues, entablar lazos de amistad con un príncipe?

»En cuanto a la virtud, eres tú, que eres mi inferior, quien debes servirme. ¿Cómo podrías contraer lazos de amistad conmigo?» Si los príncipes de mil cuadrigas, que buscaban contraer lazos de amistad con los letrados, no lo podían conseguir, a más fuerte razón no los podían llamar a su corte.»

«King, Kung de Thsi, queriendo ir de caza, llamó a los guardianes de los parques reales con su estandarte. Como no acudieron a su llamada, había resuelto hacerlos morir.»

«El hombre cuyo pensamiento está siempre ocupado de su deber (le indicó Kungtsé) no olvida que será arrojado a una fosa o a un pantano de agua (si le transgrediese); el hombre de valor viril no olvida que perderá su cabeza.»

«¿Por qué Kungtsé tomó la defensa de tales hombres? La tomó porque los guardianes, no habiendo sido advertidos con su propia señal, no habían acudido a la llamada.»

Ven-tchang dijo: «¿Osaré hacerte una pregunta? ¿De qué objeto hay que servirse para llamar a los guardianes de los parques reales?»

Mencio dijo: «Hay que servirse de un gorro de pelo; para los hombres del montón se sirven de un estandarte de seda roja sin adorno; para los letrados se sirven de un estandarte sobre el cual están figurados dos dragones; para los primeros administradores se sirven de un estandarte adornado de plumas de cinco colores, que penden del extremo de la lanza.

»Como se había servido de la señal de los primeros administradores para llamar a los guardianes de los parques reales, éstos, aun en presencia de la muerte (que debía ser el resultado de su negativa), no osaron acudir a la llamada. Si se hubiera servido de la señal de los letrados para llamar a los hombres del montón, ¿hubieran osado acudir al llamamiento? Menos aún hubieran acudido si se hubiera servido de la señal de un hombre desprovisto de sabiduría para llamar a un hombre sabio.

»Si cuando se desea recibir la visita de un hombre sabio no se emplean los medios convenientes, es como si, deseando que se entrase en su casa, se cerrara la puerta. La equidad o el deber es la vía; la urbanidad es la puerta. El hombre superior no sigue sino esta vía, no pasa sino por esta puerta. El Libro de los versos dice:

»La vía real, la gran vía, es llana como una piedra que sirve para moler el trigo;

»Es recta como una flecha;

»Es la que pisan los hombres superiores;

»Y la que mira de lejos la multitud» (99).

Ven-tchang dijo: «Kungtsé, siendo llamado por un mensaje del príncipe, acudió a la invitación sin esperar la llegada de su coche. Si es así, ¿obraba Kungtsé mal?»

Mencio dijo: «Habiendo sido promovido a funciones públicas, ocupaba una magistratura; y es porque ocupaba una magistratura por lo que había sido invitado a la corte.»

8. Mencio, interpelando a Ven-tchang, dijo: «El letrado virtuoso de una aldea entabla espontáneamente amistad con los letrados virtuosos de esta aldea; el letrado virtuoso de un reino entabla espontáneamente amistad con los letrados virtuosos de este reino; el letrado virtuoso de un Imperio entabla espontáneamente amistad con los letrados virtuosos de este Imperio.

»Pensando que los lazos de amistad que contrae con los letrados virtuosos del Imperio, no son aún suficientes, examina las obras de los hombres de la antigüedad; recita sus versos, lee y explica sus libros. Si no conociera íntimamente a esos hombres, ¿sería capaz de ello? Es por lo que él examina atentamente su siglo. Así es cómo, remontándose más alto, contrae más nobles amistades.»

9. Siuan, rey de Thsi, interrogó a Mencio sobre los primeros ministros (King).

El Filósofo dijo: «¿Sobre qué primeros ministros me interroga el rey?»

El rey dijo: «Los primeros ministros ¿no son todos de la misma clase?»

Mencio respondió: «No son todos de la misma clase. Hay primeros ministros que están ligados al príncipe por lazos de parentesco; hay primeros ministros que pertenecen a familias diferentes a la suya.» El rey dijo entonces: «Permíteme preguntarte lo que son los primeros ministros consanguíneos.»

Mencio respondió: «Si el príncipe ha cometido una falta (que pudiera acarrear la ruina del reino), entonces ellos hacen observaciones. Si él recae varias veces en la misma falta, sin querer escuchar sus observaciones, entonces le reemplazan en su dignidad y le quitan su poder.»

El rey, conmovido por estas palabras cambió de color.

Mencio añadió: «Que el rey no encuentre mis palabras extraordinarias. El rey ha interrogado a un súbdito; el súbdito no ha osado responderle contrariamente a la rectitud y a la verdad».

El rey, habiendo recobrado su aire habitual, quiso en seguida interrogar al Filósofo sobre los primeros ministros de familias diferentes.

Mencio dijo: «Si el príncipe ha cometido una gran falta, entonces le hacen observaciones; si recae muchas veces en las mismas faltas, sin querer escuchar sus observaciones, entonces ellos se retiran.»

Capítulo V

1. Kao-tsé dijo: «La naturaleza del hombre se parece al sauce flexible: la equidad o la justicia se parece a una canastilla; se hace con la naturaleza del hombre, la humanidad, y la justicia como se hace un canastillo con el sauce flexible.»

Mencio dijo: «¿Puedes, respetando la naturaleza del sauce, hacer de él un canastillo? Debes, ante todo, romper y desnaturalizar el sauce flexible, para poder en seguida hacer de él un canastillo. Si es necesario romper y desnaturalizar el sauce flexible para hacer de él un canastillo, entonces ¿no será preciso romper y desnaturalizar al hombre para hacerle humano y justo? Ciertamente, tus palabras llevarían a los hombres a destruir entre ellos todo sentimiento de humanidad y de justicia.»

2. Kao-tsé continuó: «La naturaleza del hombre se parece a un agua corriente: si se la dirige hacia el oriente, corre hacia el oriente; si se la dirige hacia el occidente, corre hacia el occidente. La naturaleza del hombre no distingue entre el bien y el mal, como el agua no distingue entre el oriente y el occidente.»

Mencio dijo: «El agua seguramente no distingue entre el oriente y el occidente; pero ¿no distingue tampoco entre lo alto y lo bajo? La naturaleza del hombre es naturalmente buena, como el agua corre naturalmente hacia abajo. No hay ningún hombre que no sea naturalmente bueno, como no hay agua que no corra naturalmente hacia abajo.

»Ahora, si comprimiendo el agua con la mano la haces saltar, podrás hacerla subir a la altura de tu frente. Si, oponiéndola un obstáculo, la hacer refluir hacia su manantial, podrás entonces hacerla traspasar una montaña. ¿Llamarás a esto la naturaleza del agua? Es un simple efecto de la oposición.

»Los hombres pueden ser conducidos a hacer el mal; su naturaleza también lo permite.»

3. Kao-tsé dijo: «La vida (esencia en virtud de la cual los seres vivos conocen, comprenden, sienten y se mueren) es lo que yo llamo naturaleza.»

Mencio dijo: «¿Llamas a la vida naturaleza como llamarás a lo blanco, blanco?» Kao-tsé dijo: «Sí.»

Mencio dijo: «Según tú, la blancura de una pluma blanca ¿es como la blancura de la nieve blanca?; y la blancura de la nieve blanca ¿es como la blancura de la piedra blanca llamada Yu?»

Kao-tsé dijo: «Sí.»

Mencio dijo: «Si ello es así, la naturaleza del perro ¿es la misma, pues, que la naturaleza del buey, y la naturaleza del buey, es, pues, la misma que la naturaleza del hombre?»

4. Kao-tsé dijo: «Los alimentos y los colores pertenecen a la naturaleza; la humanidad es interior, no exterior; la equidad es exterior y no interior.»

Mencio dijo: «¿Cómo llamas a la humanidad interior y a la equidad exterior?»

Kao-tsé respondió: «Si este hombre es un viejo, decimos que es un viejo; su vejez no está en nosotros; lo mismo que si tal objeto es blanco, nosotros le decimos blanco, porque su blancura está fuera de él. Es lo que hace que yo lo llame exterior.»

Mencio dijo: «Si la blancura de un caballo blanco no difiere de la blancura de un hombre blanco, yo me pregunto si tú dirás que la vejez de un caballo viejo no difiere de la vejez de un hombre viejo. El sentimiento de justicia que nos lleva a reverenciar la vejez de un hombre, ¿existe en la vejez misma o existe en nosotros?»

Kao-tsé dijo: «Yo me supongo un hermano menor; entonces, yo le amo como a un hermano; que éste sea el hermano menor de un hombre de Thsin, entonces yo no experimento ninguna afección de hermano hacia él. Esto proviene de que esta afección es producida por una causa que está en mí. Es por lo que yo la llamo interior.

»Yo respeto a un viejo de la familia de un hombre de Thsu, y yo respeto igualmente a un viejo de mi familia; esto procede de que este sentimiento es producido por una causa fuera de mí, la vejez. Es por lo que yo la llamo exterior.»

Mencio dijo: «El placer que tú encontrarás comiendo la carne asada preparada por los hombres de Thsin no difiere del placer que encontrarías en comer la carne asada preparada por mí. Estas cosas tienen, en efecto, el mismo parecido. Si es así, el placer de comer la carne asada ¿es también exterior?»

5. Meng-ki-tsé, interrogando a Kung-tu-tsé, dijo: «¿Por qué (Mencio) llama a la equidad interior?»

Kung-tu-tsé dijo: «Porque debemos de sacar de nuestro propio corazón el sentimiento de respeto que tenemos a los demás; por eso la llama interior.»

—Si un hombre de la aldea tiene un año más que mi hermano mayor, ¿a cuál debería yo respetar?

—Tú deberías respetar a tu hermano mayor.

—Si les sirvo el vino a los dos, ¿a cuál debería servir el primero?

—Debías comenzar por servir el vino al hombre de la aldea.

—Si el respeto por la cualidad del hermano mayor consiste en el primer ejemplo y la deferencia o las consideraciones en el segundo, uno y otro consisten realmente en un respeto exterior y no interior.

Kung-tu-tsé no pudo responder. Comunicó su apuro a Mencio. Mencio dijo: «Pregúntale a cuál entre su tío o su hermano menor testimonia respeto; te responderá ciertamente que es a su tío.

»Pregúntale si su hermano menor representara al espíritu de su abuelo (en las ceremonias que se hacen en honor a los difuntos), a cuál de los dos testimoniaría respeto; te contestará ciertamente que es a su hermano menor.

»Pero si le preguntas cuál es el motivo que le ha hecho reverenciar a su hermano menor más bien que a su tío, te responderá ciertamente que es porque él representa a su abuelo.

»Tú dile también que es porque el hombre de la aldea representa un huésped, por lo que le debía las primeras consideraciones. Es un deber permanente el de respetar a su hermano mayor, y no es sino un deber accidental y pasajero el de respetar al hombre de la aldea.»

Ki-tsé, después de haber oído estas palabras, dijo: «Debiendo respetar a mi tío, yo le respeto; debiendo respetar a mi hermano menor, entonces yo le respeto; la una y la otra de estas dos obligaciones están constituidas realmente en un sujeto exterior y no interior.»

Kung-tu-tsé dijo: «En los días de invierno, yo bebo agua tibia; en los días del estío, yo bebo agua fresca. Según esto, la acción de comer y de beber ¿residiría, pues, también en un sujeto exterior?»

6. Kung-tu-tsé dijo: «Según Kao-tsé, la naturaleza (en los comienzos de la vida) no es ni buena ni mala. Unos dicen: Puede llegar a ser buena; puede llegar a hacerse mala. He aquí por qué cuando Ven y Vu aparecieron, el pueblo amó en ellos una naturaleza buena; cuando Yeu y Li aparecieron, el pueblo amó en ellos una naturaleza mala.

»Otros dicen: Hay hombres cuya naturaleza es buena; los hay cuya naturaleza es mala. He aquí por qué, mientras que Yao era príncipe, Siang no dejaba por ello de existir; mientras que Kuseu era mal padre, Chun tampoco dejaba de existir. Mientras que Cheu (sin) reinaba como hijo de hermano mayor (de la familia imperial), existían, sin embargo, también Vei-tsé-ki y Pikan, de la familia imperial.

»Ahora tu dices: La naturaleza del hombre es buena. Si es así, los (que han expresado precedentemente una opinión contraria) ¿están en un error?»

Mencio dijo: «Si se siguen las inclinaciones de la naturaleza, entonces se puede ser bueno. Es por lo que yo digo que la naturaleza del hombre es buena. Si se cometen actos viciosos, la falta no es de la facultad que el hombre posee (de hacer el bien). Todos los hombres tienen el sentimiento de la misericordia y de la piedad; todos los hombres tienen el sentimiento de la vergüenza y del odio al vicio; todos los hombres tienen el sentimiento de la deferencia y del respeto; todos los hombres tienen el sentimiento de la aprobación y de la censura.

»El sentimiento de la misericordia y de la piedad, es humanidad; el sentimiento de la vergüenza y del odio es equidad; el sentimiento de la deferencia y del respeto es urbanidad; el sentimiento de la aprobación y de la censura es la sabiduría. La humanidad, la equi-dad, la urbanidad, la sabiduría no son fomentadas en nosotros por los objetos exteriores; nosotros poseemos esos sentimientos de una manera fundamental y original; solamente, no pensamos en ello.

»Es por lo que se dice: «Si buscáis experimentar estos sentimientos, los experimentaréis; si los olvidais, entonces los perdeis.»

»Entre los que no han desenvuelto completamente estas facultades de nuestra naturaleza, los unos difieren de los otros, como el doble del quíntuplo; otros, de un número inconmensurable.»

El Libro de los versos dice:

«El género humano, creado por el Cielo,

»Ha recibido en herencia la facultad de obrar y la regla de sus acciones;

»Estos son, para el género humano, atributos universales y permanentes.

»Que le hacen amar estos admirables dones.»

Kungtsé dijo: «El que compuso estos versos conocía bien la recta vía (es decir, la naturaleza y las inclinaciones del hombre). Es por lo que, si se tiene la facultad de obrar, se debe necesariamente tener también la regla de sus acciones o los medios de dirigirlas. Estos son para el género humano atributos universales y permanentes; es por lo que ellos le hacen amar estos admirables dones.»

7. Mencio dijo: «En los años de abundancia, el pueblo hace muchas buenas acciones; en los años de esterilidad las hace muy malas; y no porque las facultades que ha recibido del Cielo difieran, sino porque las pasiones, que, han asaltado y sumergido su corazón, les han arrastrado así al mal.

»Ahora, yo supongo que sembráis trigo candeal y que tenéis cuidado de cubrirle bien de tierra. El campo que hayáis preparado es por doquier el mismo; la estación en la que habéis sembrado ha sido también la misma. El trigo crece abundantemente, y cuando ha llegado el tiempo del solsticio, está maduro al mismo tiempo. Si existe alguna desigualdad, está en la abundancia y la esterilidad parciales del suelo, que no habrá recibido igualmente el alimento de la lluvia, y del rocío, y de las labores del hombre. Es por lo que todas las cosas que son de la misma especie son todas mutuamente semejantes (son de la misma naturaleza). ¿Por qué dudar de ello solamente en lo que concierne al hombre? Los santos hombres se nos asemejan por la especie.

»Es por esto por lo que Lung-tsé decía: Si alguno hace zapatillas trenzadas a una persona sin conocer su pie, no por ello le hará una cesta. Las zapatillas se parecen todas: los pies de todos los hombres del Imperio se parecen.

»La boca, en cuanto a los sabores, experimenta las mismas satsifacciones. Y-ya (100) fue el primero que supo encontrar lo que placía generalmente a la boca. Si aplicando su órgano del gusto a los sabores, este órgano hubiera diferido por su naturaleza del de los demás hombres, como el de los perros y el de los caballos, que no son de la misma especie que nosotros, entonces, ¿cómo todos los hombres del Imperio, en materia de gustos, se concordarían con los de Y-ya para los sabores?

»Así, pues, en cuanto a los sabores, todo el mundo tiene necesariamente los mismos gustos que Y-ya, porque el sentido del gusto de todo el mundo es semejante.

»Lo mismo ocurre con el sentido del oído. Tomo como ejemplo los sonidos de la música; todos los hombres del Imperio aman necesariamente la melodía del intendente de la música llamado Kuang, porque el sentido del oído se parece entre todos los hombres.

»Es lo mismo para el sentido de la vista. Tomo como ejemplo a Tsé-tú (101); no hubo nadie en el Imperio que no apreciara su belleza. El que no hubiera apreciado su belleza, hubiera estado ciego.

»Es por lo que yo digo: La boca, para los sabores, tiene el mismo gusto; los oídos, para los sonidos, tienen la misma audición; los ojos, para las formas, tienen la misma percepción de la belleza. En cuanto al corazón, ¿no sería igual, para los sentimientos, entre todos los hombres?

»¿Qué es, pues, lo que el corazón del hombre tiene de común y de propio para todos? Es lo que se llama la razón natural, la equidad natural. Los santos hombres han sido los primeros en descubrir (como Y-ya para los sabores) lo que el corazqn de todos los hombres tiene de común. Es por lo que la razón natural, la equidad natural, agradan a nuestro corazón, lo mismo que la carne preparada de los animales que viven de hierbas y de granos agrada a nuestra boca.»

8. Mengtsé dijo: «Los árboles del monte Nieu-chan (102) eran bellos. Pero, porque estos hermosos árboles se encontraban en los confines del gran reino, los ha alcanzado el hacha y la podadera. ¿Se les puede aún llamar bellos? Estos árboles que habían crecido día y noche, que los había humedecido la lluvia y el rocío, no dejaban (después de haber sido cortados) de echar tallos y hojas. Pero los bueyes y los carneros fueron allí a pastar y los han deteriorado. Es por lo que la montaña está también desnuda y también despojada de árboles forestales. Este estado de la montaña ¿era su estado natural?

»Aunque le ocurra igual al hombre, las cosas que se conservan en su corazón ¿no son el sentimiento de humanidad y el de equidad? Para él, las pasiones que le hacen desertar los buenos y los nobles sentimientos de su corazón son como el hacha y la podadera para los árboles de la montaña; que cada mañana los atacan. (Su alma, después de haber perdido así su belleza), ¿se la puede aún llamar bella? Los efectos de una vuelta al bien, producidos cada día al soplo tranquilo y bienhechor de la mañana, hacen que, bajo la relación del amor a la virtud y del odio al vicio, se acerque poco a poco a la naturaleza primitiva del hombre (como los tallos de la selva cortada). En semejantes circunstancias, lo que se hace de malo en el intervalo de un día impide desenvolverse y destruye los gérmenes de virtudes que comenzaban a renacer.

»Después de haber impedido así repetidas veces el desarrollo de los gérmenes de virtud que volvían a renacer, entonces el soplo bienhechor de la noche no basta para conservarlos. Desde el instante en que el soplo bienhechor de la noche no basta para conservarlos, entonces es que el natural del hombre no difiere mucho de él del bruto. Los hombres, viendo el natural de este hombre parecido al del bruto, piensan que no ha poseido jamás la facultad innata de la razón. ¿Son éstos los sentimientos verdaderos y naturales del hombre?

»Es por lo que si cada cosa obtiene su alimentación natural, no hay alguna que no adquiera su crecimiento; si cada cosa no recibe su alimentación natural, no hay ninguna que no se deteriore.»

Kuntsé decía: «Si tú le guardas, entonces tú le conservas; si le abandonas, entonces le pierdes; no hay tiempo determinado para esta pérdida y para esta conservación. Nadie conoce la mansión que le está destinada.» No es sino del corazón del hombre del que habla.

9. Mencio dijo: «No admires a un príncipe que no tiene ni perspicacia ni inteligencia.

»Aunque los productos del suelo del Imperio crezcan fácilmente, si el calor del Sol no se hace sentir más que un solo día y el frío del invierno diez, nada podrá crecer y desenvolverse. Mis visitas (cerca del príncipe) eran raras. Partido yo, los que enfriaban (sus sentimientos para el bien) llegaban en masa. ¿Qué podía yo hacer de los gérmenes del bien que existían en él?

»Ahora, el juego del ajedrez es un arte de cálculo, un arte mediocre, no obstante. Si, sin embargo, tú no aplicas a él toda tu inteligencia, todos los esfuerzos de tu voluntad, no sabrás jugar a ese juego. I-thsieu es de todos los hombres del Imperio el que mejor sabe jugar a ese juego. Si mientras que I-thsieu enseña a dos hombres el juego de ajedrez, uno de estos dos hombres aplica toda su inteligencia y todas las fuerzas de su voluntad a escuchar las lecciones de I-thsieu, mientras que el otro hombre, aunque preste oído, aplica toda su atención a mirar la llegada de una manada de gansos salvajes, pensando con el arco tendido y la flecha colocada en la cuerda de seda, en tirar y abatirlos, aunque él estudie al mismo tiempo que el otro, estará bien lejos de igualarle. ¿Será a causa de su inteligencia y de su perspicacia (menos grandes) por lo que no le igualará? No, no es así.»

10. Mencio dijo: «Yo deseo tener peces; yo deseo también tener un jabalí salvaje. Como yo no puedo poseerlos conjuntamente, dejo de lado los peces y elijo el jabalí salvaje (que prefiero).

»Yo deseo gozar de la vida; yo deseo poseer también la equidad. Si no puedo poseerlas juntamente, dejo a un lado la vida y elijo la equidad.

»Deseando la vida, deseo igualmente alguna cosa más importante que la vida (como la equidad); es por lo que la prefiero a la vida.

»Yo temo a la muerte y la tengo aversión; pero temo a alguna cosa más temible aún que la muerte (la iniquidad); por ello, aunque la muerte estuviese delante de mí, no la huiría (para seguir a la iniquidad). Si de todo lo que los hombres desean, nada fuera más grave, más importante que la vida, entonces, ¿cómo no creer que empleasen todo cuanto estuviera a su alcance para conseguir obtener o prolongar la vida?

»Si de cuanto los hombres tienen aversión, nada fuera más grave, más importante que la muerte, entonces ¿se cree que no emplearían todo cuanto pudieran hacer para evitar esta aflicción?

»Siendo así las cosas, entonces, aun cuando se conservase la vida (en el primer caso), no se haría uso de ella; aun cuando (en el segundo caso) se pudiera evitar la muerte, no se haría.

»Es porque estos sentimientos naturales, que hacen que se ame alguna cosa más que a la vida, que se deteste alguna cosa más que a la muerte, no solamente los sabios, sino que todos los hombres los poseen; no hay más diferencia que los sabios pueden impedirse el perderlos.

»Si un hombre, apremiado por el hambre, obtiene una pequeña parte de arroz cocido, una pequeña taza de caldo, entonces vivirá; si no los obtiene, morirá. Si llamas en alta voz a ese hombre, aun cuando siguieras el mismo camino que él, para darle ese poco de arroz y de caldo, él no los aceptará; si después de haberlos pisoteado se los ofreces, el mendigo los desdeñará.

»Supongo ahora que se me ofrezca un emolumento de diez mil medidas de arroz; entonces, si, sin tener en cuenta los usos y la equidad, los recibo, ¿para qué me servirán diez mil medidas de arroz? ¿Las emplearía en construirme un palacio, en el embellecimiento de mi casa, en el mantenimiento de una mujer y de una concubina, o los daría a los pobres y a los indigentes que conozco?

»No hace más que un instante, el pobre no ha querido recibir, ni aún para evitar el morir, los alimentos que le ofrecían; y ahora, yo, para construirme un palacio o embellecer mi casa, ¿recibiría ese emolumento?

»No hace más que un instante, el pobre no ha querido recibir, ni aún para evitar el morir, los alimentos que le ofrecían, y ahora, yo, para mantener a una mujer y a una concubina, ¿recibiría ese emolumento?

»No hace más que un instante, el pobre no ha querido recibir, ni aún para evitar el morir, los alimentos que se le ofrecían, y ahora, yo, para socorrer a los pobres y a los indigentes que conozco, ¿recibiría ese emolumento? ¿No puedo, pues, obstenerme de hacerlo? Obrar así es lo que se llama haber perdido todo sentimiento de pudor.»

11. Mencio dijo: «La humanidad es el corazón del hombre; la equidad es la vía del hombre. Abandonar su vía y no seguirla; perder (los sentimientos naturales de) su corazón es no saber buscarlos; ¡oh, qué cosa más deplorable!

»Si se pierden un pollo o un perro, se sabe perfectamente buscarlos bien; si se pierden los sentimientos del corazón, ¡no se los sabe buscar!

»Los deberes de la filosofía práctica (estudiar, interrogar) no consisten sino en buscar esos sentimientos del corazón, que nosotros hemos perdido, y he ahí todo.»

12. Mencio dijo: «Ahora tomo, por ejemplo, el dedo que no tiene nombre (el cuarto). Está encorvado sobre sí mismo y no puede estirarse. No causa ningún malestar y no daña la ejecución de los asuntos. Si se encuentra alguno que pueda enderezarle, entonces ya no se considera el viaje al reino de Thsin y de Thsu como demasiado largo, porque se tiene un dedo que no se parece al de los demás hombres. Si se tiene un dedo que no se parece al de los demás hombres, entonces se hace buscar los medios de enderezarle; pero si el corazón (por su perversidad) no es parecido al de los demás hombres, entonces no se sabe buscar el medio de recobrar los sentimientos de equidad y de rectitud que se han perdido. Esto es lo que se llama ignorar las diferentes especies de defectos.»

13. Mencio dijo: «Los hombres saben cómo se debe plantar y cultivar el árbol llamado Thung, que se puede tener con dos manos, y el árbol llamado Tse, que se puede tener en una sola mano; pero po/?/o que concierne a su propia persona, no saben cómo cultivarla. ¿Será que el amor y los cuidados que se deben tener para su propia persona no equivalen a los que se deben a los árboles Thung y Tse? ¡He aquí el colmo de la demencia!»

14. Mencio dijo: «El hombre, en cuanto a su propio cuerpo, le ama en todo su conjunto; si le ama en todo su conjunto, entonces le alimenta y le conserva igualmente en todo su conjunto. Si no hay ni una sola película de una pulgada que no ame, entonces no hay igualmente una sola película de una pulgada que él no alimente y mantenga. Para examinar y saber lo que le es bueno y lo que no le es bueno, ¿se entrega a otro que a él mismo? No se guía en esto sino sobre sí mismo, y he ahí todo. Entre los miembros del cuerpo, los hay que son nobles; otros, viles; los hay que son pequeños; otros, grandes. No dañes a los grandes en favor de los pequeños; no dañes a los nobles en favor de los viles. El que no alimenta más que a los pequeños (la boca y el vientre) es un hombrecillo, un hombre vulgar; el que alimenta a los grandes (la inteligencia y la voluntad) es un gran hombre.

»Yo tomo ahora, por ejemplo, a un jardinero; si él descuida los árboles U y Kia (103) y otorga todos sus cuidados al azufaifo, entonces será considerado como un vil jardinero que ignora su arte.

»Si alguno, mientras que tenía cuidado de un solo de sus dedos, hubiese olvidado sus hombros y sus espaldas, sin saber que también tenían necesidad de sus cuidados, se le podría comparar al lobo, que huye (sin mirar detrás de él).

»Los hombres desprecian y tratan de viles a los que de entre ellos se abandonan a la bebida y a la buena comida, porque estos hombres, no teniendo cuidado más que de las partes menores de su cuerpo, pierden las grandes.

»Si los hombres entregados a la bebida y a la buena comida pudieran no perder de ese modo las más nobles partes de su ser, ¿estimarían ellos tanto su boca y su vientre hasta en su menor porción?»

15. Kung-tu-tsé hizo una pregunta en estos términos: «Los hombres se parecen todos. Los unos son, sin embargo, grandes hombres; los otros, pequeños; ¿por qué es esto?»

Mencio dijo: «Si se siguen las inspiraciones de las grandes partes de uno mismo, se es un gran hombre; si se siguen las inclinaciones de las pequeñas partes de sí mismo, se es un hombre pequeño.»

Kung-tu-tsé continuó: «Los hombres se parecen todos. Sin embargo, los unos siguen las inspiraciones de las grandes partes de su ser; los otros siguen las inclinaciones de las pequeñas; ¿por qué es esto?»

Mencio dijo: «Las funciones de los oídos y de los ojos no son el pensar, sino ser afectadas por los objetos exteriores. Si los objetos exteriores hieren esos órganos, entonces los seducen, y ya está. Las funciones del corazón (o de la inteligencia) son pensar. Si el hombre piensa, si reflexiona, entonces llega a conocer la razón de las acciones (por las cuales son arrastrados los sentidos). Si no piensa, entonces no llega a este conocimiento. Estos órganos son dones que el Cielo nos ha concedido. El que se ha, desde luego, ligado firmemente a las partes principales de su ser, no puede ser arrastrado por las pequeñas. Obrando así, se es gran hombre (o un santo o un sabio), y de ahí todo.»

16. Mencio dijo: «Hay una dignidad celeste (Tchu-hi, dice que es la que da la virtud, la equidad, la que nos hace nobles y distinguidos), como hay dignidades huma nas (o conferidas por los hombres). La humanidad, la equidad, la rectitud, la fidelidad o la sinceridad y la sa tisfacción que se experimenta en practicar la virtud sin cansarse jamás: he ahí lo que constituye la dignidad del Cielo. Los títulos de Kung (jefe de un principado), de King (primer ministro) y de Ta-fu (primer administrador); he ahí las dignidades conferidas por los hombres.

»Los hombres de la antigüedad cultivaban las dignidades que recibían del Cielo, y las dignidades de los hombres las seguían.

»Los hombres de nuestros días cultivan las dignidades del Cielo para buscar las dignidades de los hombres. Después que ellos han obtenido las dignidades de los hombres, rechazan las del Cielo. Esto es el colmo de la demencia. Por ello acaban pereciendo en el extravío.»

17. Mencio dijo: «El deseo de la nobleza o de la distinción y de los honores es un sentimiento común a todos los hombres; cada hombre posee la nobleza en sí mismo; ahora que no piensa buscarla en él.

»Lo que los hombres consideran como la nobleza, no es la verdadera y noble nobleza. A los que Tchameng (primer ministro del reino de Thsi) ha hecho nobles, Thao-meng puede envilecerlos.»

El Libro de los versos dice:

«El nos ha embriagado de vino;

»El nos ha saciado de virtudes.»

»Esto significa que nos ha saciado de humanidad y de equidad. Es por lo que el sabio no desea saciarse del sabor de la carne exquisita o del mijo. Un buen renombre y grandes alabanzas llegan a ser su patrimonio: es lo que hace que no desee llevar trajes bordados.

18. Mencio dijo: «La humanidad subyuga a la inhumanidad, como el agua al fuego. Los que en nuestros días ejercen la humanidad son como los que con una copa llena de agua quisieran apagar el fuego de un carro cargado de madera, y que, viendo que el fuego no se extinguía, dijeran: «El agua no doma al fuego.» Es de la misma manera (es decir, tan

débilmente, tan blandamente) como los que son humanos ayudan a domar sus malas inclinaciones a los que han llegado al postrer grado de la inhumanidad o de la perversidad.

»También acabarán necesariamente por perecer en su iniquidad.»

19. Mencio dijo: «Las cinco clases de cereales son las mejores de los granos; pero si no han llegado a su madurez, no valen lo que las plantas Thsi y Pai. La humanidad (en su perfección) reside también en la madurez, y nada más.»

20. Mencio dijo: «Cuando Y (el hábil arquero) enseñaba a los hombres a manejar el arco, creía su deber aplicar toda su atención a tender el arco. Sus alumnos también debían aplicar toda su atención a bien tender el arco.

»Cuando Ta-thsiang (maestro de artes) enseñaba a los hombres (un arte), se creìa obligado a servirse de la regla y de la escuadra. Sus aprendices debían también servirse de la regla y de la escuadra.»

Capítulo VI

1. Un hombre del reino de Jin interrogó a Uo-liu-tsé (discípulo de Mencio), en estos términos: «¿Es de gran importancia observar los ritos al tomar los alimentos?»

Le respondió: «Los ritos son de gran importancia.»

—¿Es de gran imporancia observar los ritos en los placeres del matrimonio?

—Los ritos son de gran importancia.

—(En ciertas circunstancias), si no comes sino según los ritos, perecerás de hambre; y si no te conformas a los ritos para tomar el alimento, entonces te es posible comer. ¿Es, pues, necesario seguir los ritos?

Supongamos que un joven, yendo él mismo al encuentro de su prometida (104) no la obtuviera por esposa; y si, por el contrario, no yendo él mismo al encuentro de su prometida, la obtuviera por esposa. ¿Estaría obligado a ir él mismo al encuentro de su prometida? Uo-liu-tsé no pudo responder. Al día siguiente se volvió al reino de Thsu, a fin de hacer conocer estas preguntas a Mencio.

Mencio dijo: «¿Qué dificultad has encontrado para contestar a estas preguntas?,

»No teniendo en cuenta su base, sino solamente su altura, puedes hacer más elevado un trozo de madera de una pulgada cuadrada que la techumbre de tu casa. "El oro es más pesado que la pluma." ¿Podrán, sin embargo, decirme que un botón de oro pesa más que un carruaje lleno de plumas?

»Si tomando lo que hay de más importante en el comer y en el beber, y lo que hay de menos importante en los ritos, se lo compara juntamente, ¿no se encontrará que el beber y el comer es entonces de la mayor importancia? Si tomando lo que hay de más importante en los placeres del matrimonio y lo que hay de menos importante en los ritos, se los compara juntamente, ¿no se encontrará que los placeres del matrimonio son entonces de la mayor importancia?

»Ve y responde al que te ha interrogado con estas palabras: Si rompiendo un brazo a tu hermano mayor consigues alimentos, entonces tendrás con qué alimentarte; si no rompiéndoselo no puedes obtener de él alimentos, entonces, ¿se lo romperás?

»Si penetrando a través del muro, en la parte oriental (105) de una casa vecina, arrebatas de ella a la joven, entonces obtendrás una esposa; si no la arrebatas, no obtendrás esposa; entonces, ¿la arrebatarás?»

2. Kiao (hermano menor del rey), de Thsao, hizo una pregunta en estos términos: «Todos los hombres, se dice, pueden ser Yao y Chun; ¿es esto verdad?»

Mencio dijo: «Así es.»

Kiao dijo: «Yo, Kiao, yo he oído decir que Ven-vang tenía diez pies de alto, y Thuang (reyes que los chinos colocaban inmediatamente tras Yao y Chun), nueve; ahora yo, Kiao, tengo una talla de nueve pies, cuatro pulgadas; yo como mijo, y nada más (yo no tengo otros talentos que éste). ¿Cómo debo hacer para poder ser un Yao o un Chun?»

Mencio dijo: «¿Piensas que todo consiste en la talla? Es preciso hacer lo que ellos han hecho, y nada más.

»Supongamos que un hombre está aquí. Si sus fuerzas no pueden luchar con las de un pequeño perro de aguas, entonces es un hombre sin fuerzas. Pero si dice: Yo puedo levantar un peso de cien Kiun (o trescientas libras chinas), es un hombre fuerte. Si es así, entonces él levanta el peso que levantaba el famoso U-hoe; es, por consiguiente, otro U-hoa, y nada más, ¿por qué te afligirías de no sobrepujar (a Yao y Chun) en fuerzas corporales? Es solamente de no realizar sus altos hechos y de practicar sus virtudes de lo que debieras de afligirte.

»El que, caminando lentamente, sigue a los que son más avanzados en edad, es llamado lleno de deferencia; el que, caminando rápidamente, adelanta a los que son más avanzados en edad, es llamado sin deferencia. Una marcha lenta (para testimoniar su deferencia), ¿sobrepuja el poder del hombre? No es que no puede, sino que no la hace. La principal regla de conducta de Yao y de Chun era la piedad filial, la deferencia hacia las personas de más edad, y nada más.

»Si te revistes los trajes de Yao, si hablas como Yao, si practicas las acciones de Yao, tú serás Yao, y se acabó. Pero si vistes los trajes de Kie, si hablas como Kie y si obras como Kie, serás Kie, y se acabó.»

Kiao dijo: «Si yo tuviera autorización para visitar el príncipe de Thsen, y pudiese prolongar allí mi estancia, desearía vivir allí y recibir la instrucción de tu escuela.»

Mencio dijo: «La vía recta es como un gran camino o una gran ruta. ¿Es difícil conocerla? La verdadera causa de dolor para el hombre es no buscarla. Si retornas a tu casa y la buscas sinceramente, tendrás de sobra un preceptor que te instruya.»

3. Kung-sun-tcheu hizo una pregunta en estos términos: «Kao-tsé decía: «La oda Siao-pan es una pieza en verso de un hombre muy mediocre.»

Mencio dijo: «¿Por qué Kao-tsé habla así?»

—Porque el que habla de esta oda experimenta un sentimiento de indignación contra su padre.

Mencio replicó: «¡Que mal ha comprendido e interpretado estos versos el anciano Kao-tsé!

»Supongamos que un hombre está aquí. Si otro hombre del reino de Yuen, con el arco tendido, se dispusiera a lanzarle su flecha, entonces yo me apresuraría, con palabras amables a disuadirle de ello. Y obraría así por tratarse de un extraño a mí. Si, por el contrario, mi hermano mayor, con el arco tendido, se dispusiera a lanzarle su flecha, entonces yo me apresuraría, con lágrimas y sollozos, a disuadirle de ello. Y ello, por estar ligado a él por lazos de parentesco.

»La indignación testimoniada en la oda Siao-pan es un afecto de pariente a pariente. Amar a sus parientes como se los debe amar, es humanidad. ¡Qué mal ha comprendido y explicado el viejo Koa-tsé estos versos!»

Kung-sun-tcheu dijo: «¿Por qué en la oda de Kai-fung no se expresa el mismo sentimiento de indignación?»

Mencio dijo: «En la oda Kai-fung la falta de los padres es muy ligera; en la oda Siao-pan la falta de los padres es muy grave. Cuando las faltas de los padres son graves, si no se experimenta por ellas indignación, es un signo de que se les llega a ser cada vez más extraños. Cuando las faltas de los padres son ligeras, si se experimenta por ellas indignación, es un signo de que no se soporta una ligera falta. Llegar a ser extraño a sus padres, es una falta de piedad filial; no soportar una falta ligera, es también una falta de piedad filial.»

Kungtsé decía, hablando de Chun: «¡Cuán grande era su piedad filial! A la edad de cincuenta años quería aún vivamente a sus padres.»

4. Sung-kheng (106), queriendo trasladarse al reino de Thsu, Mencio le salió al encuentro en la región de Che Kieu.

Mencio le dijo: «Maestro, ¿adónde vas?»

Sung-kheng respondió: «He oído decir que los reinos de Thsin y de Thsu iban a combatir. Quiero ver al rey de Thsu y hablarle, para disuadirle de la guerra. Si el rey de Thsu no queda satisfecho de mis observaciones, iré a ver al rey de Thsin, y le exhortaré a no hacer la guerra. De los dos reyes, espero que habrá uno cuanto menos a quien mis exhortaciones sean agradables.»

Mencio dijo: «Yo, Kho, tengo una gracia que pedirte; no deseo conocer en todos sus detalles el discurso que le dirijas, sino solamente un resumen. ¿Qué le dirás?»

Sung-kheng dijo: «Le diré que la guerra que va a hacer no es provechosa.»

Mencio dijo: «Tu intención, maestro, es una gran intención; pero su motivo no es, sin embargo, admisible.

»Maestro, si tú hablas de ganancias y provecho a los reyes de Thsin y de Thsu, y los reyes de Thsin y de Thsu, tomando el gusto a estos provechos, retienen a sus ejércitos, los soldados de estos tres ejércios se regocijarán de ser retenidos lejos de los campos de batalla, y se complacerán en la ganancia y en el prorecho.

»Si el que es servidor o ministro sirve a su príncipe por amor a la ganancia; si el que es hijo, sirve a su padre por amor a la ganancia; si el que es hermano menor sirve a su hermano mayor por amor a la ganancia, entonces, el príncipe y sus ministros, el padre y el hijo, el hermano mayor y el hermano menor, despojados, en fin, de todo sentimiento de humanidad y de equidad, no tendrán más miras el uno hacia el otro que el solo amor a la ganancia. Obrar así, y no caer en las mayores calamidades, es lo que jamás ha ocurrido.

»Maestro, si hablas de humanidad y de equidad a los reyes de Thsin y de Thsu y los reyes de Thsin y de Thsu, tomando gusto a la humanidad y a la equidad, retienen a sus ejércitos, los soldados de esos tres ejércitos se regocijarán de ser retenidos lejos de los campos de batalla, y se complacerán en la humanidad y en la equidad.

»Si el que es servidor o ministro sirve a su príncipe por amor a la humanidad y a la equidad; si el que es hijo sirve a su padre por amor a la humanidad y a la equidad; si el que es hermano menor sirve a su hermano mayor por amor a la humanidad y a la equidad, entonces el príncipe y sus ministros, el padre y el hijo, el hermano mayor y el hermano menor, habiendo rechazado de ellos el incentivo de la ganancia, no tendrán más miras el uno hacia el otro que el solo amor de la humanidad y de la equidad. Obrar así, y no reinar como soberano sobre todo el Imperio, es lo que jamás ha ocurrido.

»¿Qué necesidad hay pues de ganancia y de provecho?»

5. Mientras que Mencio habitaba en el reino de Thseu, Ki-jin (hermano menor del rey de Jin), que ha bía ocupado el puesto de su hermano para guardar el reino de Jin, le hizo ofrecer piezas de telas de seda (sin visitarle él mismo). Mencio las aceptó sin dar las gracias.

Un día que se encontraba en la ciudad de Phing-lo (en el reino de Thsi), Tchu-tsé le hizo ofrecer piezas de telas de seda. El las aceptó, sin dar las gracias.

Otro día, habiendo pasado del reino de Thsu al de Jin, fue a visitar a Ki-tsé (para agradecerle sus presentes). Habiendo pasado de la ciudad de Phing-lo a la capital del reino de Thsi, no fue a visitar a Tchu-tsé.

Oo-liu-tsé, regocijándose interiormente, dijo: «Yo, Lian, he encontrado la ocasión (de interrogar) que buscaba. He hizo la pregunta en estos términos: «Maestro, habiendo pasado al reino de Jin, has visitado a Ki-tsé; habiendo pasado al reino de Thsi, no has visitado a Tchu-tsé; ¿es porque era ministro.»

Mencio dijo: «De ningún modo. El Chu-King dice: «Cuando se hacen presentes a un superior, se debe emplear la mayor urbanidad, la mayor cortesía posible. Si esta cortesía no es equivalente a las cosas ofrecidas, no se dice que no se le han hecho presentes a su superior, sino que no se les ha hecho con las intenciones prescritas.»

»Luego si no le he visitado ha sido porque no ha cumplido todos los deberes prescritos en el ofrecimiento de presentes a los superiores.»

Uo-liu-tsé quedó satisfecho. Respondió a alguien que pedía nuevas explicaciones: «Ki-tsé no podía trasladarse al reino de Thseu (donde habitaba Mencio); Tchu-tsé no podía trasladarse a la ciudad de Phing-lo.»

6. Chun-yu-kuen dijo: «Colocar en primer lugar el renombre de su nombre y el mérito de sus acciones es obrar con vista a los hombres; colocar en segundo lugar el renombre de su nombre y el mérito de sus acciones es obrar con vista a sí mismo (de la sola virtud). Tú maestro, tú has formado parte de tres ministerios superiores, y cuando has visto que tu nombre y el mérito de tus acciones no producía ningún' bien, ni cerca del príncipe, ni en el pueblo, has resignado tus funciones. El hombre humano ¿se conduce verdaderamente de esta manera? (literalmente arriba y abajo).»

Mencio dijo: «El que en una condición inferior no ha querido, como sabio, servir a un príncipe degenerado es Pe-i. El que cinco veces se trasladó junto a Thang, el que cinco veces se trasladó junto a Kie, es Y-jin. El que no odiaba a un príncipe depravado, que no rehusaba un pequeño empleo, es Lieu-hia-hoei. Estos tres hombres, aunque con una regla de conducta diferente, no tuvieron más que un solo objeto. Este solo objeto, ¿cuál era? Es el que se llama humanidad. El hombre superior o el sabio es humano; y de ahí todo. ¿Qué necesidad hay de parecerse a los demás sabios?»

Chun-yu-kuen dijo: «En los tiempos de Mo-Kung de Lu, mientras que Kung-tsé tenía sobre sí toda la administración del Imperio, que Tsé-ieu y Thseu-sse eran ministros, el reino de Lu perdió mucho más de su territorio que antes. Si estos hechos son verdaderos, los sabios, ¿no son, pues, de utilidad alguna a un reino?»

Mencio dijo: «El rey de Yu, no habiendo empleado (al sabio) Pe-li-hi, perdió su reino. Mu, Kung de Thsin, habiéndole empleado, llegó a ser jefe de los príncipes vasallos. Si no hubiera empleado a sabios en sus consejos, entonces hubiera perdido su reino. ¿Cómo la presencia de los sabios en los consejos de los príncipes podría ocasionar una disminución de territorio?»

Chun-yu-kuen dijo: «Cuando, en otro tiempo, Vangpao habitaba cerca del río Ki, los habitantes de la parte occidental del río amarillo llegaron a ser hábiles en el arte de cantar con notas bajas. Cuando Mian-kiu habiaba el Kao-tang, los habitantes de la parte derecha del río de Thsi llegaron a ser hábiles en el arte de cantar con notas altas. Las esposas de Hoa-tcheu y de Ki-liang (107), que eran hábiles en deplorar la muerte de sus maridos en tono lúgubre, cambiaron las costumbres de los hombres del reino. Si alguno posee en si mismo un sentimiento profundo, se producirá necesariamente al exterior. Yo. Kuen, yo no he visto jamás a un hombre practicar los sentimientos de virtudes que posee interiormente sin que sus méritos sean reconocidos. Es por lo que cuando no son reconocidos es que no hay sabios. (Kuen hacía alusión a Mencio.) Si existieran, yo, Kuen, yo los conocería ciertamente.» Mencio dijo: «Cuando Kungtsé era ministro de la justicia en el reino de Lu, el príncipe no hacía caso alguno de los consejos. Un sacrificio tuvo bien pronto lugar (en el templo dedicado a los antepasados). El resto de las carnes ofrecidas, no habiéndole sido enviado (como lo requería el uso), él resignó sus funciones y partió sin haber siquiera tenido tiempo de quitarse su gorro de ceremonias. Los que no conocían el motivo de su dimisión pensaron que la había presentado a causa de que no le habían enviado el resto del sacrificio; los que creyeron conocerle mejor, pensaron que era a causa de la descortesía del príncipe. En cuanto a Kungtsé, lo que quería era retirarse con el pretexto de una falta mínima de parte del príncipe; no quería que se creyese que se había retirado sin causa. Cuando el sabio hace alguna cosa, los hombres del montón, los hombres vulgares, no comprenden ciertamente los motivos de ella (alusión a Kuen).»

7. Mencio dijo: «Los cinco jefes de los grandes vasallos (Huan, príncipe de Thsi; Van, de Tçin; Mu, de Tchin; Siang, de Sung; Tchuan, de Thsu) fueron hombres culpables respecto a los tres grandes soberanos (Yu, Ven y Vu (hijo) de Thang). Los diferentes príncipes reinantes de nuestros días son hombres culpables respecto a los cindo jefes de los grandes vasallos. Los primeros administradores de nuestros días son hombres culpables respecto a los diferentes príncipes reinantes de nuestros días.

»Las visitas que el Hijo del Cielo hacía a los diferentes príncipes reinantes se llamaban visitas de cazas (Siuncheu); el homenaje que los diferentes príncipes reinantes venían a rendir al Hijo del Cielo se llamaba visita de cuentas rendidas (Chu-tcki).

»En la primavera, el Emperador visitaba a los labradores y asistía a los que no tenían lo suficiente. En otoño visitaba a los que recolectaban los frutos de la tierra y ayudaba a los que no tenían con qué bastarse.

»Si, cuando entraba en los confines del territorio de los príncipes reinantes que visitaba, encontraba la tierra desprovista de malezas; si los campos, si las campiñas estaban bien cultivadas; si los viejos eran mantenidos con los ingresos públicos y los sabios honrados; si los hombres más distinguidos por sus talentos ocupaban los empleos públicos, entonces él daba recompensas a los príncipes, y estas recompensas consistían en un acrecentamiento de territorio.

»Mas si, por el contrario, al entrar en el territorio de los príncipes reinantes que visitaba encontraba la tierra inculta y cubierta de maleza; si estos príncipes descuidaban a los viejos, desdeñaban a los sabios; si los exactores y los hombres sin probidad ocupaban los empleos públicos, entonces él castigaba a esos príncipes (108).

»Si estos príncipes faltaban una sola vez en rendir su visita de homenaje y de cuentas rendidas al Emperador, entonces éste les hacía descender un grado de su dignidad. Si faltaban dos veces en hacer su visita de homenaje al Emperador, entonces éste disminuía su territorio. Si faltaban tres veces en hacer su visita de homenaje al Emperador, entonces seis cuerpos de tropas del Emperador iban a cambiarlos. Es por lo que el hijo del Cielo castiga y corrige a los diferentes príncipes sin combatirles por las armas; los diferentes príncipes reinantes combaten por las armas, sin tener por ellos mismos la autoridad de castigar o corregir al rebelde. Los cinco príncipes jefes de los grandes vasallos se aliaron con un cierto número de príncipes reinantes para combatir a los otros príncipes reinantes. Es por lo que yo decía que los cinco jefes de los grandes vasallos fueron culpables respecto a los tres soberanos.

»Entre los jefes de los grandes vasallos es Huan-Kung quien fue el más poderoso. Habiendo convocado en Kuei-khieu a los diferentes príncipes reinantes (para formar una alianza entre ellos), ató a la víctima en el lugar del sacrificio, colocó sobre ella el libro (que contenía los diferentes estatutos del pacto federal), sin pasar, no obstante, sobre los labios de los federales la sangre de la vícima.

»La primera obligación estaba así concebida: «Haced morir a los hijos que carezcan de piedad filial; no quitéis la herencia al hijo legítimo para dársela a otro; no hagáis una esposa de vuestra concubina.»

»La segunda obligación estaba así concebida: «Honrad a los sabios (elevándolos a los empleos y a las dignidades); dad tratamientos a los hombres de talento y de genio; sacad a la luz del día a los hombres virtuosos.»

»La tercera obligación estaba concebida así: «Respetad a los viejos; quered a los niños; no olvidéis dar hospitalidad a los huéspedes y a los viajeros.»

»La cuarta obligación estaba así concebida: «Que los letrados no tengan cargos o magistraturas hereditarias; que los deberes de las diferentes funciones públicas no sean desempeñados por la misma persona. Al elegir un letrado para confiarle un empleo público, debéis preferir al que tenga más méritos; no hagáis morir valiéndoos de vuestra autoridad privada a los primeros administradores de las ciudades.»

»La quinta obligación estaba así concebida: «No elevéis montículos de tierra en los rincones de vuestros campos; no impidáis la venta de los frutos de la tierra; no confiráis un principado a cualquiera sin autorización del Emperador.»

»Huan-kung dijo: «Vosotros, todos los que conmigo acabáis de aliaros a favor de un tratado; ese tratado, estando sancionado por vosotros, llevad cada uno con vosotros los sentimientos de concordia y de buena armonía.»

»Los principales príncipes de hoy transgreden estas cinco obligaciones. Es por lo que he dicho que los diferentes príncipes de nuestros días eran culpables respecto a los cinco jefes de los grandes vasallos.

»Aumentar los vicios de los príncipes (mediante adulaciones y alabanzas) es una falta ligera; anticiparse a los vicios de los principios (animándolos mediante consejos y ejemplos) es una falta grave; en nuestros días, los primeros administradores se anticipan todos a los vicios de su príncipe; es por lo que yo he dicho que los primeros administradores de nuestros días eran culpables hacia los diferentes príncipes reinantes.»

8. El príncipe de Lu quería hacer a Chin-tsé su general de ejército. Mencio dijo: «Servirse del pueblo sin que antes se le haya instruído (de los usos y de la justicia) es lo que se llama empujar al pueblo a su pérdida. Los que empujaban al pueblo a su pérdida no eran tolerados por la generación de Yao y de Chun.

»Aun suponiendo que en un solo combate vencieses a las tropas de Thsi y que ocuparas Nan-yang (ciudad de este reino), no deberías obrar como tenías el proyecto.»

Chin-tsé, cambiando de color al oir estas palabras, que no le complacían, dijo: «De eso es de lo que yo, Khu-li, no estoy seguro.»

Mencio dijo: «Yo te advierto con toda claridad que esto no te conviene. El territorio del Hijo del Cielo consiste en mil li de extensión por cada lado. Si no tuviera mil li, no sería capaz de recibir a todos los diferentes príncipes.

»El territorio de los Tchu-heu, o diferentes príncipes, consiste en cien li de extensión de cada lado. Si no tuviera cien li, no bastaría para observar los usos prescritos en el libro de los estatutos del templo dedicado a los antepasados.

»Tcheu-kung aceptó un principado en el reino de Lu, que consistía en cien li de extensión por cada lado. Este territorio estaba bien lejos de no bastarle, aunque no consistía más que en cien li de extensión por cada lado.

»Thai-kung recibió un principado en el reino de Thsi que consistía también en cien li de extensión por cada lado. Este territorio estaba bien lejos de no bastarle, aunque no consistía más que en cien li de extensión por cada lado.

»Ahora, el reino de Lu tiene cinco veces cien li de extensión por cada lado. ¿Piensas que si un nuevo soberano apareciese en medio de nosotros disminuiría la extensión del reino de Lu o que la aumentaría?

»Aun cuando se pudiera tomar (la ciudad de Nanyang) sin disparar una flecha y añadirla al reino de Lu, un hombre humano no lo haría; mucho menos, pues, si fuese preciso tomarla matando a muchos hombres.

»El hombre superior que sirve a su príncipe (como le debe servir), debe exhortarle a conformarse a la recta razón, a aplicar su pensamiento a la práctica de la humanidad y nada más.»

9. Mencio dijo: «Los que hoy sirven a los príncipes (o a sus ministros) dicen: "Nosotros podemos, para nuestro príncipe, agotar la fecundidad de la tierra y llenar los graneros públicos." Esos son a los que se llama hoy buenos ministros y que en otro tiempo se los llamaba expoliadores de los pueblos.

»Si no aspirando el príncipe a seguir la recta razón ni a aplicar su pensamiento a la práctica de la humanidad, los ministros buscan enriquecerle, es buscar enriquecer al tirano Kie.

»Los que dicen: «Nosotros podemos para nuestro príncipe hacer tratados con los reinos; si nosotros empeñamos una guerra, tenemos la seguridad de vencer», éstos son a los que hoy se llama buenos ministros y que en otro tiempo se los llamaba expoliadores de pueblos.

»Si el príncipe, no aspirando a seguir la recta razón ni a aplicar su pensamiento a la práctica de la humanidad, los ministros buscan librar batallas en su provecho, es añadir fuerzas al tirano Kie.

»Si este príncipe sigue la regla de conducta de los ministros de hoy, y no cambia los usos actuales, aun cuando le diérais el Imperio, no podría conservarlo ni siquiera una mañana.»

10. Pe-kuei dijo: «Yo, yo desearía de cada veinte no tomar más que a uno. ¿Qué piensas tú de ésto?»

Mencio dijo: «Tu regla, para la exacción del impuesto, es la regla de los bárbaros de las regiones septentrionales.

»En un reino de diez mil casas, si un solo hombre ejerce el arte de la alfarería, ¿podrá bastar a todas las necesidades?»

Pe-kuei dijo: «No podrá bastar. Los vasos que fabrique no serán suficientes para el uso de todas las casas.»

Mencio dijo: «Entre los bárbaros del norte, las cinco clases de cereales no crecen; no hay allí más que el mijo que crezca. Estos bárbaros no tienen ni ciudades fortificadas, ni palacios, ni casas, ni templos consagrados a los antepasados, ni ceremonias para los sacrificios; no tienen ni piezas de tela de seda para los príncipes de diferentes órdenes ni festines que dar; no tienen una multitud de magistrados o de empleados de todas clases que retribuir; y ello, porque en materia de impuestos o de tasas no toman más que la vigésima parte del producto, y esto basta allí. Ahora bien, si el príncipe que habita el reino de en medio rechazase todo lo que constituye las diferentes relaciones entre los hombres y no tuviera hombres distinguidos por su sabiduría o sus luces para ayudarle a administrar el reino, ¿cómo podría administrarle él solo?

»Si no se encuentra más que un reducido númerode fabricantes de alfarería, el reino no podrá subsistir así; con más fuerte razón, si carece de hombres distinguidos por su saber y sus luces (para ocupar los empleos públicos).

»Si queremos hacer el impuesto más ligero, que lo es según el principio de Yao y de Chun (que exigían la décima del producto), habría grandes bárbaros septentrionales o pequeños bárbaros septentrionales tales como nosotros.

»Si queremos hacer el impuesto más pesado, que lo es según el principio de Yao y de Chun, habría un gran tirano del pueblo, llamado Kie, y pequeños tiranos del pueblo, nuevos Kie, tales que nosotros.»

11. Pe-kuei dijo: «Yo, Tan, yo sobrepujo a Yu en el arte de dominar y de gobernar las aguas.»

Mencio dijo: «Estás en un error. La habilidad de Yu en el arte de dominar y de dirigir las aguas consistía en hacerlas seguir su curso natural y penetrar de nuevo en su lecho.

»Es por esta razón por lo que Yu hizo de los cuatro mares el receptáculo de las grandes aguas; ahora, hijo mío, son los reinos vecinos de los que has hecho el receptáculo de las aguas.

»Las aguas que corren en sentido contrario, fuera de su lecho, se llaman aguas desbordadas; las aguas desbordadas son las grandes aguas o las aguas de la gran inundación del tiempo del emperador Yao. Es una de las calamidades que el hombre humano detesta. Hijo mío, estás en un error.»

12. Mencio dijo: «Si el hombre superior no tiene una confianza firme en su razón, ¿cómo después de haber abrazado la virtud podría conservarla inquebrantable?»

13. Como el príncipe de Lu deseara que Lo-tching-tsé (discípulo de Mencio) tomase en su mano toda la administración del reino, Mencio dijo: «Yo, desde que he sabido esta noticia, no duermo de alegría.»

Kumg-sun-tcheu dijo: «Lo-tching-tsé ¿tiene energía?» Mencio dijo: «De ningún modo.»

—¿Tiene la prudencia y el espíritu apto para combinar grandes designios?

—De ningún modo.

—¿Ha estudiado mucho y sus conocimientos son extensos?

—De ningún modo.

—Si es así, ¿por qué no duermes de alegría?

—Porque es un hombre que ama el bien.

—¿Basta amar el bien?

—Amar el bien es más que lo que es preciso para gobernar el Imperio: ¡con mucha más razón para gobernar el reino de Lu!

»Si el que es propuesto para la administración de un Estado ama el bien, entonces los hombres de bien que habitan entre los cuatro mares mirarán como una empresa ligera recorrer mil li para aconsejarle el bien.

»Pero si no ama el bien, entonces los hombres se pondrán a decir: «Es un hombre suficiente, que repite (a cada consejo que se le da): Yo sé esto ya hace largo tiempo.» Este tono y este aire de suficiencia rechazan los buenos consejos más allá de mil li. Si los letrados (o los hombres de bien en general) se retiran más allá de mil li, entonces los calumniadores, los aduladores, los alabadores (los cortesanos de todas clases) llegan en tropel. Si encontrándose continuamente entre alabadores, aduladores y calumniadores quiere gobernar bien, ¿cómo podrá hacerlo?»

14. Tchin-tsé dijo: «¿Cómo los hombres superiores de la antigüedad aceptaban y desempeñaban un ministerio?»

Mencio dijo: «Tres condiciones eran exigidas para aceptar un ministerio y tres para dimitirle.

»Primera: Si el príncipe, recibiendo a estos hombres superiores, les había testimoniado sentimientos de respeto; si les había demostrado urbanidad; si, después de haber oído sus máximas, se disponía a ponerlas en seguida en práctica, entonces ellos se trasladaban cerca de él. Si, después, aun sin faltar a la urbanidad, el príncipe no ponía sus máximas en práctica, entonces ellos se retiraban.

»Segunda: Aunque el príncipe no hubiera puesto aún sus máximas en práctica, si al recibirlas les había testimoniado respeto y demostrado urbanidad, entonces ellos se trasladaban junto a él. Si luego la urbanidad faltaba, entonces se retiraban.

»Tercera: Si por la mañana el príncipe dejaba a sus ministros sin comer, si los dejaba igualmente por la tarde sin comer, si extenuados por la necesidad, no podían salir de sus Estados, y que el príncipe, conociendo su estado, decía: «Yo no puedo poner en práctica sus doctrinas, que es para ellos la cosa más importante; yo no puedo tampoco seguir sus consejos. No obstante, hacer de manera que mueran de hambre en mi territorio, de esto no puedo menos de avergonzarme»; si, digo yo, en estas circunstancias él acudía en su socorro (dándoles alimentos), ellos podían aceptarlos para no morirse, pero nada más.»

15. Mencio dijo: «Chun se comportó brillantemente en el Imperio pese a venir del campo; Fu-yué fue elevado al rango de ministro, pese a no ser sino un albañil; Kiao-ke fue elevado (al rango de consejero de Ven-vang), saliendo del medio de pescados y de sal que vendía; Kuan-i-u fue elevado al rango de ministro, del de alcaide de una cárcel; Sun-cho-ngao fue elevado a una alta dignidad, de la orilla del mar (donde él vivía ignorado); Pe-li-hi fue elevado al rango de consejero del Estado, del seno de un puestecillo que tenía.

»He aquí cómo, cuando el Cielo quiere conferir una gran magistratura (o una gran misión) a los hombres escogidos, comienza siempre por poner a prueba su alma y su inteligencia en la amargura de días difíciles; fatiga sus nervios y sus huesos mediante trabajos penosos; tortura con los tormentos del hambre su carne y su piel; reduce su persona a todas las privaciones de la necesidad y de la miseria; ordena que los resultados de sus acciones sean contrarios a los que se proponían obtener. Así es como estimula su alma, como endurece su naturaleza, como aumenta y acrecienta sus fuerzas con una energía sin la cual ellos hubiesen sido incapaces de realizar su elevado destino.

»Los hombres comienzan siempre por cometer faltas antes de poder corregirse. Experimentan en primer término las angustias del corazón, son detenidos en sus proyectos y en seguida se manifiestan. No es sino cuando han leído en la cara de los demás y oído lo que dicen, cuando son esclarecidos acerca de su propia conducta.

»Si en el interior de un Estado no hay familias guardadoras de las leyes y hombres superiores por su sabiduría y su inteligencia para ayudar al príncipe (en la administración del Estado); si por fuera no se encuentran reinos que susciten guerras u otras calamidades exteriores, el Estado perece de inanición. Así, es preciso saber que se vive de penas y de pruebas y se perece por el reposo y los placeres.»

16. Mencio dijo: «Hay un gran número de maneras de dar enseñanzas. Hay hombres a quienes yo creo indignos de recibir mis enseñanzas y a los que yo rehuso enseñar; y por eso mismo, yo les doy una instrucción, sin otro esfuerzo por mi parte.»

Capítulo VII

1. Mencio dijo: «El (que desenvuelve todas las facultades de su principio pensante) conoce su naturale za racional; una vez que conoce su naturaleza racional, entonces conoce al Cielo.

»Conservar su principio pensante, alimentar su naturaleza racional, es obrando así como se conforma a las intenciones del Cielo.

»No considerar diferentemente una vida larga y una vida corta, esforzarse en mejorar su persona atendiendo a lo uno y a lo otro, es obrando así como se constituye el mandato que se ha recibido del Cielo (o como se cumple su destino).»

2. Mencio dijo: «No ocurre nada sin que sea decretado por el Cielo. Es preciso aceptar con sumisión sus justos decretos. Es por lo que el que conoce los justos decretos del cielo no se colocará bajo un muro que amenace ruina.

»El que muere después de haber practicado en todos sus puntos la ley del deber, la regla de conducta que está en nosotros, cumple el justo decreto del cielo. El que muere con los grillos impuesos a los criminales no cumple el justo decreto del Cielo.»

3. Mencio dijo: «Busca, y entonces encontrarás; olvida todo, y entonces perderás todo. Así es como buscar sirve para encontrar y obtener, si buscamos las c sas que están en nosotros.

»Hay una regla, un principio seguro para hacer sus investigaciones; hay una ley fatal en la adquisición de lo que se busca. Por eso, buscar no sirve para obtener, si buscamos cosas que están fuera de nosotros.»

4. Mencio dijo: «Todas las acciones de la vida tie nen en nosotros su principio o su razón de ser. Si des pués de haber dado un rodeo sobre sí mismo se las en cuentra perfectamente verdaderas, perfectamente con formes a nuestra naturaleza, no hay satisfacción mayor.

»Si se hace todo lo posible para obrar con los demás como se quisiera verlos obrar para con nosotros, nada hace acercarse más a la humanidad, cuando se la busca, que esta conducta.»

5. Mencio dijo: «¡Oh! ¡Qué numerosos son aquellos que obran sin tener inteligencia de sus acciones, que estudian sin comprender lo que estudian, que hasta el fin de sus días siguen la recta vía sin conocerla!»

6. Mencio dijo: «El hombre no puede dejar de avergonzarse de sus faltas. Si una vez tiene vergüenza de no haber tenido vergüenza de sus faltas, no tendrá más motivos de vergüenza.»

7. Mencio dijo: «El pudor o la vergüenza son de una importancia muy grande en el hombre.

»Los que ejercen las artes de astucia y de trapacería no experimentan el sentimiento de la vergüenza. Los que no experimentan el sentimiento de la vergüenza no son parecidos a los demás hombres. ¿En qué se les parecerían?»

8. Mencio dijo: «Los sabios reyes de la antigüedad amaban la virtud y olvidaban su autoridad. Los sabios letrados de la antigüedad ¿hubieran sido capaces de obrar de una manera contraria? Se complacían en seguir su recta vía y olvidaban la autoridad de los

hombres (la dignidad y rango de los reyes les importaba poco). Es por lo que si los reyes o los Kung o grandes vasallos no les testimoniaban sentimientos de respeto, si no observaban hacia ellos todas las reglas de la cortesía y de la urbanidad, entonces, a menudo, no obtenían la facultad de verlos. Con más fuerte razón, no la hubieran obtenido de hacer de ellos sus agentes o sus súbditos.»

9. Mencio, dirigiéndose a Sung-keu-tsian, dijo: «¿Amas viajar para enseñar tus doctrinas? Yo, yo te enseñaré a hacerlo.

»Si los hombres (los príncipes) a los cuales enseñas tus doctrinas las aprendes y las practican, conserva un rostro tranquilo y sereno; si no quieren ni aprenderlas ni practicarlas, conserva igualmente un rostro tranquilo y sereno.»

Sung-keu-tsian dijo: «¿Cómo hacer para conservar siempre así un rostro tranquilo y sereno?»

Mencio dijo: «Si tienes motivo para honrarte con tu virtud; si tienes motivo para alegrarte de tu equidad, entonces podrás conservar un rostro tranquilo y sereno.

»Es por lo que el letrado u hombre distinguido por su sabiduría y sus luces, si se encuentra agobiado por la miseria, no pierde jamás de vista la equidad; y si es promovido a los honores, no se aparta jamás de la vía recta.

»Si se encuentra agobiado por la miseria, no pierde jamás de vista la equidad»; es por lo que el hombre distinguido por su sabiduría y por sus luces posee siempre el imperio que debe tener sobre sí mismo. «Si es promovido a los honores, no se aparta jamás de su vía recta»; es por lo que el pueblo no pierde las esperanzas de bienestar que había concebido a su elevación. Si los hombres de la antigüedad obtenían la realización de sus deseos, hacían participar al pueblo de los beneficios de la virtud y de la equidad. Si no obtenían la realización de sus deseos, se esforzaban en mejorar su propia persona y hacerse ilustres en su siglo por sus virtudes. Si estaban en la pobreza, entonces no se ocupaban sino en mejorar su persona mediante la práctica de la virtud. Si eran promovidos a los honores y a los empleos, entonces no se ocupaban sino en hacer reinar la virtud y la felicidad en todo el Imperio.»

10. Mencio dijo: «Los que esperan la aparición de un rey como Ven-vang para sacudir la torpeza de su alma y producirse en la práctica del bien, esos son hombres vulgares. Los hombres distinguidos por su sabiduría y sus luces, ésos no esperan la aparición de Ven-vang para obrar.»

11. Mencio dijo: «Si das a un hombre todas las riquezas y el poderío de las familias de Han y de Vei y pese a ello se considera siempre tan humilde como antes, entonces este hombre sobrepuja en mucho a los demás hombres.»

12. Mencio dijo: «Si un príncipe ordena al pueblo trabajos con objeto de procurarle mayor bienestar, aun cuando estos trabajos sean muy penosos, el pueblo no murmurará. Si, con objeto de conservar la vida a los demás, hace perecer a algunos hombres del pueblo, aun cuando éste vea morir a algunos de los suyos, no se irritará contra el que ha ordenado tales muertes.»

13. Mencio dijo: «Los pueblos o los súbditos de los jefes de los grandes vasallos están contentos y gozosos; los súbditos de los reyes soberanos están llenos de alegría y de satisfacción.

»Aunque el príncipe ordena hacer algunas ejecuciones (necesarias), el pueblo no se irrita; aunque le procure ventajas, no aprecia su mérito. El pueblo cada día hace progresos en el bien y no sabe quién le hace que los haga.

»(A1 contrario), por doquier el sabio soberano se transporta, el pueblo se convierte al bien; por doquier donde él reside, obra como los espíritus (de una manera oculta). La influencia de su virtud se esparce por doquier, arriba y abajo, como la del Cielo y la de la Tierra. ¿Cómo se dirá que estos beneficios son pequeños (como los que pueden conferir los pequeños príncipes)?»

14. Mencio dijo: «Las palabras de humanidad no penetran tan profundamente en el corazón del hombre como un renombre de humanidad; no se obtiene tan fácilmente el afecto del pueblo, mediante un buen régimen, una buena administración y buenas leyes, como mediante buenas enseñanzas y buenos ejemplos de virtud. El pueblo teme buenas leyes, una buena administración; el pueblo ama buenas enseñanzas y buenos ejemplos de virtudes. Mediante buenas leyes y una buena administración, se obtienen buenos ingresos (o impuestos) del pueblo; por buenas enseñanzas, buenos ejemplos de virtudes, se obtiene el corazón del pueblo.»

15. Mencio dijo: «Lo que el hombre puede hacer sin estudios, es el producto de sus facultades naturales; lo que sabe sin haber reflexionado mucho sobre ello, sin haberlo meditado, es el producto de su ciencia natural.

»No hay ningún niño de tres años que no sepa amar a sus padres; habiendo alcanzado la edad de cinco a seis años, no hay ninguno que no sepa tener consideraciones hacia su hermano mayor. Amar a sus padres con amor filial, es ternura; tener consideraciones para su hermano mayor, es equidad. Ninguna otra causa hace penetrar estos sentimientos en los corazones de todos los habitantes del Imperio.»

16. Mencio dijo: «Cuando Chun habitaba en las profundas soledades de una montaña oculta en medio de las rocas y de los bosques; cuando pasaba sus días con los ciervos y los jabalíes, difiería muy poco de los demás hombres rústicos que habitaban los retiros profundos de aquella montaña oculta. Pero cuando había oído una palabra virtuosa, una palabra de bien, y había sido testigo de una acción virtuosa, sentía hervir en su seno las nobles pasiones del bien, como las ondas de los grandes ríos Kiang y Ho, después de haber roto sus diques, se precipitan en los abismos sin que ninguna fuerza humana pueda contenerlos.»

17. Mencio dijo: «No hagas lo que no debes hacer (como contrario a la razón); no desees lo que no debes desear. Si obras así, has cumplido con tu deber.»

18. Mencio dijo: «El hombre que posee la sagacidad de la virtud y la prudencia del arte, lo debe siempre a las desgracias y a las aflicciones que ha experimentado.

»Son, sobre todo, los ministros huérfanos (o que son los hijos de sus propias obras) y los hijos naturales (109) los que mantienen cuidadosamente todas las facultades de su alma en las circunstancias difíciles y quienes miden sus penas hasta sus profundidades más recónditas. Es por lo que son penetrantes.»

19. Mencio dijo: «Hay hombres que en el servicio de su príncipe (como ministros) se ocupan únicamen te en agradarle y dejarle satisfecho de ellos.

»Hay ministros que no se ocupan más que de procurar la tranquilidad y el bienestar del Estado; tan sólo esta tranquilidad y este bienestar les hace felices y satisfechos.

»Hay un pueblo que es el pueblo del cielo, que si es llamado a desempeñar funciones públicas, las acepta para hacer el bien, si juega que puede hacerle. Hay grandes hombres de una virtud cabal que, por la rectitud que imprimen a todas sus acciones, hacen a todo el que se les acerca (príncipe y pueblo) justo y recto.»

20. Mencio dijo: «El hombre superior experimenta tres contentos, y el gobierno del Imperio como sobera no no está comprendido en ellos.

»Tener a su padre y a su madre mientras vivan, sin que ninguna causa de disturbio o de disensión exista entre el hermano mayor y el hermano menor, es el primero de estos contentos.

»No tener de qué ruborizarse ni a la faz del Cielo ni a la faz de los hombres, es el segundo de estos contentos.

»Ser bastante feliz como para encontrar entre los hombres de su generación, aquellos cuyo talento y virtudes puedan aumentar sus virudes y sus talentos, es el tercero de estos contentos.

»He ahí los tres contentos del hombre superior; y el gobierno del Imperio, como soberano, no está en ellos comprendido.»

21. Mencio dijo: «El hombre superior desea un amplio territorio y un pueblo numeroso, pero no encuentra en ello un verdadero objeto de contento.

»El hombre superior se complace, si permanece en el Imperio, en pacificar y hacer estables las poblaciones situadas entre los cuatro mares; pero lo que constituye su naturaleza no es esto.

»Lo que constituye la naturaleza del hombre superior no se aumenta a fuerza de acción, no disminuye por permanecer mucho tiempo en estado de pobreza y de desnudez, porque la porción (de sustancia racional que él ha recibido del Cielo) es fija e inmutable.

»Lo que constituye la naturaleza del hombre superior: la humanidad, la equidad, la urbanidad, la prudencia, tienen su fundamento en el corazón (o el principio pensante). Estos atributos de nuestra naturaleza se producen en la actitud, aparecen en los rasgos del rostro, cubren los hombros y se esparcen por los cuatro miembros; los cuatro miembros los comprenden sin las enseñanzas de la palabra.»

22. Mencio dijo: «Cuando Pe-i, huyendo de la tiranía de Cheu (sin), habitaba las orillas del mar septentrional, supo la elevación de Ven-vang (110), levantándose con emoción, dijo: ¿Por qué no iría a someterme a él? He oído decir que el jefe de los grandes vasallos del occidente sobresalía en la virtud de mantener a los ancianos.

»Cuando Tai-kong, huyendo de la tiranía de Cheu (sin), habitaba las orillas del mar oriental, supo la elevación de Ven-vang, levantándose con emoción, dijo: ¿Por qué no iría someterme a él? He oído decir que el jefe de los grandes vasallos del occidente sobresalía en la virtud de mantener a los ancianos.

»Si se encuentra en el Imperio un hombre que tenga la virtud de mantener a los ancianos, entonces todos los hombres llenos de humanidad se apresurarán a ir a someterse a él.

»Si en una propiedad de cinco fanegas de terreno plantáis moreras al pie de los muros y la mujer del hogar cría gusanos de seda, entonces los ancianos se podrán cubrir con vestidos de seda; si alimentáis cinco pollos y dos marranas y no olvidáis las estaciones (de incubación y de la concepción), entonces los viejos podrán no carecer de carne. Si un simple particular cultiva un campo de cien fanegas, una familia de ocho bocas podrá no sufrir hambre.

»Estas expresiones (de los dos ancianos), el jefe de los vasallos del occidente sobresale en la virtud de mantener a los ancianos significa que sabía constituir a cada uno una propiedad privada, compuesta de un campo (de cien fanegas) y de una habitación (para cinco); que sabía enseñar a las poblaciones el arte de plantar (moreras) y de alimentar (a los pollos y a los puercos); que dirigiendo, por ejemplo, a las mujeres y a los niños, les ponía en condiciones de alimentar a sus ancianos. Si las personas de edad de cincuenta años carecen de vestidos de seda, sus miembros no estarán calientes. Si los septuagenarios carecen de carne como alimento, no estarán bien alimentados. No tener sus miembros calientes (mediante vestidos) y no estar bien alimentados, esto se llama tener frío y hambre. Entre las poblaciones sometidas a Ven-vang no había ancianos que sufriesen de hambre y de frío. Esto es lo que las expresiones citadas precedentemente quieren decir.»

23. Mencio dijo: «Si se gobiernan las poblaciones de manera que sus campos estén bien cultivados; si se aminoran los impuestos (no exigiendo de ellos más que la décima parte del producto), el pueblo podrá adqui rir comodidad y bienestar.

»Si se toman los alimentos a las horas del día convenientes («por la mañana y por la tarde») y no se gastan los ingresos más que según los ritos prescritos, los ingresos no serán sobrepujados por el consumo.

»Si el pueblo está privado del agua y del fuego, no podrá vivir. Si durante la noche oscura un viajero llama a la puerta de alguno para solicitar agua y fuego no encontrará a nadie que no se lo dé, porque estas cosas están por doquier en cantidad suficiente. Mientras los santos hombres gobernaban el Imperio, hacían de modo que los guisantes y demás legumbres de esa especie, así como el mijo, fuese tan abundantes como el agua y el fuego. Siendo las legumbres y el mijo tan abundantes como el agua y el fuego, ¿cómo se encontrarían allí hombres injustos e inhumanos?»

24. Mencio dijo: «Cuando Khungtsé trepaba por la montaña Tung-chan, el reino de Lu parecía muy pe queño; cuando trepaba por la montaña Tai-chan (la más elevada del Imperio), ¡el Imperio mismo le parecía muy pequeño!

»Así, para el que ha visto los mares, las aguas de los arroyos y hasta de los ríos apenas si pueden ser consideradas como aguas, y para el que ha pasado por la puerta de los grandes hombres (que ha asistido a su escuela), las palabras o las instrucciones de los demás hombres pueden apenas ser consideradas como instrucciones.

»Hay un arte de considerar las aguas: se las debe observar en sus corrientes y cuando se escapan de sus manantiales. Cuando el Sol y la Luna brillan en todo su esplendor, sus reflejos las hacen centellear en sus profundas cavidades.

»El agua corriente es un elemento de tal naturaleza, que si no se la dirige hacia sus fosas o en los receptáculos (a los cuales se la quiere conducir) no circula por ellos. Es lo mismo que la voluntad del hombre superior aplicada a la práctica de la recta razón; si no se le da su completo desenvolvimiento, no llegará a su supremo grado de santidad.»

25. Mencio dijo: «El que, levántadose al canto del gallo, practica la virtud con la mayor diligencia, es un discípulo de Chun.

»El que, levantándose al canto del gallo, se ocupa de la ganancia con la mayor diligencia, es un discípulo del ladrón Tché.

»Si quieres conocer la diferencia que hay entre el emperador Chun y el ladrón Tché, no está en otra cosa sino en el intervalo que separa la ganancia de la virtud.»

26. Mencio dijo: «Yang-tsé hace su único estudio del interés personal y del amor hacia sí. Si se tuviese que arrancar un solo cabello de su cabeza para procurar alguna ventaja al Imperio, no se la arrancaría.

»Me-tsé ama a todo el mundo; si agachando su cabeza hasta los talones pudiera procurar alguna ventaja pública al Imperio, lo haría.

»Tseu-mo tenía el medio. Tener el medio es acercarse mucho a la recta razón. Pero tener el medio sin tener un punto fijo (tal como el fiel de una balanza) es como si no se tuviera más que un lado.

»Lo que hace que se deteste a los que no tienen más que un lado o que siguen una vía extrema es que hieren la recta razón y que mientras que ellos se ocupan de una cosa, olvidan o pierden ciento.»

27. Mencio dijo: «El que tiene hambre, encuentra todos los platos agradables; el que tiene sed, encuentra todas las bebidas agradables; luego el uno y el otro no tienen el sentido del gusto en su estado normal, por que el hambre y la sed se lo desnaturalizan. ¿No habrá más que la boca y el vientre que estén sujetos a las funestas influencias del hambre y de la sed? El corazón del hombre tiene también estos inconvenientes.

»Si los hombres se pudieran sustraer a las funestas influencias del hambre y de la sed y no desnaturalizar su corazón, entonces no se afligirían de no poder alcanzar la virtud de los hombres superiores a ellos por su santidad y por su sabiduría.»

28. Mencio dijo: «Lieu-hia-hoei no hubiera cambiado su suerte contra la de los tres primeros dignatarios del Imperio.»

29. Mencio dijo: «El que se aplica a hacer una cosa es como el que horada un pozo. Si después de haber horadado un pozo hasta setenta y dos pies no se llega hasta el manantial, se está en el mismo caso que si se nubiera abandonado.»

30. Mencio dijo: «Yao y Chun estuvieron dotados de una naturaleza perfecta: Thang y Vu se incorporaron o perfeccionaron la suya por sus propios esfuerzos; los cinco príncipes jefes de los grandes vasallos no tuvieron más que una falsa apariencia de ella. Habiendo tenido largo tiempo esta falsa apariencia de una naturaleza completa y no habiendo dado ningún rodeo hacia la rectitud, ¿cómo hubieran sabido que no la poseían?»

31. Kung-sun-tcheu dice: «Y-yin decía: «Yo, yo no tengo costumbre de visitar a menudo a los que no son dóciles (a los preceptos de la razón).» Relegó a Thai-kia al palacio donde había elevado la tumba de su padre, y el pueblo quedó muy satisfecho de ello. Habiéndose corregido Thai-kia, le retuvo en la corte, y el pueblo experimentó por ello una gran alegría.

»Cuando un sabio es ministro de algún príncipe, si este príncipe no es sabio (o no es dócil a los consejos de la razón), ¿puede, a ejemplo de Y-yin, relegarle lejos de la sede del gobierno?»

Mencio dijo: «Si tiene las intenciones de Y-yin (es decir, su amor al bien público), lo puede; si no tiene las intenciones de Y-yin, es un usurpador.»

32. Kung-sun-tcheu dice: «Se lee en el Libro de los versos:

«Que nadie coma inútilmente» (111).

»El hombre superior no trabaja, y, sin embargo, come. ¿Por qué es esto?»

Mencio dijo: «Cuando un hombre superior habita un reino, si el príncipe le emplea en sus consejos, entonces el Estado está tranquilo, el tesoro público está repleto, el gobierno está honrado y cubierto de gloria. Si los hijos y los hermanos menores del reino siguen los ejemplos de virtudes que les da, entonces llegan a ser piadosos hacia sus padres, llenos de deferencia hacia los hermanos mayores, de rectitud y de sinceridad para con todo el mundo. Esto no es comer inútilmente (los productos o los ingresos de los demás). ¿Qué hay, por el contrario, de más grande y más digno?»

33. Tian, hijo del rey de Thsi, hizo una pregunta en estos términos: «¿Para qué sirve el letrado?»

Mencio dijo: «Eleva sus pensamientos.» Tian dijo: «¿A qué llamas elevar sus pensamientos?» Mencio dijo: «Es dirigirlos hacia la práctica de la humanidad, la equidad y la justicia; esto es todo. Matar a un inocente no es humanidad; tomar lo que no es suyo, eso no es equidad. ¿Cuál es la morada permanente del alma? Es la humanidad. ¿Cuál es su vía? La equidad. Si habita la humanidad, si marcha hacia la equidad, los deberes del gran hombre (o del hombre de Estado) están cumplidos.»

34. Mencio dijo: «Si hubieras dado sin equidadd el reino de Thsi a Tchung-tsé, él no le hubiera aceptado. Todos los hombres tuvieron fe en su sabiduría. Esta negativa (a aceptar el reino de Thsi) es la equidad, como la del que rehusa una escudilla de arroz cocido o de caldo. No hay falta más grave para el hombre que olvidar los deberes que existen entre los padres y las madres y los hijos, entre el príncipe y los súbditos, entre los superiores y los inferiores (112). ¿Es permitido creer a un hombre grande y consumado en la virtud cuando su virtud no es sino mediocre?»

35. Tia-yeng hizo una pregunta en estos términos: «Si cuando Chun era emperador, Kao-yao hubiera sido presidente del ministerio de la justicia y Ku-seu (padre de Chun) hubiera matado a un hombre, entonces, ¿qué hubiera hecho Kao-yao?»

Mencio respondió: «Hubiera hecho observar la ley, y he ahí todo.»

Tiao-yeng dijo: «Si hubiera querido obrar así, Chun ¿no se lo hubiera impedido?»

Mencio dijo: «¿Cómo hubiera podido impedirlo Chun? El había recibido esta ley (del Cielo) con su mandato (para hacerla ejecutar).»

Tiao-yeng dijo: «Si esto es así, entonces ¿cómo se debía Chun haber conducido?»

Mencio dijo: «Chun hubiera considerado el abandono del Imperio como el abandono de sandalias usadas por la marcha, y, tomando secretamente a su padre sobre sus espaldas (113), hubiera ido a refugiarse a una playa desierta del mar, olvidando, con el corazón satisfecho, su Imperio y su poder.»

36. Mencio, habiendo pasado de la ciudad de Fan a la capital del reino de Thsi, vio en ella de lejos al hijo del rey. A su vista, exclamó suspirando: «¡Cómo cambia el aspecto del hombre la permanencia en la corte! Y ¡cómo un régimen opulento cambia su corpulencia! ¡Qué importante es la permanencia en un lugar! Sin embargo, todos los hijos ¿no son igualmente hijos de los hombres?»

Mencio dijo: «La morada, el departamento, los carros, los caballos, los trajes del hijo del rey, tienen mucho parecido con los de los hijos de los demás hombres; y, puesto que el hijo del rey es tal (como acabo de verlo), es preciso que sea la permanencia en la corte lo que le ha cambiado así: ¡qué influencia, pues, debe de tener la permanencia del que habita en la vasta morada del Imperio!

»El príncipe de Lu, habiendo pasado al reino de Sun, llegó a la puerta de la ciudad de Tiei-tché, que había ordenado en alto voz fuese abierta. Los guardianes dijeron: «Este hombre no es nuestro príncipe; ¡pero cómo se parece su voz a la de nuestro príncipe!» ¿No hay otra causa para este parecido que el hecho de que la morada de un príncipe y la del otro sean parecidas a su vez? (114).»

37. Mencio dijo: «Si el príncipe mantiene a un sa bio sin tener afecto por él, le trata como trata a sus puercos. Si tiene afecto por él sin testimoniarle el res peto que merece, le mantiene como a sus propios gana dos.

»Los sentimientos de veneración y de respeto serán testimoniados (al sabio por el príncipe) antes de ofrecerle presentes.

»Si los sentimientos de veneración y de respeto que el príncipe le testimonia no tienen realidad, el sabio no puede ser retenido junto a él mediante demostraciones vanas.»

38. Mencio dijo: «Las diversas partes figuradas del cuerpo (ojos, orejas, manos, etc.) y los sentidos (la vista, el oído, etc.), constituyen las facultades de nuestra nauraleza, que hemos recibido del cielo. No hay más que los santos hombres (o los que llegan a la perfección) que puedan dar a estas facultades de nuestra naturaleza su completo desarrollo.»

39. Siuan-vang, rey de Thsi, quería abreviar su tiempo de luto. Kung-sun-tché le dijo: «No es aún preferible llevar el luto durante un año que abstenerse de él completamente?»

Mencio dijo: «Es como si dijeras a cualquiera que retorciese el brazo de su hermano mayor. ¡No tan de prisa! ¡No tan de prisa! Enséñale la piedad filial, la deferencia fraternal y limítate a esto.

»El hijo del rey, habiendo llegado a perder a su madre, su preceptor solicitó para él (de su padre) el permiso de llevar el luto durante algunos meses.»

Kung-sun-tché dijo: «¿Por qué durante algunos meses solamente?»

Mencio dijo: «El joven había deseado llevar el luto durante los tres años prescritos, pero no había obtenido la autorización de su padre. Aun cuando no la hubiera obtenido de llevar el luto más que un día, era aún preferible para él abstenerse completamente de llevarle.»

40. Mencio dijo: «Las enseñanzas del hombre superior son en número de cinco.

»Hay hombres a los que convierten al bien de la misma manera que la lluvia que caen en tiempo conveniente hace crecer los frutos de la tierra.

»Los hay a los que perfeccionan en la virtud, y los hay a los cuales desenvuelven las facultades naturales y las luces.

»Los hay a los que aclara mediante las respuestas que da a sus preguntas.

»Los hay, en fin, que se convierten ellos mismos al bien y se hacen mejores (siendo arrastrados por el ejemplo).

»He ahí las cinco maneras cómo el hombre superior instruye a los hombres.»

41. Kung-sun-tché dijo: «¡Qué altas y sublimes son estas vías (del sabio)! ¡Qué admirables son y dignas de elogio! La dificultad de ponerlas en práctica me parece tan grande como la de un hombre que quisiera subir al cielo sin poder conseguirlo. ¿Por qué no haces esas vías fáciles, a fin de que los que quieran seguirlas pue dan conseguirlo y que cada día hagan nuevos esfuer zos para acercarse a ellas?»

Mencio dijo: «El carpintero hábil no cambia ni abandona su plomada y su cordel a causa de un obrero incapaz. Y, un hábil arquero, no cambiaba la manera de tender su arco a causa de un arquero inhábil.

»El hombre superior lleva su arco, pero no dispara.

»Los principios de la virtud brillan de repente ante los ojos de los que los buscan (como un disparo de flecha). El sabio se conserva en el término medio (entre las cosas difíciles y las cosas fáciles); que los que puedan le sigan.»

42. Mencio dijo: «Si en un Imperio reinan los principios de la razón, el sabio acomoda su persona a estos principios; si, en un Imperio, no reinan los principios de la razón (si está en la revuelta y en la anarquía), el sabio acomoda los principios de la razón a la salvación de su persona.

»Pero yo no he oído jamás decir que el sabio acomode los principios de la razón o los haga plegarse a los caprichos y a las pasiones de los hombres.»

43. Kung-tu-tsé dijo: «Mientras que Theng-keng seguía tus lecciones, parecía ser del número de esos a los que se trata con urbanidad; sin embargo, tú no has respondido a una pregunta que te ha hecho; ¿por qué es eso?»

Mencio dijo: «Los que confiando en su nobleza o en sus honores, interrogan; los que confiando en su sabiduría o en sus talentos, interrogan; los que confiando en su edad avanzada, interrogan, los que confiando en los servicios que creen haber rendido al Estado, interrogan; los que confiando en sus antiguas relaciones de amistad con los personajes en el poder, interrogan; todos estos son gentes a los que yo no respondo. Theng-keng se encontraba en dos de estos casos.»

44. Mencio dijo: «El que se abstiene de lo que no se debe abstener, no habrá nada de que no se abstenga, el que recibe con frialdad a los que debiera recibir con efusión y ternura, no tendrá nadie a quien no reciba fríamente; los que avanzan demasiada precipitación, retrocederán aún más de prisa.»

45. Mencio dijo: «El hombre superior o el sabio ama a todos los seres que viven (pájaros, bestias, árboles); pero no tiene hacia ellos los sentimientos de humanidad que tiene hacia los hombres; tiene hacia los hombres sentimientos de humanidad, pero no los ama con el amor que tiene hacia su padre y su madre. Ama a sus padre y madre con amor filial, y tiene hacia los hombres sentimientos de humanidad; tiene hacia los hombres sentimientos de humanidad, y ama a todos los seres que viven.»

46. Mencio dijo: «El hombre penetrante y sabio no ignora nada; aplica todas las fuerzas de su inteligencia a aprender las cosas que le importa saber. En cuanto al hombre humano, no hay nada que no ame; se aplica con todas sus fuerzas a amar lo que merece ser amado.

»Yao y Chun eran sabios y penetrantes; sin embargo, su penetración no se extendía a todos los objetos. Aplicaban las fuerzas de su inteligencia a lo que había de más importante (y descuidaban el resto). Yao y Chun estaban llenos de humanidad, pero esta humanidad no iba hasta amar igualmente a todos los hombres; se aplicaban principalmente a amar a los sabios con un amor filial.

»Hay hombres que no pueden llevar el luto a sus padres durante tres años, v que se informan cuidadosamente sobre el luto de tres meses o del de cinco; comen inmoderadamente, beben abundantemente y te interrogan minuciosamente sobre el precepto de los ritos: No despedaces la carne con los dientes. Esto se llama ignorar aquello a lo que es más importante aplicarse.»

Capítulo VIII

1. Mencio dijo: «¡Oh! ¡Qué inhumano es Liang-hoei-vang! El hombre (o el príncipe) humano llega por los que ama a amar a los que no amaba. El príncipe inhumano, por el contrario, llega por los que no ama a no amar a los que amaba.»

Kung-sun-tché dijo: «¿Qué entiendes por esto?»

Mencio dijo: «Liang-hoei-vang, habiendo querido librar una batalla con intención de agrandar su territorio, fue batido completamente, y dejó los cadáveres de sus soldados pudrirse sobre el campo de combate, sin mandar darles sepultura. Hubiera querido comenzar de nuevo, pero temió no poder vencer el mismo; entonces empujó a su hijo, pese amarle, a su pérdida fatal, excitándole a vengarle. Es por lo que yo llamo llegar por los que no se ama a no amar a los que se amaba.»

Mencio dijo: «En el libro intitulado La Primavera y el Otoño, no se encuentra ninguna guerra justa y equitativa. Sin embargo, las hay que tienen una apariencia de derecho y de justicia, pero igualmente se las debe considerar como injustas.»

2. Los actos de reparación son actos por los cuales un superior declara la guerra a sus inferiores para reparar sus errores. Los reinos que son iguales entre ellos no se reparan así mutuamente.

3. Mencio dijo: «Si se añade una fe entera, absoluta, a los libros (históricos), entonces no se está en una condición tan ventajosa como si se careciese de esos libros.

»Yo, en el capítulo del Chu-King intitulado «Vu-tchin», no acepto sino dos o tres artículos, y nada más.

»El hombre humano no tiene enemigos en el Imperio (pues todos se le someten gustosos). ¿Cómo, pues, cuando un hombre soberanamente humano como (Vu-vang) ataca a uno soberanamente inhumano (como Cheu-sin), habría una carnicería tan grande que los escudos de madera flotarían en la sangre?»

4. Mencio dijo: «Si hay un hombre que diga: «Yo sé perfectamente ordenar y dirigir un ejército; yo sé perfectamente librar una batalla», ese hombre es un gran culpable.

»Si el príncipe que gobierna un reino ama la humanidad, no tendrá ningún enemigo en el Imperio.

»Cuando Tching-tchang recordaba su deber a los habitantes de las regiones meridionales, los bárbaros de las regiones septentrionales se quejaban (de estar abandonados por él); cuando recordaba sus deberes a los habitantes de las regiones orientales, los bárbaros de las regiones occidentales se quejaban diciendo: «¿Por qué nos reserva para los últimos?»

»Cuando Vu-vang atacó a la dinastía de Yin, no tenía más que trescientos carros de guerra y tres mil soldados valientes.

»Vu-vang (dirigiéndose a las poblaciones), las dijo: «No temáis nada; yo os traigo la paz y la tranquilidad; yo no soy el enemigo de las cien familias (del pueblo chino).» Y al punto las poblaciones prosternaron sus frentes en tierra, como los rebaños de bueyes laboran la tierra con sus cuernos.

»El término (tchin) por el que se designa la acción de reparar o recordar su deber por las armas a los que se han apartado de él, significa devolver derechos, corregir (tchin). Cuando cada uno desea enmendarse o corregirse a sí mismo, ¿por qué recurrir a la fuerza de las armas para obtener el mismo resultado?»

5. Mencio dijo: «El carpintero y el carrero pueden dar a un hombre su regla y su escuadra, pero no pueden hacerle por ello hábil en su arte.»

6. Mencio dijo: «Chun se alimentaba de frutos se cos y hierbas de los campos, como si toda su vida hubiera debido conservar ese régimen. Cuando fue emperador, los ricos trajes bordados que llevaba, la guitarra que tocaba habitualmente, las dos jóvenes que tenía como esposas a sus lados, no le afectaban mucho más que si hubiera poseído todo ello desde su infancia.»

7. Mencio dijo: «Yo sé, al fin, ahora, que matar a los próximos parientes de un hombre es uno de los crímenes más graves (por sus consecuencias).

»En efecto, si un hombre mata al padre de otro hombre, éste matará también al padre del primero. Si un hombre mata al hermano mayor de otro hombre, éste matará al hermano mayor del primero. Estando así las cosas, este crimen difiere bien poco del de matar a sus parientes con su propia mano.»

8. Mencio dijo: «Los antiguos que construyeron puertas en los pasajes de los confines del reino, lo hicieron con objeto de impedir los actos de crueldad y de devastación; los de nuestros días, que hacen construir estas puertas de pasaje, tienen por objeto ejercer actos de crueldad y de opresión (115).»

9. Mencio dijo: «Si no sigues por ti mismo la vía recta, ésta no será seguida por tu mujer y por tus hijos. Si das órdenes contrarias a la vía recta (a la razón, a los principios del deber), no deben ser ejecutadas por tu mujer y por tus hijos.»

10. Mencio dijo: «Los que están aprovisionados con toda clase de bienes, no pueden morir de hambre en los años calamitosos; los que están aprovisionados de toda clase de virtudes, no serán turbados por una generación corrompida.»

11. Mencio dijo: «Los hombres que aman el buen renombre pueden ceder por él un reino de mil cuadrigas. Si un hombre no tiene este carácter, su rostro atestiguará su gozo o su pena por una escudilla de arroz y de caldo.»

12. Mencio dijo: «Si no se confía (los asuntos y la administración del reino) a hombres humanos y sabios, entonces el reino estará como si descansara sobre el vacío.

»Si no se observan las reglas y los preceptos de la urbanidad y de la equidad, entonces los superiores y los inferiores están en la revuelta y en la confusión.

»Si no se pone un gran cuidado en los asuntos más importantes, entonces los ingresos no podrán bastar para el consumo.»

13. Mencio dijo: «Ha podido ocurrir que un hombre inhumano obtuviese un reino; pero aun no ha ocurrido jamás que un hombre inhumano conquistase el Imperio.»

14. Mencio dijo: «El pueblo es lo que hay de más noble en el Mundo; los espíritus de la tierra y los frutos de la misma no vienen sino después; el príncipe es de la menor importancia.

»Es por lo que si alguno se concilia el amor y el afecto del pueblo de las colinas (y de las campiñas) llegará a ser Hijo del Cielo (o emperador); si llega a ser el Hijo del Cielo, o emperador, tendrá de su parte a los diferentes príncipes reinantes, como tendrá de su parte a los grandes funcionarios públicos.

»Si los diferentes príncipes reinantes (por la tiranía que ejercen sobre el pueblo) ponen en peligro los altares de los espíritus de la Tierra y de los frutos de la tierra, entonces el Hijo del Cielo los despoja de su dignidad y los reemplaza por príncipes sabios.

»Estando prontas las víctimas óptimas, estando dispuestos los frutos de la tierra en los vasos preparados y estando todo puro, los sacrificios serán ofrecidos según las estaciones. Si la, tierra, sin embargo, está seca por el calor del aire, o si está inundada por el agua de las lluvias, entonces el Hijo del Cielo destruye los altares de los espíritus para elevar otros en otros lugares.»

15. Mencio dijo: «Los santos hombres son los maestros de cien generaciones. Pe-i y Lieu-hia-hoei son de este número. Es por lo que los que han oído hablar de las grandes virtudes de Pe-i han llegado a ser moderados en sus deseos, de groseros y ávidos que eran, y los hombres sin valor han sentido afirmarse su inteligencia; los que han oído hablar de las grandes virtudes de Lieu-hia-hoei han llegado a ser los hombres más dulces y los más humanos, de crueles que eran; y los hombres de espíritu estrecho se han hecho generosos o magnánimos. Es preciso remontarse a cien generaciones para llegar a la época de estos grandes hombres, y después de más de cien generaciones transcurridas no hay nadie que oyendo el relato de sus virtudes no sienta su alma conmovida y dispuesta a imitarlas. Si no existiesen jamás hombres santos, ¿sería igual? ¡Y cuánto deben ser

excitados al bien los que se les han aproximado de cerca y han podido recoger sus palabras!»

16. Mencio dijo: «Esta humanidad, de la que yo he hablado tan a menudo, es el hombre (es la razón que constituye su ser); si se reúnen juntamente estos dos términos (la humanidad y el hombre), es la vía (es decir, la conformidad de todas las acciones a las leyes de nuestra naturaleza).»

17. Mencio dijo: «Kungtsé, alejándose del reino de Lu, decía: Yo me alejo lentamente. Es la vía para alejarse del reino de su padre y de su madre. Alejándose de Thsi, tomó en su mano arroz macerado en agua y se puso en camino. Es la vía para alejarse de un reino extranjero.»

18. Mencio dijo: «El hombre superior (Kungtsé) sufrió las privaciones que ocasiona la necesidad (careció durante siete días de lo necesario para la vida) en los reinos de Tchin y de Thsai porque no encontró ninguna simpatía ni entre los príncipes ni entre sus ministros.»

19. Me-ki dijo: «Yo, Ki, hago excesivamente poco caso de las murmuraciones y de la desaprobación de los hombres.»

Mencio dijo: «Estas no hieren en modo alguno. Los hombres distinguidos por sus virtudes, sus talentos y sus luces están siempre más sujetos a los clamores de la multitud. El Libro de los versos, dice:

»Yo experimento en mi corazón una profunda tristeza,

»Yo siento odio junto a esta multitud depravada.»

He ahí lo que fue Kungtsé.

«El no pudo huir de la envidia y del odio de los hombres,

»Que, no obstante, no quitaron nada a su renombre.»

»¡He ahí lo que fue Ven-vang!»

20. Mencio dijo: «Los sabios (de la antigüedad) iluminaron a los demás hombres con sus luces; los de nuestros días los iluminan ¡con sus tinieblas!»

21. Mencio, dirigiéndose a Kao-tsé, le dijo: «Si los senderos de las montañas son frecuentados por los hombres, si se pasa por ellos sin interrupción, llegan a ser practicables; pero si en un corto intervalo de tiempo no son frecuentados, entonces las hierbas y las plantas crecen en ellos y los obstruyen; hoy estas hierbas y estas plantas obstruyen tu corazón.»

22. Kao-tsé dijo: «La música de Yu sobrepuja a la música de Ven-vang.»

Mencio dijo: «¿Por qué dices eso?» Kao-tsé dijo: «Porque las anillas y las campanillas (instrumentos de música de Yn) están usados.» Mencio dijo: «¿Basta esto (para emitir juicio tal)? Los baches de las puertas de la ciudad ¿han sido horadados por el paso de una sola cuadriga?»

23. Mientras que el reino de Thsi padecía hambre, Tchin-Tsin dijo: «Todos los habitantes del reino espe ran que tú, maestro, harás abrir por segunda vez los graneros públicos de la ciudad de Thang. ¿Acaso no puedes hacer de nuevo (esta petición al príncipe)?»

Mencio dijo: «Si yo hiciera esta petición de nuevo, sería otro Fung-fu. Este Fung-fu era un hombre de Tcin, muy hábil en el arte de coger tigres con las manos. Habiendo terminado por llegar a ser un gran letrado, se trasladó un día a los campos situados en las afueras de la ciudad en el momento en que una multitud de hombres iba en persecución de un tigre. El tigre se había atrincherado en el desfiladero de una montaña donde nadie osaba ir a perseguirle. Tan pronto como la multitud percibió de lejos a Fung-fu corrió a su encuentro, y Fung-fu, extendiendo los brazos, se tiró de su carro. Toda la multitud se entusiasmó de alegría. Pero los letrados sabios que se encontraron presentes se burlaron de él (a causa de no haber seguido obrando como letrado que era ya, en vez de como cazador).»

24. Mencio dijo: «La boca está destinada a gustar los sabores; los ojos están destinados a contemplar los colores y las formas de los objetos; los oídos están destinados a oir los sonidos; las narices están destina das a aspirar los olores; los cuatro miembros (los pies y las manos) están destinadas a reposarse de sus fati gas. Es lo que constituye la naturaleza del hombre, al mismo tiempo que su destino. El hombre superior no llama a esto su naturaleza.

»La humanidad es relativa a los padres y a los hijos (porque el verdadero sentimiento de humanidad es amor puro); la equidad (que esencialmente es respeto), es relativa a los príncipes y a los súbditos; la urbanidad (que es ante todo benevolencia y afabilidad), es relativa a los huéspedes y a los dueños de casa; la prudencia (arte de distinguir, de discernir bien el bien y el mal), es relativa a los sabios; el hombre santo pertenece a la vía del Cielo (que comprende todas las virtudes precedentes). Es el cumplimiento de estas virtudes, en estos diferentes destinos, lo que constituye el mandato del Cielo, al mismo tiempo que nuestra naturaleza. El hombre superior no lo llama mandato del Cielo.»

25. Hao-seng, cuyo nombre abreviado era Pu-hai, hizo una pregunta en estos términos: «¿Qué hombre es Lo-tching-tsé?»

Mencio dijo: «Es un hombre sencillo y bueno, es un hombre sincero y fiel.

»¿Qué entiendes por ser sencillo y bueno? ¿Que entiendes por ser sincero y fiel?

»El que es digno de envidia, yo le llamo bueno. El que posee realmente en él la bondad, yo le llamo sincero.

»El que no cesa de acumular en él las cualidades y las virtudes precedentes, es llamado excelente.

»El que a estos tesoros de virtudes une aún el brillo y el esplendor, es llamado grande.

»El que es grande y que borra completamente los signos exteriores o vestigios de su grandeza, es llamado santo.

»El que es santo y que, al mismo tiempo, no puede ser conocido por los órganos de los sentidos, es llamado espíritu.

»Lo-aching-tsé ha llegado al centro de los dos primeros grados (de esta escala de santidad); está aún por debajo de los cuatro grados más elevados.»

26. Mencio dijo: «Los que se separan del (sectario) Me se refugian necesariamente cerca del (sectario) Yang; los que se separan de Yang se refugian necesa riamente cerca de los Ju o letrados (que siguen las doctrinas de Kungtsé y de los primeros grandes hombres; es decir, la razón del gran medio y la rectitud soberana). Los que se refugian así cerca de los letra dos deben ser acogidos favorablemente, y he ahí todo.

»Los que de entre los letrados disputan hoy con Yang y Me se conducen como si, poniéndose a perseguir un lechón escapado, le estrangularan después que hubiera vuelto a su establo.»

27. Mencio dijo: «Hay un tributo consistente en tela de cáñamo y en seda devanada; hay un tributo de arroz y otro tributo que se paga en jornadas. El hombre superior (o el príncipe) que ama a su pueblo no existe más que el último de estos tributos y disiente de los dos primeros. Si exige juntamente los dos primeros, entonces el pueblo está consumido de necesidades; si exige los tres géneros de tributos al mismo tiempo, entonces el padre y el hijo están obligados a separarse (para vivir).»

28. Mencio dijo: «Hay tres cosas preciosas para los príncipes reinantes de los diferentes órdenes: el territorio, las poblaciones y una buena administración. Los que consideran las perlas y las pedrerías como cosas preciosas, estarán ciertamente alcanzados por grandes calamidades.»

29. Y-tching, cuyo nombre abreviado era Kuo, ocupaba una magistratura en el reino de Thsi.

Mencio dijo: «Y-tching-kuo morirá.»

Habiendo sido muerto Y-tching-kuo, los discípulos del Filósofo le dijeron: «Maestro, ¿cómo sabías que este hombre sería asesinado?»

Mencio dijo: «Era un hombre de poca virtud: no había jamás oído enseñar las doctrinas del hombre superior; luego era lógico presumir que (por sus actos contrarios a la razón) se expondría a una muerte cierta.»

30. Mencio, trasladándose a Theng, se detuvo en el palacio superior (116). Un zapato que estaba fabricando, había sido colocado delante de la ventana. El guardián de la hostería le buscó y no le encontró.

Alguien, interrogando a Mencio, le dijo: «¿Es, pues, así como tus discípulos ocultan lo que no les pertenece?»

Mencio respondió; «¿Piensas que nosotros hemos venido aquí para sustraer un zapato?

»Nada de eso, maestro. Pero según la clase de enseñanza que has instituído, no te preocupas de las faltas pasadas, y los que acuden a ti (para instruirse) no los rechazas. Con tal de que acuden a ti de buen corazón sincero, tú al punto los recibes en el número de tus discípulos, sin otra información.»

31. Mencio dijo: «Todos los hombres tienen el sen timiento de la conmiseración. Extender este sentimien to a todos los motivos de pena y de sufrimiento es humanidad.

»Todos los hombres tienen el sentimiento de lo que no debe hacerse. Extender este senimieno a todo lo que hacen es equidad.

»Que todos los hombres puedan realizar mediante actos este sentimiento, que nos lleva a desear no dañar a los demás hombres, y no podrán dar a basto a todo lo que la humanidad reclame de ellos. Que todos los hombres puedan realizar en sus acciones este sentimiento que tenemos de no horadar los muros de los vecinos (para robarlos), y no podrán bastar a todo lo que la equidad reclame de ellos.

»Que todos los hombres puedan constante y sinceramente no aceptar jamás las apelaciones singulares de la segunda persona, tú, tuyo, y por doquiera que vayan hablarán según la equidad.

»Si el letrado, cuando su tiempo de hablar no ha llegado aún, habla, sorprende el pensamiento de los demás con sus palabras; si ha llegado su tiempo de hablar y no habla, sorprende el pensamiento de los demás con su silencio. Estas dos clases de acción son de la misma especie que la de horadar el muro de su vecino.»

32. Mencio dijo: «Las palabras cuya sencillez está al alcance de todo el mundo y cuyo sentido es pro fundo son las mejores. La observación constante de las virtudes principales, que son como el resumen de todas las demás, y la práctica de los actos numerosos que ellas desarrollan es la mejor regla de conducta.

»Las palabras del hombre superior no descienden más abajo que su cintura (se aplican siempre a los objetos que están ante su vista) y sus principos están igualmente al alcance de todos.

»Tal es la conducta constante del hombre superior: no cesa de mejorar su persona, y el Imperio goza de los beneficios de la paz.

»El gran defecto de los hombres es abandonar sus propios campos para quitar la cizaña de los de los demás. Lo que piden de los demás (de los que los gobiernan) es importante, difícil; y lo que emprenden ellos mismos es ligero, fácil.»

33. Mencio dijo: «Yao y Chun recibieron del Cielo una naturaleza cumplida; Tchang y Vu volvieron la suya cumplida mediante sus propios esfuerzos. Si todos los movimientos de la actitud y de la marcha es tán conforme a los ritos, se llega al colmo de la virtud perfecta. Cuando se gime sobre los muertos, no es a causa de los vivos por lo que se experimenta el dolor. No se debe abandonar una virtud inquebrantable, in flexible, para obtener emolumentos del príncipe. Las palbaras y los discursos del sabio deben ser siempre conformes a la verdad, aunque no tengan por objeto hacer sus acciones rectas y justas.

»El hombre superior, practicando la ley (que es la expresión de la razón celeste), espera (con indiferencia) el cumplimiento del destino; y he ahí todo.»

34. Mencio dijo: «Si te ocurre conversar con nuestros hombres de Estado, desprécialos interiormente. Guárdate de estimar su suntuosa magnificencia.

»Poseen palacios altos, de algunas toesas, y en los cuales los salientes de las vigas tienen algunos pies de longitud; si yo obtuviera su dignidad, yo no me construiría un palacio. Los platos que se hacen servir en sus festines ocupan un espacio de más de diez pies; algunas centenas de mujeres los asisten en sus excesos; yo, si obtuviera su dignidad y tuviese votos que cumplir no me entregaría, como ellos, a la buena vida y a los excesos. Ellos se entregan a todos los placeres y a todas las voluptuosidades de la vida y se sumergen en la embriaguez; van de caza arrastrados por rápidos corceles; millares de carros los siguien; yo, si obtuviera su dignidad y tuviese votos que realizar, no sería de ésos. Todo lo que ellos tienen son cosas que yo no podría poseer; todo lo que yo tengo pertene a la santa doctrina de los antiguos; ¿por que, pues los temería?»

35. Mencio dijo: «Para mantener en nuestro corazón el sentimiento de humanidad y de equidad, nada es mejor que disminuir los deseos. Hay bien pocos hombres que,

teniendo pocos deseos, no conserven todas las virtudes de su corazón; y hay también muy pocos que, teniendo muchos deseos, conserven estas virtudes.»

36. A Thseng-tsé le gustaba mucho cocer el fruto del azufaito; en cambio, Thseng-tsé no podía soportar el comerlo.

Kung-sun-tcheu hizo esta pregunta: «¿Qué es mejor, un plato de picadillo o de azufaifas?»

Mencio dijo: «Un plato de picadillo.»

Kun-sun-tcheu dijo: «Si es así, entonces, ¿por qué Thseng-tsé, comiendo picadillo, no comía también azufaifas?»

—El picadillo es un plato común (del que todo el mundo come); las azufaifas son un plato particular (del que comen pocas personas). Nosotros no preferimos el nombre abreviado de nuestros parientes, pronunciamos su nombre de familia, porque el nombre de familia es común y el abreviado es particular.

37. Ven-tchang hizo una pregunta en estos términos: «Cuando Kungtsé se encontraba en el reino de Tchin (apremiado por la necesidad), decía: «¿Por qué no volvería a mi país? Los discípulos que yo he dejado en mi aldea son muy inteligentes, tienen grandes con cepciones y las ejecutan someramente; no olvidan el principio y el fin de sus grandes empresas.» ¿Por qué Kungtsé, encontrándose en el reino de Tchin, pensaba en sus discípulos, dotados de una gran inteligencia y de elevados pensamientos del reino de Lu?»

Mencio dijo: «Como Kungtsé no encontraba en el reino de Tchin hombres que tuvieran el medio de la vía recta para conversar con ellos, debió trasladar su pensamiento hacia los hombres de la misma clase que tuvieran el alma elevada y que se propusieran la práctica del bien. Los que tienen el alma elevada forman grandes concepciones; los que se proponen la práctica del bien, se abstienen de cometer el mal. Kungtsé ¿no deseaba hombres que tuviesen el medio de la vía recta? Como no podía encontrarlos, es por lo que pensaba en los que le seguían inmediatamente.»

«¿Osaría preguntarte (continuó Ven-tchang) cuáles son los hombres a los que se les puede llamar hombres de grandes concepciones?»

Mencio dijo: «Son hombres como Kin-tchang, Thseng-si y Mu-phi; éstos son a los que Kung-tsé llamaba hombres de grandes concepciones.»

—¿Por qué los llamaba hombres de grandes concepciones?

«Los que no sueñan sino en grandes cosas, que no hablan sino de grandes cosas, tienen siempre en la boca estas grandes palabras: ¡los hombres de la antigüedad!, ¡los hombres de la antigüedad! Pero si comparáis sus palabras a sus acciones, encontraréis que las acciones no responden a las palabras.

»Como Kungtsé no podía encontrar hombres de concepciones elevadas, deseaba al menos encontrar hombres inteligentes que evitasen cometer actos de los que tuvieran que ruborizarse y poder conversar con ellos. Estos hombres son los que se aferran firmemente a la práctica del bien, a la huída del mal; son también los que siguen inmediatamente a los hombres que tienen el medio de la vía recta.»

Kungtsé decía: «Yo no me indigno contra los que, pasando ante mi puerta, no entran en mi casa; estas gentes son tan sólo ¡las más honradas de toda la aldea! (es decir, las que engañan a toda la aldea con su falsa apariencia de virtud). Los más honrados de toda la aldea son la peste de la virtud.»

«¿Cuáles son, pues, los hombres (prosiguió Ven-tchang) a los que tú llamas los más honrados de toda la aldea?»

Mencio respondió: «Son los que dicen (a los hombres de las grandes concepciones): «¿Por qué os remontáis siempre a los grandes proyectos y a las grandes palabras de virtud?; nosotros no vemos vuestras acciones en vuestras palabras ni vuestras palabras en vuestras acciones. A cada instante gritáis: ¡los hombres de la antigüedad!, ¡los hombres de la antigüedad! (y a los hombres que se aferran firmemente a la práctica del bien). ¿Por qué en vuestras acciones y en vuestra conducta sois de un acceso tan difícil y tan austeros?»

«En cuanto a mí, yo quiero (continúa Mencio) que el que ha nacido en un siglo sea de este siglo. Si los contemporáneos le miran como un hombre honrado, esto le debe bastar. Los que hacen todos sus esfuerzos para no hablar y obrar de otro modo que como todo el mundo, son los aduladores de su siglo; ¡son las gentes más honradas de la aldea!»

Ven-tchang dijo: «A los que toda la aldea llama las más honradas gentes, son siempre gentes honradas dondequiera que van; Kungtsé los consideraba como la peste de la virtud; ¿por qué era esto?»

Mencio dijo: «Si quieres encontrarles en falta, no tendrás por dónde cogerlos; si quieres atacarlos por un sitio, no lo llegarás a conseguir. Participan de las costumbres degeneradas y de la corrupción de su siglo. Lo que habita en su corazón no tiene sino la apariencia de la templanza y de la integridad. Como toda la población de su aldea los envanece sin cesar, se creen hombres perfectos, y no pueden entrar en la vía de Yao y de Chun. Es por lo que Kungtsé los consideraba como la peste de la virtud.»

Kungtsé decía: «Yo detesto lo que no tiene más que la apariencia de la realidad; yo detesto la cizaña por temor a que pierda las cosechas; yo detesto a los hombres hábiles, por miedo a que confundan la equidad; yo detesto una boca elegante, ante el temor de que confunda la verdad; yo detesto los sonidos de la música Tching, ante el temor de que corrompan la música; yo detesto el color violeta, ante el temor de que confundan el color de púrpura; yo detesto a las gentes más honradas de la aldea, ante el temor de que confundan la virtud.

»El hombre superior vuelve a la regla de conducta inmutable, y he ahí todo. Una vez que esta regla de conducta inmutable haya sido establecida como debe serlo, entonces la multitud del pueblo será excitada a la práctica de la virtud; una vez que la multitud del pueblo sea excitada a la práctica de la virtud, entonces no habrá más perversidad y falsa sabiduría.»

38. Mencio dijo: «Desde Yao y Chun hasta Thang (o Tchin-tang) han transcurrido quinientos años o más. Yu y Kao-yao aprendieron la regla de conducta inmutable viéndola practicar a (Yao y Chun); Thang la aprendió por la tradición.

»Desde Ven-vang hasta Kungtsé han transcurrido quinientos años o más. Thai-kung-vang y San-y-seng aprendieron esta doctrina inmutable viéndola practicar por Ven-vang. Kungtsé la aprendió por la tradición.

»Desde Kungtsé hasta nuestros días han transcurrido cien años y más. La distancia que nos separa de la época del santo hombre no es muy grande; la proximidad de la comarca que habitamos con la que habitaba el santo hombre es mayor (117); así, pues, como no existe ya nadie (que haya aprendido la doctrina inmutable viéndola practicar por el santo hombre), no hay nadie que la haya aprendido y recogido de la tradición.»

NOTAS

(1) El Japón (Dai Nippon, en su lengua), archipiélago que en reducida extensión (381.000 km^2) posee una densísima población, ha sido (hasta la última guerra) el tipo perfecto del pueblo rapaz. Es decir, del pueblo obligado, para poder vivir, a lanzarse sobre el pueblo o los pueblos inmediatos. Causa primera: la superpoblación. Es decir, la causa que obligó siempre a los ingleses a expandirse por el Mundo a la sombra de los cañones de sus escuadras; a los italianos, a expatriarse, a los alemanes, a repetir durante siglos aquellas primeras incursiones hacia el Sur, que fueron llamadas «las invasiones de los bárbaros». Si, pues, es indudable que bastaría para que cesasen muchas calamidades y la mayor parte de las guerras, conque desapareciera el hambre, y ésta, conque cada país no tuviese sino el número de habitantes que pudiese sin esfuerzo alimentar, ¿a qué ese loco y nefasto prurito de incitar el aumento de población que se advierte en todos los países, pese a ser evidente que ello tan sólo servirá para empujarlos al hambre, a la miseria y a las guerras? ¿No sería, por el contrario, sensato y prudente, y lógico y humanitario aconsejar la limitación de nacimientos en vez de estimular, incluso pecuniariamente, a los matrimonios torpe e insolentemente prolíficos?

(2) La sublevación de los Boxers, por ejemplo, fue en parte causada, o por lo menos excitada y sostenida, por la interpretación errónea dada por los taoístas a la siguiente frase de Laotsé: «Cuando se encuentra en medio de soldados, no tiene que temer los golpes.» Concepto que dio a los fanáticos taoístas de aquella época la convicción de que eran invulnerables a las balas extranjeras. Y empujados por celo rabioso, trataron de expulsar de China a los representantes del cristianismo.

(3) Los chinos llaman a sus tres religiones (an Kiao) del modo siguiente: Ju, Che, Tao, San Kiao. Ju kiao designa el confucismo, porque ju significa letrado, cultivado. Por consiguiente, Ju Kiao es el culto de los letrados. Che kiao es el budismo. La palabra che es una abreviación de Che-kia-muni, forma china de Sakiamuni, uno de los nombres de Buda. Tao-kiao es el taoísmo.

La palabra tao es casi imposible de traducir. Los sabios en sinología han propuesto, con objeto de dar una idea de su sentido, las palabras vía, senda, camino, razón, medio. Tal vez vía sea lo más aproximado. Cuando se tradujo por primera vez el Nuevo Testamento al chino, el primer versículo del primer capítulo del cuarto Evangelio decía: «Al principio fue el Tao, y el Tao estaba con Dios, y el Tao era Dios.» Con lo que el tao de Laotsé expresaba lo que más tarde debía de ser para los cristianos el Verbo (Logos). Cierto que Laotsé mismo no tenía interés en que su tao fuese comprendido, puesto que la primera frase de su Tao-te-king dice: «El tao que se puede comprender no es el verdadero tao.» Para Confucio, asimismo, lo más importante en la religión es la experiencia del sentido del Mundo, del Tao. «Escuchar por la mañana la verdad (Tao) y morir por la noche; esto no es malo.» (Lun Yu, IV, 8.) También para Laotsé el Tao era el sentido del Mundo, lo último y supremo. En las observaciones al Libro de los Cambios, da Confucio algunas explicaciones acerca de la esencia de este Tao. Véase: «Gran éxito por el correcto modo de ser: he aquí la Ley (Tao) del Cielo.» «El camino (Tao) del Cielo va hacia abajo y hace que todo sea llano, luminoso y claro. El camino de la Tierra (Tao) es pequeño y va hacia arriba. El camino (Tao) del Cielo consiste en vaciar lo que está lleno y en aumentar lo que es modesto. El camino (Tao) de la Tierra consiste en vaciar lo que está lleno y hacer que revierta en lo que es modesto. Los espíritus y los dioses perjudican a lo que está lleno y favorecen a lo que es modesto. El camino (Tao) de los hombres consiste en odiar lo lleno y amar lo que es modesto. La modestia, que es venerada, expande luz. La modestia, que es baja, no puede ser vencida. Este es el final que el noble alcanza.» «La ley divina (Tao) del Cielo puede reconocerse en que en las cuatro estaciones no cambia. El elegido utiliza esta ley divina (Tao) para crear cultura y la esfera terrestre se le somete.» «Cuando se ha perdido la inocencia, ¿a dónde ir? Cuando la voluntad del Cielo (Tao) no le protege a uno, ¿es posible obrar?» El Tao del Cielo, pues, es como una fuerza cuya actuación está de acuerdo con la ley moral más íntima del hombre. En cuanto a la palabra kiao, signo chino que etimológicamente, en la antigüedad, se componía de tres elementos: pegar, niño e imitar (pegar al niño para que imite a sus padres), significa hoy «enseñar», y empleado como sustantivo, escuela, culto doctrina.

(4) Laotsé, contemporáneo de Confucio, pero cincuenta años más viejo que él, compuso un libro, el Tao-te-king o Canon de la razón y de la virtud. Tal cual fue escrito es un profundo tratado de moral pura sin nada de sobrenatural ni supersticioso. Este libro exponía y enseñaba seis siglos antes de nuestra Era (en tiempos de angustia espiritual de la Humanidad que trataron de calmar al mismo tiempo que él, cada uno en su país. Zoroastro, el Buda, Jeremías y Ezequiel), principios y máximas sublimes que más tarde harían tan admirados los Evangelios: «Vengad las injurias mediante beneficios.» (Tao-te-king, LXIII, 2.) «La esencia de la virtud consiste en tratar a los virtuosos como tales y a los que no lo son como si lo fuesen también.» (Tao-te-king, XLIX, 2), etc. Pero Laotsé no se cuidó de llevar sus principios a la práctica. Y precisamente lo que distingue a los fundadores de religiones de los simples filósofos es esto: la acción, el sacrificio si es preciso. El Tao-te-king comprende 81 capítulos muy cortos y de lectura poco interesante; pues casi contiene únicamente consejos. Se cuenta de un emperador chino del siglo II d. de C., que tenía la costumbre de dar conferencias sobre el Tao-te-king, que veíase obligado en cada reunión a regañar «a los que se desperezaban, bostezaban o escupían» mientras hablaba. Tras la muerte de Laotsé, el taoísmo degeneró mucho, y hoy conserva muy poco de sus grandes cualidades de un principio. Prescripciones actuales como las de no pescar ni bailar el último día de cada mes, o la prohibición de no volverse hacia el Norte para escupir o llorar, o de no señalar con el dedo el arco iris, son prueba evidente de esta decadencia y de cómo la tontería humana estropea las cosas más eminentes. El año primero de nuestra Era, el taoísmo tuvo su papa, y uno de sus jefes ensayó el fabricar píldoras para alcanzar la inmortalidad. A partir del siglo VII la medicina engarzada en brujería y hasta la piedra filosofal, tuvieron gran importancia entre sus prácticas, y los emperadores mismos participaban en tales supersticiones. En fin, la magia, el fanatismo y la brujería son hoy tan corrientes entre los taoístas, que Bosse ha podido escribir: «No es preciso esperar un resurgimiento religioso, político y moral en China mientras esta nación no se haya librado del taoísmo.» (Religion of Mission Fields, p. 181.) Y como tenía que

suceder, la adulteración y falsificación de las doctrinas, trajo como consecuencia la de su autor. En el siglo II d. de C., se ofrecían sacrificios a Laotsé en los altares cual si fuese un dios. En el IV se veía en él, no a un filósofo, sino a un ser sobrenatural. Formó parte, incluso, de la trinidad taoísta, cuyos otros nombres eran Chaos o el Demiurgo y Yu-uang-chang-ti o «el emperador perla» (Soothill: Three Religions of China, p. 82-83).

(5) El origen de la religión en China, como en todas partes, debió de ser el miedo. (Prtmus in orbe deos fecit timor. Stacio: Tebaida, III, 661.) Lo primero seguramente que obligó al hombre a hincar la rodilla y pensar con espanto en potencias superiores, fue la violencia de los elementos naturales desencadenados. Pudo ocurrir también si no fue allí, en China, donde la raza humana tuvo los albores de conciencia origen de la «racionalidad» que la separa de los animales, que un pueblo de hombres pastores se instalase en ella en posesión ya de los primeros y aun poco luminosos destellos de la idea religiosa. En todo caso no se sabe, como no se sabe respecto a ningún pueblo, quiénes fueron los primeros hombres que en aquel país dieron forma a las primitivas creencias religiosas.

No obstante, el primer nombre que aparece cuando aun la mitología china estaba en plena formación, es decir, en el terreno gracioso y vago de la leyenda, es el de Fu-hi, al que se considera como el primer soberano chino, y que pudo reinar allá por los años 2852-2738 a. de C. A este Fu-hi se atribuye la invención del famoso pa kua, octógono que ha tenido un papel tan importante en la adivinación y en la filosofía de la Naturaleza, y el haber ofrecido el primer sacrificio en la cumbre del T-ai chan, la montaña sagrada situada en la provincia de Chan-tung: en virtud de lo cual tal sacrificio a la Potencia Suprema fue siempre una prerrogativa del Hijo del Cielo.

Nieto suyo fue el célebre emperador Yao (2277-2258 a. de C.), de quien dijo Confucio: «Grande es, en verdad, la manera como Yao fue soberano. Sublime: sólo el Cielo es grande; sólo Yao guardó proporción con él. Infinito: el pueblo no pudo hallar nombre para designarle. La perfección de sus obras era sublime. Sus prescripciones para la vida eran radiantes.» (Lun Yu, VIII, 19.)

Schun, sucesor de Yao (2258-2226) no fue menos célebre que éste. El Maestro dijo: «Sublime fue la manera como Schun y Yu dominaron el círculo de la Tierra sin proponérselo.» (Lun Yu, VII, 18.) «Quien sin hacer nada mantuvo el Mundo en el orden fue Schun. Porque, realmente, ¿qué hizo? Vigilarse, respetarse a sí mismo y dirigir con seriedad la cara hacia el Sur. Nada más.» (Lun Yu, XV, 4.) La «cara hacia el Sur» es la manera como el soberano se sentaba en el trono. El «no hacer nada» (Vu Ve) tiene también una gran importancia en la filosofía taoísta muy dada al quietismo. «Retirarse en la oscuridad, tal es la vía» (el camino del Cielo), dice Laotsé en el Tao-te-king (9, 2).

El gran emperador Yu, que sucedió a Schun (2226-2198), dominó el «Diluvio» y fundó la primera dinastía que recibió el nombre de Hia. De él dijo el Maestro: «En Yu no me es posible descubrir ninguna falta. Era sobrio en la comida y en la bebida. Era piadoso ante Dios. Para sí sólamente llevaba una ropa modesta; mas para el servicio divino presentábase con púrpura y corona. Habitaba en una pobre choza, pero utilizaba todos los medios para regularizar las aguas. En Yu no puede descubrirse falta alguna.» (Lun Yu, VIII, 21.)

Parece ser, pues, que lo que Kungtsé (Confucio) estimaba en estos tres soberanos modelos, no era lo que hicieron, sino su «no obrar». Es decir, el sublimar o nihilizar de tal modo su esencia propia, que el Tao, ley del Universo, pudiera actuar por medio de ellos de una manera casi automática. El modo de actuar de este soberano consistió, por tanto, en atraer a fuerza de cultura (inteligencia, talento, seducción) a los mejores (ministros), y dejarles actuar. Este gobernar tan reservado que actúa sin hablar, como el cielo, que sin hablar mueve el tiempo dentro de la órbita de las estaciones, es el ideal de Confucio. Su ideal de cultura y, por tanto, el ideal chino de su época era, en lo que al gobierno respecta, una república de base religioso-moral.

A los tres soberanos anteriores que se sucedieron por libre elección, siguió la primera dinastía que recorrió el mismo camino que todas las dinastías; después de poseer algunas figuras importantes, al principio, fue decayendo cada vez más hasta que, al fin, terminó en el tirano Kia; que siempre la ausencia de virtud trae como consecuencia la pérdida de la fuerza, y la pérdida de fuerza engendra el desorden, y éste, la tiranía.

Con T-and (1766-1754 a. de C.), que destronó al último soberano de los Hia que habíase hecho odioso a causa de sus costumbres licenciosas, aparece una figura nueva en el ideal confuciano: el renovador de la cultura, el rebelde santo, el fundador de la dinastía Chang, llamada también Yin, a causa del nombre de la capital donde residió.

Cuando esta dinastía cayó en la descomposición, y que el tirano Schu o Tschu-Hsin hubo reproducción en todo al tirano Kia, surgió la dinastía Tschu, que fue la que reinó durante más tiempo. De esta dinastía hay tres soberanos a los que Confucio consideraba como creadores de cultura: el rey Ven, el rey Vu y el príncipe Tschu.

El rey Ven (1231-1134 a. de C.). De este soberano «que alcanzó la suprema virtud» (Lun Yu, VIII, 20) se dice en el Libro de las Canciones: «¡Cuán profundo era el rey Ven! ¡Con qué claridad, con qué seria firmeza atendía a todo! Como soberano moraba en la bondad; como servidor, en el cuidado; como hijo, en el respeto; como padre, en la ternura; frente a su pueblo moraba en la fidelidad y en la fe.»

El rey Vu (1208-1115 a. de C.). «El rey Vu fue un rey clemente y justo. Tenía un corazón muy grande, y gracias a él se ganó el cariño del pueblo. Era fiel, y por eso el pueblo se confió en él. Era solícito, y por ello tuvo éxito. Era justo, y con ello todos estuvieron contentos.» (Lun Yu, XX, 1.)

El príncipe Tschu (muerto en 1105). De todos los santos de la antigüedad, tal vez era Tan, de Tschu, hijo menor del rey Ven, quien más afinidades tenía con Confucio. Y la razón de ello tal vez sea que este príncipe fue un santo que no se sentó en el trono, preparando con ello la nueva época que el propio Kungtsé inició: la época de la realeza no coronada. Una queja del Maestro lo demuestra: «Voy hacia abajo. Hace mucho tiempo que no he visto en mis sueños al príncipe Tschu.» (Lun Yu, VII, 5.)

Tales son los siete soberanos creadores de cultura de los que Confucio dijo: «Siete hombres hay que han creado.» (Lun Yu, XIV, 40.)

(6) La «comunización» de la China actual no habrá tenido tiempo aun para desarraigar las antiguas creencias religiosas. Y esto, porque en toda fe religiosa obran dos factores: uno, primordial y dominante, el sentimiento; otro secundario, la razón. Por ello se habla siempre de «sentimientos religiosos»; pero no de «razón religiosa». Conformar la razón a

los sentimientos en cuestiones de religión es tarea gigante sólo al alcance de las inteligencias poderosas. La filosofía escolástica no tuvo durante toda la Edad Media otra pretensión. Anselmo, el sabio y admirable arzobispo de Cantorbery, a quien la Iglesia hizo santo, definió la especulación filosófica como una explicación de la fe (fides quarens intellectum) e insistía en la necesidad de creer para comprender (Prostogium). «No poner la fe en primer lugar es presunción; pero no llamar en seguida a la razón, negligencia.» Mas sólo un titán como Tomás de Aquino, santo también, pudo atacar la grave cuestión con razonamientos que aun admiran. Pero si conformar la razón a los sentimientos en cuestiones de religión es tarea ardua, creer por sentimiento es, por el contrario, fácil y al alcance de todos. Y precisamente porque el sentimiento, sobre todo cuando es profundo y sincero, es difícil de atacar mediante razonamientos escuetos, es por lo que es casi seguro que el frío materialismo comunista no haya podido demoler aún las antiguas creencias religiosas chinas. Hacerlo será empresa larga. De dos o tres generaciones a las que tendrán que coger desde la cuna e imbuirlas, casi por la fuerza, otros pensamientos y nuevos ideales.

(7) Dejando aparte el budismo, doctrina extraña a la China, como ya he indicado, voy a decir en pocas palabras las diferencias esenciales que separan al confucismo del taoísmo. Originariamente (el tiempo ensucia, corrompe y modifica a las religiones como a todas las cosas). Laotsé consideraba que «ser» era «obrar», mientras que Confucio enseñaba a «obrar» para «ser». Una vez más, sin duda la primera, la eterna cuestión de la fe y de las obras, cuestión que late en el fondo de todas las religiones de importancia. Laotsé era el quietismo. Según él, había que dejar al tao (orden eterno del Universo, Naturaleza, o su principio obrando sobre la materia. Principio, pues, impersonal, eterno y continuamente actuante que ha producido el Universo, le hace vivir y le rige), obrar en el corazón vacío, y el tao ejercería su acción sobre los demás hombres por medio del que se entregaba a él viviendo en la inacción. Confucio estaba conforme con ello, pero añadía que era preciso desarrollar la voluntad y cultivar la virtud. Que «obrar» era tan necesario para «ser» como «ser» para «obrar». Libre el tao, como quería Laotsé y sus partidarios, o guiado y adaptado, por decirlo así, a la condición y psicología humana, cual pretendían Confucio y sus discípulos, justo es reconocer en todo caso que tanto ambos sistemas de creencias como sus manifestaciones prácticas, estaban (y están) llenos de la más admirable filosofía, de enseñanzas que pocas veces repugnan a la razón y de ideas verdaderamente morales que han dado como resultado a través de los siglos, una serie de sabios de tan clara inteligencia como noble espíritu. Quienes gusten conocer bien a fondo el origen psicológico-religioso de estas creencias que han dado a China su civilización milenaria, encontrarán materiales tan serios como abundantes en las obras siguientes: Religions of China, del doctor James Legge, y The Ancient Religions of China, del doctor John Ross. El estado de la religión actual (al decir «actual» me refiero siempre hasta la última revolución, pues a partir de la «comunización» no es posible saber algo con certeza de lo que allí ocurre material y espiritualmente) puede estudiarse con provecho en el libro del doctor J. J. M. de Groot, titulado: The Religions of the Chinese.

(8) Esta base anímica de las religiones, y a causa de ella el rendir culto a infinitas divinidades, es cosa lógica. Del mismo modo que la «imitación» es el proceso instructivo más fácil en los niños, que aprenden copiando los actos de quienes les rodean, la «inducción» es el proceso lógico elemental del hombre. Por ello, el ser pensante que observa que todo cuanto ocurre en torno suyo tiene una «causa» y un «factor», busca en los fenómenos naturales asimismo la causa, es decir, el ser que los origina. Y no encontrándole con los sentidos, induce que los fenómenos naturales que unas veces le favorecen y otras le perjudican, son obra de «espíritus» superiores ante los que hinca la rodilla para que le sean favorables; y les ofrece sacrificios, pues lógicamente también, piensa que como en la Tierra, en el Cielo será preciso ofrecer dádivas a aquellos de los cuales se quiere ganar los favores. Por el mismo procedimiento lógico y sencillo, un hombre de inteligencia tan eminente como Voltaire, llegaba a la idea de Dios: Puesto que todo reloj, decía, tiene su relojero, la máquina del Mundo forzoso es que tenga el suyo.

(9) Como más tarde la mitología griega divinizará a sus héroes, el servilismo romano a ciertos emperadores, y la Iglesia a los hombres que juzga dignos de ello a causa de sus virtudes. Pero, ¿es que esta tendencia de los hombres a llevar la admiración de aquellos a quienes juzga superiores, hasta la adoración, no está latente y viva en nuestros días? ¿No hemos sido testigos ayer mismo del verdadero culto rendido por dos pueblos a hombres evidentemente dignos de tales pueblos, cuales Hitler, Lenin y Stalin?

(10) Aproximadamente cien años después de Confucio, nació Mengtsé (Mencio), «un nuevo sabio», cuyo nombre ha sido dado a uno de los libros canónicos. Se le suele considerar como al discípulo más célebre de Confucio. Siguió las ideas de éste, insistiendo sobre que la naturaleza humana es más bien buena que mala. Tenía concepciones aún más democráticas que su maestro, y no vacilaba en declarar que el pueblo tiene para el Estado una importancia mucho mayor que el soberano. Su «el Cielo oye (entiende) lo que el pueblo entiende (comprenda, quiere)», es el Vox populi, vox dei de los chinos. Afirmaba, además, que el pueblo hambriento no puede ser bueno; y que el problema de la educación estaba resuelto dándole de comer, pues cada uno se educa a sí mismo en cuanto el hambre está satisfecha.

(11) Tchu-hi es aún más popular que Mencio, en China. Vivió en el siglo XII y escribió comentarios sobre los clásicos. Trató, como Confucio, al que admiraba en grado superlativo, de resolver el problema del mal volviendo el hombre mejor. Sus doctrinas tuvieron éxito enorme.

(12) Kung-Fu-Tsé, Kungtsé o Kong-k-iu, nombre, el primero, que latinizado por los misioneros jesuitas dio el «Confucio» con que es conocido fuera de su país, nació en la ciudad de Tsu, provincia de Tsch-ang Ping, o de Chang-Tong, estado de Lu. Todos los datos relativos a su vida, como los relativos a la existencia de cualquiera de los hombres ilustres de la antigüedad, conviene tomarlos con toda reserva y más a título de simple curiosidad que de verdadera información. No se olvide que entre la «literatura» y la «historia» no hay más diferencia esencial que la siguiente: que la literatura, tratando siempre de acercarse a la vida y a la realidad, tiene muchas veces atisbos de verdad y de vida misma; mientras que la historia, tamizando vidas y realidades a través de la doble criba del tiempo y del temperamento, gustos y opiniones del historiador, pese a la ayuda con frecuencia caprichosa también de la geografía y la cronología, rara vez es digna de verdadero crédito. La experiencia diaria demuestra, en apoyo de lo anterior, que un

mismo hecho, contemplado por diez hombres, es visto y referido luego por cada uno de ellos de modo diferente. ¡Qué no ocurrirá, pues, con aquello de lo que no se ha sido testigo y se tiene, tan sólo por referencias, de segunda o centésima mano!

(13) Otras versiones dicen simplemente, en el otoño del año 551. La tradición, que tanto gusta de que todo sea eminente en torno a los hombres eminentes, hace descender a Confucio nada menos que de la antigua casa real de Yin, que reinó en el Estado de Sung. Parece ser, en todo caso, que sus descendientes, que siguen habitando en la provincia de Chang-Tong, gozaron siempre de grandes honores y de la estimación general.

(14) De una concubina parece ser que tenía dos hijos. O uno tullido. Este, o el mayor, si eran dos, lo mismo da, no era aceptado por los ritos, por no ser legítimo, para celebrar el culto a los ascendientes.

(15) Kin quiere decir pequeña colina. Como Kung-Fu-Tsé significa el maestro o el filósofo Kung. Luego, y fue el nombre que conservó durante su infancia, fue llamado Tchong-Ni o segundo monte Ni. El primer monte Ni era su hermanastro, el hijo de la concubina de su padre.

(16) Por supuesto, y cual suele ocurrir, la infancia de Confucio, como la de todos los hombres extraordinarios destinados o franquear más tarde los linderos de la divinidad, infancia fabricada por la admiración que les ha seguido, se caracterizó por una precocidad e inteligencia asombrosas; tal dicen al menos los relatos transmitidos por sus discípulos. Así como el celo y admiración de sus secuaces (e incluso un puntillo seguramente de vanidad, pues nadie se inclina con gusto sino ante lo tenido por muy alto), ha sembrado esta infancia de hechos maravillosos.

Apuntaré como muestra, que del mismo modo que un ángel apareció a María para anunciarla que había de ser madre de un niño que reinaría eternamente, un espíritu apareció también a Tcheng-tsai y le dijo: «Tendrás un hijo cuya sabiduría aventajará a la de todos los hombres.» Y el Kilin, animal extraño entre unicornio, ciervo y dragón, se la apareció asimismo para dejar ante ella una piedra preciosa en la que estaban grabadas estas palabras: «Tu hijo será un rey sin trono.»

(17) Leyendas aparte, no se sabe nada cierto relativo a la infancia de Confucio, y apenas nada de su adolescencia hasta llegar a la edad de la pubertad. Lo que la leyenda ha tejido en torno a estos años de lógico silencio hay que tomarlo con la misma desconfianza y escrúpulo que cuantas circunstancias análogas ha hecho crecer a propósito de otros grandes maestros, profetas y fundadores de religiones. Aceptemos como norma, en esto, el ejemplo de prudencia y buen sentido que ofrece la Iglesia, calificando de «apócrifas» todas las amables y delicadas leyendas elaboradas en torno a la infancia de Jesús; pese a que sigan siendo tomadas como cosas verídicas por la ignorancia y candor popular. Obrar con esta prudencia es tanto más lógico cuanto que, en realidad, la vida de estos hombres extraordinarios sólo empieza a contar desde que comienzan a obrar. Es decir, a comportarse de acuerdo con su destino. En lo que a Confucio respecta, sabemos por sus Conversaciones (2, 4, 1), que aplicaba el espíritu al estudio, y que fuera de las horas de clase tenía que ingeniárselas cazando y pescando (9, 6, 3), con objeto de

contribuir al mantenimiento de su familia; pues su padre, que había muerto, según unas versiones teniendo él tres años; según otra, antes de su nacimiento, había dejado escasos bienes de fortuna. En todo caso, el hecho de que más tarde fuese cazador diestro y buen conductor de carros, nos permite deducir con toda verosimilitud que su amor al estudio y su devoción por la música, en la que fue asimismo sumamente diestro, no debilitaron su cuerpo ni hicieron de él un joven enclenque ni enfermizo.

(18) Mencio, su comentador, dice que, habiendo sido algún tiempo inspector de granos, decía: «Lo único que me importa es que mis cuentas salgan bien.» Y cuando lo fue de ganados: «Lo único que me importa es que mis bueyes y mis ovejas estén gordos y fuertes y crezcan bien.»

(19) El hecho de que ya por entonces atraía la atención pública y ello no tan sólo a causa de su conducta, sino de su palabra, parece demostrarlo el rasgo de su señor (prestaba sus servicios en casa de la noble familia Ki, uno de tantos señores feudales de la época; a causa de lo cual sus cargos tenían mucho de oficiales), enviándole una carpa con motivo del nacimiento de su hijo (del hijo de Confucio), al que en atención a ello dio el nombre de Li (carpa). Posteriormente recibió el que había de conservar: Po Yu.

(20) Yan Hui era una de esas naturalezas que desde muy pronto parecen iluminadas, y como suele ocurrir en estos místicos sublimes, más fuerte y poderoso de espíritu que de cuerpo. La llama intelectual consume todo en ellos. Yan Hui, que ya a los veintinueve años tenía la cabeza blanca, murió prematuramente, llenando a Confucio de dolor: «¡Ay, Dios me abandona Dios me abandona!», exclamaba al verle expirar. Y lloraba tan violentamente, que los otros discípulos que le rodeaban, dijeron: «¡El maestro es demasiado violento!» El maestro respondió: «¿Que me quejo con demasiada violencia? Si no lloro amargamente a este hombre, ¿a quién habré de llorar?» En efecto, Yan Hui jamás le había causado inquietudes ni disgustos. Con tranquila constancia y apariencia simple había ido ascendiendo de grado en grado sin cometer jamás la misma falta y ganando siempre en sabiduría. Confucio decía de él: «Hablé con Hui todo el día. El no me contestaba nada; parecía un tonto. Se retiró, y le observé cuando se quedó solo; disponíase a desarrollar todo lo escuchado. Hui no era un necio.» (Lun Yu, II, 9; V, 8; XII, 1; XI, 8, 9, 10; IV, 2.) Preguntó a otro discípulo una vez: «¿Quién de los dos está más adelantado, tú o Hui?» El discípulo respondió: «¿Cómo podría yo atreverme a mirar a Hui! Hui, cuando oye uno, sabe diez. Cuando yo oigo uno, sé dos.» El maestro dijo: «Tú no te pareces a él. Ni yo ni tú nos parecemos a él.»

(21) Obsérvese la coincidencia de este retiro espiritual que mantuvo Confucio con motivo de la muerte de su madre, con el de el Buda, durante varias semanas bajo un árbol esperando ser iluminado, tras el renunciamiento; con los cuarenta días de aislamiento de Jesús en el desierto, y asimismo con las escapadas de Mahoma a la cueva del monte Hira para elaborar su doctrina y encontrar su verdadera vía.

(22) Cuando le preguntaban el por qué de vestir de lino en lugar de con seda, respondía que a causa de la repugnancia que sentía siendo motivo de originar la muerte de un pobre gusano. Cuando se extrañaban de que no bebiese leche, decía, que no quería cometer la injusticia de privar al ternero de lo que era suyo, tan sólo por gozar él de lo que

no le correspondía. Por nada del mundo hubiese pescado con red ni tirado sobre un pájaro parado: pescaba con caña y cabaza al vuelo con objeto de ofrecer a los animales la ocasión de salvarse.

(23) El secreto del arte consumado de Confucio como maestro estaba, como siempre suele ocurrir, en su aplicación previa al estudio y en la manera lenta, segura, profunda con que se daba a él hasta adquirir los conocimientos de los que quería apropiarse. Se cuenta que cuando aprendía a tocar la cítara con el maestro Hsiang, estuvo diez días con la misma melodía antes de pasar a otra. Habiéndole dicho Hsiang: «Vamos a continuar.» Kungtsé le replicó: «Todavía no he cogido el compás.» Y a una nueva invitación a cambiar de tema: «Todavía no tengo al hombre que ha hecho este trozo.» Luego, pasado un buen rato, añadió: «Tiene algo de grave, bastante de satisfecho, mucho de pensamiento profundo, el corazón elevado, la visión amplia. ¡Ahora, ahora ya veo al hombre! Tiene la tez oscura y su estatura es elevada; unos ojos que miran como si contemplase el mar. ¡No puede ser otro que el rey Ven!» Al oir esto, Hsiang se levantó lleno de admiración, y dijo, al tiempo que se inclinaba respetuosamente ante su discípulo: «¡Eres un santo!» La melodía. en efecto, era del rey Ven.

De su sensibilidad musical es prueba asimismo la curiosa anécdota siguiente, que refiere Sehong Tsi T-u: Una vez Confucio tocaba la cítara. Dos de sus discípulos le escuchaban detrás de la puerta. Súbitamente, sus notas, que antes expresaban la más pura armonía de espíritu, hiciéronse oscuras y confusas, de tal modo que uno de los discípulos entró asustado a inquirir el motivo. El Maestro le respondió que acababa de ver a un gato que se disponía a cazar un ratón. Su sobresalto habíase reflejado en la música.

(24) La ocasión de este viaje fue la siguiente: Habiendo dispuesto Hi-Tsi, jefe de la familia noble de Mong, que tras su muerte Confucio se encargase de la educación de Mong I Tsi y de Nan Kung King Schu, hijo y sobrinos, respectivamente, de aquél, así se hizo cumpliendo su voluntad. Y al hablar Kungtsé a sus nuevos discípulos de Lao Tan, de su sabiduría, del recogimiento y santidad de su vida y de la conveniencia de hacerle una visita, Nan Kung King Schu se lo dijo al príncipe, el cual aprobó y puso a dispusición de ambos un coche, caballos y criados.

(25) Se ha discutido mucho, no tan sólo de la realidad de este encuentro, sino sobre la existencia misma de Laotsé, que muchos eruditos niegan. Pero los datos relativos a él que se conservan en el Li Ki, parecen no dejar duda, no tan sólo sobre su existencia, sino sobre sus curiosas doctrinas. Sin contar que en la época Han existía el firme convencimiento de que los dos sabios habían estado frente a frente. De ser así como parece probable, Confucio tal vez encontraría que algunos de los principios del extraordinario anciano estaban de acuerdo con los suyos, pero que en el fondo sus filosofías eran enteramente opuestas. Laotsé era todo quietud, todo esperar, todo inacción, todo dejar obrar al Tao. Su tendencia era esencialmente crítica. Ante su juicio certero, frases vacías e ilusiones huecas quedaban reducidas a nada. Para él toda la cultura, toda la civilización que encontraba exagerada, nada valía. Observando las grandes leyes del Universo no hallaba otro medio de salvación para las angustias de su época sino abandonar todo lo adquirido y volver a la simplicidad de las leyes universales, de acuerdo con el «sentido» de todo el ser al que expresaba «insuficientemente» con la mencionada

palabra Tao. No había, pues, para él, contra la angustia y corrupción de su época, sino desechar la carga de la historia y de la hipercultura, y volver a la sencillez de la Naturaleza. No hacer nada por sí mismo, sino dejar que los sucesos siguieran su curso. Tan sólo esto podía, según Laotsé, tranquilizar el Mundo.

Aunque, como dicho queda, Confucio era todo lo contrario, todo acción, parece ser que el sabio anciano le hizo una impresión profunda. Era natural. Sólo los genios pueden comprenderse enteramente. Dijo acerca de él: «Las aves, lo sé, pueden volar; los peces, lo sé, pueden nadar; los animales, lo sé, pueden correr...; pero, por lo que se refiere al dragón, no sé cómo hace para elevarse sobre el viento y las nubes hacia el cielo. He visto a Laotsé ahora. ¿No es éste como el dragón?» Por su parte, Laotsé, al despedirle, le dio consejos bien intencionados: «El que habla se pierde fácilmente en disputas —le dijo—; el que oye sufre con factilidad equivocaciones motivadas por las palabras. Cuando se conocen estos dos peligros, no se puede errar el buen camino.»

(26) Laotsé tenía, según se afirma, ochenta y cuatro años cuando Confucio, que contaba tan sólo treinta, llegó a su lado. Laotsé había escrito un libro, el Tao-te-king, tratado de moral pura, que no se ocupa ni de lo sobrenatural ni de lo supersticioso. En él hay algunos puntos de contacto con las ideas de Confucio, pero en el fondo, como dicho queda en la nota anterior, la filosofía de ambos maestros es opuesta. Como ejemplo de las ideas morales de Laotsé véanse las siguientes tomadas del Tao-te-king, XLIX, 2, y LXIII, 2: «Al que es virtuoso como a tal hay que tratarle; al que no es virtuoso también hay que tratarle como si lo fuese.» «Para los buenos soy bueno; para los no buenos soy también bueno; porque la vida es bondad.» Un poeta moderno, muerto en 1895, José Martí, ha dicho esto mismo bellamente en verso:

Cultivo la rosa blanca en julio como en enero, para el amigo sincero que me da su mano franca.

Y para el cruel que arranca el corazón con que vivo, cardo ni ortiga cultivo: cultivo la rosa blanca.

«El colmo de la virtud es vengar las injurias mediante beneficios.» Siglos más tarde, ignorando esto, se atribuía a Cristo la primacía en aconsejar devolver bien por mal. Confucio, por su parte, entendía esta cuestión de un modo menos generoso, pero más humano. Como una vez le preguntasen: «¿Qué hay que pensar del dicho: ¿Paga la maldad con la resignación?», respondió: «¿Y con qué querrás entonces pagar la resignación? Paga la resignación con la resignación y la maldad con la justicia.» (Lun Yu, XIV, 36; Li Ki, XXIX, 11 y siguientes) En las Conversaciones, XIV, 36, se dice asimismo: «Responded a la injuria con la justicia y devolver el bien mediante otro bien.» El «Korán» diría más tarde que el mal es preciso pagarle con el mal.

(27) Durante este cargo mandó hacer trabajos sobre la diversa calidad de los terrenos, para que en cada uno se cultivasen las plantas más adecuadas a ellos.

(28) Como al ser nombrado Ministro de Justicia, cargo de la mayor responsabilidad en el Estado y el primero en jerarquía tras las tres principales familias nobles, Confucio dejase ver en su rostro la alegría que ello le causaba, Tsi Lu, el más cándido e ingenuo de sus discípulos, le dijo: «He oído decir, Maestro, que el puro no tiembla cuando tiene cerca la desgracia, ni se regocija cuando le acontece algo dichoso, ¿cómo es que tú te regocijas tanto por el honor que has obtenido?» Confucio le respondió: «Tienes razón. Pero ¿no se

dice también que debemos alegrarnos, en las situaciones elevadas, de poder servir a los demás.»

Sobre sus ideas acerca de la justicia puede servir de ejemplo su afirmación siguiente, que tomo del Lun Yu, XII, 17, 18, 19: «Si ejercéis el gobierno, ¿qué necesidad hay de ejecuciones? Si queréis verdaderamente lo bueno, el pueblo será bueno. La esencia del gobernante se asemeja al viento, la esencia del pequeño se asemeja a la hierba. La hierba se dobla cuando el viento pasa por encima.»

Cierto que en Kia Yu, capítulo 3; Hsuntsé, capítulo 28; Schuo Yuan, capítulo 15, y Tchi Ki, V, 326, se encuentra una historia contraria a esta suavidad. Pero, ¿es verdadera? En todo caso, como es curiosa, la copio: No hacía aún siete días que tenía el cargo de Ministro de Justicia cuando hizo ejecutar a Schoa Tschong Mao, noble peligroso, y expuso, como ejemplo, su cadáver durante tres días.

Entonces Tsi Kung le dijo: «Schoa Tschong Mao era uno de los hombres más considerados de Lu. Y lo primero que haces, después de haber tomado las riendas del Estado, es mandarle ejecutar. ¿No será, acaso, un error?»

El maestro Kungtsé le replicó: «Espera, quiero decirte la razón de esto. Hay cinco delitos en la tierra que todavía son peores que el hurto y el robo. El primero es la insubordinación del sentimiento, unida a la astucia. El segundo es la maldad en el obrar, unida a la obstinación. El tercero es la mendacidad en el hablar, unida a la facilidad de palabra. El cuarto es la memoria del escándalo, unida a las relaciones muy extensas. El quinto es la aprobación de la injusticia, unida a su excusa. Cuando una de estas cinco cosas se encuentra en un hombre no escapa de ser castigado por el noble. Pero Schao Mao las había reunido todas en su persona. Donde quiera que se hallara estaba en condiciones de juntar adictos en tomo suyo y formar un partido. Por su charla estaba en condiciones de aturdir a la masa con alucinaciones hipócritas. Por su obstinada resistencia estaba en condiciones de trastomar el derecho y de imponerse. Era un miserable empedemido. No había otro remedio: era preciso desembarazarse de él.»

(29) Como Ts-i, duque de una provincia vecina, cuya administración dejaba mucho que desea, le preguntase en qué consistía el verdadero arte de mandar, Confucio le respondió: «En que el príncipe cumpla con sus deberes de príncipe; el subdito, los deberes de súbdito; el padre, los deberes de padre, y el hijo, los deberes de hijo.» Es decir: basta para que todo vaya como sobre ruedas con que cada uno cumpla con su deber. A otro príncipe que le hizo en otra ocasión pregunta semejante, le dijo: «Consagra a tu labor un ardor y una excitación sostenida.» (Conversaciones, 11, 12, 14.) El príncipe K-ang de Ki, preguntó al Maestro cuál era la esencia del gobierno. El Maestro le dijo: «Gobernar significa obrar bien. Si vuestra alteza toma la iniciativa en eso de obrar bien, ¿quién osaría entonces no obrar bien?» (Lun Yu, XII, 17.)

(30) Confucio está enterrado en el cementerio familiar de K-ufu. Junto a una colina, una modesta piedra señala aún el lugar donde reposa el más grande de los sabios y el mejor maestro de la China.

(31) Téngase en cuenta que en la época de Confucio, la China no era tan grande como en la actualidad. Se reducía a varias provincias que ocupaban el territorio que forma hoy la parte norte de la vasta república, y su límite por el Sur apenas se extendía al otro

lado del Yan-tseu. El resto de este país, tan enorme en la actualidad, estaba ocupado por tribus aborígenes muy diseminadas; tribus que más tarde fueron paulatinamente absorbidas, o empujadas, al otro lado de las fronteras actuales, y que viven hoy aún en las montañas del Sur y del Oeste.

(32) En sus admirables anales «Primavera y Otoño», ante los cuales «temblaban todos los siervos rebeldes y todos los hijos criminales», enjuiciaba Confucio la anarquía reinante en su época comparándola con los antiguos tiempos de elevada creación cultural. Los dos pilares sobre los que la estirpe Tschu sustentaba su grandeza (su cultura), la relación patriarcal de la familia cuya base era el temor filial, y la relación feudal del vasallaje cuya base era la fidelidad viril, habían caído por tierra. Naturalmente, religión y moral habían sido arrastradas en esta caída. Dios ya no era el señor sabio y poderoso del Cielo (del cual el Soberano era el Hijo), que dejaba caer su vista sobre el género humano, premiando a los buenos y castigando a los malos, sino que en el Libro de las Canciones aparecen claramente algunas dudas acerca de la omnipotencia y la bondad de Dios. Y como siempre ocurre, minado lo espiritual, lo material se derrumbó también, y el motivo inmediato de su hundimiento fue la caída del otro pilar básico de la sociedad: el Estado feudal.

Primitivamente, la comarca regia depositaría del predominio del poder, estaba en el centro del Imperio, rodeada de un sistema de Estados feudales. Los feudos más importantes (cuyo nacimiento fue debido a consideraciones familiares o a recompensas por méritos adquiridos) estaban en el centro en torno al soberano; los menos importantes, en la periferia. Al debilitarse el poder real por indignidad de sus soberanos, crecieron los Estados feudales, y la lucha entre éstos, pronto continúa, tuvo como consecuencia que los pequeños fuesen anexionados por sus vecinos poderosos; acabando los fuertes por levantar ejércitos y hacer la guerra a los débiles por cuenta propia. Resultado: el tener que sufrir incansablemente el pueblo bajo la ambición de los soberanos, en lucha permanente entre ellos por la supremacía, con lo que pronto la sangre y la miseria, que empezó a extenderse por todas partes, fueron aflojando paulatinamente los lazos de la autoridad, acabando los príncipes por no poseer una verdadera soberanía ni en sus propios Estados, sino que las familias nobles poderosas, intervenían a cada instante por la fuerza y cada vez era más inminente el peligro de que fuesen exterminadas las viejas dinastías y los usurpadores se sentasen en los tronos. Naturalmente, la anarquía cundió por todas las capas sociales y descendientes de príncipes eran vendidos como esclavos mientras que individuos pertenecientes a las clases más bajas llegaban a ministros. Al mismo tiempo, una organización económica capitalista desalojaba el viejo comunismo primitivo sobre el que descansó el imperio Tschu, y al temblar todo se tambaleó también, como era lógico, lo religioso y lo moral. Ya en el Libro de las Canciones, como dicho queda, se ve que la fe en el Dios patriarcal había vacilado seriamente. Las dudas sobre el poder y bondad del Cielo surgen a cada paso, y al tambalearse lo más sólido, los nuevos espíritus formaron dos clases: los que agitaban en su fondo ambientes revolucionarios y los que se encogían de hombros dejando que todo lo malo siguiese su curso, sin ocuparse de otra cosa que de sacar el mayor provecho posible del estado presente. Naturalmente, la moral no quedó mejor parada que la religión. Mencio dice de aquella época: «Estaban en boga doctrinas equivocadas y hechos criminales. Ocurría que los criados asesinaban a sus amos. Ocurría que los hijos asesinaban a sus padres.» En los doscientos cuarenta años que abarca el período de Primavera y Otoño, regístranse treinta y seis regicidios, en muchos de los cuales es el heredero el que asesina a su padre. Familias de nobles usurpaban la soberanía. Y signo de decadencia definitiva, en muchas cortes iba extendiéndose el gobierno de las mujeres, siendo éstas, como la princesa de Ve, Nant-si, por ejemplo, de la peor índole. El proverbio chino: «Mal gallinero donde canta la gallina y calla el gallo», tenía plena confirmación.

En tan caótico estado de cosas nada podía sostenerse: todo vacilaba, hasta los ideales que en otros tiempos parecían más fuertes. Se dudaba de la Tierra y del Cielo. He aquí cómo se expresa un filósofo de la época, Tong Si: «El Cielo no quiere bien a los hombres. Los príncipes no quieren bien a los pueblos. ¿Cómo demuestro esto? El Cielo no consigue desviar las influencias perniciosas y prolongar la vida del hombre para que los buenos alcancen una edad avanzada. Esto prueba que el Cielo no quiere bien a los hombres. Si aparecen en el pueblo ladrones y bandidos, embusteros y falsarios, es porque las posibilidades de vida no son suficientes: la pobreza tiene la culpa. Pero los príncipes no saben hacer otra cosa que intervenir con leyes y castigos. Esto demuestra que los príncipes no quieren al pueblo.» En fin, nada describe mejor el desorden y anarquía que reinaba en tiempos de Confucio que el siguiente sucedido: Pasando un día el Maestro en unión de sus discípulos no lejos del monte Tai, encontraron a una mujer que en aquel paraje desierto se deshacía en gritos y lamentos. Habiéndola preguntado Confucio cuáles eran los motivos de su desgracia, la mujer le replicó: «El padre de mi marido ha sido muerto aquí mismo por un tigre, mi marido también y hasta mi hijo ha sido víctima.» «¿Por qué entonces—le dijo Confucio— sigues en un sitio tan peligroso?» «Porque aquí —añadió ella—, al menos, nadie me oprime.» Al oir esto, Confucio se volvió a sus discípulos y les dijo: «Discípulos, tened muy en cuenta esto: el poder tiránico es peor que un tigre.»

(33) Parece ser que las relaciones entre Confucio y su único hijo Po Yu no fueron particularmente íntimas. Como un amigo preguntase a éste si como hijo del Maestro había tenido ocasión de escuchar algo extraordinario, Po Yu le respondió: «Nunca todavía. Una vez estaba él solo y yo me paseaba por el patio. Me preguntó: «¿Has aprendido las canciones?» Le respondí: «Todavía no.» Entonces me dijo: «Si no se aprenden las canciones no se puede hablar.» Me retiré al oírle y aprendí las canciones. Otro día me hizo notar en forma análoga la importancia de los ritos para la firmeza interior. Lo que he escuchado de él son sólo estas dos enseñanzas.» (Lun Yu, XIV, 13.)

(34) Al nacimiento de Confucio, la tercera dinastía histórica, es decir, la de Tcheu, corría penosamente a su fin. La vigorosa sangre que había circulado en las belicosas venas de los Vu, deslizábase ya sin fuerza en las blandas arterias de sus degenerados descendientes. El régimen feudal establecido antiguamente para fortificar el Imperio, acababa con éste, como se ha visto, a causa de la debilidad de los monarcas. Y la China no fue sino una anárquica aglomeración de principados en continua lucha entre sí, hasta la llegada de Ts-in Che-huang-ti, el Napoleón de aquel país. Este monarca fue el que

mandó construir, muerto ya Confucio, la Gran Muralla. Y quien acabó con el feudalismo, fundando el gran Imperio que no ha dejado de crecer hasta nuestros días.

(35) Ajeno a todo romanticismo y a toda sumisión que no fuese protocolaria e inteligente, el ofrecer la otra mejilla tras haber recibido una bofetada le hubiese parecido a Confucio cobarde. La benevolencia con el enemigo, como aconsejaba Laotsé, incomprensible. Si al mal había que corresponder con el bien, ¿qué hacer entonces con el bien mismo? Confucio proclamaba, por el contrario, que la venganza era un deber sagrado; que un hombre no podía vivir bajo el mismo cielo que el asesino de su padre, ni dejar de empuñar la espada contra el matador de su hermano. Esto no le impidió ser durante toda su vida profundamente religioso y bueno. Como el ser religioso no impidió que su espíritu fuese tan perfectamente equilibrado como para no dejarse arrastrar jamás por ideas supersticiosas y extrañas a la razón. Por eso, con lo invisible y desconocido, si fue, como con todo cuanto ignoraba, respetuoso y prudente (como Sócrates, prudente asimismo en lo relativo al más allá, por si acaso), en modo alguno convencido y crédulo. No obstante, como entendía que las potencias invisibles ejercían un influjo indudable sobre el espíritu de los hombres y, por consiguiente, en sus relaciones con sus semejantes, nunca negó que Dios, el Soberano Supremo, era un Ser al que había que reverenciar y adorar. Así como afirmó que El era el que había establecido el orden en el Universo, y hasta decretado la creación de las diferentes clases entre los hombres. Creía también que una multitud de espíritus (Sócrates incluso, tenía un demonio particular) cooperaban con Dios en la dirección de los asuntos celestes y terrestres, y que protegían y guiaban a los buenos. Seguía asimismo y practicaba escrupulosamente el culto a los antepasados, creyendo que de tal culto, es decir, del respeto filial, dependía el bienestar de la sociedad. Con tales creencias, la diversidad de dioses y espíritus estaba asegurada, y se comprende que las divinidades nacionales chinas llegasen a ser numerosísimas. Si se añade aún las provinientes de los cultos taoísta y budista, legión.

Confucio admitía también los sacrificios, propiciatorios mejor que expiatorios, pues no le parecía prudente acercarse a la Divinidad con las manos vacías. El do ut des era para él regla fija hasta en sus relaciones con los seres celestes. Pero reconocía también que el estado de espíritu del que ofrecía, contaba más que la ofrenda misma (en los Recuerdos Socráticos, de Xenofón, encontramos asimismo idéntica afirmación). El pecado y su castigo lo admitía igualmente, pero Confucio estaba seguro de que éste se cumplía sobre todo en esta vida, pues el mal lleva invariablemente consigo el castigo en la intranquilidad de conciencia y en la inquietud que produce el haberle cometido. En cuanto a la oración, agradable al ser al que iba dirigida, de ser desinteresada y sincera, era un deber. Pero más bien que la cuotidiana palabra vana, debía de consistir en un estado consciente de espíritu o en un sacrificio formal precedido de ayuno y purificación. En los Evangelios resplandecerá más tarde la tendencia hacia la mejor de las religiones, hacia la única perfecta «en espíritu y en verdad». Para Confucio, el creyente era su propio sacerdote, pues a su juicio era innecesario todo mediador entre la criatura y la Divinidad. Claro que como a veces el ceremonial de los sacrificios era complicado, podía haber necesidad de un maestro de ceremonias que velase por el cumplimiento exacto del ritual. Pero sin otra misión que ésta. En cuanto al sacrificio al Rey Supremo, Chang-ti, sólo el emperador podía ofrecerle, bien que el Cielo escuchase las súplicas de todos los hombres. La vida futura, sin negarla, no tuvo interés para él, pues su buen juicio le empujó siempre a no ocuparse ni en pro ni en contra de lo desconocido.

En una palabra, su discreción suma le indujo a ser prudente con todo aquello que no estaba al alcance del hombre conocer (afirmación y propósito que encontramos igualmente en el sabio griego); por ello mismo, admitió sin discusión las ideas religiosas reinantes, bien que procurando alejarse de cuanto significaba fanatismo, mentira evidente y superstición. Pero dejando, en cambio, un culto discreto, seguro de que la creencia en la Divinidad era conveniente a los hombres. Ello no impedía el que instase a cuantos deseaban progresar a que, en vez de esperarlo todo de los seres sobrenaturales, tratasen de perfeccionarse por sí mismos. Recomendaba también constantemente (aun como el maestro de Platón), desarrollar el conocimiento, no tan sólo de lo que nos rodea, sino de nosotros mismos (recuérdese el gnothi seaitón, «conócete a ti mismo», de Sócrates), porque como Sócrates, tenía la convicción de que el perfeccionamiento del individuo, sobre contribuir a poner a bien con la Divinidad, daba resultados inmediatos no menos apreciables, cuales eran estrechar los lazos familiares, dar más autoridad a los gobernantes (pues sin cultura no se puede conocer y sin conocer no se puede amar) y volver a todos mejores.

En resumen, aunque Confucio aconsejase, como aconsejaba, no preocuparse demasiado ni de los dioses ni de los espíritus, tampoco dijo jamás algo contra ellos. Y si no sería exacto creer que fue un fundador de religión como Zarathustra o Mahoma, tampoco lo sería negar que hizo mucho por la de su país, elevándola, de acuerdo con los modelos antiguos, de la total decadencia en que se hallaba en su época, y en que, por supuesto, ha caído después. No se puede negar, por tanto, que él, personalmente, fue religioso; que aconsejó siempre la observación de los preceptos superiores que él mismo respetaba y seguía, y que, sobre un fondo vacilante de religión, pero religión al fin, edificó todo su sistema filosófico y moral.

(36) En toda religión o en toda creencia religiosa hay dos partes que, aunque inseparables a primera vista, son, en realidad, distintas: una la parte religiosa propiamente dicha; otra, la parte moral. La primera, bien que sea la que, por decirlo así, «da color» a la creencia, es la menos estable, y por ello, la menos importante. La segunda es la que constituye verdaderamente el fundamento de la civilización del pueblo que sigue dicha religión. Y la que asegura su fuerza y su duración. Tanto mayor cuanto más elevados y perfectos son los ideales de cada pueblo. Y la mejor religión, la que se levanta sobre la moral más pura. Esta fue la razón del triunfo del cristianismo sobre todas las religiones antiguas y lo que asegurará su permanencia mientras los hombres no cambien de moral, cosa que, por otra parte, no parece fácil que ocurra.

Ahora bien, cuando se habla de la religión de un pueblo, solemos referirnos a la más extendida entre las varias que hay en todos ellos. Si este pueblo es China, el problema, como ya he indicado, es triple, puesto que son tres las religiones reconocidas a las que los europeos han dado el nombre de confucismo, budismo y taoísmo. No estará de más insistir, pues, para comprender bien las cosas, en que si, cierto, hay en aquel país tres religiones, y no obstante ser el confucismo la religión oficial, ninguna de ellas es la religión primitiva, ni ninguna tampoco se conserva actualmente en el estado de pureza que nació en manos de sus fundadores. Es decir, que la religión dejada por Confu-cio acabó por hundirse en el animismo primitivo que adoraba a las fuerzas de la Naturaleza, y por ello a los espíritus que creían mandaban en los fenómenos naturales; pues es tendencia universal de los hombres el personificar lo abstracto para comprenderlo mejor. Estos espíritus, por otra parte, dependían todos de un Soberano Supremo, ser personal asimismo, que gobernaba la creación entera. A este Soberano, Chang-ti, han sacrificado los emperadores durante siglos, hasta fines de la dinastía manchú. Y es a él a quien van dirigidas aún peticiones, plegarias y ruegos, cuando los hombres, sus criaturas, se dirigen al Cielo, T-ien.

Mas como la piedad filial exigió pronto que los antepasados tuviesen culto, lo que condujo a divinizarlos, y como por otra parte la idolatría búdica, el culto taoísta a los héroes y la propia admiración que acabó por inspirar Confucio (pronto culto también en virtud de esa tendencia de los hombres a sublimizar tanto lo que admiran como lo que no comprenden), el Estado acabó por adoptar el principio de canonizar a los guerreros y a los estadistas eminentes, convirtiéndoles en divinidades tutelares del país, y reconociéndoles autoridad en los dominios del más allá. De aquí el que se encuentren en China templos dedicados a esta pluralidad casi infinita de divinidades, y al frente de ellos bonzos pedigüeños e ignorantes, ora taoístas, ora budistas, pues ya tanto Laotsé como el Buda han escalado también los altares.

Tal era la mezcla religiosa que encontraron aquellos animosos misioneros jesuítas al llegar a China a principios del siglo XVII, y la que seguramente se encontraría actualmente.

(37) ¿Han dicho algo distinto de esto, ni superior, moralmente considerado, los filósofos posteriores y los mismos Padres de la Iglesia? Y los partidarios hoy de un cristianismo avanzado, ¿no se acercan a Confucio al discutir con ahinco las cuatro cosas que el Maestro chino consideraba sin importancia: el rezo, el culto, la creencia en un Dios «personal» y la inmortalidad? Es decir, ¿en que para la perfección moral y religiosa basta con la Regla de Oro, «no hagas a otro lo que no quieras que te hagan a ti», enseñada por Confucio?

No se olvide que el sentimiento del amor al prójimo era para Confucio la máxima moralidad. La palabra china Jen está formada de los signos «hombre» y «dos». Indica, pues, la relación de un hombre con otro hombre. Amor al prójimo quiere decir, por tanto, humanidad, el verdadero camino del hombre. Es no solamente un sentimiento social, sino un conocimiento social. La elevada estimación que tenía Confucio del amor al prójimo se aprecia bien en las siguientes máximas: «A un hombre sin amor al prójimo, ¿para qué le sirve la forma? A un hombre sin amor al prójimo, ¿para qué le sirve la música?» (Lun Yu, III, 3.) «Sin bondad (amor al prójimo) no se puede soportar una pena duradera ni un largo bienestar. El bondadoso halla paz en la bondad; el sabio estima la bondad como ganancia.) (Lun Yu, IV, 2.) «Sólo el bondadoso puede amar y odiar.» (Lun Yu, IV, 3.) «Cuando la voluntad está dirigida hacia la bondad durante tres meses, entonces sabrá alcanzarla el resto de su vida, todos los meses y todos los días.» (Lun Yu, IV, 5.)

(38) En el Li-Ki, XVII, III, 23, dice: «El que comprende perfectamente la música y regula su corazón a la marcha de su espíritu, este corazón, por naturaleza grande, benévolo y sincero, se desarrolla fácilmente, y la satisfacción sigue a su desarrollo. Esta satisfacción produce una sensación de tranquilidad ininterrumpida, y el hombre tiene el Cielo con él.» Siglos después escribiría otro hombre, también de gran espíritu y de gran corazón: «Porque la experiencia me mostraba que la música compone los ánimos descompuestos y alivia los trabajos que vienen del espíritu.» Confucio, con ocasión de su viaje a Lo, capital del reino Tschu, tuvo ocasión de conocer la música de aquella dinastía, música guerrera llamada Vu, que calificó de bella, pero que no estimó como francamente buena. En cambio, él produjo tan fuerte impresión sobre el maestro de música de Lo, que éste dijo de él que era un hombre llamado a crear de nuevo la derruida cultura humana (K-un Tsung Tsi, capítulo Kia Yen). En cambio, la música de Schun, la música de Schao de la época sagrada más remota, de esta música dijo, luego de haberla aprendido durante tres meses: «Nunca hubiera creído que la música pudiera llegar a tanto» (véase Schuo Yuan y también en Lun Yu, donde hay diversos pasajes con manifestaciones de Confucio sobre la música). Esta música, según él, poseía la suprema belleza y la suprema bondad. Como se ve, la música era para Confucio una emoción de índole suprema y su sonido le revelaba, aparte de sensaciones inigualables, la personalidad misma de la persona que la había compuesto (véase la nota 23). Según él, además, la música de su tiempo presentaba tres formas. La primera era la música instrumental, que expresaba inmediatamente en sonidos las remociones (los cambios) del sentimiento. A propósito de esto se dice que Kungtsé sabía manifestar de tal modo con su música su estado de ánimo, que un oyente ilustrado podía deducir, oyéndole, su estado de espíritu en el momento de tocar. Entre los instrumentos de que se servía cítanse la piedra sonora y la cítara. La piedra sonora consistía en una serie de placas de nefrita, lisas y colgantes, de diversos tamaños, cuyo sonido, claro y puro, era producido golpeándolas con un plectro. La segunda forma de música era la canción con acompañamiento instrumental. Confucio apreciaba mucho estas canciones: «Hijos míos —decía una vez a sus discípulos—, ¿por qué no aprendéis las canciones? Las canciones sirven para estímulo, para observación; despiertan el sentimiento de comunidad y el rencor contra la opresión y la injusticia; excitan los sentimientos de amor hacia los semejantes y el deber para con los soberanos. Además, nos enseñan a conocer el mundo de los pájaros y de los animales, de las hierbas y de los árboles.» (Lun Yu, XVII, 9.) En realidad, el Schi-King, cancionero que él mismo compuso en el que, según se dice, incluyó 300 de las 3.000 canciones que había transmitido la antigüedad, es la fuente más inmediata y genuina de la vieja China. La tercera forma de música era la música grande, solemne, acompañada de pantomimas, tal como se representaba en la época de los santos reyes y príncipes. Esta era, según él, la música singularmente sagrada. A creer a Confucio, no era posible conducta armónica sin un espíritu armónico, y como nada como la música facilitaba esta armonía, he aquí por qué, aparte del goce emotivo que le causaba, se ocupó tanto de este arte. Convencido —como Ricardo Wágner, modernamente— de que la música tenía una gran influencia ética, reformó la de su época y tuvo, al parecer, gran éxito con ello. Pero desgraciadamente esta parte de su obra se ha perdido. Parece ser, no obstante, que

mediante la música estaba seguro de despertar en el pueblo sentimientos puros y elevados y completar con ello el efecto de las costumbres. Y porque creía sinceramente en la influencia de la música sobre el espíritu de los hombres, mostraba severa hostilidad contra la música sentimental de Tschong, romántica y destructora, a la que atribuía una influencia perniciosa.

No fue sólo Confucio, en la antigüedad, el único hombre eminente que reconoció y proclamó la influencia de la música como elemento educativo, ni la China el único país tampoco que la puso en práctica; en Grecia, asimismo, la música era la base de la educación, y hombres tales como Platón y Sócrates, sus defensores decididos. De Sócrates sabemos, por el Banquete, de Xenofón (véase mi traducción en el volumen Sócrates), que estaba dispuesto, cerca ya de los setenta años, a aprender a bailar, porque el baile fortifica la salud, hace plácido el sueño y desarrolla armoniosamente las diversas partes del cuerpo (cap. II). En el cap. VII propone que todos los presentes canten a coro, y él mismo entona una canción. Y al final, en la pantomima entre Ariadne y Dionisios, con que termina el Banquete, se ve que para los griegos, como para Confucio, no solamente el tono de la música indicaba su carácter, sino que con la música se podían revelar los sentimientos y pasiones e incluso leer en el rostro de quienes escuchaban, y en sus gestos y movimientos, las sensaciones que sentian escuchándola. Por consiguiente, no solamente su poder emocional y evocador, sino educativo y sentimental.

(39) Copio, no obstante, la siguiente anécdota de Kia Yu, Tschi Si Kia, que también se encuentra en Han Schi Vai Tschuan: En el camino de Ts-i oyó Kungtsé llorar amargamente. Dijo entonces a su criado: «Ese llanto suena triste; pero no es el duelo por un muerto. Ve siguiendo con el coche ese sonido.» Cuando hubo avanzado un trecho, vio a un hombre extraño que sostenía una guadaña y llevaba una soga por cinturón. Lloraba, pero no iba vestido de luto. Kungtsé bajó del coche, se aproximó y le preguntó quién era. Aquél respondió: «Soy K-iu Vu Tsi.» Kungtsé preguntó aún: «Si no entierras a nadie, ¿por qué lloras tan amargamente?» Dijo aquél: «He sufrido tres pérdidas. Lo he comprendido demasiado tarde. Pero, ¿de qué me sirve el arrepentimiento? En mi juventud me gustaba aprender y recorrí el Mundo. Al llegar luego a mi casa, mis padres habían muerto. Esta fue mi primera pérdida. Fui creciendo y serví al príncipe Ts-i. El príncipe era orgulloso y dilapidador y yo perdí la pureza que conviene al hombre culto; y esta es mi segunda pérdida. Me gustaba tener tratos con buenos amigos y gusté mucho de ellos, y hoy todos me han abandonado. Esta es mi tercera pérdida. El árbol quiere estarse quieto, pero el vieno no cesa. El hijo quería servir a sus padres, pero sus padres no le esperan. Los años pasan y no vuelven; a los padres no se les vuelve a ver. Ya tengo bastante.» Diciendo esto se arrojó al agua y se ahogó. Kungtsé dijo: «Hijos, fijaos en esto; que os sirve de advertencia.» A partir de aquel momento le abandonaron trece de sus discípulos para ir a cuidar a sus padres.

(40) A propósito de la timidez de Confucio se lee en las Conversaciones (10, 6): «Tenía el aire temeroso y arrastraba los pies cual si los tuviese encadenados.» En cuanto a su seducción, sin duda era debida, como la que Sócrates ejercía sobre cuantos le trataban (véase lo que dice Alkibiades en El Banquete, de Platón y Xenofón en los Recuerdos Socráticos) a la honradez, bondad y rectitud de su carácter, a su sabiduría, al valor y

generosidad de sus consejos y a su extraordinaria fuerza moral. De su parte física y modo de ser, curiosísimo es el siguiente retrato que da el libro segundo de las Conversaciones: «Este gran sabio no llevaba cuello con reborde rojo tirando hacia blanco o negro; incluso en casa no llevaba vestidos de color rojo tirando hacia blanco, ni de color violeta. Durante los calores del verano, bajo una túnica de cáñamo de tejido poco apretado, llevaba otra forrada de piel de ciervo blanco, o una túnica amarilla sobre otra forrada de piel de zorro amarillo. En su casa llevaba una túnica larga forrada, cuya manga derecha era más corta que la izquierda. Por la noche tomaba su cena y luego descansaba envuelto en un vestido que tenía vez y media la longitud de su cuerpo. Cuando no estaba de luto llevaba siempre diversos objetos colgados de la cintura. Sus vestidos, salvo los de corte, eran menos anchos por la cintura que en la parte inferior. No se ponía su túnica forrada de piel de cordero ni su bonete negro para ir a llorar a los muertos. El primer día de Luna no dejaba de revestirse con su traje de Corte para ir a saludar al Príncipe. Cuando guardaba abstinencia se cubría con su túnica de tela y cambiaba de alimento y de habitación. Gustaba de que su papilla estuviese hecha con arroz muy puro y su picadillo, de carne cortada muy fina. No comía él arroz mohoso ni estropeado, ni el pescado o la carne que empezaban a corromperse. No comía un manjar que hubiese perdido su color o su olor ordinario, que no estuviese convenientemente cocido, ni fruto que no se hallase suficientemente maduro. No comía lo que no hubiese sido cortado de una manera regular, ni lo que no hubiese sido preparado con una salsa conveniente. Incluso cuando la carne abundaba, nunca tomaba más que lo que su apetito le aconsejaba. (En los Recuerdos Socráticos, Xenofón cuenta asimismo que jamás Sócrates comía sin tener hambre ni bebía sin tener sed; pues hacerlo, decía, era tan perjudicial para el cuerpo como para el espíritu. Gran verdad.) La cantidad de bebida fermentada que ingería no era fija, pero nunca llegaba a punto de turbarle la razón (véase asimismo lo que Eriximaco, el médico, y Alkibiades, dicen de Sócrates a propósito de la bebida, en El Banquete, de Platón). No quería licor fermentado ni carne seca que hubiesen sido comprados. Tenía siempre jengibre en su mesa. No comía con exceso. Cuando había participado a un sacrificio en palacio, no guardaba siquiera una noche la carne que le había sido ofrecida. Tampoco guardaba más de tres días la carne que él mismo había ofrecido a sus parientes fallecidos, pues pasados tres días ya no la hubiese comido. No discutía jamás cuando estaba en la mesa ni cuando estaba acostado. Cuando no tenía en la mesa sino un alimento vulgar y caldo de verduras, no por ello dejaba de ofrecer algo a sus difuntos, y lo hacía siempre con respeto. No se sentaba sobre una esterilla que no estuviese colocada según las reglas.» Este retrato nos le ofrece, no sólo formalista, atildado y minucioso, sino preocupado de su salud de un modo particular. Sobre su formalismo y curiosa manera de proceder, véase el capítulo X del libro I del Lun Yu.

(41) De todos estos libros, es muy probable que el único que compuso realmente Confucio fue el de La Primavera y el Otoño, historia poco interesante del estado de Lu, su país. En los otros, sobre todo en el principal, el Chu-King, lo que hizo fue seleccionar y recoger en el mar de documentos antiguos, y reunir y publicar lo que le pareció más interesante. No es poco el mérito en todo caso, ya que en libros de esta naturaleza su valor depende casi siempre del arte con que se han hecho selección y redacción. Y como

para buscar y escoger en aquel mare magnum de documentos hacía falta una gran perspicacia, no poco talento necesitó Confucio para acertar a distinguir entre tanto de mediano o escaso valor, lo verdaderamente digno de ser conservado. Por ello le debemos, en primer lugar, el que gracias a sus esfuerzos nos sea permitido conocer la filosofía, la moral y, en cierto modo, la literatura más antigua del Mundo; es decir, todo lo escrito hasta él, en su país, digno de mérito. Si a esto unimos que gracias a su talento y trabajo el pueblo chino ha podido durante siglos conocer y gustar los tesoros de la sabiduría antigua, pues el estudio directo de los documentos sólo hubiera estado en todo tiempo al alcance de unos cuantos sabios (el pueblo ignoraba hasta el estilo de la lengua en que estaban escritos), se comprenderá el gran mérito de Confucio y lo que, no sólo sus compatriotas, sino la cultura humana le debe.

(42) Aunque la admiración de sus compatriotas acabó llevando su nombre a los altares, Confucio no fue, cual ya he indicado, un fundador de religión y ni siquiera un profeta. Fue, y no es poco, un gran legislador, un moralista admirable y un jefe de doctrina. Su obra no consistió en «crear», sino en «reunir». En reunir en un cuerpo de doctrina lo mejor; lo más puro que la milenaria civilización de su patria había plasmado en enseñanzas escritas. Las ideas presentidas, sentidas y consagradas a través de los siglos, sobre moral y justicia y en torno a las cuales, por mejor decir a su amparo, habíase formado una rica civilización. Principios que en aquel país, como en todos en cuanto llegan a un determinado nivel de cultura, flotan aquí y allá esperando al talento poderoso que los reúna, aclare, fije y dé carácter de doctrina. Confucio, con los de su patria hizo todo esto y algo más aún: les imprimió un tono esencialmente práctico incitando y ayudando, mediante ellos, a sus compatriotas, a mejorarse hasta ver de alcanzar la perfección casi total, a la que como modelo podía servir su propia vida, como aspiración, su obra. De modo que el mérito sobresaliente entre los muchos de este hombre admirable, fue, sin duda, este de estudiar a fondo todos los libros santos de su país; aquellos libros escritos sobre tabletas de bambú y mordidos seguramente, además, por la niebla de lo misterioso y de lo irreal; y tras limpiarlos y tamizarlos a través de su razón poderosa, hacer de ellos una exégesis particularmente humana y sensata. El mismo habla de su labor diciendo: «Comento, aclaro (las antiguas obras); pero no las compongo de nuevo.» (Lun Yu, VI, 1.)

(43) En efecto, que el mejor y tan sólo él (o los mejores) debe o deben gobernar es de tan elemental razón, y de tan elemental justicia que deben hacerlo en beneficio del pueblo, que todos los grandes espíritus que se han ocupado de esta cuestión, jamás preconizaron otra cosa. Cuarenta siglos de historia, además, han demostrado con ejemplos repetidos que tan sólo cuando tal ha ocurrido los hombres han sido felices. Luego si en lo que afecta a la parte «aristocrática» (gobierno de los mejores) la cuestión es enteramente conforme a la más sana razón, la parte que he denominado un poco impropiamente «democrática», lo mismo. Impropiamente, porque tras Confucio, y a partir de Grecia, donde esta palabra tuvo en la práctica su más completa y no pocas veces equivocada realización (véanse mis estudios preliminares y mis notas a la traducción de las obras de Xenofón, Sócrates,), siempre se ha entendido por «democracia», como la etimología de esta palabra indica, el poder ejercido por el pueblo. Ahora bien, Confucio

lo que quería no era que el poder «fuese ejercido por el pueblo», pues demasiado comprendía su incapacidad para tan ardua labor, sino «en provecho del pueblo». Según él, y según todo buen sentido, el pueblo, si es y debe ser soberano, esta soberanía de «principio» sólo en circunstancias muy excepcionales debe pasar a serlo de «hecho». Para el filósofo chino, entre el pueblo y la Divinidad hay una comunicación tan perfecta, que lo que el pueblo quiere es lo que la Divinidad quiere: hacia donde tiende el pueblo, tiendo aquélla. La máxima democrática moderna: vox populi, vox dei (la voz del pueblo es la voz de Dios), preside en todo momento las enseñanzas del Chu-king en lo que se refieren a la relación de los gobernantes y los gobernados, e incluso está expresada de un modo claro y contundente al final del capítulo Kao-yao; véase: «Lo que el Cielo ve y entiende no es sino lo que el pueblo ve y entiende. Lo que el pueblo juzga digno de recompensa y castigo, es lo que el Cielo quiere castigar y recompensar. Entre el Cielo y el pueblo hay una comunicación íntima. Por consiguiente, que los gobernantes estén atentos a ello y sean prudentes.» Mengtsé (Mencio) va aún más lejos. Según él (Hia-Meng, VIII, 14): «El pueblo es lo que hay de más noble en el Mundo; los espíritus de la tierra y de los frutos de la misma no vienen sino después; el príncipe es de la menor importancia.» La transcripción fonética de los signos chinos que dicen cosa tan audaz y en su punto es, palabra por palabra (vale la pena de recordarlo hasta en chino): «Meng-tsé yuei: min vei kuel; che, tsie, tseu tchi; kiun vei king.»

Si, pues, la voz del pueblo es la voz de la justicia, el primer deber del príncipe será hacerse amar del pueblo. Sólo consiguiéndolo será verdaderamente príncipe, es decir, el mejor y el más digno de gobernar. Caso contrario perderá todo poder. El Ta-hio o Gran Estudio lo dice de una manera clara en el versículo quinto de su capítulo X: «Obtén el afecto del pueblo y obtendrás el Imperio. Pierde el afecto del pueblo y perderás el Imperio.» Y: «Los que se sostienen sólo por la fuerza no tienen imperio, tienen tiranía y están siempre amenazados de caer. Sólo el amor sostiene.» Dice también cómo se conoce cuándo el príncipe es amado del pueblo: «Los antiguos reyes creadores de cultura, el rey Yao, el rey Schun y el emperador Yu, que tampoco tenía faltas, paseaban entre su pueblo sin necesidad de ir rodeados de hombres armados y celebraban el gran sacrificio en medio de su pueblo, sin precisar otra escolta que el pueblo mismo, porque eran amados. Pero el tirano Kia y el tirano Schu ni dentro de su palacio podían pasar de su cámara al baño, sin escolta.»

En vano, en efecto, se recorrerían todos los libros chinos tratando de encontrar una voz que se levante en pro de la tiranía, del gobierno absoluto ni de la opresión. En aquella primitiva y perfecta forma de sociedad política, ni se imaginaba siquiera que un hombre o un puñado de ellos detentasen los bienes que Dios ha dado por igual a todos los hombres. Porque si precisamente estos hombres vivían en sociedad, era para disfrutar por igual de las ventajas que la asociación natural reporta.

En síntesis, la doctrina política del Chu-king podría expresarse del siguiente modo: El mejor (emperador, rey, príncipe, jefe) debe gobernar en nombre de la Divinidad. Por consiguiente, su poder es una simple delegación del Cielo o de la Razón Suprema. Ahora bien, queriendo siempre el Cielo lo mejor, es decir, lo que el pueblo quiere y necesita, jamás el poder puede servir ni ha de emplearse en interés de quien lo ejerce ni por el bien de una familia o casta. De ocurrir lo contrario, es decir, de obrar el príncipe no como delegado de la Divinidad, sino como autoridad absoluta, el pueblo, libre entonces de todo respeto y de toda obediencia, deberá destituirle inmediatamente, derrocar poder tan indigno y sustituirle por otro legítimo que sea ejercido en interés de todos. Veintidós siglos más tarde, un insigne jesuita, el padre Juan de Mariana (1535-1624), llegaría incluso, en su De Rege et regis institutione, a justificar el tiranicidio si el príncipe no cumplía debidamente sus obligaciones como tal.

Estas ideas estaban tan ancladas en la moral china, que eran explicadas y enseñadas en todas las escuelas y colegios del Imperio, como lo prueba el comentario primero a Los Cuatro Libros de la China, escrito por Tchu-Hi en el siglo XII. Comentario que llegó a ser el libro de texto de la juventud y siguió siéndolo mucho tiempo.

(44) No obstante, él decía modestamente a sus discípulos: «Mi doctrina es sencilla y fácil de penetrar.» (Lun Yu, IV, 15.) A lo que uno de ellos añadía: «La doctrina de nuestro maestro consiste únicamente en ser limpio de corazón y amar al prójimo como a sí mismo.» (Lun Yu, IV, 16.) No me quiero extender aquí sobre las similitudes que hay entre muchas hermosas máximas de Laotsé y de Confucio y las que la piedad y amoroso celo de los primeros cristianos pusieron en los Evangelios. El haber hecho notar la semejanza que existe entre la moral cristiana y los dogmas de la religión católica y otras morales y creencias anteriores, me ha enseñado que la verdad es más frecuentemente considerada como arma agresiva que como salud y alegría. Y habiéndome costado mi sinceridad y buena fe no pocos disgustos y contrariedades, no insistiré. Prefiero acabar de demostrar la semejanza que hay en las enseñanzas e ideas de los dos más grandes sabios, maestros y moralistas de la antigüedad: Confucio (551-479) y Sócrates (470-399).

En efecto, entre Confucio y Sócrates hay coincidencias ideológicas extraordinarias.

Confucio es llamado «el maestro más grande del género humano». Sócrates fue asimismo y ante todo un gran maestro. El maestro por excelencia de Grecia.

La filosofía de Confucio, lejos de perderse en especulaciones vanas, fue, por el contrario, eminentemente «práctica». Tanto, que iba desde la manera de gobernar y cuanto tenía relación con la vida social, a cuanto se relacionaba con la reforma y perfección del hombre en particular. En Sócrates, asimismo, el carácter práctico «utilitario» de su moral predomina sobre todo otro. Los Recuerdos Socráticos, de Xenofón, lo demuestran en cada capítulo, en cada párrafo casi. Platón, por su parte, siguiendo en esto fielmente a su maestro, pudo escribir: «La afirmación más hermosa que ha sido y será siempre sentada es que lo útil es hermoso y feo lo perjudicial.» (República, V, 457, b.)

El fin esencial de la filosofía de Confucio era el mejoramiento constante de sí mismo y de los demás. En Sócrates, igualmente, este deseo de perfección individual es la base de todo progreso; y el punto de partida de todo conocimiento, el conocimiento de sí mismo. Como él mismo se daba como misión y objeto de su vida aprender y hacer aprender a los demás.

Para Confucio, cuanto más elevado es el rango de la persona, más necesidad tiene de perfección con objeto de poder estar dignamente a la cabeza de los demás. Por ello mismo, la misión más elevada e importante que podía tocar en suerte a un mortal era el ser destinado a gobernar. Esta misión era para él un verdadero «mandato celestial». A Sócrates, asimismo, le vemos ocupado y preocupado siempre, tanto en Xenofón como en Platón, en aquello o de aquello que se refiere al mando o de los que se inclinan a mandar. En los Recuerdos Socráticos varios capítulos están dedicados a estas cuestiones. Platón discute con Alkibiades sobre lo mismo en el diálogo de este nombre, y toda la República no es, asimismo, otra cosa que el más hermoso de los tratados de política. Además, tan de acuerdo estará con Confucio en que la función por excelencia es la de gobernar y en que los destinados a ella deben de ser los mejores, que sentó la conocida afirmación de que los pueblos no serian felices mientras los reyes no fuesen filósofos o los filósofos reyes.

Es idéntica, asimismo, en Confucio y Sócrates la idea o el concepto de la «democracia». Es decir, que aunque el modo de comprender la política es en ambos eminentemente democrático, puesto que según ellos el arte de gobernar tenía como fin la felicidad del pueblo, tanto uno como otro estaban convencidos de que sólo debían de gobernar los más instruidos y perfectos (una minoría bien elegida, una verdadera «aristocracia»). Confucio creía y afirmaba, no sólo que las leyes morales y políticas que deben de regir a los hombres eran eternas e inmutables, como de acuerdo con la naturaleza humana, sino que no podían ser conocidas, y en consecuencia, aplicadas, sino por los más instruidos y capaces. Sócrates, por su parte, protestaba de que la elección de los magistrados dependiese de la suerte (del color de un haba), mientras que para considerar a un hombre como médico, piloto o arquitecto, funciones menos importantes que la de gobernar, fuese indispensable la competencia.

Cuando Confucio dice: «El gobierno es lo que es justo y recto» (Lun Yu, XII, 17), ¿no nos parece estar escuchando a Sócrates? Las máximas del maestro chino, salvadas las diferencias de estilo, ¿no presentan analogías sorprendentes con el modo de pensar y aconsejar a sus discípulos del maestro griego? Véanse algunas como muestra: «Perfeccionar el saber consiste en examinar las cosas. Cuando las cosas son examinadas, el saber es perfecto. Cuando el saber es perfecto, entonces el pensamiento es verdadero. Cuando el pensamiento es verdadero, el corazón es puro. Cuando el corazón es puro, la personalidad se desarrolla. Cuando la personalidad está desarrollada, tan sólo entonces la casa marcha en orden. Cuando la casa marcha en orden, pero sólo entonces, el Estado está bien ordenado.» (Li-Ki, lib. 39.) «Las palabras han de expresar perfectamente los pensamientos.» (Lun Yu, XV, 40.) Un discípulo de Confucio, Hsun K-ing, escribía: «Son los reyes los que crean los nombres. Una vez fijados los nombres, pueden distinguirse las realidades que con ellos se designan. El camino es practicable y las opiniones se pueden transmitir. De este modo el pueblo es conducido hacia la unidad.» Y otro, Tung Tschung Schu: «El nombre es el rótulo de todo un conjunto de propiedad. Lo que en la realidad no es así, no se lo puede designar con tal nombre. Los nombres son el medio con que los santos elegidos designan las realidades de las cosas. Por tanto, cuando entre tan diversa variedad de opiniones reina confusión, no habrá sino referir cada una de ellas a su realidad, y lo confuso se hará claro. Si se quiere juzgar si una cosa es torcida o recta, no habrá mejor medio que aplicarle la regla. Si se quiere juzgar lo justo o injusto, ningún medio mejor que aplicarle los nombres. Los nombres son, para el juicio de lo justo y lo injusto, lo mismo que la regla para juzgar lo torcido y lo recto. Cuando se tienen juntos el nombre y la realidad, y se los mira para ver si se contradicen o si concuerdan, entonces se pueden reconocer con claridad inequívoca las circunstancias de lo justo e injusto.» Cuando se sabe lo mucho que recomendaga Sócrates definir bien para bien conocer y el empeño que ponía en considerar las cosas en todos sus aspectos antes de determinarse a expresar su concepto, se ve que ambos sabios y quienes les seguían, recorrían el mismo camino para llegar al conocimiento, mediante la exacta determinación de los conceptos. (Véase mi estudio sobre la filosofía socrática en la mencionada traducción, Sócrates, de las obras de Xenofón, relativas a su maestro.)

En fin, para uno como para otro de ambos maestros, la moralidad, parecía ser como un atributo de la inteligencia susceptible, como la sabiduría, de adquirirse mediante la práctica y el ejemplo. Y como en Confucio, había en Sócrates un fondo indudable de eudemonismo, puesto que fundaba la moral, como el maestro chino, sobre la dicha del hombre que actuaba. Asimismo, tanto para uno como otro, era preciso desembarazarse de los prejuicios para poder juzgar con imparcialidad. Y el bien supremo era para ambos, no el placer, los honores ni las riquezas, sino la virtud, fundamento único y verdadero de la sabiduría. En fin, un elevado altruismo les movía igualmente a ambos: «Amaos los unos a los otros. Devolved el mal por la justicia. Lo que no queráis que os suceda no se lo hagáis a los demás.» (Li-Ki, XXXIX, 1.) «Más vale sufrir la injusticia que cometerla», decía a su vez Sócrates; y toda su vida y su obra no fueron sino abnegación, ejemplo, enseñanza, sacrificio desinteresado por los demás; como Confucio.

Para más detalles sobre ambos personajes consúltense: a propósito del sabio griego, los estudios preliminares y notas de mis traducciones mencionadas: Sócrates (todas las obras de Xenofón relativas a su maestro), y Platón, El Banquete y Faldón. Y sobre Confucio: Legge, Sacred Books of the East; Lanessan, La Morale des Philosophes Chinois; Gabelentz, Confucius und Seine Lehre; Giles, Gems of Chinese Literature; Wilhelm, Kugtsé.

(45) Ello no impide, naturalmente, que, como he indicado repetidamente, Confucio fuese un hombre profundamente religioso. Y que incluso algunas veces mostrase sus pensamientos y preferencias en estas cuestiones. Así, en el Libro de los Documentos y en el de los Cánticos, se muestra partidario de un monoteísmo depurado en el modo de transmitir las antiguas representaciones religiosas en este sentido. En el de las Conversaciones hay asimismo una gran cantidad de pasajes en los que demuestra su fe fuerte y pura, la coincidencia de una vocación especial y el sometimiento humilde a la voluntad del Cielo. Para designar a Dios emplea la expresión T-ian, Cielo, y suele evitar la expresión Ti, Señor, o Schang Ti, Señor Supremo. Y es que esta expresión habíase hecho ya demasiado antropomórfica en su época. El Maestro dijo: «¡Qué rica es la vida de los espíritus y de los dioses! Les miras y no les ves. Les escuchas y no les oyes. Ellos dan forma a las cosas y, sin embargo, no se puede seguir sus huellas. Hacen que los hombres en toda la Tierra guarden ayunos, se purifiquen y se vistan ciertos trajes de fiesta para ofrecerles sacrificios. Flotan alrededor de ellos como si estuviesen sobre sus cabezas, a su derecha y a su izquierda. De este modo, la visibilidad de lo secreto es la revelación

irresistible de la verdad.» (Tschung Yung, edición Tschu Hsi, cap. 16.) En cambio, no habló jamás de fuerzas mágicas ni de demonios antinaturales.

(46) El King o «Libro por excelencia», formado de un sólo capítulo, contiene las palabras de Kungtsé (Confucio), que su discípulo Thseng-tsé adaptó en las diez secciones o capítulos que van a continuación, formados con sus ideas recopiladas por sus discípulos. Las tablillas de bambú de las antiguas copias habían sido reunidas de un modo defectuoso y confuso; por ello, Thseng-tsé las puso en orden y corrigió de acuerdo con la verdadera composición del libro, del modo que va a continuación.

(47) Es cuanto resta del quinto capítulo del Comentario. Explicaba lo que se debe entender por «perfeccionar los conocimientos morales, penetrando los principios de las acciones». Según Tching-tsé (otro de los comentadores del Ta-Hio) quiere decir que debemos entregarnos a una investigación profunda de las acciones y escrutar a fondo sus principios o su razón de ser, pues la inteligencia espiritual del hombre no es incapaz, evidentemente de «conocer»; y los seres de la Naturaleza, así como las acciones humanas, no dejan de tener un principio, una causa o una razón de ser. Ahora bien, estos principios, estas causas, estas razones de ser no han sido aún sometidas a investigaciones suficientemente profundas. Por esta razón, la ciencia de los hombres no es completa y absoluta; y a causa de ello, el «Gran Estudio» empieza por enseñar a los hombres que aquellos de entre ellos que estudian la filosofía moral, deben someter a una larga y profunda investigación a los seres de la Naturaleza y las acciones humanas, con objeto de que partiendo de lo que ya saben sobre los principios de las acciones, puedan aumentar sus conocimientos y penetrar en su naturaleza más íntima. Aplicándose de este modo a ejercer toda su energía, todas sus facultades intelectuales durante mucho tiempo, se llega un día a tener un conocimiento, una comprensión íntima de los verdaderos principios de las acciones; entonces, la naturaleza intrínseca y extrínseca de todas las acciones humanas, tanto su esencia más sutil, como sus principios más groseros, son penetrados, y todos los principios de las acciones se tornan claros y evidentes a nuestra inteligencia ejercitada convenientemente mediante esfuerzos sostenidos. He aquí lo que quiere decir «la penetración del principio de las acciones»; he aquí lo que quiere decir «la perfección de los conocimientos morales».

(48) El Ho-kiang dice a este efecto: «La fortuna del príncipe depende del Cielo y la voluntad del Cielo existe en el pueblo. Si el príncipe obtiene el afecto y el amor del pueblo, el Muy Alto lo verá con complacencia y le afirmará en su trono; pero si pierde el afecto y el amor del pueblo, el Muy Alto le mirará con cólera y perderá su reino.»

(49) Es decir, en las doce provincias (Tcheu) en las cuales estaba entonces comprendido el Imperio chino.

(50) Montaña de la provincia del Chen-si.

(51) Un reino de mil carros es un reino feudatario cuyo territorio era bastante grande como para poder equipar mil carros de guerra.

(52) Emplearé en lo sucesivo esta palabra para traducir el nombre chino Tsé (filósofo, maestro) cuando esté solo; término con el que se calificaba en China a los que

se entregaban al estudio y a la sabiduría, y cuyo jefe y modelo fue Khung-Fu-Tsé, Kungtsé o Confucio.

(53) En virtud de los ritos se permitía a los emperadores tener ocho compañías de músicos en las fiestas; a los príncipes, seis, y a los ta-fu (ministros), cuatro. Ki-chi usurpaba el rango de emperador.

(54) Tan sólo el emperador podía sacrificar en el monte Tai-chati.

(55) El mismo nombre del castaño, il, significa temer.

(56) Literalmente: «todo lo que está bajo el cielo» (Thian-hia, el Mundo).

(57) Tal es el sentido de las dos palabras chinas mu-to (campanilla con badajo de madera), de que se servían los heraldos en los antiguos tiempos para reunir a la multitud con objeto de darla a conocer un mensaje del príncipe. El texto dice literalmente: «el Cielo va a tomar a vuestro maestro para hacer de él una campanilla con badajo de madera». En la traducción queda parafraseado para hacer más comprensible su sentido.

(58) Emplearé en adelante el término «humanidad» para traducir el signo chino fin, que comprende todas las virtudes referente a aquella palabra (amor al prójimo).

(59) Vaso (hu-lien) ricamente adornado, que se usaba para poner el grano en el altar de los antepasados.

(60) Dos trozos de carne salada y secada al sol (cecina).

(61) El heredero del trono.

(62) Los príncipes o potentados que gobernaban el reino (Tchu-hi).

(63) Este uso se ha mantenido en China hasta nuestros días, según atestiguaron las relaciones de las embajadas europeas en la corte del emperador de aquel país.

(64) Instrumento de música llamado sse en chino.

(65) Kuan, gorro que el padre daba a su hijo cuando cumplía los veinte años.

(66) Río situado al sur de la ciudad de Ku.

(67) Lugar para pasar los años de luto.

(68) En lugar de estar en un ángulo de la habitación, como convenía a un joven.

(69) En vez de marchar detrás de ellos.

(70) Era costumbre renovar el fuego en cada estación.

(71) Tío de Cheu-sin, así como Pi-kan, a quien el primero hizo perecer de la manera más cruel.

(72) Vei-tsé, Ki-tsé y Pi-kan.

(73) Sobre Mengtsé (Mencio), véase la nota 10.

(74) Pequeño Estado de China en tiempo de Mencio, cuya capital se llamaba Ta-liang. En vida, este rey se mallaba Vei-ying; después de su muerte se le llamó Liang-hoei-vang, es decir, rey bienhechor de la ciudad de Liang.

(75) Un gran vasallo dueño de un feudo de mil li, cien leguas cuadradas. El jefe de una familia de cien carros de guerra era «ta-fu» o gran dignatario.

(76) Era tomar la décima parte, que venía a ser la porción corriente del impuesto público.

(77) Hay en China variedades de perros que se comen.

(78) El reino de Tseu era pequeño; el de Thsu, grande.

(79) Literalmente, campanillas, tambores, flautas y otros instrumentos de música.

(80) Lieu, fluir. En sentido figurado, abandonarse a la corriente de los placeres, a las voluptuosidades, etc.

(81) Sitio donde los emperadores de Tcheu, cuando visitaban la parte este de su Imperio, recibían los homenajes de los príncipes vasallos. Quedan aún algunos vestigios del tiempo de los Han.

(82) La palabra china que traduzco por «tirano» es «tsan». Esta palabra, o signo, se compone del radical genérico «perverso», «cruel», «vicioso», y de «dos lanzas», que designan los medios violentos empleados para hacer el mal y ejercer tiranía.

(83) Mencio era pobre cuando perdió a su padre; pero cuando murió su madre era rico y gran funcionario público. Por ello la diferencia entre ambos funerales.

(84) No hay sino tres generaciones entre ellos. Las tablas cronológicas chinas colocan el último año del reinado de Vu-ting, 1266 años antes de nuestra Era, y el primero de Cheu-sin en 1154.

(85) Mencio quiere que los príncipes dependan de los sabios y de los hombres esclarecidos y no lo contrario. Eleva la dignidad de la virtud y de la ciencia, colocándola, como han querido siempre los filósofos y los hombres eminentes a causa de su saber, sobre los rangos heredados y los poderes arbitrarios ante los que sólo se inclinan los incapaces y los necios.

(86) Es decir, morar de nuevo en el reino de Thsi, donde su doctrina sobre la manera de gobernar no había sido admitida.

(87) Designa los emolumentos de la dignidad de King, primer madarín, que había rehusado.

(88) Sueldos descontados sobre los ingresos reales, y concedidos a los hijos y nietos de los que habían sido ilustres a causa de sus méritos y acciones en el Estado.

(89) Del mediador. Los matrimonios se solían hacer en China valiéndose de mediadores o de casamenteras, por lo general reconocidos como de tal oficio; en todo caso, si no oficiales siempre, sí siempre oficiosos.

(90) Li-leu, hombre que vivía en tiempo de Hoang-ti, famoso por su vista extraordinariamente penetrante.

(91) Hombre del reino de Lu, de extremada inteligencia para las cosas mecánicas y manuales. Había construido para guiar el carro de su madre un cochero mecánico de madera.

(92) Es mediante medidas generales útiles a todos, y no mediante beneficios particulares como el hombre de Estado debe dar pruebas de su buena administración.

(93) Tchung-kue, es decir, el reino soberano que se hallaba colocado en medio de todos los demás reinos feudatarios. Véase la nota 32.

(94) Para el filósofo chino las intenciones del Cielo concernientes a la sucesión del Imperio se manifiestan mediante el voto popular que se realiza de tres modos: la adhesión de los grandes vasallos; la del común del pueblo, que se escoge el dispensador

de la justicia, y, en fin, los cantos de los poetas, que sancionan, por decirlo así, las dos primeras formas de voto y las transmiten a la posteridad.

(95) Hombre de sabiduría reconocida y primer magistrado del reino de Vei.

(96) Thian-tsé, Hijo del Cielo, «el que tiene por padre al Cielo; por madre, la Tierra, y que se ha constituido su hijo, es el hijo del cielo, el Emperador.» Kung (duque), aquel cuyas funciones consisten en darse completamente al bien público, sin preocuparse de su interés particular. Hen (príncipe), aquel cuyas funciones consistían en vigilar los asuntos exteriores. Pe (conde), el que tenía poderes suficientes para educar a los ciudadanos. Tsé (marqués), el que se ocupaba de lo relativo a los víveres. Nan (barón), el que ejercía funciones de policía y velaba por la tranquilidad pública. Kiun (príncipe), aquel cuyas proclamas bastaban para corregir y enderezar al pueblo. King, el que daba y retiraba los empleos públicos. Tafu, el que mediante su saber instruía y administraba a los ciudadanos. Chang-ssé, aquel cuyos talentos bastaban para arreglar los asuntos de los ciudadanos. Tchung-ssé, constituido por dos mandos. Hia-see, constituido por un mando.

(97) Son los reyes y los príncipes quienes invitan a los sabios a su corte, ofreciéndoles ricos presentes, a lo que aquí se refiere la pregunta.

(98) La glosa dice: «Esto significa tan sólo que no se oponía a esta costumbre; pero no que él mismo la pusiese en práctica.»

(98) Hasta los últimos emperadores hubo caminos destinados únicamente al servicio del emperador y de su corte.

(100) Era un magistrado del reino de Thsi en tiempos del príncipe Ven-kong. Se hizo célebre a causa de su arte consumado para preparar los manjares de cocina.

(101) Joven muy bello, cuya hermosura es celebrada en el Libro de los versos.

(102) «Montaña de los bueyes», en el reino de Thsi.

(103) Dos árboles muy hermosos, cuya madera es muy estimada.

(104) Una de las seis ceremonias del matrimonio. El marido debía de ir al encuentro de su mujer al entrar en la morada.

(105) Parte ocupada por las mujeres.

(106) Doctor que cuando los reinos estaban en guerra los recorría ofreciendo sus servicios y propalando sus conocimientos.

(107) Dos hombres que siendo ministros del rey de Thsi habían sido muertos en un combate por Kiu.

(108) Xenofón habla en «De lo económico» de la conducta semejante que empleaban los reyes persas con sus sátrapas (véase mi traducción en los obras de este autor).

(109) Notht pulli sunt optimi, decía nuestro Columela.

(110) Su elevación como jefe de los grandes vasallos de las provincias occidentales del Imperio.

(111) «Que nadie sin tener méritos reciba dones del príncipe.» Este pensamiento antiguo equivale a la expresión moderna: «Que nadie coma si no produce.»

(112) Tchung-tsé se consagraba exclusivamente a la equidad descuidando las demás virtudes: abandonó a su madre y a su hermano mayor, rechazó un empleo y un sueldo del rey de Thsi, y a causa de todo ello recibió reproches.

(113) Igual que Eneas salió de Troya llevando a Anchises, su padre, a cuestas.

(114) Es decir, que nada se parece tanto a un príncipe reinante como otro príncipe reinante; porque uno y otro tienen las mismas costumbres, el mismo séquito y el mismo género de vida. Tal vez incluso, si eran amigos, la misma mujer, de admitir los chinos el dicho griego que Platón pone en boca de Sócrates en el Lisis, «entre amigos todo es común».

(115) Hace alusión a los derechos e impuestos injustos que ciertos príncipes imponían a los viajeros y mercancías que llegaban a sus territorios, tales los pasaportes y derechos de aduanas actuales.

(116) Chang-kung, hostería para los viajeros distinguidos.

(117) El reino de Lu era la patria de Kungtsé, y el de Tseu, la de Mencio; ambos reinos estaban casi contiguos.

LA CRITICA LITERARIA

Todo sobre literatura clásica, religión, mitología, poesía, filosofía...

La Crítica Literaria es la librería y distribuidor oficial de Ediciones Ibéricas, Clásicos Bergua y la Librería-Editorial Bergua fundada en 1927 por Juan Bautista Bergua, crítico literario y célebre autor de una gran colección de obras de la literatura clásica.

Nuestra pagina web, LaCriticaLiteraria.com, es el portal al mundo de la literatura clásica, la religión, la mitología, la poesía y la filosofía. Ofrecemos al lector libros de calidad de las editoriales más competentes.

Leer los libros gratis online

www.LaCriticaLiteraria.com

La Crítica Literaria no sólo esta dedicada a la venta de libros nacional e internacional, también permite al lector la oportunidad de leer la colección de Ediciones Ibéricas gratis online, acceso gratuito a mas que 100.000 páginas de estas obras literarias.

LaCriticaLiteraria.com ofrece al lector un importante fondo cultural y un mayor conocimiento de la literatura clásica universal con experto análisis y crítica. También permite leer y conocer nuestros libros antes del adquisición, y tener la facilidad de compra online en forma de libros tradicionales y libros digitales (ebooks).

Colección La Crítica Literaria

Nuestro nueva **"Colección La Crítica Literaria"** ofrece lo mejor de los clásicos y análisis de la literatura universal con traducciones, prólogos, resúmenes y anotaciones originales, fundamentales para el entendimiento de las obras mas importantes de la antigüedad.

Disfrute de su experiencia con nosotros.

www.LaCriticaLiteraria.com

CPSIA information can be obtained at www.ICGtesting.com
Printed in the USA
BVOW03s2027220415

397206BV00002B/268/P